S. 133-143 Stammformen Verben!

ARS GRAECA · Griechisches Unterrichtswerk

Bestell-Nr. 12144

ARS GRAECA

Griechische Sprachlehre

Neu bearbeitet von

Dr. Rolf Mehrlein · Dr. Friedrich Richter · Dr. Wilhelm Seelbach

unter Mitarbeit von

Otto Leggewie

FERDINAND SCHÖNINGH · PADERBORN

Für den Gebrauch in Schulen genehmigt durch:

Bayern: II/3-8/5445 vom 2. 2. 1968
Berlin: II CB 8 vom 10. 1. 68
Hamburg: lt. Lernbuchliste
Hessen: EV 6-074/140 vom 1. 6. 70
Niedersachsen: A 107/67 vom 27. 11. 67
Nordrhein-Westfalen: II A 3. 82-20 L.Nr. 3.323 vom 23. 10. 67
Rheinland-Pfalz: V 5 Tgb.Nr. 1450 vom 4. 12. 68 / Saarland
Schleswig-Holstein: X 43-12-00 vom 30. 1. 70

Herstellung: Ferdinand Schöningh, Paderborn.

Vorwort

Die von F. Humborg, W. Limper, A. Linnenkugel, W. Uhlmann und J. Uppenkamp bearbeitete Grammatik wird in einer Neufassung vorgelegt. Die Neubearbeitung hat den früheren Aufbau und den bisherigen Umfang im wesentlichen beibehalten. Die Kapitel »Wortbildungslehre« und »Homerischer Anhang« wurden durchgesehen und in Einzelheiten verbessert.

Die von R. Mehrlein bearbeitete *Formenlehre* hat an Umfang zugenommen. Diese Erweiterung bedeutet jedoch keine Vermehrung des Lernstoffes; es ist vielmehr dabei berücksichtigt, daß die Grammatik dem Schüler bei der Lektüre auch über Besonderheiten und Abweichungen vom üblichen Sprachgebrauch Auskunft geben soll. Sehr viel Wert wurde auf übersichtliche Darbietung des Stoffes gelegt. Zahlreicher als bisher finden sich daher Zusammenstellungen in Form von Tabellen, da diese dem Schüler erfahrungsgemäß die beste Hilfe bei der Aneignung des Wissensstoffes bieten. Wenn in diesen Tabellen bereits an anderer Stelle erwähnte Formen wiederholt werden, so sind solche Wiederholungen im Interesse einer zusammenfassenden Darstellung hingenommen worden. Daß auch in der Neubearbeitung die Anordnung des Stoffes gelegentlich stärker von didaktischen Erwägungen als von Gesichtspunkten streng wissenschaftlicher Systematik bestimmt ist, versteht sich aus der Zielsetzung einer Schulgrammatik.

Die *Satzlehre,* die F. Richter bearbeitet hat, ist gegenüber der früheren Auflage etwas kürzer gefaßt; sie entspricht ihr aber im Gesamtaufbau. Die syntaktischen Erscheinungen sind als Lernstoff möglichst knapp und übersichtlich dargestellt, und zwar in der Weise, daß für *eine* sprachliche Einzelerscheinung jeweils nur *ein* Beispiel gegeben ist (meist aus dem zugehörigen Unterrichtswerk Ars Graeca). Die Übersetzungen sollen das behandelte Phänomen hervorheben. Für eine »Syntax zum Nachschlagen« war der Raum nicht ausreichend; weitere Differenzierungen lassen sich jedoch leicht in das hier gegebene Schema einfügen. Grundsätzlich ist nur *der* Stoff geboten, der für die Arbeit in der Schule wichtig ist.

Die *sprachwissenschaftlichen Erläuterungen* (in der Formenlehre durch S, sonst nur durch Schrägdruck gekennzeichnet), deren Bearbeitung W. Seelbach übernommen hat, sind nicht »Lernstoff«, sondern eine Hilfe dazu, die Arbeit zu beleben und zu vertiefen. Die Erläuterungen zur Formenlehre sind zahlreicher und weitreichender als die zur Syntax, die nur überarbeitet worden sind. Dabei bleibt dem Lehrer überlassen, wie weit er darauf eingeht.

Zur zweiten Auflage

Die Neufassung der Grammatik wurde allgemein gut aufgenommen; schneller als erwartet wurde daher eine Neuauflage erforderlich.

Die von den Benutzern des Buches gegebenen Anregungen machten hier und da kleinere Verbesserungen erforderlich; grundsätzliche Änderungen waren nicht notwendig. Die gewünschte Ergänzung um eine Übersicht über Maße, Gewichte und Münzen sowie die Zeitrechnung bei den Griechen wurde der Neuauflage beigegeben.

Zur dritten Auflage

Die Neufassung der Grammatik hat sich in der Praxis auch weiterhin bewährt. Bei der notwendig gewordenen Neuauflage konnte daher von grundlegenden Veränderungen abgesehen werden. Neugestaltet wurden durch W. Seelbach die Abschnitte „Zur Geschichte der griechischen Sprache“ (S. 1 ff.) und „Der homerische Hexameter“ (S. 258 ff.).

Inhalt

§		Seite
	Zur Geschichte der griechischen Sprache	1
	Lautlehre	
1	Das Alphabet	5
2	Einteilung der Laute	6
	1. Vokale	6
	2. Diphthonge	7
	3. Konsonanten	7
3	Spiritus asper und lenis	9
4	Die Silben	10
5	Der Akzent	10
6	Atona und Enklitika	12
7	Lese- und Interpunktionszeichen	13
	Die wichtigsten lautlichen Veränderungen	13
8	ᾱ	13
9	Ablaut	14
10	Vokalkürzung und quantitative Metathese	15
11	Ersatzdehnung	16
12	Kontraktion	16
13	Die silbenbildenden Liquiden und Nasale	17
14	i̯ und Verbindungen mit i̯	17
15	u̯ (= ϝ) und Verbindungen mit u̯	19
16	σ und Verbindungen mit σ	19
17	Mutae	21
18	Konsonanten am Wortende	21
19	Dissimilation und Assimilation	22
20	Lautveränderungen im Satz (besonders Elision und Krasis)	23
	Formenlehre	
21	Bestandteile des Wortes	24
	A. Das Nomen	25
22	Vorbemerkungen	25
	1. Genus	25
	2. Numerus	25
	3. Kasus	26
23	Allgemeine Regeln zur Deklination	26
24	Der Artikel	26
	Substantiv und Adjektiv	27
25	Die o-Deklination	27
26	Substantive der o-Deklination	28
27	Die a-Deklination	29
28	Substantive der a-Deklination: Feminina	30
29	Substantive der a-Deklination: Maskulina	30
30	Die Adjektive der o- und a-Deklination	31
31	Substantiva contracta der o- und a-Deklination	32

§		Seite
32	Adiectiva contracta	33
33	Attische Deklination	35
34	Die dritte Deklination	36
35	Stämme auf Gutturale (-κ, -γ, -χ) und Labiale (-π, -β, -φ)	37
36	Stämme auf Dentale (-τ, -δ, -ϑ)	37
37	Stämme auf -ντ	39
38	Stämme auf -λ und -ρ	41
39	Stämme auf -ν	42
40	Liquidastämme mit Ablaut	43
41	Sigmastämme: Substantive	44
42	Sigmastämme: Adjektive	45
43	Stämme auf -ῡ	45
44	Stämme auf -ῐ und -ῠ mit Ablaut	46
45	Stämme auf Diphthong	47
46	Übersicht der Adjektive der dritten Deklination	49
47	Die doppelstämmigen Adjektive μέγας »groß« und πολύς »viel«	49
	Die Steigerung der Adjektive	50
48	Bildung der Steigerungsgrade	50
49	Steigerung auf -τερος, -τατος	50
50	Steigerung auf -ίων, -ιστος	51
51	Besonderheiten bei der Steigerung	53
	Das Adverb	53
52	Die von Adjektiven abgeleiteten Adverbien	53
53	Erstarrte Kasusformen als Adverbien	54
54	Ortsadverbien mit den Suffixen -ϑι, -ϑεν, -σε/-δε	56
55	Korrelative Pronominaladverbien	56
	Das Pronomen	58
56	Das nichtreflexive Personalpronomen	58
57	Das reflexive Personalpronomen	59
58	αὐτός	60
59	Das reziproke Pronomen	60
60	Das Possessivpronomen	60
61	Demonstrativpronomina	62
62	Relativpronomina	63
63	Interrogativ- und Indefinitpronomina	64
64	Übersicht über die korrelativen Pronomina	65
	Das Zahlwort	66
65	Kardinalzahlen, Ordinalzahlen, Zahladverbien	66
66	Zahladjektive, Zahlsubstantive, Distributivzahlen	68
67	Deklination der Zahlwörter	69
68	Bildung zusammengesetzter Zahlen	69
69	**Der Dual des Nomens**	70
	B. Das Verbum	71
70	Formenbestand des Verbums	71
71	Konjugationen	72
72	Der Verbalstamm	72
73	Die Tempusstämme	73
74	Moduszeichen und Personalendungen	73
75	Das Augment	76
76	Das Augment beim Kompositum	76
77	Besonderheiten der Augmentbildung	77
78	Die Reduplikation	78
79	Bildung der Perfektreduplikation	78
80	Besonderheiten der Perfektreduplikation	79
81	Betonung der Verbalformen	80

§		Seite
	Die thematische Konjugation (Verben auf -ω)	81
82	Einteilung der Verben nach dem Stammauslaut	81
83	Einteilung der Verbalklassen nach dem Präsensstamm	82
	Verba vocalia non contracta	83
84	Konjugationsbeispiel: παιδεύω »ich erziehe«	84
85	Die Formen des Präsensstammes	90
86	Die übrigen Tempora	91
	Verba contracta	93
87	Konjugationsbeispiele	93
88	Die Formen des Präsensstammes	96
89	Die übrigen Tempora	96
90	Besonderheiten bei den Verba contracta	97
91	Besonderheiten der Tempusbildung bei einigen Verba vocalia	97
92	Besonderheiten der Tempusbildung (Forts.)	99
	Verba muta	100
93	Einteilung	100
94	Tempusbildung	101
95	Besonderheiten der Tempusbildung bei einigen Verba muta	103
	Verba liquida	104
96	Präsens, Futur, Aorist	104
97	Die Formen des Perfektstammes	105
98	Besonderheiten der Tempusbildung bei einigen Verba liquida	106
	Die starken Tempora (Tempora secunda)	106
99	Der starke Aorist des Aktivs und Mediums	106
100	Der starke Aorist und das davon gebildete Futur des Passivs	107
101	Das starke Perfekt und Plusquamperfekt des Aktivs	109
	Besonderheiten im Gebrauch der Genera verbi	110
102	Transitive und intransitive Bedeutung	110
103	Mediales Futur in aktiver und passiver Bedeutung	111
104	Deponentien	112
105	Übersicht über die Tempusbildung der Verba muta und liquida	113
	a) Verba muta	113
	b) Verba liquida	115
	Die athematische Konjugation (Verben auf -μι)	117
106	Die Formen des Präsensstammes	117
107	Verben mit Präsensreduplikation	118
108	Tempusbildung der Verben mit Präsensreduplikation	123
109	Verben mit gleicher Flexion wie ἵστημι	124
110	Der Wurzelaorist	125
111	Das Wurzelperfekt	126
	Wurzelpräsentien (die sog. kleinen Verben auf -μι)	128
112	1. φημί »ich sage, behaupte«	128
113	2. εἶμι »ich werde gehen«	129
114	3. εἰμί »ich bin«	130
115	4. κάθημαι »ich sitze«	131
	5. κεῖμαι »ich liege«	131
	Verben mit Nasalerweiterung -νῡ- im Präsensstamm (die Verben auf -[ν]νῡμι)	132
116	Konjugationsbeispiel: δείκνῡμι »ich zeige«	132
117	Die übrigen Verben auf -(ν)νῡμι	133

§ Seite
Die sog. unregelmäßigen Verben . . . 134
118 Übersicht . . . 134
119 *1. Verben mit Ablaut* . . . 135
120 *2. e-Klasse* . . . 136
121 *3. Nasalklasse* . . . 137
122 *4. Inchoativklasse* . . . 139
123 *5. Mischklasse* . . . 141
124 Der Dual beim Verbum . . . 143

Wortbildungslehre

125 **A. Simplicia** . . . 144
126 I. Bildung der Substantive . . . 144
127 II. Bildung der Adjektive . . . 147
III. Bildung der Adverbien . . . 147
128 IV. Bildung der Verben . . . 148

B. Komposita . . . 148
I. Form der Zusammensetzung . . . 148
1. Zusammengesetzte Nomina . . . 148
129 Das erste Glied . . . 148
130 Das zweite Glied . . . 149
131 *2. Zusammengesetzte Verben* . . . 150
132 II. Bedeutung der Komposita . . . 151

Satzlehre

Erstes Kapitel

DER EINZELSATZ

A. Satzteile . . . 152
I. Der einfache Satz . . . 152
133 Subjekt . . . 152
134 Prädikat . . . 153
135 Kongruenz . . . 154
II. Der erweiterte Satz . . . 155
136 Attribut . . . 155
137 Prädikativum . . . 156

B. Wortarten . . . 158
I. Nomen . . . 158
Kasuslehre . . . 158
Zur Geschichte des Kasusgebrauchs . . . 158
1. Akkusativ . . . 159
138 Übersicht . . . 159

§ Seite

a) Adverbiale . . . 160
139 Akkusativ der Richtung . . . 160
140 Akkusativ der Ausdehnung . . . 160
141 Akkusativ der Beziehung . . . 160
142 Akkusativische Adverbien . . . 161
b) Direktes Objekt . . . 162
143 α) »Äußeres« Objekt . . . 162
1. Griechische Transitiva — deutsche Intransitiva . . . 162
144 2. Griechische Intransitiva, auch mit transitivem Gebrauch . . . 163
145 β) »Inneres« Objekt . . . 163
c) Doppelter Akkusativ . . . 164
146 α) Akkusativ des äußeren Objekts und des Prädikatsnomens . . . 164
147 β) Akkusativ der Person und der Sache . . . 164

2. Genitiv . . . 165
148 Übersicht . . . 165
a) Ursprüngliche Bedeutung . . . 166
149 Genitivus temporis — loci . . . 166
150 Genitivus possessoris, subiectivus und obiectivus . . . 166
151 Genitivus quantitatis — partitivus . . . 168
152 Genitivus qualitatis . . . 168
b) Übernommene Bedeutung . . . 168
153 Genitivus loci . . . 168
Genitivus temporis . . . 168
154 Genitivus originis . . . 169
155 Genitivus separativus . . . 169
156 Genitivus comparationis . . . 170
157 Genitivus pretii . . . 170
158 Genitivus causae . . . 171
159 Genitivus materiae . . . 172
160 Genitiv bei den Verben der Wahrnehmung und Erinnerung . . . 172

3. Dativ . . . 172
161 Übersicht . . . 172
a) Ursprüngliche Bedeutung . . . 172
162 Dativ des indirekten Objekts . . . 172
163 Dativus possessivus . . . 173
164 Dativus commodi und incommodi . . . 173
165 Dativus ethicus . . . 173
166 Dativus relationis (des Standpunktes) . . . 173
167 Dativus auctoris . . . 173
b) Übernommene Bedeutung . . . 174
α) Instrumentalis/Sociativus . . . 174
168 Eigentlicher Instrumentalis . . . 174
169 Dativus causae . . . 174
170 Dativus modi . . . 174
171 Dativus mensurae . . . 175
172 Dativus sociativus . . . 175
173 β) Locativus . . . 176
Dativus loci . . . 176
Dativus temporis . . . 176
Zusammenstellungen zur Kasuslehre . . . 176
1. Zeitangaben . . . 176
2. Komposita . . . 177

II. Präpositionen . . . 178
Allgemeines . . . 178
174 *1. Präpositionen bei nur einem Kasus* . . . 178

§		Seite
175	*2. Präpositionen bei zwei Kasus*	179
176	*3. Präpositionen bei drei Kasus*	181
	4. Uneigentliche Präpositionen	184
	III. Artikel und Pronomina	185
	1. Artikel	185
177	a) Pronominaler Gebrauch	185
	b) Substantivierung durch den Artikel	185
	c) Artikel und Nomen	185
178	1. Mit dem Deutschen übereinstimmend	185
179	2. Vom Deutschen abweichend	186
	2. Pronomina	187
180	Demonstrativpronomina	187
181	Relativpronomina	188
182	Reflexive Pronomina	188
183	Interrogativpronomina	189
184	αὐτός	189
	ἄλλος	190
	IV. Verbum	190
	1. Nominalformen	190
185	a) Infinitiv	190
	Allgemeines	190
186	Infinitiv als Imperativ	191
187	Infinitiv als Adverbiale des Zweckes oder der möglichen Folge	192
	Infinitiv als Objekt	193
188	1. bei den Verben des Begehrens	193
189	2. bei den Verben der Fähigkeit und Bereitschaft	193
190	3. bei den Verben des Lehrens und Lernens	193
191	4. bei den Verben des Sagens, Glaubens und Hoffens	194
192	Infinitiv als Subjekt bei unpersönlichen Ausdrücken	194
193	ἄν beim Infinitiv (und Partizip)	194
194	Subjekt und Prädikatsnomen beim Infinitiv (Infinitivkonstruktionen)	195
195	b) Partizip	196
	Allgemeines	196
196	Attributives Partizip	197
	Prädikatives Partizip	197
197	1. mit Bezug auf das Subjekt	197
198	2. mit Bezug auf Subjekt oder Objekt	198
	Adverbiales Partizip (Partizipialkonstruktionen)	200
	Zur Geschichte der Partizipialkonstruktionen	200
199	1. Das »Participium coniunctum«	200
200	2. »Participia absoluta«	201
201	3. Verdeutlichung der Partizipialkonstruktionen	201
202	c) Verbaladjektiv	202
	2. Genus verbi	203
203	a) Aktiv	203
204	b) Medium	204
205	c) Passiv	206
	3. Tempus	207
206	a) Allgemeines	207
207	b) Präsensstamm	208
208	c) Aoriststamm	209
209	d) Perfektstamm	210

§ Seite
4. *Modus* 211
210 a) Indikativ 212
211 b) Konjunktiv und Imperativ 213
212 c) Optativ 214
Modi in Hauptsätzen 215

V. Negationen 215
213 *1.* οὐ 215
214 *2.* μή 216
215 *3. Negationshäufung* 217
216 *4. Negationen nach negativen Ausdrücken* 217

C. Arten des Hauptsatzes 219
217 I. Aussage 219
II. Begehren 219
III. Frage 219
218 Übersicht 219
219 *1. Wort- und Satzfragen* 220
220 *2. Deliberative (dubitative) Fragen* 220

Zweites Kapitel

DIE SATZREIHE

221 Allgemeines 221

A. Partikeln 221
222 1. Anreihende (kopulative) 221
223 2. Entgegensetzende (adversative) 222
3. Gegenüberstellende (disjunktive) 223
224 4. Begründende (kausale) 223
225 5. Folgernde (konsekutive, konklusive) 223
226 6. Hervorhebende (affirmative) 224

227 **B. Asyndeton** 225

Drittes Kapitel

DAS SATZGEFÜGE

228 Allgemeines 226

A. Objekt- und Subjektsätze 227
229 I. Aussagesätze 227
230 II. Fragesätze 228
231 III. Begehrssätze 229
Zur Geschichte der abhängigen Begehrssätze 229
232 IV. Übersicht über die Bedeutung von Objektsätzen 231

B. Adverbialsätze 232
233 I. Kausalsätze 232
234 II. Finalsätze 232
235 III. Konsekutivsätze 233

§ Seite
IV. Hypothetische Sätze . . . 234
Zur Geschichte der Bedingungssätze . . . 234
236 Allgemeines . . . 234
1. Konditionalsätze . . . 235
237 a) Indefinitus, Eventualis . . . 235
238 b) Potentialis . . . 235
239 c) Irrealis . . . 235
240 d) Iterativus . . . 236
241 Einzelheiten . . . 236
242 *2. Konzessivsätze* . . . 237
V. Temporalsätze . . . 238
243 *1. Eigentliche Temporalsätze* . . . 238
244 *2. Hypothetische Temporalsätze* . . . 238
245 *3.* πρίν . . . 239
C. Relativsätze . . . 240
Zur Geschichte der Relativsätze . . . 240
246 I. Relativpronomina und Relativadverbia . . . 240
247 II. Eigentliche Relativsätze . . . 241
248 III. Adverbiale Relativsätze . . . 241
249 IV. Attraktion, relativischer Anschluß, relativische Verschränkung . . . 242
250 V. Übersichten . . . 244
Modi in Nebensätzen . . . 244
Modi in hypothetischen Sätzen . . . 244
251 **Oratio obliqua** . . . 245
252 **Zusammenstellungen** . . . 246
I. ἄν . . . 246
II. ὡς . . . 247

Anhang

Zum Dialekt des Epos . . . 249
253 Allgemeines . . . 249
254 *Aiolisches bei Homer* . . . 249
Ionisches und Episches bei Homer . . . 250
255 Zum Vokalismus . . . 250
256 Zum Konsonantismus . . . 251
257 Besondere Kasusendungen . . . 251
258 Die o-Deklination . . . 252
259 Die a-Deklination . . . 252
260 Die »dritte« Deklination . . . 252
261 Zur Komparation der Adjektive . . . 254
262 Zum Pronomen . . . 254
263 Zur Konjugation . . . 255
264 Zur homerischen Syntax . . . 257
Der homerische Hexameter . . . 258
265 Versbau . . . 258
Prosodie . . . 261
266 Dehnung von Natur kurzer Silben . . . 261
267 Erscheinungen beim Zusammentreffen zweier Vokale . . . 263
268 Erläuterungen und Ergänzungen zur Prosodie . . . 264
269 Maße, Gewichte und Münzen, Zeitrechnung . . . 267
Sachregister . . . 269
Griechisches Wortregister . . . 275

Zur Geschichte der griechischen Sprache

Das Griechische gehört zu einer weit verzweigten Gruppe von Sprachen, die untereinander solche Ähnlichkeiten aufweisen, daß man sie auf eine gemeinsame Grundsprache zurückführt. Diese erschlossene Sprache bezeichnet man als das Indogermanische[1] und diejenigen, die sie einst gesprochen haben müssen, als Indogermanen. Der Name soll das Verbreitungsgebiet der aus der Grundsprache entstandenen Einzelsprachen andeuten, das sich von den Indern im Osten bis zu den Germanen im Westen erstreckt. Das Indogermanische war vielleicht noch bis ins 3. Jahrtausend v. Chr. hinein eine verhältnismäßig einheitliche Sprache. Aber im Verlauf dieses Jahrtausends muß der Prozeß der Ausgliederung der indogermanischen Einzelsprachen erfolgt sein, der gegen Ende der Steinzeit (ca. 2500) im wesentlichen abgeschlossen gewesen zu sein scheint, obwohl es in der Zeit vor der Auflösung der sprachlichen Einheit des Indogermanischen offenbar schon ein Wort für »Erz, Bronze, Kupfer« gegeben hat (daher deutsch »ehern«, lateinisch »aes«). Aber mit Sicherheit kann nur gesagt werden, daß bestimmte indogermanische Einzelsprachen schon im 2. Jahrtausend in ihrer Eigenart voll ausgebildet waren (z. B. das Griechische, s. u.), wie inschriftliche Zeugnisse beweisen. — Die Urheimat der Indogermanen ist unbekannt; man hat sie z. B. an den Küsten der Ostsee, aber auch in den Steppen Innerasiens vermutet.

Das Indogermanische gliedert sich in verschiedene Sprachzweige, die ihrerseits viele Einzelsprachen und Mundarten umfassen, die sich z.T. durch mehrere Jahrhunderte verfolgen lassen und in ihrer jüngsten Entwicklungsstufe noch heute gesprochen werden. In der folgenden Tabelle werden die wichtigsten dieser Sprachzweige aufgezählt und als Beispiel jeweils eine »tote« und eine lebende Sprache jedes Sprachzweigs angeführt; bei den älteren Sprachen wird zum Vergleich das entsprechende Wort für »Mutter« hinzugefügt:

Sprachzweig	Indo-Iranisch	Griechisch	Italisch	Germanisch	Balto-Slawisch
»tote« Sprache »Mutter«	Sanskrit mātā́	Griechisch μήτηρ	Lateinisch mater	Althochdeutsch muoter	Kirchenslawisch mati
lebende Spr.	Hindi	Neugriech.	Italien.	Deutsch	Bulgarisch

Die Ähnlichkeit der angeführten Wörter für »Mutter« und gewisse andere Übereinstimmungen springen in die Augen und sind schon früh beobachtet worden. Bereits im 16. Jahrhundert n. Chr. stellte der Italiener Filippo Sassetti bei einem Aufenthalt in Goa (Indien) fest, daß besonders die Zahlwörter des Sanskrits (= Altindisch) eine große Ähnlichkeit mit denen seiner Muttersprache aufweisen (z. B. Sanskrit »nava« ~ italienisch »nove« = »neun«). Die systematische Erforschung dieser Übereinstimmungen und die Aufdeckung verborgenerer Beziehungen begannen jedoch erst am Anfang des 19. Jahrhunderts mit Franz Bopp, der als Begründer der indogermanischen Sprachwissenschaft gilt.

Die Geschichte der Griechen vor ihrer Einwanderung nach Griechenland ist in undurchdringliches Dunkel gehüllt, und auch von ihrer Einwanderung nach Griechenland können wir uns nur in sehr groben Zügen ein Bild machen. Man glaubt heute, mit Sicherheit nur zwei große Einwanderungswellen feststellen zu können, die achäische und die dorische, die noch in klassischer Zeit in der Gliederung der griechischen Dialekte in zwei Hauptgruppen (ostgriechische und westgriechische Dialekte) ihre Entsprechung finden (vgl. schon hier die Übersicht über die griechischen Dialekte unten S. 3).

[1] Statt »indogermanisch« ist — besonders außerhalb Deutschlands — auch »indoeuropäisch« gebräuchlich.

Die achäische Einwanderung erfolgte vielleicht bereits am Anfang der mittleren Bronzezeit (Anfang des 2. Jahrtausends v. Chr.). Denn die von den Archäologen ausgegrabenen Überreste der älteren und mittleren Bronzezeit lassen einen starken Bruch zwischen diesen beiden Perioden erkennen[2], und es liegt nahe, diesen Bruch durch das Eindringen eines neuen Volkes, eben der Griechen, zu erklären. Jedenfalls glauben manche Gelehrte, später bis zur klassischen Zeit keinen vergleichbar scharfen Einschnitt feststellen zu können, und bereits in der 2. Hälfte des 2. Jahrtausends waren die Griechen im ägäischen Raum ansässig, wie wir seit der Entzifferung der auf Kreta und dem griechischen Festland gefundenen Tontäfelchen wissen, die in einer Silbenschrift geschrieben sind, die als Linearschrift B bezeichnet wird. Sie stammen aus der Zeit von 1400—1200, also aus der späten Bronzezeit, der Blütezeit der mykenischen Kultur, die mit dem von Homer besungenen heroischen Zeitalter endet (Zerstörung des homerischen Troia ca. 1200), und ihre Sprache ist Griechisch. Dabei handelt es sich um einen Dialekt, dem von den griechischen Dialekten klassischer Zeit das Arkadisch-Kyprische am ähnlichsten ist. Aber auch die Sprache Homers, eine Kunstsprache, deren ionische Grundlage mit äolischen Bestandteilen vermischt ist, weist besonders im Wortschatz bemerkenswerte Übereinstimmungen mit der Sprache der Tontäfelchen auf, die gleichzeitig im Arkadisch-Kyprischen ihre Entsprechung finden. Der Name »Achäer« wird anscheinend auf hethitischen (kleinasiatischen) Inschriften des 14. Jahrhunderts und auf ägyptischen des 13. Jahrhunderts erwähnt. Homer verwendet ihn zur Bezeichnung aller Griechen; für den spezielleren, aus dem Vorhergehenden ersichtlichen modernen Gebrauch des Namens bzw. des von ihm abgeleiteten Adjektivs bieten die griechischen Schriftsteller keine genauen Belege.

Die von den Achäern bei der Eroberung Griechenlands unterworfene vorgriechische Bevölkerung war ihnen kulturell und zivilisatorisch überlegen. Reste ihrer wohl nichtindogermanischen Sprache sind durch griechische Entlehnungen aus ihr erhalten geblieben (»ägäisches Substrat des Griechischen«). Dazu gehören u. a. zahlreiche aus dem Griechischen nicht erklärbare geographische Namen und andere Wörter, die mit den charakteristischen Suffixen -νθος und -σσος gebildet sind (vgl. Κόρινθος, Παρνασσός, ἀσάμινθος = Badewanne, ὑάκινθος, νάρκισσος). Mit dieser vorgriechischen Sprache verwandte Sprachen waren ursprünglich auch auf den Inseln der Ägäis und in Kleinasien verbreitet, wie genau so oder ähnlich gebildete Ortsnamen zeigen (vgl. Κνωσσός, Ἁλικαρνασσός, Ἄσπενδος in Pamphylien).

Die dorische Wanderung, die in der griechischen Überlieferung mannigfache Spuren hinterlassen hat und dadurch auch schon von den griechischen Historikern annähernd richtig datiert werden konnte, erfolgte nach der Eroberung Troias am Ende des 2. Jahrtausends. Die Dorier, die aus dem Norden Griechenlands kamen, und die gleichzeitig mit ihnen einfallenden Nordwestgriechen unterwarfen die Achäer an vielen Orten oder vertrieben sie aus ihren alten Wohnsitzen. Ein Zeichen der Überlagerung sind die Mischdialekte Thessaliens und Böotiens sowie gewisse in manche nordwestgriechischen und dorischen Dialekte eingesprengte achäische Elemente (z. B. in Argos, auf Thera und Kreta — in historischer Zeit dorisches Sprachgebiet — πεδά wie im Äolischen statt μετά wie in den übrigen dorischen Dialekten; vgl. auch die auf Kreta gefundenen »achäischen« Tontäfelchen, die oben erwähnt wurden). Einige Gebiete jedoch blieben von der neuen Einwanderungswelle unberührt (z. B. Attika und Arkadien).

---

[2] Gewisse Anzeichen deuten auf die gewaltsame Zerstörung älterer Siedlungen am Anfang der mittleren Bronzezeit, und in ihrem Verlauf tritt ein ganz neuer Keramik-Typ in Erscheinung, die sogenannte »Minyische Ware«.

Schon vor dem Einbruch der Dorier waren die Achäer vom Festland aus über Kreta in östlicher Richtung bis nach Zypern vorgedrungen; in Kleinasien jedoch hatten sie noch kaum Fuß gefaßt. Erst um 1000 begann die Kolonisation Kleinasiens, an der sich dann neben den Äoliern und Ioniern auch die Dorier beteiligten. Nach den dadurch verursachten großen Verschiebungen änderte sich die Verteilung der griechischen Stämme im Raum der Ägäis und die entsprechende Verbreitung der griechischen Dialekte bis in die historische Zeit nicht mehr wesentlich. Über die im 6./5. Jahrhundert bestehenden Verhältnisse orientiert die folgende Übersicht:

A Ostgriechische Dialekte:

1. Ionisch-Attisch: Attika, Euböa, Kykladen, kleinasiatische Westküste z. T. (Milet u.a.)
2. Äolisch: Thessalien und Böotien (mit nordwestgriechischen Dialekten vermischt), Lesbos, kleinasiatische Westküste z.T. (Kyme u.a.)
3. Arkadisch-Kyprisch: Arkadien, Zypern

(Früher faßte man nur das Äolische und das Arkadisch-Kyprische unter dem Oberbegriff »Achäisch« zusammen, jetzt oft zusätzlich auch das Ionisch-Attische)

B Westgriechische Dialekte:

1. Nordwestgriechisch: Phokis (Delphi), Lokris, Elis (Olympia)
2. Dorisch: Der übrige Teil der Peloponnes (Sparta, Argos, Korinth u.a.), Kreta, Rhodos, kleinasiatische Westküste z. T. (Knidos u.a.).

Der Hauptunterschied zwischen dem Ost- und Westgriechischen besteht darin, daß die westgriechischen Dialekte -τι in bestimmten Endungen bewahrt haben, während die ostgriechischen Dialekte den Lautwandel -τι > -σι aufweisen: Vgl. westgriechisch φέροντι (z. B. in Sparta, ähnlich lateinisch ferunt), dagegen ostgriechisch φέρουσι < φερονσι (z. B. in Athen).

Lautlehre

Das Alphabet 1

Große Schrift-zeichen	Kleine Schrift-zeichen	Namen	Laute	Große Schrift-zeichen	Kleine Schrift-zeichen	Namen	Laute
Α	α	alpha	ă, ā	**Ν**	ν	nȳ	n
Β	β	bēta	b	**Ξ**	ξ	xī	x
Γ	γ	gamma	g	**Ο**	ο	ŏmīkron	ŏ
Δ	δ	delta	d	**Π**	π	pī	p
Ε	ε	epsīlon	ĕ	**Ρ**	ρ	rhō	r
Ζ	ζ	zēta	ds	**Σ**	σ ς	sīgma	s
Η	η	ēta	ǟ	**Τ**	τ	tau	t
Θ	ϑ	thēta	th	**Υ**	υ	ypsīlon	ü̆, ǖ
Ι	ι	iōta	ĭ, ī	**Φ**	φ	phī	ph
Κ	κ	kappa	k	**Χ**	χ	chī	ch
Λ	λ	lambda	l	**Ψ**	ψ	psī	ps
Μ	μ	mȳ	m	**Ω**	ω	ōmega	ō

1. Das griechische Alphabet besteht also aus 24 Buchstaben. Von den zwei Zeichen für den s-Laut wird σ im An- und Inlaut, ς nur im Auslaut verwandt (vgl. ſ und s im Deutschen).

In älterer Zeit gab es noch für den Laut w (u̯) das Zeichen Ϝ (Digamma = »Doppelgamma«); als dieser Laut im Ionisch-Attischen nicht mehr gesprochen wurde, wurde auch das Schriftzeichen dafür überflüssig.

2. In unseren gedruckten Texten werden die Anfangsbuchstaben der Eigennamen sowie der von ihnen abgeleiteten Adjektive und gewöhnlich auch die Buchstaben am Anfang des Satzes groß geschrieben.

3. Zur heute gebräuchlichen Aussprache ist zu merken:

γ wird vor γ, κ, χ, ξ als nasaler Guttural gesprochen (wie unser n vor g und k in singen, Dank):
ἄγγελος (sprich áŋ-gelos) Bote (dt. Engel);
ἐγκώμιον (sprich eŋ-kōmion) Loblied;
Ἀγχίσης, Σφίγξ.

ζ wird wie d mit stimmhaftem s (ds) gesprochen.

ι ist immer als Vokal i, niemals als Konsonant j zu sprechen:
Ἰωνία sprich I-ōnía.

ω wird üblicherweise als geschlossenes ō gesprochen.

σχ wird nicht wie dt. sch, sondern getrennt als s + ch gesprochen: σχολή (sprich s-cholá; vgl. lat. schola).

στ ist immer als s + t zu sprechen (nie als scht wie im dt. Wort Stock).

Zur Aussprache der Diphthonge § 2, 2. Vgl. auch § 2 Anm.

Anmerkung:

Das griechische Alphabet leitet sich aus dem altsemitischen ab. Das zeigen die Namen der Buchstaben, die Ähnlichkeit in der Form der Schriftzeichen und die gleiche Anordnung der Buchstaben im Alphabet. Ursprünglich schrieben die Griechen auch in gleicher Richtung wie die Semiten, nämlich von rechts nach links. In mehrzeiligen Inschriften verlief die Schrift abwechselnd von rechts nach links und von links nach rechts (βουστροφηδόν, d. h. nach Art, wie man die Ochsen beim Pflügen wendet). Rechtsläufig schrieb man in Athen seit etwa 550 v. Chr.

Die Einführung des griechischen Alphabets kann man etwa auf die Zeit zwischen 1000—900 v. Chr., vielleicht sogar schon auf einen früheren Zeitpunkt ansetzen. Im Gegensatz zur semitischen Vorlage war schon dieses griechische Mutteralphabet eine **Lautschrift,** die nicht nur die Konsonanten, sondern auch die Vokale bezeichnete. Gegenüber dem späteren Alphabet hatte es zusätzlich die Zeichen Ϝ (s. oben 1) und Ϙ (Koppa = k vor o, u), enthielt aber nicht ξ, φ, χ, ψ, ω. H hatte den Lautwert h. Erst als dieser Hauchlaut im Ionischen verstummte (Psīlōse), wurde das dadurch frei gewordene Zeichen H zur Bezeichnung des langen offenen ē verwendet.

Die Entwicklung des Alphabets vollzog sich nicht einheitlich, sondern in den verschiedenen Gegenden Griechenlands recht unterschiedlich. Neben den südgriechischen Alphabeten, in denen das Mutteralphabet fast unverändert blieb und die Buchstaben φ, χ, ψ, ξ fehlen, sind als Hauptgruppen zu unterscheiden

a) die ostgriechischen Alphabete:

Sie gebrauchen das Zeichen X für den Laut kh, Ψ für ps, Ξ für ks. Die beiden letzten Zeichen fehlen in einigen Alphabeten dieser Gruppe; man schrieb statt dessen im allgemeinen ΦΣ bzw. ΧΣ (so auch in Athen vor der Übernahme des ionischen Alphabets, s. u.);

b) die westgriechischen Alphabete:

In ihnen ist X = ks, Ψ (oder Ѱ) = kh; teilweise sind Ϝ für u̯ und H für h beibehalten. Da die Römer die westgriechische Form des Alphabets kennenlernten, übernahmen sie X für ks, Ϝ für f und H für h.

Die in unseren heutigen griechischen Textausgaben gebräuchliche Schrift geht auf das kleinasiatisch-ionische Alphabet zurück, das sich seit der Mitte des 5. Jh. in Athen durchsetzte und im Jahre 403 v. Chr. unter dem Archonten Eukleides offiziell zur Staatsschrift erklärt wurde. Da die übrigen Staaten schon bald (bis etwa 350 v. Chr.) dem Beispiel Athens folgten, wurde die ionische Schreibweise zum Einheitsalphabet.

Ursprünglich kannten die Griechen nur die »großen Buchstaben« (Majuskeln), deren Form sich auf den Inschriften ausgebildet hat. Neben dieser Kapitalschrift entwickelte sich frühzeitig eine geläufigere Schreibweise (Kursive) des täglichen Lebens, aus der in byzantinischer Zeit die »kleinen Buchstaben« (Minuskeln) hervorgingen.

2 Einteilung der Laute

1. Vokale

Der Quantität nach ist

ε und **ο** immer kurz, **η** und **ω** immer lang. **α, ι, υ** kurz oder lang.

2. Diphthonge

a) Die Verbindung der **kurzen** Vokale mit ι bzw. υ bezeichnet man als Kurzdiphthonge:

αι sprich ai — **αυ** sprich au
ει sprich ē^{i} — **ευ** sprich eu
οι sprich oi — **ου** sprich ū
υι sprich üi (z. B. υἱός sprich hüi-ós »Sohn«)

Zu beachten ist, daß ει als geschlossenes ē mit nachklingendem i zu sprechen ist, also nicht wie der deutsche Diphthong ei, der als **ai** gesprochen wird.

b) Von den sog. Langdiphthongen, d. h. den Verbindungen **langer** Vokale mit ι bzw. υ, hat sich als wirklicher Diphthong nur erhalten

ηυ (in der heute üblichen Aussprache nicht von ευ unterschieden).

In den Verbindungen ᾱι, ηι, ωι besaß der erste Vokal so starkes Übergewicht, daß das folgende ι verstummte (etwa seit 400 v. Chr.). Dieser Vorgang drückte sich auch in der Schreibweise aus: das nicht mehr hörbare ι wurde unter den Vokal geschrieben (**ι subscriptum**). Nur bei großgeschriebenen Buchstaben behält das ι seine ursprüngliche Stellung (**ι adscriptum**).

τῷ θεῷ — ΤΩΙ ΘΕΩΙ (sprich tō theṓ) dem Gott;
῞Αιδης (sprich hā́däs).

Beachte: Der Quantität nach sind Diphthonge lang.

Zur Kürze von -οι und -αι in der Deklination und Konjugation § 23, 3; § 81, 1.

3. Konsonanten

Zu unterscheiden sind Zeichen für einfache Konsonanten und Zeichen für Konsonantenverbindungen.

a) Die **einfachen** Konsonanten lassen sich nach Artikulationsart (d. h. nach der Art ihrer Aussprache) und Artikulationsstelle einteilen:

		Artikulationsart					
		Augenblickslaute = Mutae			Dauerlaute		
		Tenues (hart)	Mediae (weich)	Aspiratae (mit Hauch)	Spiranten	Nasale	Liquidae
Artikulationsstelle	Labiale (Lippenlaute)	π	β	φ	—	μ	—
	Dentale (Zahnlaute)	τ	δ	ϑ	σ	ν	λ
	Gutturale (Kehllaute)	κ	γ	χ	—	γ (vor Guttural) = ŋ[1]	ρ

μ und ν werden im Griechischen meist zu den Liquidae gerechnet.

[1] Zeichen für den gutturalen Nasal (wie wir ihn in »singen, Dank« vor dem g bzw. k sprechen).

b) Die **Konsonantenverbindungen** (auch Doppelkonsonanten genannt) sind ξ, ψ, ζ.

ξ (Lautwert ks = x) ist die Verbindung von Guttural (γ, κ, χ) + σ;

ψ (Lautwert ps) ist die Verbindung von Labial (β, π, φ) + σ;

ζ hatte ursprünglich den Lautwert: (stimmhaftes) σ + δ.

Anmerkung:

Die Aussprache des Griechischen ist heute in den einzelnen europäischen Ländern nicht einheitlich. Die Griechen z. B. sprechen das Altgriechische nach neugriechischen Ausspracheregeln; die Holländer, Belgier und Engländer wenden auf griechische Wörter die lateinische Betonungsregel an (z. B. anthrṓpos, lámbano). Gegenstand eines heftigen Gelehrtenstreites war die Aussprache des Griechischen seit der Zeit des Humanismus. Die byzantinischen Gelehrten, die dem Westen die Kenntnis der griechischen Sprache und Literatur wieder vermittelten, sprachen das Altgriechische schon mit neugriechischer Aussprache; so lehrten es auch Reuchlin und Melanchthon. Nach der Aussprache des η als i (so z. B. Κύριε ἐλέησον als Kýrie eléison) bezeichnet man diese Aussprache als **itazistisch**. Ihr steht die **etazistische** gegenüber (η = langes, offenes e), für die sich Erasmus von Rotterdam einsetzte (1528). Diese Aussprache setzte sich als die wissenschaftlich besser begründete in Deutschland und anderen Ländern durch, jedoch wurden vielfach Gewohnheiten der eigenen Sprache auf die Aussprache des Griechischen übertragen.

Bei der Frage nach der historisch richtigen Aussprache des Altgriechischen ist zu berücksichtigen, daß der Lautwert mancher Buchstaben nicht nur in den verschiedenen Dialekten verschieden war, sondern auch im Lauf der Zeit Veränderungen erfuhr. Hierfür einige Beispiele:

η wurde in der älteren Zeit als ā gesprochen. Das beweist die Wiedergabe des Blökens der Schafe durch βῆ βῆ in der Komödie (vgl. auch das lautnachahmende μηκάδες »die Meckernden« bei Homer). Erst in hellenistischer Zeit wurde es zu geschlossenem ē, schließlich zu i.

υ hatte ursprünglich den Lautwert u. Homer gibt den Naturlaut der Rinder lautnachahmend mit μυκᾶσθαι (muhen) wieder. Den Lautwert u bewahrte es in den Diphthongen (z. B. αυ = a-u, ευ = e-u). In der klassischen Zeit wurde υ im Attischen wie ü gesprochen. In byzantinischer Zeit wurde es zu i.

ω wurde als langes offenes o gesprochen (wie engl. aw in law).

Die **Langdiphthonge** wurden im Attischen des 5. Jh. v. Chr. noch so gesprochen, daß beide Vokale hörbar waren (z. B. tragōidía); monophthongiert wurde in der Aussprache zuerst (um 400 v. Chr.) ηι zu ä; in hellenistischer Zeit wurden ᾱι und ωι zu ā und ō.

Auch bei den **Kurzdiphthongen** ist die Monophthongierungstendenz klar ersichtlich:

ει als Ergebnis der Kontraktion oder Ersatzdehnung (das sog. unechte ει) war nie diphthongisch, sondern monophthongisch als langes geschlossenes ẹ (wie in dt. See) gesprochen worden, z. B. φίλε-ε > φίλει, *χαριεντς > χαρίεις (gesprochen kharíẹ̄s). Schon im 5. Jh. unterschied das Attische in der Aussprache von diesem unechten ει nicht mehr das echte, d. h. seiner Herkunft und ursprünglichen Aussprache nach diphthongische ει (z. B. idg. ei in λείπω; ει = ε + ι : ὄρει < *ορεϊ). Wohl zeigt sich noch ein Unterschied in der Kontraktion: τιμά-εις (mit echtem ει) > τιμᾷς, τιμά-ειν > τιμᾶν (ohne ι subscriptum). Im 3./2. Jh. v. Chr. ging ει (= ẹ̄) in ī über (Δαρεῖος, lat. Darēus, später Darīus).

ου war ursprünglich diphthongisch als o-u gesprochen worden, wurde aber schon um 600 v. Chr. zu langem geschlossenem o monophthongiert. So konnte auch das durch Kontraktion von o + o oder durch Ersatzdehnung eines kurzen o entstandene ọ̄ durch ου wiedergegeben werden (sog. unechtes ου, z. B. τόνς > τούς, gesprochen tọ̄s). Gegen Ende des 5. Jh. v. Chr. wurde dieses ọ̄ zu ū, wie es heute gesprochen wird.

αι und **οι** behielten lange ihren Charakter als wirkliche Diphthonge a-i bzw. o-i (die heute übliche Aussprache = eu entspricht diesem Laut nicht). Der Zusammenfall von αι mit ε, η, von οι mit υ läßt sich fürs Attische erst im 2./3. Jh. n. Chr. durch Inschriften belegen. Auf der Lautgleichheit αι/ε und οι/υ beruhen die byzantinischen Bezeichnungen ἒ ψιλόν und ὖ ψιλόν (= einfaches e bzw. ü). Die lateinische Wiedergabe von αι und οι durch ae und oe (Phaedrus, Phoebus) ist kein Argument für eine frühe Monophthongierung, da auch lat. ae und oe ursprünglich echte Diphthonge waren.

Die **Aspiraten** φ, ϑ, χ waren in der klassischen Zeit nicht Spiranten (Reibelaute), d. h. sie lauteten nicht wie f, engl. th, ch; sie wurden als aspirierte Mutae, d. h. als Mutae mit nachstürzendem h gesprochen, also φ = p' (p + h), ϑ = t', χ = k', z. B. φίλος = p'ílos, καϑοράω = kat'oráō, ἔχω = ék'ō. Die Römer schreiben also dem Laute gemäß Phaedrus für Φαῖδρος. Die Entwicklung zur spirantischen Aussprache von φ, ϑ, χ läßt sich schon aus Zeugnissen vorchristlicher Zeit erkennen, kommt aber erst in der Kaiserzeit zum Abschluß.

ζ hatte nach dem Zeugnis der griechischen Grammatiker den Lautwert sd (mit weichem stimmhaftem s). Das beweisen auch Wortbildungen wie 'Αϑήναζε (aus 'Αϑήνασ-δε »nach Athen«), Θεοζοτίδης (= Θεοσ-δοτίδης). Bei Platon erscheint der persische Gottesname Auramazda als 'Ωρομάζης. Seit der hellenistischen Zeit sprach man ζ im Attischen als stimmhaftes s.

Spiritus asper und lenis 3

1. Jeder anlautende Vokal oder Diphthong trägt ein Hauchzeichen (spiritus), entweder:

a) **den Spiritus asper** »'«, der wie h gesprochen wird, z. B.

ἁρμονία (sprich harmonía),

oder

b) **den Spiritus lenis** »'«, der nicht ausgesprochen wird, z. B.

'Αλέξανδρος (sprich Aléxandros).

2. Da ρ im Anlaut als r + h bzw. h + r gesprochen wurde, erhält jedes anlautende ρ den Spiritus asper, z. B.

'Ρόδος, ῥήτωρ.

Früher wurde -ρρ- im Inlaut -ῤῥ- geschrieben, heute schreibt man es gewöhnlich ohne jeden Spiritus:

Πύρρος (neben Πύῤῥος, lat. Pyrrhus).

3. Komposita, deren zweiter Bestandteil mit h anlautet, behalten auch im Wortinnern den h-Laut; es wird aber kein Spiritus gesetzt:

ὁδός »Weg« — σύνοδος (sprich sǘnhodos; »Zusammenkunft«).

Zu κάϑοδος aus κατ(ά) und ὁδός § 20, 1.

4. Stellung des Spiritus

Vokale (auch ᾳ, ῃ, ῳ) und ρ haben den Spiritus

bei Kleinschreibung **über** sich: ἀνήρ, ἁρμονία, ῥήτωρ,

bei Großschreibung **vor** sich: 'Αλέξανδρος, 'Ελλάς, ῞Αιδης, 'Ωιδεῖον.

Diphthonge haben den Spiritus auf dem zweiten Vokal:

εἰ, οὐκ, Αἰγαί, Εὐριπίδης.

Anmerkung:

Zur Zeit der Übernahme des kleinasiatisch-ionischen Alphabets (§ 1 Anm.) wurde der Laut h im Attischen und in vielen anderen Dialekten noch gesprochen. Da für diesen Laut das Zeichen H nicht mehr zur Verfügung stand (es hatte ja im ionischen Alphabet den Lautwert η bekommen), schuf man ein neues Zeichen, indem man die erste Hälfte des H verwandte: ⊢. Für den Spiritus lenis gab es in älterer Zeit gar kein Zeichen; erst die alexandrinischen Grammatiker schufen hierfür das Zeichen ⊣ (die zweite Hälfte des alten H). ⊢ und ⊣ wurden bald zu ⌈ und ⌉ vereinfacht; durch Abrundung entstanden hieraus in der Minuskelschrift ' und '.

4 Die Silben

1. Die Quantität der Silben

a) Kurz ist eine Silbe mit kurzem Vokal, dem **kein** oder nur **ein** einfacher Konsonant folgt:

ἄ-γο-μεν, νέ-ος.

b) Von Natur (naturā) lang ist eine Silbe, wenn sie einen langen Vokal oder einen Diphthong enthält:

ἥ-ρως, δή-μου.

c) Durch »Position« (positione[1]) lang ist eine Silbe, wenn auf einen kurzen Vokal zwei oder mehr Konsonanten folgen (ζ, ξ, ψ gelten als zwei Konsonanten):

ἄλλος, ἄνθρωπος, ἄξω, ὄζος.

Für die Aussprache ist die Positionslänge belanglos; zu beachten ist die Quantität des Vokals:

ἄλλος (sprich ắl-los) — μᾶλλον (sprich mā́l-lon).

2. Silbentrennung

a) Ein einzelner Konsonant gehört zur folgenden Silbe:

ἔ-χω, φέ-ρω, δό-ξα.

In unseren heutigen griechischen Textausgaben werden bei einer Trennung auch ζ, ξ und ψ wie Einzelkonsonanten behandelt.

b) Eine Konsonantengruppe wird zur folgenden Silbe gezogen, wenn mit dieser Konsonantengruppe ein griechisches Wort beginnen kann; andernfalls liegt die Silbengrenze hinter dem ersten Konsonanten:

γι-γνώ-σκω, τέ-κνον, νυ-κτός, γυ-μνός, ὅ-πλα, ἅ-πτο-μαι, ἐ-σθής, δε-σμός, ἔ-στρε-ψα

aber:

ἀν-δρεῖ-ος, ἀγ-γέλ-λω, πρᾶγ-μα, πέμ-πω, κίν-δυ-νος, ἅρ-παξ

c) Komposita werden nach ihren Bestandteilen getrennt:

ἐκ-λείπω, προσ-έχω, συν-άγω, ὥσ-περ

5 Der Akzent

1. Das Wesen des griechischen Akzents

Während im Deutschen die Betonung der Silben durch Verstärkung des Tones bewirkt wird (sog. exspiratorischer Akzent), unterscheidet sich im Griechischen die betonte Silbe von der unbetonten durch eine **höhere Tonlage** (sog. musikalischer Akzent). Wenn wir beim Lesen griechischer Wörter die betonte Silbe durch Tonverstärkung hervorheben, so weichen wir damit also von der altgriechischen Sprechweise ab.

Auf den musikalischen Akzent weist schon der antike Fachausdruck προσῳδία, lat. accentus (cantare!) = »das Dazu-Singen« hin.

---

[1] »positione« ist die Übersetzung des griechischen Fachausdrucks θέσει (= durch Festsetzung).

2. Die Akzentzeichen

a) **Der Akut** »΄«. Er kann auf kurzen und langen Silben stehen:

ἄνθρωπος, ἀνθρώπου

b) **Der Gravis** »`«. Er tritt an die Stelle des Akuts auf der Endsilbe eines Wortes, das durch kein Satzzeichen vom folgenden Wort getrennt ist:

τὸν θεὸν σέβει, aber: σέβει τὸν θεόν

c) **Der Zirkumflex** »῀«. Er kann nur auf langen Vokalen und Diphthongen stehen:

δῆμος, ἐμοῦ

Die Akzente stehen (ebenso wie der Spiritus, § 3, 4) bei kleinen Buchstaben über dem Vokal (bei Diphthongen über dem zweiten Vokal), bei großen Buchstaben oben vor dem Vokal.

Wenn Spiritus und Akzent auf dem gleichen Vokal zusammentreffen, so stehen:
Akut und Gravis hinter dem Spiritus: ἄνθρωπος, ὃς . . ., Αἴας, Ἅιδης,
der Zirkumflex über dem Spiritus: ἦν, Ἆγις

3. Die Stellung der Akzente im Wort

Der Akzent kann nur auf der letzten, vorletzten oder drittletzten Silbe eines Wortes stehen. Es gelten folgende **Akzentregeln:**

a) **Die drittletzte Silbe** (antepaenultima) kann nur den Akut tragen, jedoch nur dann, wenn die letzte (ultima) kurz ist:

ἄνθρωπος (aber: ἀνθρώπου), θάλαττᾰ (aber: θαλάττης).

Ein Wort, das den Akut auf der drittletzten Silbe trägt, heißt Proparoxýtonon.

b) **Die vorletzte Silbe** (paenultima) trägt den Zirkumflex, wenn sie selbst lang, die letzte Silbe aber kurz ist, sonst den Akut:

δῆμος, aber: δήμου — φεῦγε, aber: φεύγω — φῐ́λος, ῐ̔́ππος

Ein Wort, das den Zirkumflex auf der vorletzten Silbe trägt, heißt Properispómenon; ein Wort mit Akut auf der vorletzten Silbe heißt Paroxýtonon.

c) **Die letzte Silbe** (ultima) trägt den Akut oder Zirkumflex; statt des Akuts steht der Gravis, wenn kein Satzzeichen folgt:

βωμός, βωμὸς τοῦ θεοῦ — φώς, φῶς (s. Anm.).

Ein Wort, das den Akut (oder Gravis) auf der letzten Silbe trägt, heißt Oxýtonon; ein Wort mit Zirkumflex auf der Endsilbe heißt Perispómenon.

Anmerkung:

Die Akzentzeichen, die erst von dem alexandrinischen Gelehrten Aristophanes von Byzanz (um 220 v. Chr.) erfunden wurden, waren zunächst nur als Hilfe für Schüler gedacht. Im Wesen des musikalischen Akzents ist es begründet, daß man drei verschiedene Zeichen schuf:

Der Akut bezeichnet den hohen, steigenden Ton im Gegensatz zu der tieferen Tonlage der unbetonten Silben. Der Gravis drückt eine Tonlage aus, die tiefer ist als beim Akut, aber höher als bei unbetonten Silben. — Der Zirkumflex ist entstanden aus Akut + Gravis »΄`«; er zeigt, daß ein Vokal in der ersten More[1] mit steigendem, in der zweiten More mit sinkendem Ton zu sprechen ist.

---

[1] Als More (von lat. mora »Verzögerung«) bezeichnet man die zum Aussprechen eines kurzen Vokals benötigte Zeit; das Aussprechen eines langen Vokals oder Diphthongs erfordert die doppelte Zeit, also zwei Moren.

Es bestand also ein Unterschied in der Aussprache von φώς (Mann) und φῶς (Licht); vergleichbar ist im Deutschen der Unterschied zwischen dem fragenden »ja?« (= jaá) und dem bestätigenden »ja!« (= jáà).

6 Atona und Enklitika

1. **Átona** (d. h. tonlose) sind Wörter, die keinen Akzent haben, weil sie sich eng an das folgende Wort anlehnen (deshalb auch Proklítika genannt). Folgende 10 einsilbigen Wörter sind Atona:

ὁ, ἡ, οἱ, αἱ — ἐν, εἰς, ἐκ (ἐξ) — εἰ, ὡς — οὐ (οὐκ, οὐχ)

Die Negation οὐ erhält einen Akzent, wenn sie am Satzende steht:

πῶς γὰρ οὔ;

Alle Atona bekommen einen Akzent, wenn ihnen ein Enklitikon folgt (unten 2 b, α).

2. **Enklítika** (d. h. sich anlehnende) sind ein- oder zweisilbige Wörter, die sich so eng an das vorhergehende Wort anlehnen, daß sie mit ihm zu einer Toneinheit verschmelzen; dabei verlieren sie gewöhnlich ihren eigenen Akzent.

a) **Enklitisch sind:**

α) vom Personalpronomen die Formen μου, μοι, με — σου, σοι, σε — οἱ (§ 56 f);

β) das Indefinitpronomen τις, τι (§ 63);

γ) die indefiniten Pronominaladverbien που (irgendwo), ποι (irgendwohin), ποθέν (irgendwoher), πως, πῃ (irgendwie), ποτέ (irgendwann, einst);

δ) der Indikativ Präsens von φημί und εἰμί außer φής (§ 112) und εἶ (§ 114);

ε) die Partikeln τε (und), γε (wenigstens, zwar), τοι (wahrlich), νυν (nun, also), περ (eben, doch), πω (noch);

ζ) das (untrennbare) Suffix -δε (da, nach - hin), z. B. in ὅδε (der da), οἴκαδε (nach Hause).

b) **Akzentregeln:**

α) Das Enklitikon verliert seinen Akzent

nach einem Atonon; dieses erhält den Akut;	εἴ τις
nach einem endbetonten Wort (Perispomenon oder Oxytonon); Akut auf der Endsilbe wird **nicht** durch Gravis ersetzt;	σοφῶν τις σοφῶν τινων σοφός τις σοφός ἐστιν
nach einem Wort mit Akut auf der drittletzten Silbe (Proparoxytonon) oder Zirkumflex auf der vorletzten Silbe (Properispomenon); diese Wörter erhalten zusätzlich einen Akut auf der Endsilbe;	ἄνθρωπός τις ἄνθρωποί εἰσιν δῶρόν τι δῆλόν ἐστιν
β) nach einem Wort mit Akut auf der vorletzten Silbe (Paroxytonon) verliert das **einsilbige** Enklitikon seinen Akzent, das **zweisilbige** nicht;	φίλος τις φίλοι τινές φίλων τινῶν
γ) folgen mehrere Enklitika hintereinander, so bleibt nur das letzte ohne Akzent, die vorangehenden erhalten den Akut.	φίλοι μοί εἰσίν τινες εἴ τίς μοί φησιν

δ) Enklitika haben (zusätzlich zu den unter β und γ genannten Fällen) einen Akzent nach vorausgegangenem Satzzeichen: φησὶν ἐκεῖνος, nach einer Elision: χαλεπὸν δ'ἐστίν (statt δέ ἐστιν).

Lese- und Interpunktionszeichen 7

Der Erleichterung des Lesens von Wörtern und Sätzen dienen im Griechischen folgende Zeichen:

1. **der Spiritus** (§ 3);

2. **die Akzente** (§ 5, 2);

3. **das Trēma,** die Trennungspunkte »¨«: sie zeigen an, daß zwei nebeneinanderstehende Vokale, die gewöhnlich einen Diphthong bilden, getrennt als zwei Vokale zu sprechen sind:

'Ατρεΐδης (sprich Atre-ídäs).

Das Trema kann fehlen, wenn die Trennung der Vokale schon durch Akzent oder Spiritus erkennbar ist:

ἐΰ, ὄϊς, νηλέι.

4. **die Korōnis** (»Hörnchen«) »'«: äußerlich dem Spiritus lenis gleich, dient sie als Zeichen für die Krasis (§ 20, 2), d. h. für die Verschmelzung eines auslautenden Vokals mit dem anlautenden Vokal des folgenden Wortes:

τἆλλα aus τὰ ἄλλα, προὔβαλλον aus προέβαλλον.

5. **der Apostroph** »'«: er zeigt die Ausstoßung eines Endvokals (Elision) an:

παρ' ἐμοῦ, ἀλλ' ἐγώ.

6. **die Interpunktionszeichen:** Man schreibt

a) Punkt und Komma wie im Deutschen;

b) das Kōlon als Punkt oberhalb der Zeile »·« für unseren Doppelpunkt und Strichpunkt;

c) das Fragezeichen gleich unserem Strichpunkt »;«, z. B. τί λέγεις; »Was sagst du?«

Ein Ausrufezeichen gibt es nicht.

Anmerkung:
Wie die Akzentzeichen, sind auch die Lese- und Interpunktionszeichen erst von Aristophanes von Byzanz (§ 5 Anm.) erfunden worden.

Die wichtigsten lautlichen Veränderungen

ᾱ 8

Idg. ā entsprach im ältesten Griechisch überall ᾱ, das jedoch im Attischen außer nach ε, ι, ρ zu η wurde. Vgl. den auf idg. -ā zurückgehenden Ausgang der folgenden Substantive:

1. θεᾱ́, κακίᾱ, χώρᾱ

2. βοή, τιμή, ἀρετή

Anmerkung:

Vielleicht wurde ᾱ (= idg. ā) im Attischen zunächst wie im Ionischen in allen Stellungen zu η und dies dann nach ε, ι, ρ in ᾱ zurückverwandelt. — In κόρη < κόρϝη (§ 15, 4) stand η ursprünglich nicht nach ρ. Wo ᾱ nach Konsonant erscheint, handelt es sich um ein ᾱ, das erst nach dem Wandel von ᾱ > η durch jüngere Ersatzdehnung (vgl. z. B. § 11), Kontraktion (§ 12, 3) u. a. entstanden ist.

9 Ablaut

Unter Ablaut versteht man den durch die indogermanische Betonung bewirkten Wechsel bestimmter Vokale und Diphthonge innerhalb etymologisch verwandter Wort- und Formengruppen (vgl. im Lat. »tegere, toga«; im Dt. »binde, band, gebunden«). Bei diesem Wechsel handelt es sich entweder um Änderung der Qualität (Klangfarbe) des Vokals (»qualitativer Ablaut«) oder um Änderung seiner Quantität (»quantitativer Ablaut«).

1. Qualitativer Ablaut: ε bzw. η (e-Stufe) wechselt mit ο bzw. ω (o-Stufe):

e-Stufe	o-Stufe
λ**έ**γω	λ**ό**γος
λ**εί**πω	λ**οι**πός
σπ**εύ**δω	σπ**ου**δή
ῥ**ή**γνυμαι	ἔρρ**ω**γα

2. Quantitativer Ablaut: kurzer Vokal (Grundstufe) wechselt mit dem entsprechenden langen Vokal (Dehnstufe) oder schwindet (Schwundstufe):

Grundstufe	Dehnstufe	Schwundstufe
πατ**έρ**α	πατ**ήρ**	πα**τρ**ί
ῥήτ**ο**ρες	ῥήτ**ω**ρ	—
λ**εί**πω	—	ἔλ**ι**πον
φ**εύ**γω	—	ἔφ**υ**γον

3. Wenn Wurzeln usw. Liquide oder Nasale enthalten, werden diese in der Schwundstufe oft silbenbildend (vgl. § 13):

Grundstufe	Schwundstufe
πατ**έρ**ες	πατ**ρά**σι < πατρ̥σι (dagegen πατρί s. o.)
Wz. στ**ελ**- (στέλλω)	ἔστ**αλ**μαι < ἐστλ̥μαι
Wz. τ**εν**- (τείνω)	ἐτ**ά**θην < ἐτν̥θην

4. Die Grundstufe kann auch einen langen Vokal aufweisen. Daneben gibt es dann natürlich keine Dehnstufe, sondern nur eine Schwundstufe (Schwachstufe):

Grundstufe	Schwundstufe
ἵστ**η**μι (η < idg. ā, § 8)	στ**α**τός
τίθ**η**μι (η < idg. ē)	θ**ε**τός
δίδ**ω**μι	δ**ο**τός

Anmerkung:

Auch neben η < idg. ē erscheint jedoch in der Schwundstufe α: ῥήγνυμαι : ἐρράγην.

5. Qualitativer Ablaut kann sich mit quantitativem verbinden, z. B.:

e-Stufe	o-Stufe	Schwundstufe
ἐγενόμην	γέγονα	γίγνομαι
λείπω	λέλοιπα	ἔλιπον

Aber selten finden sich alle Ablautstufen nebeneinander.

6. Zweisilbige Wurzeln weisen meist in einer der beiden Silben die Grundstufe und in der anderen die Schwundstufe oder in beiden die Schwundstufe auf, wobei die Schwundstufe z. T. richtiger Schwachstufe zu nennen wäre (s. o. 4); z. B. die Wurzel γενη-:

1. Silbe:	Grundstufe	1. Silbe:	Schwundstufe	1. Silbe:	Schwundstufe
2. Silbe:	Schwundstufe	2. Silbe:	Grundstufe	2. Silbe:	
	γένε-σις		γνή-σιος		γί-γν-ομαι
	γέ-γον-α		(»vollbürtig«)		

Vokalkürzung und quantitative Metathese 10

1. Langdiphthong vor Konsonant wird gekürzt:

νᾱυς > νᾰῦς
βασιλη͜υς > βασιλεύς
γνωιμεν > γνοῖμεν

Anmerkung:

Als Charakteristikum augmentierter Formen wie ηὐχόμην sind die Langdiphthonge lange erhalten geblieben, später jedoch möglicherweise auch hier gekürzt worden (εὐχόμην vielleicht gekürzt < ηὐχόμην, falls nicht augmentlos, vgl. § 75 S 57). — Die genannte Regel gilt nicht für Langdiphthonge jüngeren Ursprungs, vgl. z. B. die Langdiphthonge in τιμᾷς, τιμῷμεν usw., deren Länge durch Kontraktion entstanden ist (vgl. § 87, 1).

2. Langer Vokal vor ν + Konsonant wird gekürzt:

βᾱντες > βᾰντες
παιδευθηντες > παιδευθέντες
γνωντες > γνόντες

3. Langer Vokal vor langem Vokal wird oft gekürzt:

νᾱϝων > νηῶν (§ 8; § 15, 3) > νεῶν
βασιληϝων > βασιλήων (§ 15, 3) > βασιλέων

4. ηο, ηα wird durch Vertauschung der Quantität zu εω, εᾱ (»quantitative Metathese«):

νᾱϝος > νηός (s. o.) > νεώς
βασιληϝος > βασιλῆος (s. o.) > βασιλέως
βασιληϝα > βασιλῆα > βασιλέᾱ

Anmerkung:

Zu η < ᾱ lautet die entsprechende Kürze bald ᾰ, bald ε, je nachdem, ob die Kürzung vor oder nach dem Wandel von ᾱ > η (§ 8) erfolgte (z. B. einerseits ναῦς, andererseits νεώς, νεῶν neben νηΐ).

11 Ersatzdehnung

Beim Schwund gewisser Konsonanten wird ein voraufgehender kurzer Vokal gedehnt (»Ersatzdehnung«, vgl. § 14, 5; § 16, 5—8); dabei wird:

ᾰ > ᾱ, das außer nach ε, ι, ρ zu η wird, wenn die Dehnung noch vor dem Wandel von ᾱ > η (§ 8) stattfand:

ἐφ**ᾰ**ν-σα > ἐφᾱνα > ἔφ**η**να (§ 16, 6)
π**ᾰ**ντ-ι̯α > πᾰνσα > π**ᾶ**σα (§ 14, 9; § 16, 7)

ε > ει (= ẹ̄, § 2 Anm.) : **ἐ**σ-μι > **εἰ**μί (§ 16, 5)
ο > ου (= ọ̄, § 2 Anm.) : τ**ο**νς > τ**ού**ς (§ 16, 8)
ῐ > ῑ : κλ**ῐ**ν-ι̯ω > κλ**ῑ́**νω (§ 14, 5)
ῠ > ῡ : ἀμ**ῠ**ν-ι̯ω > ἀμ**ῡ́**νω (§ 14, 5)

Anmerkung 1:

Das Ergebnis der Dehnung von ε und ο ist jedoch η bzw. ω bei älteren Dehnungen anderer Art (vgl. z. B. die Nominativdehnung in ποιμήν, γέρων, § 34 S 13; auch § 9, 2).

Anmerkung 2:

Langer Vokal bleibt unter denselben Bedingungen unverändert: παιδευωνσι > παιδεύωσι.

12 Kontraktion

Zwei zusammentreffende Vokale eines Wortes werden miteinander zu einem stets langen Laut verschmolzen (»Kontraktion«):

1. Ein Vokal wird mit einem gleichartigen Vokal (bzw. Diphthong) zum entsprechenden langen Vokal (bzw. Diphthong) kontrahiert:

α + α > ᾱ	κρέαα > κρέᾱ	η + ε > η	ἦεν > ἦν
α + αι > αι	μνάαι > μναῖ	η + ει > ῃ	ζήει > ζῇ
ε + ε > ει[1]	ἐποίεε > ἐποίει	ο + ο > ου[2]	νόος > νοῦς
ε + ει > ει	ποιέει > ποιεῖ	ο + ου[2] > ου[2]	δουλόουσι > δουλοῦσι
ε + η > η	ποιέητε > ποιῆτε	ο + ω > ω	δουλόω > δουλῶ
η + η > η	παιδευθήητε[3] > παιδευθῆτε	ο + οι > οι	περίπλοοι > περίπλοι
		ω + ω > ω	γνώω > γνῶ

2. Vokal + ῐ̄ verbinden sich zum entsprechenden ι-Diphthong:

α + ι > αι	πάϊς > παῖς	η + ι > ῃ	φη(σ)ι-ς > φῇς (vgl. § 112 S 90)
ε + ι > ει	γένεϊ > γένει	ο + ι > οι	αἰδόϊ > αἰδοῖ
ε + ῑ > ει	θε-ῑ-μεν > θεῖμεν		

3. Beim Zusammentreffen von a- und e-Laut setzt sich der jeweils vorangehende durch:

α + ε > ᾱ	τιμάετε > τιμᾶτε	ε + α > η	γένεα > γένη
α + η > ᾱ	τιμάητε > τιμᾶτε	ε + αι > ῃ	λειπε(σ)αι > λείπῃ
α + ει > ᾱͅ	τιμάει > τιμᾷ	η + α > η	ἦα > ἦ
α + ῃ > ᾱͅ	τιμάῃ > τιμᾷ		

Anmerkung:

Nach ε, ι, teilweise außerdem nach υ setzt sich der a-Laut auch dann durch, wenn er an zweiter Stelle steht: vgl. εὐκλεᾶ, ὑγιᾶ, εὐφυᾶ mit -ᾶ < -έα. Dies wird oft auch durch Analogie bewirkt (vgl. § 31 S 8 und 9, § 32 f. S 10 und § 56 S 43).

---

[1] ει = ẹ̄, § 2 Anm. [2] ου = ọ̄, § 2 Anm. [3] jedoch vgl. § 107 S 84 zum Konj. Akt.

4. o-Laut setzt sich gegenüber jedem andersartigen Laut durch:

α + ο > ω	τιμάομεν > τιμῶμεν	η + ω > ω	βήω > βῶ
α + ου[1] > ω	τιμάουσι > τιμῶσι	η + οι > ῳ	ζήοιμεν > ζῷμεν
α + ω > ω	τιμάω > τιμῶ	ο + ε > ου[1]	δουλόετε > δουλοῦτε
α + οι > ῳ	τιμάοιμεν > τιμῷμεν	ο + ει > οι	δουλόεις > δουλοῖς
ε + ο > ου[1]	ἀργυρέος > ἀργυροῦς	ο + ῃ > οι	δουλόῃς > δουλοῖς
ε + ου[1] > ου[1]	ποιέουσι > ποιοῦσι	ο + η > ω	δουλόητε > δουλῶτε
ε + ω > ω	ποιέωμεν > ποιῶμεν	ο + α > ω	μείζοα > μείζω
ε + οι > οι	ποιέοιμεν > ποιοῖμεν	ω + η > ω	δώητε[2] > δῶτε
η + ο > ω	ζήομεν > ζῶμεν	ω + ῃ > ῳ	δώῃ[2] > δῷ
η + ου[1] > ω	ζήουσι > ζῶσι		

Akzent: Der durch die Kontraktion entstandene Vokal erhält den Akzent, wenn einer der kontrahierten Vokale den Akzent trug; und zwar den Zirkumflex, wenn der erste Vokal betont war, dagegen den Akut, wenn der zweite Vokal betont war, z. B.

ἐτίμαε > ἐτίμα, τιμάω > τιμῶ, ἑσταώς > ἑστώς

Anmerkung:

Das Zusammentreffen zweier Vokale ist oft durch den Schwund bestimmter Konsonanten (ι̯, σ, ϝ) bewirkt worden, der zu verschiedenen Zeiten erfolgte. Nach dem Schwund von ϝ war die Kontraktion nicht mehr in dem Maße wirksam wie früher, und es wurden nur noch leicht zu kontrahierende Vokale kontrahiert (gleichartige Vokale; Vokal + ι), wenn überhaupt Kontraktion eintrat (vgl. z. B. § 44). Die Kontraktion unterblieb aber auch, ohne daß dafür besondere Bedingungen erkennbar wären.

Die silbenbildenden Liquiden und Nasale 13

Die Liquiden und Nasale konnten im Indogermanischen auch silbenbildende (vokalische) Funktion übernehmen (beim Zusammentreffen mit mehreren Konsonanten, am Wortende nach Konsonant und sonst). Diese silbenbildenden Liquiden und Nasale, die mit r̥, l̥, m̥, n̥ (ρ̥, λ̥, μ̥, ν̥) bezeichnet werden, wurden etwa so gesprochen wie in den deutschen Wörtern »Vater«, »Vogel«, »Leben«, »Atem« die mit »er«, »el«, »em«, »en« angedeuteten Laute. Sie haben im Griechischen eine von den konsonantischen Liquiden und Nasalen verschiedene Entwicklung erfahren:

1. r̥ > ρα oder αρ : πατ**ρ̥**σι > πατ**ρά**σι, ἐφθ**ρ̥**μαι > ἔφθ**αρ**μαι

2. l̥ > λα oder αλ : ἐκ**λ̥**πην > ἐκ**λά**πην, ἐστ**λ̥**κα > ἔστ**αλ**κα

3. m̥ > α : δεκ**μ̥** > δέκ**α**, vgl. decem

4. n̥ > α : Vorsilbe **n̥**- > ἀ- in **ἄ**-γνωστος usw. (»α privativum«, vgl. **in**-cognitus, **un**-bekannt).

ι̯ und Verbindungen mit ι̯ 14

1. Im Indogermanischen gab es neben vokalischem (silbischem) »i« konsonantisches (unsilbisches) »i̯«. Unter bestimmten Voraussetzungen konnten i und i̯ miteinander wechseln; insbesondere wurde zwischen Vokalen i > i̯.

Konsonantisches ι̯ ist als solches im Griechischen nicht erhalten, hat aber mannigfache Spuren hinterlassen (vgl. 2 und 4—13).

[1] ου = ọ, § 2 Anm. [2] jedoch vgl. § 107 S 84 zum Konj. Akt.

2. Im Anlaut wurde i̯- > h- (Spir. asp.) oder ζ-:

ἧπαρ (π < q$^{u̯}$, § 17, 1), vgl. iecur; **ζ**υγόν, vgl. iugum

3. Im Inlaut zwischen Vokalen ist i̯ geschwunden:

πόλ**ηι̯ος** > πολ**ηος** > πόλεως (§ 10, 4)

4. -α(ο) + νι̯-, ρι̯- > -αιν-, -αιρ- (-οιν-, -οιρ-):

φ**ανι̯**ω > φ**αίν**ω, καθ**αρι̯**ω > καθ**αίρ**ω, μ**ορι̯**α > μ**οῖρ**α

5. -ε (ι, υ) + νι̯-, ρι̯- > -ειν-, -ειρ- (-ῑν-, -ῑρ-; -ῡν-, -ῡρ-), Schwund des i̯ mit Ersatzdehnung (§ 11):

τ**ενι̯**ω > τ**είν**ω, φθ**ερι̯**ω > φθ**είρ**ω, κλ**ινι̯**ω > κλ**ῑν**ω, ἀμ**υνι̯**ω > ἀμ**ῡν**ω

Anmerkung:

Daß es sich hier im Gegensatz zu 4 bei dem mit ει bezeichneten Laut um Ersatzdehnung, nicht um echten Diphthong handelt, geht u. a. aus der älteren Schreibweise dieses Lautes auf Inschriften hervor.

6. -λι̯- > -λλ-:

στε**λι̯**ω > στέ**λλ**ω

7. -ϝι̯- > -ι-:

κλ**αϝι̯**ω > κλ**αί**ω, ἡδ**εϝι̯**α > ἡδ**εῖ**α

8. -σι̯- > -ι-:

ἀληθ**εσι̯**α > ἀλήθ**ει**α, πεπαιδευκ**υσι̯**α > -κ**υῖ**α

Anmerkung:

In vielen Fällen ist das »ι« auch noch geschwunden: τελεσι̯ω > τελέω.

9. -τι̯-, -θι̯- > -σσ- > -σ-:

παιδευον**τι̯**α > -ον**σ**α > -ουσα (§ 16, 7), με**θι̯**ος > μέ**σ**ος

Anmerkung:

Statt -σ- (< -σσ-) findet sich auch -ττ-, was vielleicht nicht lautgesetzlich, sondern analogisch zu erklären ist: πλαθι̯ω > πλάττω.

10. -δι̯- > -ζ-:

ἐλπι**δι̯**ω > ἐλπί**ζ**ω

11. -κι̯-, -χι̯- > -ττ-:

φυλα**κι̯**ω > φυλά**ττ**ω, ταρα**χι̯**ω > ταρά**ττ**ω

12. -γι̯- > -ζ-:

στενα**γι̯**ω > στενά**ζ**ω

13. -πι̯-, -φι̯-, -βι̯- > -πτ-:

τυ**πι̯**ω > τύ**πτ**ω, θα**φι̯**ω > θά**πτ**ω, βλα**βι̯**ω > βλά**πτ**ω

u̯ (= Ϝ) und Verbindungen mit u̯ 15

1. Dem Nebeneinander von vokalischem i und konsonantischem i̯ (§ 14, 1) entsprach im Indogermanischen das Nebeneinander von vokalischem u und konsonantischem u̯, die ebenfalls unter gewissen Bedingungen miteinander wechseln konnten; insbesondere wurde zwischen Vokalen u > u̯.

Die entsprechenden griechischen Laute sind υ und Ϝ (vgl. § 1, 1). Das Attische hat Ϝ früh verloren, läßt jedoch noch einige Nachwirkungen des Lautes erkennen (vgl. 2 und 5—7).

2. Im Anlaut ist Ϝ- meist spurlos geschwunden, nicht selten jedoch auch zu h- (Spir. asp.) geworden:

Ϝεργον > **ἔ**ργον, vgl. Werk; **Ϝ**οραω > ὁράω, vgl. ge-wahren

3. Im Inlaut zwischen Vokalen ist -Ϝ- geschwunden:

βοϜος > βοός, vgl. bovis

4. Auch nach Konsonant schwand Ϝ oft spurlos:

Ϝει**δϜ**ως > εἰ**δ**ώς, vgl. dagegen 6 und 7

5. Im Anlaut wurde σϜ- > h- (Spir. asp.):

σϜᾱδυς > ἡδύς (§ 8), vgl. suavis

6. Im Anlaut wurde τϜ- > σ-:

τϜος > σός, vgl. tuus

7. Im Inlaut wurde -τϜ- > -ττ-:

τε**τϜ**αρες > τέ**ττ**αρες (vgl. § 65 S 51)

σ und Verbindungen mit σ 16

1. Im Anlaut vor Vokal wurde σ- > h- (Spir. asp.):

σεξ > ἕξ, vgl. sex

2. Im Inlaut zwischen Vokalen ist -σ- geschwunden:

γεν**εσος** > γέν**εος** > γένους (§ 12, 4)

Anmerkung:
Wo »σ« dennoch zwischen Vokalen erscheint, geht es entweder auf -σσ- und andere Konsonantenverbindungen zurück (vgl. 3, 7, 9; § 14, 9; vgl. auch § 17, 2) oder es ist in Analogie zu lautgesetzlich erhaltenem -σ- wieder eingeführt worden, besonders um das richtige Verständnis gewisser Formen zu gewährleisten: ἐπαίδευσα (nach ἔπεισα u. ä., vgl. 9), ἰχθύσι (nach γένεσι u. ä., vgl. 3) usw.

3. -σσ- > -σ-:

γένεσσι > γένεσι

4. Im Anlaut wurden σμ-, σν-, σλ-, σρ- > μ-, ν-, λ-, ῥ-:

σμια > **μ**ία, **σν**ευρον > **ν**εῦρον, vgl. Schnur
σλαβων > **λ**αβών, **σρ**εϜει > **ῥ**έει (§ 15, 3) > **ῥ**εῖ (§ 12, 1)

Anmerkung:

Der Spiritus asper des ρ ist eine Nachwirkung des σ (vgl. 1) und ist von Fällen dieser Art auf jedes anlautende ρ übertragen worden. — Verben, die ehemals mit den genannten Konsonantengruppen anlauteten, lassen z. T. in den augmentierten und reduplizierten Formen etwas deutlichere Spuren des σ erkennen (vgl. Anm. 2 zu 5).

5. Im Inlaut wurden -σμ-, -σν- > -μ-, -ν- mit Ersatzdehnung (§ 11):

ἐ**σμ**ι > **εἰ**μί, ἐ**σν**αι > **εἶ**ναι

Anmerkung 1:

In bestimmten Fällen jedoch wurde -σν- > -νν-: ϝεσνυμι > ἕννυμι (§ 15, 2).

Anmerkung 2:

Wie -σμ- und -σν- hat sich -σλ- in εἴληφα < σεσλᾱφα (§ 17, 4; § 8) entwickelt; anders dagegen -σρ- in ἔρρει < ἐσρεϝε. In Analogie zu ῥεῖ : ἔρρει u. ä. wurde jedes ρ verdoppelt, das vom Anlaut in den Inlaut geriet (durch Augment, Reduplikation, Zusammensetzung mit einem anderen Wort).

6. Im Inlaut wurden -μσ-, -νσ- (doch vgl. 7), -λσ-, -ρσ- > -μ-, -ν-, -λ-, -ρ- mit Ersatzdehnung (§ 11):

ἐν**εμσ**α > ἔν**ειμ**α, ἐφ**ανσ**α > ἔφ**ην**α

ἠγγ**ελσ**α > ἤγγ**ειλ**α, ἐσπ**ερσ**α > ἔσπ**ειρ**α

Anmerkung:

Nicht selten sind -λσ- und -ρσ- analogisch bewahrt worden: z. B. in ἁλσί und θηρσί (nach ἐλπίσι u. ä., vgl. 9); vgl. die Anm. zu 2 über ἰχθύσι.

7. Die unter 6 angegebene Regel gilt nur für ursprüngliches -νσ-, nicht für solches -νσ-, das erst später aus anderen Verbindungen entstanden ist. In diesen Fällen wird -νσ- > -σ- mit Ersatzdehnung (§ 11):

παντι̯α > π**ανσ**α > π**ᾶσ**α (vgl. § 14, 9)

παιδευοντι > παιδευ**ονσ**ι > παιδεύ**ουσ**ι (vgl. § 17, 2)

γεροντσι > γερ**ονσ**ι > γέρ**ουσ**ι (vgl. 9)

σπενδσω > σπ**ενσ**ω > σπ**είσ**ω (vgl. 9)

8. Im Auslaut wird -νς > -ς mit Ersatzdehnung (§ 11):

τ**ανς** > τ**άς**, τ**ονς** > τ**ούς**, ἐ**νς** > **εἱς**

9. τ, θ, δ + σ > σσ > σ:

γυμνη**τς** > γυμνή**ς**, ἐπει**θσ**α > ἔπει**σ**α, ἐλπι**δσ**ι > ἐλπί**σ**ι

10. π, φ, β + σ > ψ:

γυ**πς** > γύ**ψ**, ἐγρα**φσ**α > ἔγρα**ψ**α, Ἀρα**βσ**ι > Ἄρα**ψ**ι

11. κ, χ, γ + σ > ξ:

ἐφυλα**κσ**α > ἐφύλα**ξ**α, ὀνυ**χσ**ι > ὄνυ**ξ**ι, αἰ**γς** > αἴ**ξ**

12. σ zwischen Konsonanten schwand:

τεταρα**χσθ**αι > τεταρά**χθ**αι (vgl. § 19, 5), σε**κστ**ος > ἕ**κτ**ος (vgl. 1)

Anmerkung:

Nicht das -σ-, sondern der erste Konsonant schwand, wenn es sich dabei um ein »ν« handelte: συνσκευαζω > σύσκευάζω.

Mutae 17

1. Die indogermanischen Labiovelare (q$^{\text{u̯}}$, g$^{\text{u̯}}$h, g$^{\text{u̯}}$), eine besondere Gruppe von Gutturallauten, sind im Attischen meist vor hellem Vokal (ε, ι) zu Dentalen, vor dunklen Vokalen (α, ο) und Konsonanten zu Labialen geworden, während sie im Lateinischen z. T. besser bewahrt wurden:

q$^{\text{u̯}}$e > **τ**ε, vgl. -que; g$^{\text{u̯}}$m̥sis > **β**άσις (vgl. § 13, 3)

Daher können in griechischen Wörtern, die miteinander verwandt sind, Dental und Labial einander gegenüberstehen:

τίς (vgl. quis) gegenüber **π**ότε (vom verwandten Stamm q$^{\text{u̯}}$o-)
θείνω (< g$^{\text{u̯}}$heni̯o, § 14, 5) gegenüber **φ**όνος (e/o-Ablaut, § 9, 1)

2. In bestimmten Endungen und Suffixen wurde τι > σι:

τιθη**τι** > τίθη**σι** (vgl. ἐστί, wo -τι wegen des voraufgehenden σ erhalten blieb), διακα**τι**οι > διακό**σι**οι (vgl. § 65 S 51), βα**τι**ς > βά**σι**ς

3. Dental + Dental > σ + Dental (vgl. § 19):

ἐψευ**δ**ται > ἔψευ**σ**ται, ἐπει**θ**θην > ἐπεί**σ**θην

4. Von zwei aufeinanderfolgenden, jedoch nicht unmittelbar benachbarten Aspiraten desselben Wortes verliert die erste ihre Aspiration (d. h. wird zur Tenuis); ebenso geht Spiritus asper verloren, wenn im selben Wort eine Aspirata folgt (Hauchdissimilationsgesetz; vgl. § 19):

θριχος > **τ**ριχός (vgl. θρίξ), ἐ**θ**αφην > ἐ**τ**άφην (vgl. θάπτω), **φ**εφιληκα > **π**εφίληκα, **χ**εχρημαι > **κ**έχρημαι, σεχω > ἑχω > ἔχω (§ 16, 1)

Anmerkung:

Gelegentlich ist nicht die erste, sondern die zweite Aspirata dissimiliert worden: παιδευθηθι > παιδεύθητι, wo offenbar die Erhaltung des Tempuszeichens wichtiger war als die der Imperativendung. — Oft hat analogische Beeinflussung bewirkt, daß die Dissimilation überhaupt unterblieb: vgl. τεθράφθαι (nach τέθραμμαι), ἐφάνθη (nach φαίνω), φάθι (nach φημί).

Konsonanten am Wortende 18

1. Am Wortende erscheinen im Griechischen von den Konsonanten nur ν, ρ, σ.

Anmerkung:

οὐκ (οὐχ) und ἐκ schlossen sich sehr eng an das jeweils folgende Wort an und sind daher nur scheinbare Ausnahmen.

2. Im Auslaut wurde -m > -ν:

χώραν < -m, vgl. terram.

3. Auslautende Mutae schwanden:

τοδ > τό, vgl. istud u. ä.; γεροντ > γέρον; γυναικ > γύναι

4. οὕτως hat am Wortende bewegliches -ς, d. h. ein -ς, das auch fehlen kann: neben οὕτως auch οὕτω; entsprechend ἐξ und ἐκ. Vor Vokal stehen die Formen mit -ς (οὕτως ἐδόκει, ἐξ Ὀλύμπου), vor Konsonant meist die ohne -ς (οὕτω δοκεῖ, ἐκ τῆς γῆς).

5. Die Negation οὐ hat einen beweglichen Guttural (vgl. 4); sie lautet vor Konsonant οὐ (οὐ κωλύω), vor Spiritus lenis οὐκ (οὐκ ὀνομάζει), vor Spiritus asper οὐχ (οὐχ ὁμολογῶ).

6. Bewegliches ν (vgl. 4), sogenanntes »νῦ ἐφελκυστικόν« haben:

a) die 3. Sg. auf -ε(ν) sowie die 3. Sg. und Pl. auf -σι(ν):

ἐπαίδευε(ν), ἐπαίδευσε(ν), παιδεύουσι(ν), δίδωσι(ν), διδόασι(ν); aber auch ἐστί(ν)

b) Dative und Lokative auf -σι(ν):

πᾶσι(ν), Ἀθήνησι(ν); auch πανταπάσι(ν) (Adverb)

c) εἴκοσι(ν)

Die Formen mit -ν stehen vorzugsweise vor Vokal oder stärkerer Interpunktion.

Anmerkung:

Die beweglichen Endkonsonanten (4—6) erklären sich verschieden: ἐξ ist die ursprüngliche Form der Präposition (vgl. ex), woraus vor Konsonant lautgesetzlich ἐκ wurde (vgl. § 16, 12; § 20); ähnlich vielleicht οὕτω(ς) (vgl. § 52 S 37). — Der Guttural von οὐκ (οὐχ) ist eigentlich ein partikelhafter Bestandteil, der die Negation verstärkte. — Die Entwicklung des »ν ἐφελκυστικόν« ist unklar: Als Ausgangspunkte für die Erscheinung werden die 3. Sg. ἦν < ἦεν (vgl. § 114 S 92) und pronominale Dative wie ἡμῖν und ὑμῖν (vgl. § 56 S 43) angesehen.

19 Dissimilation und Assimilation

Die Sprache hat einerseits die Neigung, von benachbarten Lauten gleicher Art einen zu verändern (Dissimilation), und andrerseits die entgegengesetzte, benachbarte Laute verschiedener Art ganz oder teilweise aneinander anzugleichen (Assimilation). Im Griechischen werden Konsonanten im allgemeinen nur dann dissimiliert, wenn sie einen gewissen Abstand voneinander haben (vgl. § 17, 4; aber § 17, 3), und nur dann assimiliert, wenn sie unmittelbar aufeinander folgen (vgl. unten 1—5); auf die Vokale einzugehen ist hier nicht erforderlich (doch vgl. 6).

Durch Assimilation bewirkte lautliche Veränderungen:

1. -νλ- und -λν- > -λλ-:

συ**νλ**εγω > συ**λλ**έγω, ἀπο**λν**υμι > ἀπό**λλ**υμι

2. -νμ- > -μμ-:

ἐ**νμ**ενω > ἐ**μμ**ένω

3. Labial + μ- > -μμ-:

λελει**πμ**αι > λέλει**μμ**αι, τετρι**βμ**αι > τέτρι**μμ**αι, γρα**φμ**α > γρά**μμ**α

4. Nasal wird an folgende Muta assimiliert:

συ**νπ**ιπτω > συ**μπ**ίπτω, ἐ**νπ**ιπτω > ἐ**μπ**ίπτω

ἐ**νκ**λειω > ἐ**γκ**λείω, πεφα**νκ**α > πέφα**γκ**α (vgl. § 1, 3)

5. Die Artikulationsart einer Muta wird an die der folgenden assimiliert:

γ (β) + Tenuis > κ (π) + Tenuis: λελε**γτ**αι > λέλε**κτ**αι
τετρι**βτ**αι > τέτρι**πτ**αι
χ (φ) + Tenuis > κ (π) + Tenuis: τεταρα**χτ**αι > τετάρα**κτ**αι
γεγρα**φτ**αι > γέγρα**πτ**αι
γ (β) + Aspirata > χ (φ) + Aspirata: ἐλε**γθ**η > ἐλέ**χθ**η
ἐλη**βθ**η > ἐλή**φθ**η
vgl. τετριβσθαι > τετρίφθαι (vgl. § 16, 12)
κ (π) + Aspirata > χ (φ) + Aspirata: ἐδιω**κθ**ην > ἐδιώ**χθ**ην
ἐλει**πθ**ην > ἐλεί**φθ**ην
vgl. πεφυλακσθαι > πεφυλάχθαι (vgl. § 16, 12)

6. Assimilation von Vokalen:

μέγαθος (ionisch) > μέγεθος, ἅτερος > ἕτερος (vgl. § 64 S 50)

Lautveränderungen im Satz 20

(bes. Elision und Krasis)

Manche lautlichen Veränderungen eines Wortes sind von seiner Stellung im Satz abhängig (vgl. § 18 Anm. zu 4—6 über ἐξ und οὕτως). Erscheinungen dieser Art sind die Elision und die Krasis, wodurch der Hiat (d. i. die unmittelbare Aufeinanderfolge zweier Vokale im Auslaut eines Wortes und im Anlaut des nächsten) beseitigt wird:

1. Elision

Auslautender kurzer Vokal — außer ῠ — wird vor anlautendem Vokal des folgenden Wortes ausgestoßen; das Zeichen der Elision ist der Apostroph »'«, vgl. § 7, 5. Trug der elidierte Vokal den Akzent, so geht er bei Präpositionen und Konjunktionen verloren; im übrigen tritt er als Akut auf die vorhergehende Silbe.

Beispiele: ἐπ' ἐμοί = ἐπὶ ἐμοί, ἀλλ' ἐγώ = ἀλλὰ ἐγώ; δείν' ἔδρασας = δεινὰ ἔδρασας; mit gleichzeitiger Assimilation (vgl. § 19, 5): ὑφ' ἡμῶν = ὑπὸ ἡμῶν, καθ' ἡμέραν = κατὰ ἡμέραν.

Ausnahmen: Nicht elidiert wird ι in περί, μέχρι, ἄχρι, τί, τι, ὅτι; ο und α in einsilbigen Wörtern (τό, τά u. a.).

2. Krasis

Der auslautende Vokal eines Wortes wird oft mit dem anlautenden des folgenden zu einem langen Laut verschmolzen; das Zeichen der Krasis ist die Koronis »'«, vgl. § 7, 4.

Beispiele: τἆλλα = τὰ ἄλλα, τοὔνομα = τὸ ὄνομα (ου = ο̣, § 2 Anm.), κἀγώ = καὶ ἐγώ (vgl. § 14, 1 und 3), κᾆτα = καὶ εἶτα.

Anmerkung:

Die Krasis entspricht der Kontraktion, und die für diese aufgestellten Regeln (§ 12) gelten auch hier. Oft behauptet sich allerdings auch gegen diese Regeln der anlautende Vokal des zweiten Wortes, wenn dies das wichtigere Wort ist: ἁνήρ = ὁ ἀνήρ, ταὐτό = τὸ αὐτό.

Formenlehre

Bestandteile des Wortes

21

Zum richtigen Verständnis der mannigfaltigen Flexionsformen in Deklination und Konjugation ist es notwendig, zwischen den einzelnen Bestandteilen, aus denen sich die Formen zusammensetzen, zu scheiden.

1. **Die Wurzel** drückt den **Wortbegriff** aus; sie kann ein- oder zweisilbig sein. Sehr oft liegt ein und dieselbe Wurzel nominalen und verbalen Bildungen zugrunde, z. B. Wurzel λογ-/λεγ- dem Substantiv λόγος »Wort« und dem Verbum λέγειν »sagen«.

2. **Die Flexionsendung** bringt die Beziehung zu anderen Wörtern des Satzes zum Ausdruck. So wird z. B. ποδός durch das an die Wurzel ποδ- »Fuß« angefügte -ος als Gen. Sg. erkannt. Ebenso ist λέγεις und lat. laudas, dicis durch -s als 2. Sg. Akt. gekennzeichnet.

3. (Wort-)**Stamm:** Nur bei (verhältnismäßig) wenigen Wörtern treten die Flexionsendungen unmittelbar an die Wurzel (s. Anm. 2); gewöhnlich ist die Wurzel erweitert, und zwar im Griechischen (wie in den anderen indogermanischen Sprachen)

a) meist durch **Suffixe**, d. h. Elemente, die »unten (am Ende der Wurzel) angefügt« sind:

So bezeichnet z. B. in ῥήτωρ (orator, Redner) das an die Wurzel angefügte Element -τωρ (-tor, -er) die tätige Person; an dieses Suffix treten die Endungen;

b) seltener durch **Präfixe** und **Infixe**. Präfixe sind Elemente, die vor die Wurzel treten (z. B. das α privativum), Infixe solche, die in die Wurzel eingefügt sind (z. B. -ν- in μα-ν-θ-άνω zur Wurzel μαθ-, -n- in lat. vi-n-c-o zur Wurzel vic-).

Die durch diese Elemente erweiterte Wurzel bezeichnet man als (Wort-)**Stamm.**

Bei den weitaus meisten griechischen Wörtern ist also

Stamm = Wurzel + Suffix.

Anmerkung 1:

Diese Gleichung gilt nicht für Wörter wie ἄ-παις (kinderlos): hier besteht der Stamm ἀπαιδ- aus dem Präfix ἀ- und der Wurzel παιδ-; solche Wörter sind aber selten; gewöhnlich treten nämlich Präfixe und Infixe als zusätzliche Erweiterung der Wurzel neben einem Suffix auf, sind also nicht allein stammbildende Elemente.

Anmerkung 2:

Wörter, bei denen die Flexionsendungen unmittelbar an die Wurzel treten, bezeichnet man als Wurzelwörter: ποδ-ός (s. o. 2) — ἐσ-μέν »wir sind«. Bei diesen Wörtern ist die Wurzel zugleich auch Stamm.

4. **Wortstock** und **Ausgang** sind Begriffe, die man aus praktischen Gründen geprägt hat. Da das Zusammentreffen des Stammauslauts mit dem Anlaut der Endung oft

Veränderungen (wie z. B. Kontraktion) bewirkt, läßt sich der Stamm in manchen Formen nicht ohne weiteres erkennen. Man bezeichnet nun den Teil des Wortes, der in der Flexion unverändert bleibt, als Wortstock, den veränderlichen als Ausgang.

Beispiele:

		Stamm	Endung	Wortstock	Ausgang
λόγος (Wort)	Nom. Sg.	λόγο	- ς	λόγ	- ος
	Akk. Pl.	*λογο	- νς	λόγ	- ους
γένος (Geschlecht)	Gen. Sg.	*γενεσ	- ος	γέν	- ους
	Dat. Sg.	*γενεσ	- ι	γέν	- ει
	Gen. Pl.	*γενεσ	- ων	γεν	- ῶν

Es ist also

Stamm + Endung = Wortstock + Ausgang.

A. DAS NOMEN

Vorbemerkungen 22

1. Genus

Das Griechische hat ebenso wie das Lateinische und Deutsche die drei Genera der indogermanischen Grundsprache, Maskulinum, Femininum, Neutrum, bewahrt.

Es gelten folgende allgemeine Regeln:

a) Maskulina sind die Bezeichnungen für männliche Wesen, Völker, Flüsse, Winde und Monate;

b) Feminina sind die Bezeichnungen für weibliche Wesen, Bäume, Länder, Inseln und Städte[1];

c) Neutra sind die meisten Deminutiva (Verkleinerungswörter), auch wenn sie männliche oder weibliche Wesen bezeichnen, z. B.

τὸ παιδίον »das Kindchen«.

Manche Substantive, die Lebewesen bezeichnen, können als Maskulinum oder Femininum gebraucht werden (**Substantiva communia**), z. B.

ὁ θεός »der Gott«, ἡ θεός »die Göttin« — ὁ παῖς »der Knabe«, ἡ παῖς »das Mädchen«.

2. Numerus

Das Griechische hat die drei Numeri des Indogermanischen bewahrt: neben dem **Singular** und **Plural** besitzt es im Gegensatz zum Lateinischen und Deutschen den **Dual.**

Der Dual bezeichnet die Zweizahl; besonders paarweise auftretende Gegenstände erscheinen in diesem Numerus, z. B.

τὼ χεῖρε »die (beiden) Hände«, τὼ ὀφθαλμώ »die (beiden) Augen«.

---

[1] Ausnahme: Grammatisches Geschlecht haben die Städtenamen auf -οι (z. B. οἱ Δελφοί »Delphi«, οἱ Φίλιπποι »Philippi«) und solche mit der neutralen Endung -ον und -α (z. B. τὸ Ἴλιον, τὰ Μέγαρα).

3. Kasus

Das Griechische hat fünf Kasus: Nominativ, Genitiv, Dativ, Akkusativ, Vokativ.

Anmerkung:

Das Indogermanische besaß drei weitere Kasus, den Ablativ, Instrumentalis und Lokativ. Im Griechischen ist der idg. Ablativ (Separativ) im Genitiv (s. § 148), der idg. Instrumentalis und Lokativ im Dativ (s. § 161) aufgegangen; nur der Lokativ ist noch in wenigen Fällen als selbständiger Kasus erkennbar, z. B.

οἴκοι »zu Hause« (domi), Ἀθήνησι(ν) »in Athen« (§ 53, 4).

23 Allgemeine Regeln zur Deklination

1. **Die Neutra** haben (wie im Lat.) im Singular und Plural jeweils nur **eine** Form für Nominativ, Akkusativ und Vokativ. Im Plural enden diese Kasus bei allen Neutra auf -ᾰ.

2. **Der Vokativ** ist im Plural immer, im Singular oft dem Nominativ gleich.

3. **Der Akzent** bleibt auf der Tonsilbe des Nom. Sg. (bei Adjektiven: des Nom. Sg. Mask.), solange es die Quantität der Endsilbe gestattet. Auslautendes -οι und -αι gelten für den Akzent als kurz:

ἄνθρωπος, ἄνθρωπον, ἄνθρωποι, aber ἀνθρώπου.

Lange Gen.- und Dat.-Ausgänge, die betont sind, haben den Zirkumflex:

καλοῦ, καλῆς

Anmerkung:

Im Vokativ ist der Akzent bei einigen oft gebrauchten Wörtern nach vorne verschoben:

ἄδελφε »Bruder«, δέσποτα »Herrscher«, πάτερ »Vater«, θύγατερ »Tochter«, ἄνερ »Mann«, γύναι »Weib«, σῶτερ »Retter«, Ἄπολλον, Πόσειδον.

24 Der Artikel

1. Das Griechische hat einen **bestimmten** Artikel. Wie das deutsche »der, die, das« war auch der griech. Artikel ὁ, ἡ, τό ursprünglich ein Demonstrativpronomen[1].

	Singular			Plural		
Nom.	ὁ	ἡ	τό	οἱ	αἱ	τά
Gen.	τοῦ	τῆς	τοῦ	τῶν	τῶν	τῶν
Dat.	τῷ	τῇ	τῷ	τοῖς	ταῖς	τοῖς
Akk.	τόν	τήν	τό	τούς	τάς	τά

Die vier mit Spiritus asper anlautenden Formen ὁ, ἡ, οἱ, αἱ sind tonlos (Atona § 6, 1).

Der Artikel bildet keinen Vokativ. Im Attischen geht jedoch dem Vokativ eines Substantivs gewöhnlich die Interjektion ὦ voran.

2. Einen **unbestimmten** Artikel kennt das Griechische nicht[2].

[1] Siehe § 177; § 180, 1.

[2] Über den Gebrauch des Indefinitpronomens τις (§ 63) für den dt. unbestimmten Artikel siehe § 179, Anm. 1.

S 1 *Im Paradigma des Artikels sind wie bei den Personalpronomina (§ 56 S 43) verschiedene Stämme vereinigt:* ὁ, ἡ *< so, sā (§ 16, 1; § 8) im Nom. Sg. und Pl. des Maskulinums und Femininums und* το-, τη- *<* τᾱ- *(§ 8) in den übrigen Kasus und ursprünglich auch im Nom. Pl. des Maskulinums und Femininums, der später an den Nom. Sg. angeglichen worden ist.*

Nom. Sg. Mask. ὁ: *im Gegensatz zu den Substantiven der* o-*Deklination endungslos.*

Nom./Akk. Sg. Neutr.: τό *< *tod (§ 18, 3) mit der für Pronomina charakteristischen Endung des Neutrums, die auch in lat. quod vorliegt.*

Im übrigen vgl. § 25 S 2.

Substantiv und Adjektiv

Die o-Deklination 25

1. Die o-Deklination (so genannt nach dem Stammauslaut der Nomina) entspricht der lat. o-Deklination. Sie umfaßt an Substantiven

Maskulina und Feminina auf -ος,
Neutra auf -ον.

2. Ausgänge der o-Deklination:

<table>
<tr><th></th><th colspan="2">Singular</th><th colspan="2">Plural</th></tr>
<tr><th></th><th>Maskulina</th><th>Neutra</th><th>Maskulina</th><th>Neutra</th></tr>
<tr><td>Nom.</td><td>-ος</td><td>-ον</td><td>-οι</td><td>-α</td></tr>
<tr><td>Gen.</td><td colspan="2">-ου</td><td colspan="2">-ων</td></tr>
<tr><td>Dat.</td><td colspan="2">-ῳ</td><td colspan="2">-οις</td></tr>
<tr><td>Akk.</td><td>-ον</td><td>-ον</td><td>-ους</td><td>-α</td></tr>
<tr><td>Vok.</td><td>-ε</td><td>-ον</td><td>-οι</td><td>-α</td></tr>
</table>

Der Ausgang -οι (Nom. und Vok. Pl.) gilt für den Akzent als kurz (§ 23, 3).

S 2 *Mask. Sg. Nom.* -ος: *vgl. lat. domin-us < -os. Gen.* -ου: *< -oo (§ 12, 1) <* -οσι̯ο *(§ 14, 8 Anm.), keine Entsprechung im Lateinischen. Dat.* -ῳ: *vgl. domin-ō < -ōi. Akk.* -ον: *< -om (§ 18, 2), vgl. domin-um < -om. Vok.* -ε: φίλε *ist der endungslose Stamm in der e-Stufe (e/o-Ablaut, vgl. § 9, 1), vgl. domin-e. Pl. Nom.* -οι: *vgl. domin-ī < -oi. Gen.* -ων: *< -ōm (§ 18, 2), vgl. deum (= deorum) < -om < -ōm. Dat.* -οις: *vgl. domin-īs < -ois. Akk.* -ους: *<* -ονς *(§ 16, 8), vgl. domin-ōs < -ons. — Vgl. § 258.*

Neutr. Sg. Nom. -ον: *< -om (§ 18, 2), vgl. don-um < -om. Pl. Nom.* -ᾰ: *vgl. don-ă, dessen -ă aber < -ā entstanden ist (-ᾰ gegenüber -ā beruht auf quantitativem Ablaut, vgl. § 9, 4 und § 27 S 4). Die Endung* -α *war ursprünglich eine Singularendung (vgl. § 28 Fem. Sg.* δόξα*) und wurde zur Bildung von Sammelbegriffen (»kollektiver Singular«) verwandt:* πτερόν *»Feder«,* πτερά *zunächst »Gefieder«, dann »Federn«. Daher kommt es, daß in einem Satz mit einem Neutr. Pl. als Subjekt das Prädikat im Singular steht (§ 135, 3a).*

26 Substantive der o-Deklination

1. Deklinationsbeispiele:

	Maskulina					Neutra	
Stamm		φιλο-	δουλο-	ἰατρο-	ἀνθρωπο-		δωρο-
Bedeutung		Freund	Sklave	Arzt	Mensch		Geschenk
Sg. Nom.	ὁ	φίλος	δοῦλος	ἰατρός	ἄνθρωπος	τὸ	δῶρον
Gen.	τοῦ	φίλου	δούλου	ἰατροῦ	ἀνθρώπου	τοῦ	δώρου
Dat.	τῷ	φίλῳ	δούλῳ	ἰατρῷ	ἀνθρώπῳ	τῷ	δώρῳ
Akk.	τὸν	φίλον	δοῦλον	ἰατρόν	ἄνθρωπον	τὸ	δῶρον
Vok.	ὦ	φίλε	δοῦλε	ἰατρέ	ἄνθρωπε	ὦ	δῶρον
Pl. Nom.	οἱ	φίλοι	δοῦλοι	ἰατροί	ἄνθρωποι	τὰ	δῶρα
Gen.	τῶν	φίλων	δούλων	ἰατρῶν	ἀνθρώπων	τῶν	δώρων
Dat.	τοῖς	φίλοις	δούλοις	ἰατροῖς	ἀνθρώποις	τοῖς	δώροις
Akk.	τούς	φίλους	δούλους	ἰατρούς	ἀνθρώπους	τὰ	δῶρα
Vok.	ὦ	φίλοι	δοῦλοι	ἰατροί	ἄνθρωποι	ὦ	δῶρα

2. Die weitaus meisten Substantive auf -ος sind Maskulina.

3. Manche Wörter auf -ος werden als Substantiva communia (§ 22, 1) gebraucht, z. B. ὁ, ἡ ἄγγελος »der Bote, die Botin« — ὁ, ἡ ἄρκτος »der Bär, die Bärin«.

4. Feminina auf -ος sind

a) (nach § 22, 1) die Bezeichnungen für

weibliche Wesen, z. B. ἡ παρθένος »die Jungfrau«
Bäume, z. B. ἡ ἄμπελος »der Weinstock«, ἡ βίβλος »die Papyrusstaude«, »das (aus dem Bast der Papyrusstaude verfertigte) Buch«
Länder, z. B. ἡ Αἴγυπτος
Inseln, z. B. ἡ Δῆλος
Städte, z. B. ἡ Κόρινθος

Anmerkung:
Maskulina dagegen sind die Städtenamen auf -οι, z. B. οἱ Δελφοί (§ 22 Anm. 1).

b) Einzelwörter:

ἡ ἤπειρος »das Festland«, ἡ νόσος »die Krankheit«, ἡ νῆσος »die Insel« (ἡ Πελοπόννησος, ἡ Χερσόνησος), ἡ ὁδός »der Weg« (ἡ εἴσοδος »der Eingang«, ἡ ἔξοδος »der Ausgang«), ἡ τάφρος »der Graben«, ἡ ψῆφος »der Stimmstein«.

5. Besonderheiten:

a) ὁ σῖτος »das Getreide, die Speise« bildet den Plural τὰ σῖτα, τὸ στάδιον »das Stadium« neben τὰ στάδια auch οἱ στάδιοι.

b) ὁ ἀδελφός »der Bruder« betont im Vok. Sg. (ὦ) ἄδελφε (§ 23 Anm.).

S 3 *Pl. τὰ σῖτα gehörte wohl ursprünglich zu τὸ σιτίον und wurde aus τὰ σιτία unter dem Einfluß von τὰ ποτά umgebildet. Pl. οἱ στάδιοι ist vielleicht vom Plural des bedeutungsverwandten Wortes δρόμος beeinflußt.*

Die a-Deklination 27

1. Die a-Deklination entspricht der lateinischen a-Deklination. An Substantiven umfaßt sie

a) Feminina auf -ᾱ (-η),
b) Feminina auf -ᾰ,
c) Maskulina auf -ᾱς (-ης).

2. Nom. -ᾱ erscheint nur nach ε, ι, ρ, sonst endet er auf -η bzw. -ᾰ.
Auch die Stämme auf kurzes -ᾰ haben im Genitiv und Dativ des Singulars **langen** Ausgang, also -ης, -ῃ bzw. (nach ε, ι, ρ) -ᾱς, -ᾱͅ.

3. So ergeben sich folgende Ausgänge der a-Deklination:

	Singular						Plural
	Feminina				Maskulina		Feminina und Maskulina
Nom.	-ᾱ	-η	-ᾰ	-ᾰ	-ᾱς	-ης	-αι
Gen.	-ᾱς	-ης	-ᾱς	-ης	-ου	-ου	-ῶν
Dat.	-ᾱͅ	-ῃ	-ᾱͅ	-ῃ	-ᾱͅ	-ῃ	-αις
Akk.	-ᾱν	-ην	-ᾰν	-ᾰν	-ᾱν	-ην	-ᾱς
Vok.	-ᾱ	-η	-ᾰ	-ᾰ	-ᾱ	-η, -ᾰ	-αι

Der Ausgang -αι (Nom. und Vok. Pl.) gilt für den Akzent als kurz (§ 23, 3).

4. Der Gen. Pl. ist bei allen Substantiven der a-Deklination endbetont (mit Zirkumflex).

S 4 *Sg. Nom. -ᾱ, -η < -ᾱ (§ 8), -ᾰ (quantitativer Ablaut, § 9, 4): Überall liegt der endungslose Stammauslaut vor, vgl. lat. cur-ă < -ā. Gen. -ᾱς, -ης < -ᾱς: vgl. den alten Gen. familiās (in der Verbindung »pater familiās«). Dat. -ᾱͅ, -ῃ < -ᾱι: vgl. cur-ae < -āi. Akk. -ᾱν, -ην < -ᾱν, -ᾰν (quantit. Abl., § 9, 4): -ν < -m (§ 18, 2), vgl. cur-ăm < -ām. Pl. Nom. -αι: in Analogie zur Endung -οι der o-Deklination gebildet; u. a. ist die Kürze des »α« sowohl hier als auch im Dat. und in der unten angegebenen Ausgangsform des Akk. Pl. auf den Einfluß dieser Deklination zurückzuführen; cur-ae < -āi entspricht nicht genau. Gen. -ῶν: < -ᾱ́ων (§ 12, 4, zum Akzent vgl. § 12 am Ende) < -āsōm (§ 16, 2; § 18, 2), vgl. cur-ārum < -āsōm. Dat. -αις: vgl. cur-īs < -ăis. Akk. -ᾱς: < -ᾰνς (§ 16, 8; § 8 Anm.), vgl. curās < -ăns. Vgl. § 259.*

S 5 *Sg. Nom. -ᾱς, -ης < -ᾱς (§ 8): Anfügung des -ς in Analogie zur Endung -ος der o-Deklination. Gen. -ου: Der Genitiv endete ursprünglich wie bei den Feminina auf -ᾱς, -ης; um ihn vom Nominativ zu unterscheiden, ersetzte man die alte Endung durch die entsprechende der o-Deklination. Vok. -ᾱ, -η < -ᾱ, -(τ)ᾰ: quantitativer Ablaut (§ 9, 4).*

28 Substantive der a-Deklination: Feminina

Deklinationsbeispiele:

		Stammauslaut: -ᾱ				Stammauslaut: -ᾰ	
Stamm		χωρᾱ-	στρατιᾱ-	τεχνᾱ-	τῑμᾱ-	γεφυρᾰ-	δοξᾰ-
Bedeutung		Land	Heer	Kunst	Ehre	Brücke	Meinung
Sg. Nom.	ἡ	χώρᾱ	στρατιᾱ́	τέχνη	τῑμή	γέφυρᾰ	δόξᾰ
Gen.	τῆς	χώρᾱς	στρατιᾶς	τέχνης	τῑμῆς	γεφύρᾱς	δόξης
Dat.	τῇ	χώρᾳ	στρατιᾷ	τέχνῃ	τῑμῇ	γεφύρᾳ	δόξῃ
Akk.	τὴν	χώρᾱν	στρατιᾱ́ν	τέχνην	τῑμήν	γέφυρᾰν	δόξᾰν
Pl. Nom.	αἱ	χῶραι	στρατιαί	τέχναι	τῖμαί	γέφυραι	δόξαι
Gen.	τῶν	χωρῶν	στρατιῶν	τεχνῶν	τῑμῶν	γεφυρῶν	δοξῶν
Dat.	ταῖς	χώραις	στρατιαῖς	τέχναις	τῑμαῖς	γεφύραις	δόξαις
Akk.	τὰς	χώρᾱς	στρατιᾱ́ς	τέχνᾱς	τῑμᾱ́ς	γεφύρᾱς	δόξᾱς

Der Vok. Sg. ist bei den femininen a-Stämmen gleich dem Nominativ.

Merke:

1. Steht im Nom. Sg. η, so bleibt es im ganzen Sg.

2. Steht im Nom. Sg. α nach einem anderen Buchstaben als ε, ι, ρ, so wird es im Gen. und Dat. Sg. zu η.

3. Nom., Akk., Vok. Sg. haben immer den gleichen Akzent und den gleichen Vokal der Schlußsilbe:

Nom./Vok.	χώρᾱ	τέχνη	θάλαττᾰ »Meer«
Akk.	χώρᾱν	τέχνην	θάλαττᾰν

29 Substantive der a-Deklination: Maskulina

1. Deklinationsbeispiele:

Stamm		νεανιᾱ-	πολῑτᾱ-	δικαστᾱ-	Ἀτρειδᾱ-
Bedeutung		Jüngling	Bürger	Richter	Atreide
Sg. Nom.	ὁ	νεανίᾱς	πολῑ́της	δικαστής	Ἀτρείδης
Gen.	τοῦ	νεανίου	πολῑ́του	δικαστοῦ	Ἀτρείδου
Dat.	τῷ	νεανίᾳ	πολῑ́τῃ	δικαστῇ	Ἀτρείδῃ
Akk.	τὸν	νεανίᾱν	πολῑ́την	δικαστήν	Ἀτρείδην
Vok.	ὦ	νεανίᾱ	πολῖτᾰ	δικαστᾰ́	Ἀτρείδη
Pl. Nom.	οἱ	νεανίαι	πολῖται	δικασταί	Ἀτρεῖδαι
Gen.	τῶν	νεανιῶν	πολῑτῶν	δικαστῶν	Ἀτρειδῶν
Dat.	τοῖς	νεανίαις	πολῑ́ταις	δικασταῖς	Ἀτρείδαις
Akk.	τοὺς	νεανίᾱς	πολῑ́τᾱς	δικαστᾱ́ς	Ἀτρείδᾱς
Vok.	ὦ	νεανίαι	πολῖται	δικασταί	Ἀτρεῖδαι

2. Die Maskulina unterscheiden sich von den Feminina nur im Nom. und Gen. Sg.

3. Der Vok. Sg. endigt auf -ᾱ oder -η:

ὦ νεανίᾱ, ὦ Ἀτρείδη

nur die Substantive auf -της und die Völkernamen auf -ης enden im Vokativ auf -ᾰ:

ὦ πολῖτᾰ, ὦ Πέρσᾰ (von ὁ Πέρσης).

ὁ δεσπότης »der Herr« betont im Vok. Sg. (ὦ) δέσποτα (§ 23 Anm.)

4. Dorische und nichtgriechische Eigennamen auf -ᾱς haben auch im Attischen häufig den dorischen Gen. Sg. auf -ᾱ:

Ὀρόντᾱς, Ὀρόντᾱ — Εὐρώτᾱς, Εὐρώτᾱ — Ἀννίβᾱς, Ἀννίβᾱ »Hannibal« — Σύλλᾱς, Σύλλᾱ »Sulla«.

Die Adjektive der o- und a-Deklination 30

1. Adjektive dreier Endungen

Sie bilden das Maskulinum auf -ος, das Femininum auf -η bzw. nach ε, ι, ρ auf -ᾱ, das Neutrum auf -ον.

φίλος, φίλη, φίλον	lieb	νέος, νέᾱ, νέον	neu
δῆλος, δήλη, δῆλον	offenbar	θεῖος, θείᾱ, θεῖον	göttlich
ἕτοιμος, ἑτοίμη, ἕτοιμον	bereit	ἐλεύθερος, ἐλευθέρᾱ, ἐλεύθερον	frei

Auch nach ι subscriptum endigt das Femininum auf -ᾱ:

πατρῷος, πατρῴᾱ, πατρῷον »väterlich«.

Bei ἀθρόος »versammelt« wirkt das ρ über das ο hinweg: ἀθρόᾱ.

Deklinationsbeispiele: καλός »schön«, δίκαιος »gerecht«

Genus	Mask.	Fem.	Neutr.	Mask.	Fem.	Neutr.
Stamm	καλο-	καλᾱ-	καλο-	δικαιο-	δικαιᾱ-	δικαιο-
Sg. Nom.	καλός	καλή	καλόν	δίκαιος	δικαία	δίκαιον
Gen.	καλοῦ	καλῆς	καλοῦ	δικαίου	δικαίας	δικαίου
Dat.	καλῷ	καλῇ	καλῷ	δικαίῳ	δικαίᾳ	δικαίῳ
Akk.	καλόν	καλήν	καλόν	δίκαιον	δικαίαν	δίκαιον
Vok.	καλέ	καλή	καλόν	δίκαιε	δικαία	δίκαιον
Pl. N./V.	καλοί	καλαί	καλά	δίκαιοι	δίκαιαι	δίκαια
Gen.	καλῶν	καλῶν	καλῶν	δικαίων	δικαίων	δικαίων
Dat.	καλοῖς	καλαῖς	καλοῖς	δικαίοις	δικαίαις	δικαίοις
Akk.	καλούς	καλάς	καλά	δικαίους	δικαίας	δίκαια

Merke:

Im Nom. Pl. und Gen. Pl. des Femininums richtet sich der Akzent nach dem des Maskulinums.

S 6 *Der Gen. Pl. Fem. war ursprünglich wie bei den entsprechenden Substantiven endbetont, wurde aber dem des Maskulinums und Neutrums analogisch angeglichen.*

2. Adjektive zweier Endungen

Sie haben für Maskulinum und Femininum eine gemeinsame Form auf -ος, für das Neutrum die Form auf -ον (es fehlt also eine besondere Form für das Femininum). Zweiendig sind

a) fast alle zusammengesetzten Adjektive, z. B.

παρά-νομος, παράνομον	gesetzwidrig	ὑπ-ήκοος, ὑπήκοον	untertan
ἔμ-πειρος, ἔμπειρον	erfahren	ἄ-πειρος[1], ἄπειρον	unerfahren
ἔν-δοξος, ἔνδοξον	berühmt	ἄ-δικος[1], ἄδικον	ungerecht

b) eine Reihe sonstiger Adjektive, z. B.

φρόνιμος, φρόνιμον	verständig	νόμιμος, νόμιμον	gesetzlich
ἥμερος, ἥμερον	zahm	ἥσυχος, ἥσυχον	ruhig
βάρβαρος, βάρβαρον	nichtgriechisch		

3. Manche Adjektive haben bald zwei, bald drei Endungen, z. B.
βέβαιος »fest«, ἔρημος »einsam«, χρήσιμος »brauchbar«, ὠφέλιμος »nützlich«.

4. Merke besonders:
ἄλλος, ἄλλη, ἄλλο »ein anderer« (lat. alius, alia, aliud).

S 7 ἄλλος, -η, -ο *steht den Pronomina nahe und hat daher im Nom./Akk. Sg. Neutr. die für diese charakteristische Endung (vgl. § 24 S 1 zu* τό *und § 58* αὐτό*).*

31 Substantiva contracta der o- und a-Deklination

1. Substantive der o-Deklination

In einigen Wörtern steht (nach Wegfall eines ursprünglichen ϝ oder i̯) ein ε oder ο unmittelbar vor dem Stammauslaut -ο.

Die aufeinanderfolgenden Vokale werden nun in allen Kasus kontrahiert:
ε + ο > ου, ο + ο > ου, ε und ο vor langem Vokal oder Diphthong werden verschlungen.
Im Pl. Neutr. tritt für -εα ein langes -α ein.

	Maskulina		Neutra
Stamm	πλοο-	περιπλοο-	ὀστέο-
Bedeutung	Schiffahrt	Umsegelung	Knochen
Sg. Nom.	ὁ (πλόος >) πλοῦς	περίπλους	τὸ (ὀστέον >) ὀστοῦν
Gen.	(πλόου >) πλοῦ	περίπλου	(ὀστέου >) ὀστοῦ
Dat.	(πλόῳ >) πλῷ	περίπλῳ	(ὀστέῳ >) ὀστῷ
Akk.	(πλόον >) πλοῦν	περίπλουν	(ὀστέον >) ὀστοῦν
Pl. Nom.	οἱ (πλόοι >) πλοῖ	περίπλοι	τὰ (ὀστέα >) ὀστᾶ
Gen.	(πλόων >) πλῶν	περίπλων	(ὀστέων >) ὀστῶν
Dat.	(πλόοις >) πλοῖς	περίπλοις	(ὀστέοις >) ὀστοῖς
Akk.	(πλόους >) πλοῦς	περίπλους	(ὀστέα >) ὀστᾶ

[1] Das ἀ- in ἄπειρος, ἄδικος (vor Vokalen ἀν-, wie in ἀνάξιος »unwürdig«) entspricht dem lat. in-, dem deutschen un- in in-iustus, un-gerecht; es wird α privativum genannt (vgl. § 13, 4).

Akzent: Die Simplicia sind in allen Kasus mit Zirkumflex endbetont; die Komposita behalten den Akzent immer auf der Tonsilbe des Nom. Sg.: περίπλους, περίπλων.

S 8 *Die Vokale werden nach den üblichen Regeln kontrahiert (§ 12); jedoch gegen § 12, 3 Nom./Akk. Pl. Neutr.* ὀστᾶ < -έα *in Analogie zu den nichtkontrahierten Neutra wie* δῶρα *usw. Die Akzentuierung von* περίπλους *ist im Nom. und Akk. Sg. und im Nom. Pl. regelrecht* (περίπλους < περίπλοος *usw.); diesen Kasus sind die übrigen angeglichen worden* (περίπλου < περιπλόου *usw.), während nach § 12 (am Ende) hier Betonung der kontrahierten Silbe zu erwarten gewesen wäre.*

2. Substantive der a-Deklination

Steht ein ε oder α unmittelbar vor dem Stammauslaut -α (vgl. 1), so wird kontrahiert: ε + α > η (nach ρ statt dessen ᾱ), α + α > ᾱ; vor einem anderen nachfolgenden Vokal oder Diphthong werden ε und α verschlungen.

Stamm	γεᾱ-	μναᾱ-	Ἑρμεᾱ-
Bedeutung	Erde	Mine	Hermes, Hermensäule
Sg. Nom.	ἡ (γέᾱ >) γῆ	ἡ (μνάᾱ >) μνᾶ	ὁ (Ἑρμέᾱς >) Ἑρμῆς
Gen.	(γέᾱς >) γῆς	(μνάᾱς >) μνᾶς	(Ἑρμέου >) Ἑρμοῦ
Dat.	(γέᾳ >) γῇ	(μνάᾳ >) μνᾷ	(Ἑρμέᾳ >) Ἑρμῇ
Akk.	(γέᾱν >) γῆν	(μνάᾱν >) μνᾶν	(Ἑρμέᾱν >) Ἑρμῆν
Vok.	— —	— —	(Ἑρμέᾱ >) Ἑρμῆ
Pl. Nom.		αἱ (μνάαι >) μναῖ	οἱ (Ἑρμέαι >) Ἑρμαῖ
Gen.		(μναῶν >) μνῶν	(Ἑρμεῶν >) Ἑρμῶν
Dat.		(μνάαις >) μναῖς	(Ἑρμέαις >) Ἑρμαῖς
Akk.		(μνάᾱς >) μνᾶς	(Ἑρμέᾱς >) Ἑρμᾶς

Akzent: Alle Kasus sind mit Zirkumflex endbetont.

S 9 *Zur Kontraktion vgl. § 12; jedoch gegen § 12, 3 Nom. Pl.* Ἑρμαῖ < -έαι *in Analogie zu* τιμαί *u. ä.; entsprechend Dat. und Akk. Pl.*

Adiectiva contracta 32

1. **Kontrahiert** werden

a) die Adjektive auf -εος, -έᾱ, -εον, die einen Stoff oder eine Farbe bezeichnen, z. B. χρύσεος, χρυσέᾱ, χρύσεον »golden« (vgl. lat. aureus),

b) die Zahladjektive auf -πλόος, -πλόη, -πλόον, z. B. ἁπλόος, ἁπλόη, ἁπλόον »einfach«,

c) die mit νοῦς »Sinn«, πλοῦς »Schiffahrt«, ῥοῦς »Flut« zusammengesetzten Adjektive, z. B.
εὔνοος »wohlgesinnt«, ἄπλοος »unbefahrbar, zur Seefahrt nicht tauglich«.
Sie sind zweier Endungen (§ 30, 2).

2. Akzent: Die einfachen Adjektive (1a und b) sind in allen Kasus mit Zirkumflex endbetont (so χρυσοῦς, obwohl aus χρύσεος entstanden); die zusammengesetzten Adjektive (1c) behalten den Akzent in allen Formen auf der Tonsilbe des Nom. Sg. (vgl. περίπλους § 31, 1).

3. Deklinationsbeispiele: ἀργυροῦς »silbern«, χρυσοῦς »golden«, εὔνους »wohlgesinnt«

Stamm	ἀργυρεο-	ἀργυρεᾱ-	ἀργυρεο-	χρῡσεο-	χρῡσεᾱ-	χρῡσεο-
Sg. N./V.	ἀργυροῦς	ἀργυρᾶ	ἀργυροῦν	χρῡσοῦς	χρῡσῆ	χρῡσοῦν
Gen.	ἀργυροῦ	ἀργυρᾶς	ἀργυροῦ	χρῡσοῦ	χρῡσῆς	χρῡσοῦ
Dat.	ἀργυρῷ	ἀργυρᾷ	ἀργυρῷ	χρῡσῷ	χρῡσῇ	χρῡσῷ
Akk.	ἀργυροῦν	ἀργυρᾶν	ἀργυροῦν	χρῡσοῦν	χρῡσῆν	χρῡσοῦν
Pl. N./V.	ἀργυροῖ	ἀργυραῖ	ἀργυρᾶ	χρῡσοῖ	χρῡσαῖ	χρῡσᾶ
Gen.	ἀργυρῶν	ἀργυρῶν	ἀργυρῶν	χρῡσῶν	χρῡσῶν	χρῡσῶν
Dat.	ἀργυροῖς	ἀργυραῖς	ἀργυροῖς	χρῡσοῖς	χρῡσαῖς	χρῡσοῖς
Akk.	ἀργυροῦς	ἀργυρᾶς	ἀργυρᾶ	χρῡσοῦς	χρῡσᾶς	χρῡσᾶ

Die Adjektive auf -πλόος werden wie χρυσοῦς dekliniert:
ἁπλοῦς, ἁπλῆ, ἁπλοῦν

Stamm	εὐνοο-				
	Mask. u. Fem.	Neutr.		Mask. u. Fem.	Neutr.
Sg. N./V.	εὔνους	εὔνουν	Pl. N./V.	εὖνοι	εὔνοα
Gen.	εὔνου		Gen.	εὔνων	
Dat.	εὔνῳ		Dat.	εὔνοις	
Akk.	εὔνουν	εὔνουν	Akk.	εὔνους	εὔνοα

Zu beachten ist, daß εὖνοι (obwohl aus εὔνοοι) den Zirkumflex trägt und εὔνοα nicht kontrahiert wird.

S 10 *Angleichung an die nichtkontrahierten Adjektive hat folgende Regelwidrigkeiten der Kontraktion verursacht (vgl. § 12, 3 u. 4): Nom./Akk. Pl. Neutr.* ἀργυρᾶ < -εα, χρυσᾶ < -εα, *und* ἁπλᾶ < -όα *wie* μακρά, καλά *u. ä. (vgl. § 31, 1* ὀστᾶ*). Fem. Sg.* ἀργυρᾶ < -έᾱ *usw. gegenüber* χρυσῆ *wie* μακρᾶ *gegenüber* καλή; ἁπλῆ < -όη *wie* καλή. *Ähnlich zum größten Teil der Plural des Femininums (vgl. § 31, 2* Ἑρμαῖ*).*

Die Stellung des Akzents ist im Paradigma von ἀργυροῦς *und* χρυσοῦς *so vereinheitlicht, daß immer die kontrahierte Schlußsilbe betont wird, auch wenn keiner der kontrahierten Vokale den Akzent trug (gegen § 12, am Ende); im Paradigma von* εὔνους *und ähnlichen Komposita dagegen so, daß immer die vorletzte Silbe betont wird, auch wenn Betonung der kontrahierten Schlußsilbe zu erwarten gewesen wäre (vgl. die Akzentuierung von* περίπλους, *§ 31 S 8).* εὖνοι *trägt den Zirkumflex in Analogie zu* δῆλοι *u. ä.*

Attische Deklination 33

1. Einige Wörter haben statt -ο als Stammauslaut -ω.

Deklinationsbeispiele:

	Substantive		Adjektive	
Stamm	νεω-	Μενελεω-	ἱλεω-	
Bedeutung	Tempel	Menelaos	gnädig	
Sg. N./V.	ὁ νεώς	Μενέλεως	ἵλεως	ἵλεων
Gen.	νεώ	Μενέλεω	ἵλεω	
Dat.	νεῴ	Μενέλεῳ	ἵλεῳ	
Akk.	νεών	Μενέλεων	ἵλεων	ἵλεων
Pl. Nom.	οἱ νεῴ		ἵλεῳ	ἵλεᾰ
Gen.	νεών		ἵλεων	
Dat.	νεῴς		ἵλεῳς	
Akk.	νεώς		ἵλεως	ἵλεᾰ

2. Der Stammauslaut -ω bleibt durch alle Kasus; nur die Adjektive endigen im Nom. und Akk. Pl. Neutr. auf -ᾰ.

3. Der Akzent bleibt stets auf der Tonsilbe des Nom. Sg.; ω (ῳ) gilt bei diesen Wörtern für den Akzent als kurz.

4. Die Adjektive der attischen Deklination sind zweier Endungen (Ausnahme: πλέως, πλέᾱ, πλέων »voll«).

5. ἡ ἕως »die Morgenröte«, ὁ λαγώς »der Hase« und einige Eigennamen (z. B. Μίνως) bilden den Akk. Sg. auf -ω: τὴν ἕω, τὸν λαγώ.

S 11 *Die Stämme der Substantive in der Tabelle sind ihrem Ursprung nach normale* ο-*Stämme (§ 26) und gehen zurück auf:* νηο-, Μενεληο-, ἱληο-. *Das* η *des Stammes ist vor langem Vokal der Endung (Dat. Sg. und Gen. Pl.) nach § 10, 3 gekürzt worden; vor kurzem Vokal bzw. Kurzdiphthong trat quantitative Metathese ein (§ 10, 4):*

Sg. Nom. νεώς < νηός. *Gen.* νεώ < νεωο < νηοο *(§ 25 S 2). Dat.* νεῴ < νηῷ. *Akk.* νεών < νηόν. *Pl. Nom.* νεῴ < νηοί. *Gen.* νεών < νηῶν. *Dat.* νεῴς < νηοῖς. *Akk.* νεώς < νεωνς < νηονς *(§ 25 S 2, vgl. § 11 Anm. 2). Nom./Akk. Pl. Neutr.* ἵλεᾰ *hat kurzes »α« in Analogie zu* καλά *u. ä.*

Die verschiedenen Formen von νεώς *tragen einheitlich den Akut, der in einigen Fällen den Zirkumflex verdrängt hat. — Diejenigen Kasus von* Μενέλεως *und* ἵλεως, *die vor dem Eintritt der quantitativen Metathese auf der drittletzten Silbe betont waren (z. B. Nom. Sg.* < Μενέληος*), behielten auch nach deren Eintritt diese Stellung des Akzents bei (scheinbar gegen § 5, 3 a). An diese wurde der Akzent der übrigen Kasus angeglichen (z. B. Dat. Sg.).*

S 12 *Die Wörter der attischen Deklination haben nicht alle dieselbe Vorgeschichte wie* νεώς *usw. und stammen z. T. aus ganz anderen Deklinationsklassen wie z. B.* ἕως, *das ursprünglich ein* σ*-Stamm war und daher auch den Akk. Sg.* ἕω *bildet (vgl. § 41, 3 mit S 23).*

34 Die dritte Deklination

1. Die dritte Deklination umfaßt

a) **konsonantische Stämme:**

α) Mutastämme mit dem Stammauslaut γ, κ, χ (Gutturalstämme), β, π, φ (Labialstämme), δ, τ, ϑ (Dentalstämme), ντ;

β) Liquidastämme auf λ, ν, ρ;

γ) Sigmastämme;

b) **vokalische Stämme:**

α) Stämme auf ῡ;

β) Stämme auf ῐ und ῠ;

γ) Stämme auf Diphthong.

2. Die Kasusendungen der dritten Deklination

	Singular		Plural	
	Mask. u. Fem.	Neutr.	Mask. u. Fem.	Neutr.
Nom.	— oder -ς	—	-ες	-ᾰ
Gen.	-ος	-ος	-ων	-ων
Dat.	-ι	-ι	-σι(ν)	-σι(ν)
Akk.	-ᾰ (nach Kons.) -ν (nach Vokal)	—	-ᾰς (nach Kons.) -ς (nach Vokal)	-ᾰ
Vok.	— oder = Nom.	—	-ες	-ᾰ

3. Akzentregeln:

Die einsilbigen Stämme betonen im Genitiv und Dativ aller Numeri die Endung:

ϑήρ »das Tier«, ϑηρός, ϑηρί — ϑηρῶν, ϑηρσί(ν)

Die zwei- und mehrsilbigen Stämme behalten den Akzent in der Regel auf der Tonsilbe des Nom. Sg.

Ausnahmen werden bei den jeweiligen Stämmen angeführt.

S 13

Mask. / Fem.:

Sg. Nom. — *oder* -ς: *endungslos (»asigmatisch« = »ohne* -ς *gebildet«), wobei kurzer Stammvokal gedehnt wird (»Nominativdehnung«), oder mit* -ς *gebildet (»sigmatisch«), z. B.* γέρων *(§ 37, 2),* φύλαξ *(§ 35); ähnlich lat. orator, rex. Gen.* -ος: *vgl. reg-is < -es (e/o-Ablaut; § 9, 1). Dat.* -ι: *ursprünglich Lokativ (§ 22, 3 Anm.), der im Lateinischen als Ablativ erscheint, vgl. reg-e < -i; die echte Dativendung* -ει *in* κέρᾳ < κέρα(σ)-ει *(§ 41 S 23), vgl. reg.-ī < -ei; die Nebenform* -αι *vielleicht in* χαμ-αί *»auf den Boden« (Dativ der Richtung; vgl. § 74 S 56). Akk.* -ν *oder* -α: -ν *< -m (§ 18, 2);* -α *< -m̥ (§ 13, 3), vgl. reg-em < -m̥. Vok.: Als Vokativ wird der endungslose Stamm oder der Nominativ verwendet.*

Pl. Nom. -ες: *ähnlich reg-ēs. Gen.* -ων: *< -ōm (§ 18, 2), vgl. reg-um < -om < -ōm. Dat.* -σι: *wie Dat. Sg. ursprünglich Lokativ, vgl.* Ἀϑήνη-σι *»in Athen«. Akk.* -ς *oder* -ας: -ς < -νς *(§ 16, 8);* -ας *< -n̥s (§ 13, 4), vgl. reg-ēs < -ens < -n̥s. Vok.: = Nom.*

Neutr.:

Sg. Nom./Akk.: endungslos, z. B. τὸ γένος *(σ-Stamm, § 41, 1a), vgl. genus.*

Stämme auf Gutturale (-κ, -γ, -χ) und Labiale (-π, -β, -φ) 35

Stamm	φυλακ-	αἰγ-	ὀνυχ-	γῡπ-	Ἀραβ-
Bedeutung	Wächter	Ziege	Kralle	Geier	Araber
Sg. Nom.	ὁ φύλαξ	ἡ αἴξ	ὁ ὄνυξ	ὁ γύψ	ὁ Ἄραψ
Gen.	φύλακ-ος	αἰγ-ός	ὄνυχ-ος	γῡπ-ός	Ἄραβ-ος
Dat.	φύλακ-ι	αἰγ-ί	ὄνυχ-ι	γῡπ-ί	Ἄραβ-ι
Akk.	φύλακ-α	αἶγ-α	ὄνυχ-α	γῦπ-α	Ἄραβ-α
Vok.	φύλαξ				Ἄραψ
Pl. N./V.	φύλακ-ες	αἶγες	ὄνυχ-ες	γῦπ-ες	Ἄραβ-ες
Gen.	φυλάκ-ων	αἰγ-ῶν	ὀνύχ-ων	γῡπ-ῶν	Ἀράβ-ων
Dat.	φύλαξι(ν)	αἰξί(ν)	ὄνυξι(ν)	γῡψί(ν)	Ἄραψι(ν)
Akk.	φύλακ-ας	αἶγ-ας	ὄνυχ-ας	γῦπ-ας	Ἄραβ-ας

Mit σ verbinden sich alle Gutturale zu ξ, alle Labiale zu ψ (§ 16, 10 u. 11); vgl. lat. pax, rex.

Anmerkung:

ἡ γυνή »die Frau« bildet alle übrigen Formen vom Stamm γυναικ-. Gen. und Dat. Sg. und Pl. sind endbetont:

γυνή, γυναικός, γυναικί, γυναῖκα, ὦ γύναι (< γυναικ, § 18, 3),
γυναῖκες, γυναικῶν, γυναιξί(ν), γυναῖκας, ὦ γυναῖκες.

Stämme auf Dentale (-τ, -δ, -ϑ) 36

Stamm	γυμνητ-	ἐλπιδ-	παιδ-	ποδ-	σωματ-
Bedeutung	Leicht-bewaffneter	Hoffnung	Kind	Fuß	Körper
Sg. Nom.	ὁ γυμνής	ἡ ἐλπίς	ὁ (ἡ) παῖς	ὁ πούς[2]	τὸ σῶμα
Gen.	γυμνῆτ-ος	ἐλπίδ-ος	παιδ-ός	ποδ-ός	σώματ-ος
Dat.	γυμνῆτ-ι	ἐλπίδ-ι	παιδ-ί	ποδ-ί	σώματ-ι
Akk.	γυμνῆτ-α	ἐλπίδ-α	παῖδ-α	πόδ-α	σῶμα
Vok.	γυμνής	ἐλπίς	παῖ		
Pl. N./V.	γυμνῆτ-ες	ἐλπίδ-ες	παῖδ-ες	πόδ-ες	σώματ-α
Gen.	γυμνήτ-ων	ἐλπίδ-ων	παίδ-ων[1]	ποδ-ῶν	σωμάτ-ων
Dat.	γυμνῆσι(ν)	ἐλπίσι(ν)	παισί(ν)	ποσί(ν)	σώμασι(ν)
Akk.	γυμνῆτ-ας	ἐλπίδ-ας	παῖδ-ας	πόδ-ας	σώματ-α

1. Vor σ fallen Dentale aus (§ 16, 9): γυμνής, γυμνῆσιν

Am Wortende fallen Dentale weg (§ 18, 3): σῶμα, παῖ

Vgl. lat. laus, laudis; lac, lactis.

Bei Stämmen auf -κτ fallen beide Mutae am Wortende weg:

τὸ γάλα, γάλακτος »Milch«.

[1] Akzent! [2] Unregelmäßige Bildung des Nominativs.

2. Der Vok. Sg. ist

a) bei allen endbetonten Wörtern und bei denen auf -ης und -ως (-ωτος) gleich dem Nom. Sg.:

ὦ Ἑλλάς, ὦ γυμνής, ὦ Ἔρως

b) bei den nicht endbetonten Wörtern (außer den unter a) genannten) gleich dem bloßen Stamm (unter Wegfall des Dentals bzw. -κτ, siehe 1):

ὦ Ἄρτεμι, ὦ παῖ (παῖς ursprüngl. πάϊς), ὦ ἄνα (von ἄναξ, ἄνακτος »der Herrscher«).

3. Nicht endbetonte Substantive auf -ις und -υς bilden den Akk. Sg. auf -ιν und -υν:

ἡ χάρις, χάριτος »Gunst«: χάριν
ἡ κόρυς, κόρυθος »Helm«: κόρυν

S 14 *Da der Nom. Sg. von* χάρις *und* κόρυς *mit dem ebenfalls nicht endbetonten Nominativ der* ι- *bzw.* υ-*Stämme* (πόλις *bzw.* πῆχυς, *§ 44) übereinstimmt, bilden diese Wörter den Akkusativ analog zum Akkusativ dieser Stämme* (πόλιν *bzw.* πῆχυν). *Unter den Substantiven, die diese gemischte Deklination zeigen, finden sich aber besonders auch solche, die ursprünglich zur* ι- *bzw.* υ-*Deklination gehörten und später weitgehend den Dentalstämmen angeglichen wurden.*

4. Einige Substantive, die ursprünglich anderen Stammgruppen angehörten, haben sich den Dentalstämmen angeschlossen, z. B.

τὸ οὖς, ὠτός	Ohr (Gen. Pl. τῶν ὤτων)	τὸ φῶς, φωτός	Licht
τὸ ὕδωρ, ὕδατος	Wasser	τὸ ὄναρ, ὀνείρατος	Traum
τὸ δόρυ, δόρατος	Speer	τὸ γόνυ, γόνατος	Knie
τὸ κέρας, κέρατος	Horn; Flügel eines Heeres (vgl. § 41, 2)		

5. Adjektive. Zu den Dentalstämmen gehören

a) einige (zusammengesetzte) Adjektive zweier Endungen, z. B.

εὔχαρις, εὔχαρι »anmutig« (Gen. εὐχάριτος, Akk. εὔχαριν, -ι)
εὔελπις, εὔελπι »voll guter Hoffnung« (Gen. εὐέλπιδος, Akk. εὔελ**πιν**, -ι);

b) Adjektive einer Endung, z. B.

πένης, πένητος »arm«, φυγάς, φυγάδος »flüchtig, verbannt«,
die nur als Feminina gebrauchten Adjektive auf -ίς, -ίδος, wie
Ἑλληνίς, Ἑλληνίδος »griechisch«;

c) das **Part. Perf. Akt.** auf -ώς, -υῖα, -ός:

Nom. Sg.	πεπαιδευκώς	πεπαιδευκυῖα	πεπαιδευκός
Gen. Sg.	πεπαιδευκότος	πεπαιδευκυίᾱς	πεπαιδευκότος
Dat. Pl.	πεπαιδευκόσι(ν)	πεπαιδευκυίαις	πεπαιδευκόσι(ν)

S 15 *Zu* εὔχαρις *vgl. S 14.*

Das Part. Perf. Akt. ist mit den Suffixen -(ϝ)οσ- *und* -(ϝ)οτ- *gebildet* (ϝ *schwand nach § 15, 4; auf* ϝ *läßt die unten angegebene Schwundstufe schließen). Grundstufe* -ός: *Nom. Sg. Neutr.; Dehnstufe* -ώς: *Nom. Sg. Mask.; Schwundstufe* -υσ-(υ < ϝ, *§ 15, 1*): *Nom. Sg. Fem.* -υῖα < -υσ-ι̯α *(§ 14, 8; zur Endung* -ι̯α *vgl. § 37 S 16) usw.;* -οτ-: *in den obliquen Kasus des Maskulinums und Neutrums (siehe dazu oben 1).*

Stämme auf -ντ 37

Stamm	γιγαντ-	ὀδοντ-	γεροντ-
Bedeutung	Riese	Zahn	Greis
Sg. Nom.	ὁ γίγᾱς	ὁ ὀδούς	ὁ γέρων
Gen.	γίγαντ-ος	ὀδόντ-ος	γέροντ-ος
Dat.	γίγαντ-ι	ὀδόντ-ι	γέροντ-ι
Akk.	γίγαντ-α	ὀδόντ-α	γέροντ-α
Vok.	γίγαν		γέρον
Pl. N./V.	γίγαντ-ες	ὀδόντ-ες	γέροντ-ες
Gen.	γιγάντ-ων	ὀδόντ-ων	γερόντ-ων
Dat.	γίγᾱσι(ν)	ὀδοῦσι(ν)	γέρουσι(ν)
Akk.	γίγαντ-ας	ὀδόντ-ας	γέροντ-ας

1. Vor σ fällt ντ mit Ersatzdehnung des vorhergehenden Vokals aus:

γίγαντς > γίγᾱς γέροντσι > γέρουσι

2. Den Nom. Sg. bilden die ντ-Stämme teils sigmatisch:

γίγᾱς, ὀδούς (vgl. 1),

teils asigmatisch mit Nominativdehnung (§ 34 S 13) und Abfall des τ (§ 18, 3):

γέρων

3. Der Vok. Sg. ist

a) bei den endbetonten Substantiven gleich dem Nom. Sg.:

ὦ Ξενοφῶν

b) bei den nichtendbetonten Substantiven gleich dem bloßen Stamm (unter Wegfall des -τ):

ὦ γίγαν, ὦ γέρον

4. Alle Substantive auf -ντ sind Maskulina.

5. Deklinationsbeispiele der Adjektive und Partizipien:

Stamm	ἑκοντ- freiwillig			παιδευοντ- Part. Präs. Akt. von παιδεύω ich erziehe		
Sg. N./V.	ἑκών	ἑκοῦσα	ἑκόν	παιδεύων	παιδεύουσα	παιδεῦον
Gen.	ἑκόντος	ἑκούσης	ἑκόντος	παιδεύοντος	παιδευούσης	παιδεύοντος
Dat.	ἑκόντι	ἑκούσῃ	ἑκόντι	παιδεύοντι	παιδευούσῃ	παιδεύοντι
Akk.	ἑκόντα	ἑκοῦσαν	ἑκόν	παιδεύοντα	παιδεύουσαν	παιδεῦον
Pl. N./V.	ἑκόντες	ἑκοῦσαι	ἑκόντα	παιδεύοντες	παιδεύουσαι	παιδεύοντα
Gen.	ἑκόντων	ἑκουσῶν	ἑκόντων	παιδευόντων	παιδευουσῶν	παιδευόντων
Dat.	ἑκοῦσι(ν)	ἑκούσαις	ἑκοῦσι(ν)	παιδεύουσι(ν)	παιδευούσαις	παιδεύουσι(ν)
Akk.	ἑκόντας	ἑκούσᾱς	ἑκόντα	παιδεύοντας	παιδευούσᾱς	παιδεύοντα

Stamm	παιδευσαντ- Part. Aor. Akt.			λυθεντ- Part. Aor. Pass. von λύω ich löse		
Sg. Nom.	παιδεύσᾱς	παιδεύσᾱσα	παιδεῦσαν	λυθείς	λυθεῖσα	λυθέν
Gen.	παιδεύσαντος	παιδευσᾱ́σης	usw.	λυθέντος	λυθείσης	usw.
Pl. Nom.	παιδεύσαντες	παιδεύσᾱσαι	παιδεύσαντα	λυθέντες	λυθεῖσαι	λυθέντα
Gen.	παιδευσάντων	παιδευσᾱσῶν	παιδευσάντων	λυθέντων	λυθεισῶν	λυθέντων
Dat.	παιδεύσᾱσι(ν)	usw.		λυθεῖσι(ν)	usw.	

Stamm	παντ- ganz					
N./V.	πᾶς	πᾶσα	πᾶν	πάντ-ες	πᾶσαι	πάντ-α
Gen.	παντ-ός	πάσης	παντ-ός	πάντ-ων	πασῶν	πάντ-ων
Dat.	παντ-ί	πάσῃ	παντ-ί	πᾶσι(ν)	πάσαις	πᾶσι(ν)
Akk.	πάντ-α	πᾶσαν	πᾶν	πάντ-ας	πάσας	πάντ-α

Beachte zur Betonung:

a) Der Gen. Pl. Fem. ist stets endbetont;

b) πᾶς betont regelmäßig παντός, παντί, im Plural aber πάντων, πᾶσι(ν);

c) einsilbige Partizipien sind im Gen. und Dat. Mask./Neutr. **nicht** endbetont:
ὤν (Part. Präs. von εἰμί »ich bin«), ὄντος, ὄντι — ὄντων, οὖσι(ν)
φύς (Part. Aor. von φύομαι »ich entstehe«), φύντος, φύντι — φύντων, φῦσι(ν).

S 16 *Die Deklination des Fem.* ἑκοῦσα *usw. entspricht der von* δόξα *(§ 28); es wird durch Anhängen des Suffixes* -ι̯α *an den Stamm gebildet:* ἑκοῦσα < ἑκονσα < ἑκοντ-ι̯α *(§ 14, 9; § 16, 7). Nom. Akk. Sg. Neutr.:* ἑκόν < ἑκοντ *(§ 18, 3). Nom./Akk. Sg. Neutr.* πᾶν *hat langes »α« nach dem Vorbild des Maskulinums.*

6. Die Adjektive auf -εις wie χαρίεις »anmutig« bilden das Femininum auf -εσσα, den Dat. Pl. Mask./Neutr. auf -εσι(ν):

	χαρίεις	χαρίεσσα	χαρίεν
Gen. Sg.	χαρίεντος	χαριέσσης	χαρίεντος
Dat. Pl.	χαρίεσι(ν)	χαριέσσαις	χαρίεσι(ν)

S 17 *Fem.* χαρί-εσσα < -ϝετ-ι̯α *(§ 14, 9; § 15, 3), das durch Angleichung an das in den übrigen Formen vorherrschende »ε« aus* -ϝατ-ι̯α < *-u̯n̥t-i̯a (§ 13, 4; § 9, 3; Schwundstufe des Stammsuffixes) entstand; die Bewahrung von* -σσ-*, das dem Attischen sonst fremd ist, beruht auf dem Einfluß der homerischen Sprache. Ähnlich Dat. Pl. Mask./Neutr.* χαρί-εσι < -ϝετ-σι *(§ 16, 9)* < -ϝατ-σι.

Stämme auf -λ und -ρ 38

Stamm	ἁλ- (sal)	θηρ-	κρᾱτηρ-	ῥητορ-
Bedeutung	Salz	Tier	Mischkrug	Redner
Sg. Nom.	ὁ ἅλ-ς	ὁ θήρ	ὁ κρατήρ	ὁ ῥήτωρ
Gen.	ἁλ-ός	θηρ-ός	κρατῆρ-ος	ῥήτορ-ος
Dat.	ἁλ-ί	θηρ-ί	κρατῆρ-ι	ῥήτορ-ι
Akk.	ἅλ-α	θῆρ-α	κρατῆρ-α	ῥήτορ-α
Vok.		θήρ		ῥῆτορ
Pl. N./V.	ἅλ-ες	θῆρ-ες	κρατῆρ-ες	ῥήτορ-ες
Gen.	ἁλ-ῶν	θηρ-ῶν	κρατήρ-ων	ῥητόρ-ων
Dat.	ἁλ-σί(ν)	θηρ-σί(ν)	κρατῆρ-σι(ν)	ῥήτορ-σι(ν)
Akk.	ἅλ-ας	θῆρ-ας	κρατῆρ-ας	ῥήτορ-ας

1. **Bei den Liquidastämmen auf -λ und -ρ bleibt der Stammauslaut λ bzw. ρ vor σ erhalten** (§ 16, 6 Anm.).

2. Ein Teil der Wörter auf -ρ hat nur im Nom. Sg. die Dehnstufe des Vokals der letzten Stammsilbe (z. B. ῥήτωρ[1], ῥήτορος), bei anderen erscheint sie in allen Kasus (z. B. κρατήρ, κρατῆρος).

3. Der Vok. Sg. ist bei den endbetonten Wörtern gleich dem Nom. Sg.:

ὦ αἰθήρ (von αἰθήρ, αἰθέρος »Äther«),

bei den nicht endbetonten Wörtern gleich dem bloßen Stamm:

ὦ ῥῆτορ

4. **Besonderheiten:**

a) ἡ χείρ, χειρός »die Hand« bildet den Dat. Pl. χερσί(ν).

b) ὁ σωτήρ, σωτῆρος »der Retter« bildet den Vok. Sg. ὦ σῶτερ (zum Akzent s. § 23 Anm.).

c) Bei ὁ μάρτυς, μάρτυρος »der Zeuge« fällt der Stammauslaut ρ vor σ aus: Dat. Pl. μάρτυσι(ν). Der Vok. Sg. lautet ὦ μάρτυς (abweichend von der Regel oben 3).

d) τὸ πῦρ, πυρός »das Feuer« flektiert im Plural nach der o-Deklination:

τὰ πυρά, πυρῶν, πυροῖς »die Wachtfeuer«.

S 18 *Zu 4a: Der Stamm* χερ- *ist von einem Stamm* χειρ-, *dessen Erklärung umstritten ist, fast ganz verdrängt worden.*

Zu 4c: Nom. Sg. μάρτυς < μαρτυρ-ς, *Dat. Pl.* μάρτυσι < μάρτυρ-σι *(nach dem vorangehenden »ρ« schwand das folgende: Dissimilation, § 19); im Gen. Sg.* μάρτυρος *usw. trat diese Dissimilation nicht ein, was seinen Grund darin hat, daß das zweite* ρ *zu verschiedenen Silben gehörte, je nachdem ob es vor Konsonant oder Vokal stand (vor Konsonant:* *μαρτυρ-σι; *vor Vokal:* μάρτυ-ρος*).*

[1] »Nominativdehnung« § 34 S 13.

39

Stämme auf -ν

Stamm	Ἑλλην-	ποιμεν-	ἀγων-	δαιμον-
Bedeutung	Grieche	Hirte	Wettkampf	Gottheit
Sg. Nom.	ὁ Ἕλλην	ὁ ποιμήν	ὁ ἀγών	ὁ δαίμων
Gen.	Ἕλλην-ος	ποιμέν-ος	ἀγῶν-ος	δαίμον-ος
Dat.	Ἕλλην-ι	ποιμέν-ι	ἀγῶν-ι	δαίμον-ι
Akk.	Ἕλλην-α	ποιμέν-α	ἀγῶν-α	δαίμον-α
Vok.	Ἕλλην	ποιμήν		δαῖμον
Pl. N./V.	Ἕλλην-ες	ποιμέν-ες	ἀγῶν-ες	δαίμον-ες
Gen.	Ἑλλήν-ων	ποιμέν-ων	ἀγών-ων	δαιμόν-ων
Dat.	Ἕλλησι(ν)	ποιμέσι(ν)	ἀγῶσι(ν)	δαίμοσι(ν)
Akk.	Ἕλλην-ας	ποιμέν-ας	ἀγῶν-ας	δαίμον-ας

1. **Vor σ fällt ν (scheinbar spurlos) aus.**

2. Die Dehnstufe des Vokals der letzten Stammsilbe tritt bei einem Teil der Wörter nur im Nom. Sg. auf (z. B. ποιμήν, ποιμένος), bei anderen in allen Kasus (z. B. Ἕλλην, Ἕλληνος).

3. Der Vok. Sg. wird in gleicher Weise gebildet wie bei den Stämmen auf -λ und -ρ (§ 38, 3), jedoch: Ἄπολλ**ο**ν, Πόσειδ**ο**ν (zum Akzent s. § 23 Anm.).

S 19 *Die Deklination von ποιμήν und δαίμων läßt noch Spuren des quantitativen Ablauts des Stammes erkennen: Dehnstufe -ην bzw. -ων im Nom. Sg. (Nominativdehnung, § 34 S 13), Grundstufe -εν- bzw. -ον- in fast allen anderen Kasus, Schwundstufe -ν- ursprünglich im Dat. Pl., woraus zwischen Konsonanten -ṇ- und dann α entstehen mußte (§ 13, 4); ursprüngliches ποιμα-σι bzw. δαιμα-σι wurde jedoch an den im Paradigma jeweils vorherrschenden Vokal angeglichen; daher ποιμέσι und δαίμοσι (scheinbar gegen § 16, 6).*
Substantive wie ἀγών haben die Dehnstufe verallgemeinert und durch alle Kasus durchgeführt.

4. Zu den ν-Stämmen gehören **Adjektive** auf -ων und Komparative auf -ίων. Bei ihnen rückt der Akzent so weit wie möglich nach vorn.

Deklinationsbeispiel:

Stamm	εὐδαιμον- glücklich				
	Mask. u. Fem.	Neutr.		Mask. u. Fem.	Neutr.
Sg. Nom.	εὐδαίμων	εὔδαιμον	Pl. N./V.	εὐδαίμον-ες	εὐδαίμον-α
Gen.	εὐδαίμον-ος		Gen.	εὐδαιμόν-ων	
Dat.	εὐδαίμον-ι		Dat.	εὐδαίμοσι(ν)	
Akk.	εὐδαίμον-α	εὔδαιμον	Akk.	εὐδαίμον-ας	εὐδαίμον-α
Vok.	εὔδαιμον				

Deklination des Komparativs § 50, 2.

5. Dreiendig sind:

a) das Adjektiv μέλᾱς, μέλαινα, μέλαν »schwarz«; Stamm: μελαν-. Dat. Pl. Mask. und Neutr. μέλᾰσι(ν),

b) das Zahlwort εἷς, μία, ἕν »ein« und das Pronomen οὐδείς, οὐδεμία, οὐδέν »kein« (§ 67).

S 20 μέλᾱς < -ανς *(§ 16, 8) hat sigmatischen Nom. Sg. und eine besondere Form für das Femininum:* μέλαινα < μελαν-ι̯α *(§ 14, 4; zur Endung vgl. § 37 S 16). Zu* εἷς, μία, ἕν *vgl. § 67 S 52.*

Liquidastämme mit Ablaut 40

Stamm	πατερ-/πατρ-	μητερ-/μητρ-	θυγατερ-/θυγατρ-	ἀνερ-/ἀνδρ-
Bedeutung	Vater	Mutter	Tochter	Mann
Sg. Nom.	ὁ πατήρ	ἡ μήτηρ	ἡ θυγάτηρ	ὁ ἀνήρ
Gen.	πατρ-ός	μητρ-ός	θυγατρ-ός	ἀνδρ-ός
Dat.	πατρ-ί	μητρ-ί	θυγατρ-ί	ἀνδρ-ί
Akk.	πατέρ-α	μητέρ-α	θυγατέρ-α	ἄνδρ-α
Vok.	πάτερ	μῆτερ	θύγατερ	ἄνερ
Pl. N./V.	πατέρ-ες	μητέρ-ες	θυγατέρ-ες	ἄνδρ-ες
Gen.	πατέρ-ων	μητέρ-ων	θυγατέρ-ων	ἀνδρ-ῶν
Dat.	πατρᾰ́-σι(ν)	μητρᾰ́-σι(ν)	θυγατρᾰ́-σι(ν)	ἀνδρᾰ́-σι(ν)
Akk.	πατέρ-ας	μητέρ-ας	θυγατέρ-ας	ἄνδρ-ας

1. Wie πατήρ wird auch ἡ γαστήρ »der Magen« dekliniert.

2. πατήρ, θυγάτηρ und ἀνήρ betonen im Vok. Sg. die Anfangssilbe (§ 23 Anm.).

3. ὁ (ἡ) κύων »Hund, Hündin« bildet außer dem Nom. Sg. und dem Vok. Sg. (κύον) alle anderen Kasus von der Schwundstufe des Stammes (κυν-):

κυν-ός, κυν-ί usw.; Dat. Pl. κυσί(ν).

S 21 *Die oben besprochenen Substantive unterscheiden sich von den in § 38 behandelten* ρ-*Stämmen durch den ausgeprägteren quantitativen Ablaut: Dehnstufe* -τηρ *im Nom. Sg. (vgl. § 34 S 13), Grundstufe* -τερ- *im Akk. und Vok. Sg., Nom., Gen. und Akk. Pl., Schwundstufe* -τρ- *bzw.* -τρα- *(*ρα *< r̥, § 13, 1 und § 9, 3) im Gen. und Dat. Sg. und Dat. Pl. — Lat. pater, mater lassen die ursprünglichen Ablautunterschiede nicht mehr erkennen (-ter < -tēr, sonst überall Schwundstufe).*

ἀνήρ *weist, von Nom. und Vok. Sg. abgesehen, in allen Kasus die Schwundstufe auf, wo sich zwischen* ν *und* ρ *ein die Aussprache erleichterndes* δ *entwickelt hat (vgl. niederdt. »Hendrik« neben »Heinrich«):* ἀνδρός < ἀνρ-ος *usw.,* ἀνδράσι < ἀνρα-σι (ρα < r̥, *s. o.*).

41 Sigmastämme: Substantive

1. Stämme auf -εσ-. Hierzu gehören

a) Neutra auf -ος:

Stamm	γενεσ- Geschlecht				
Sg. Nom.	τὸ γένος		Pl. Nom.	τὰ γένη	(< γένεσα)
Gen.	γένους	(< γένεσος)	Gen.	γενῶν	(< γενέσων)
Dat.	γένει	(< γένεσι)	Dat.	γένεσι(ν)	(< γένεσσι[ν])
Akk.	γένος		Akk.	γένη	(< γένεσα)

Beachte:

Das η im Nom./Akk. Pl. steht auch nach vorangehendem ρ:

τὸ ὄρος »Berg«, τὰ ὄρη — τὸ μέρος »Teil«, τὰ μέρη

b) Eigennamen auf -ης:

Stamm	Σωκρατεσ-		Περικλεεσ-	
Nom.	Σωκράτης		Περικλῆς	(< Περικλέης)
Gen.	Σωκράτους	(< Σωκράτεσος)	Περικλέους	(< Περικλέεσος)
Dat.	Σωκράτει	(< Σωκράτεσι)	Περικλεῖ	(< Περικλέεσι)
Akk.	Σωκράτη	(< Σωκράτεσα)	Περικλέᾱ	(< Περικλέεσᾰ)
Vok.	Σώκρατες		Περίκλεις	(< Περίκλεες)

Beachte:

Die Eigennamen auf -ης (nicht die auf -κλῆς) bilden den Akk. Sg. auch auf -ην (analog zu den Maskulina der a-Deklination):

Σωκράτη und Σωκράτην, Διογένη und Διογένην

S 22 *Einfaches σ zwischen Vokalen schwand (§ 16, 2), und darauf trat Kontraktion ein (§ 12, 2—4); im Dat. Pl. wurde -σσ- zu -σ- vereinfacht (§ 16, 3). Die Neutra zeigen qualitativen Ablaut des Stammes: o-Stufe im Nom. Akk. Sg., e-Stufe in allen übrigen Kasus: Vgl. lat. genus < genos, gener-is < genes-es. Mask. Sg. Nom.* -ης: *endungslose Dehnstufe des Stammes (vgl. § 34 S 13). Die Eigennamen auf* -κλέης *kontrahieren im Dativ zweimal:* -κλεῖ < -κλέει < κλεεϊ (< κλεϝεσ-ι), *sonst einmal (vgl. § 12 Anm. am Ende). Akk.* -κλεᾱ *mit* ᾱ < εα *nach* ε *(§ 12, 3 Anm.).*

2. Stämme auf -ασ-:

τὸ κρέας »das Fleisch«; Sg. κρέως, κρέᾳ, Pl. κρέᾱ, κρεῶν, κρέασι(ν)
τὸ γῆρας, γήρως »das Greisenalter«, τὸ γέρας, γέρως »die Ehrengabe«
τὸ κέρας, κέρως »das Horn, der Heeresflügel« (daneben: κέρας, κέρατος § 36, 4)

3. Stamm auf -οσ-: ἡ αἰδώς »die Scham, die Ehrfurcht«:

αἰδώς, αἰδοῦς, αἰδοῖ, αἰδῶ

S 23 *Für die Formen von* κρέας *usw. und* αἰδώς *gilt im allgemeinen das in S 22 Bemerkte: Gen. Sg.* κρέως < κρέασ-ος, αἰδοῦς < αἰδόσ-ος *usw.; jedoch weisen die Neutra wie* κρέας *keinen Ablaut auf und bilden den Dat. Sg. abweichend:* κρέᾳ < κρεασ-ει *(§ 12, 3) mit der echten Dativendung* -ει *(§ 34 S 13); der Akzent ist an die übrigen Kasus angeglichen.*

Sigmastämme: Adjektive 42

Stamm	σαφες- deutlich				εὐκλεεσ- berühmt			
Genus	M./F.	Neutr.	M./F.	Neutr.	M./F.	Neutr.	M./F.	Neutr.
Nom.	σαφής	σαφές	σαφεῖς	σαφῆ	εὐκλεής	εὐκλεές	εὐκλεεῖς	εὐκλεᾶ
Gen.	σαφοῦς		σαφῶν		εὐκλεοῦς		εὐκλεῶν	
Dat.	σαφεῖ		σαφέσι(ν)		εὐκλεεῖ		εὐκλεέσι(ν)	
Akk.	σαφῆ	σαφές	σαφεῖς	σαφῆ	εὐκλεᾶ	εὐκλεές	εὐκλεεῖς	εὐκλεᾶ
Vok.	σαφές	σαφές	σαφεῖς	σαφῆ	εὐκλεές	εὐκλεές	εὐκλεεῖς	εὐκλεᾶ

1. Adjektive mit Vokal (ε, ι, υ) vor dem Stammauslaut -εσ- kontrahieren -έα in -ᾶ statt in -ῆ:

εὐκλεᾶ (Akk. Sg. Mask./Fem. und Nom./Akk. Pl. Neutr.),
ὑγιᾶ von ὑγιής »gesund«, εὐφυᾶ von εὐφυής »gut veranlagt«

Nach ρ dagegen wird -εα zu -η:
τριήρη von ἡ τριήρης (sc. ναῦς) »der Dreiruderer«

2. Bei den nicht endbetonten Adjektiven rückt der Akzent so weit wie möglich vom Wortende ab:

εὐήθης »gutmütig«, Neutr. εὔηθες, Gen. Pl. εὐήθων

Bei Adjektiven aus -ώδης und -ήρης dagegen bleibt der Akzent im Sg. Neutr. auf der vorletzten Silbe:
νοσώδης, νοσῶδες »krankhaft«, ποδήρης, ποδῆρες »bis auf die Füße reichend«

S 24 *Neutr. Sg. Nom./Akk.* -ές *zeigt im Gegensatz zu den Substantiven keinen Ablaut. Mask./Fem. Pl. Nom.* -εῖς < -εες < -εσ-ες *(§ 16, 2; § 12, 1). Akk.* -εῖς *ist Analogiebildung zu dem entsprechenden Kasus der* ι- *und* υ-*Deklination (§ 44 S 26), mit deren Endungen einige andere Endungen der Adjektive vom Typ* σαφής *lautgesetzlich zusammengefallen sind (Dat. Sg., Nom. Pl., vgl. auch Dat. Pl.).* εὐκλεᾶ, ὑγιᾶ, εὐφυᾶ *mit* ᾱ < εα *nach* ε, ι, υ *(§ 12, 3 Anm.).*

Stämme auf -ῡ 43

Stamm	ἰχθῡ- Fisch		Ἐρῑνῡ- Rachegöttin	
Nom.	ὁ ἰχθῦ-ς	οἱ ἰχθύ-ες	ἡ Ἐρινῦ-ς	αἱ Ἐρινύ-ες
Gen.	ἰχθύ-ος	ἰχθύ-ων	Ἐρινύ-ος	Ἐρινύ-ων
Dat.	ἰχθύ-ϊ	ἰχθύ-σι(ν)	Ἐρινύ-ϊ	Ἐρινύ-σι(ν)
Akk.	ἰχθῦ-ν	ἰχθῦ-ς	Ἐρινῦ-ν	Ἐρινῦ-ς
Vok.	ἰχθῦ	ἰχθύ-ες	Ἐρινῦ	Ἐρινύ-ες

1. Vor den vokalisch anlautenden Endungen, aber auch im Dat. Pl. erscheint ein kurzes -ῠ-:

ἰχθῦς : ἰχθῠ́-ος — σῦς oder ὗς »Schwein«: σῠ-ός (ῠ̔-ός, lat. sūs : sŭ-is)

2. Der Akzent richtet sich im Akk. und Vok. Sg. nach dem Nom. Sg.; im Akk. Pl. haben die endbetonten Wörter stets den Zirkumflex:

Ἐρινῦ́ς, Ἐρινῦ́ν, Ἐρινῦ, aber Ἐρινῦς

S 25 ῡ *wurde vor Vokal zu* ῠϝ *(vgl. § 15, 1), und* ϝ *schwand (§ 15, 3). Dat. Pl.* -ῠσι *mit* ῠ *für* ῡ *in Angleichung an die Kasus mit lautgesetzlicher Kürze. Akk. Pl.* -ῦς < -ῡνς *(§ 16, 8, vgl. § 11 Anm. 2).*

44

Stämme auf -ῐ und -ῠ mit Ablaut

Stamm	πολι-, πολε(ι̯)-, πολη(ι̯)-	ἀστυ-, ἀστε(ϝ)-, ἀστη(ϝ)-	ἡδυ-, ἡδε(ϝ)-		
Bedeutung	Stadt	Stadt	angenehm		
Sg. Nom.	ἡ πόλι-ς	τὸ ἄστυ	ἡδύς	ἡδεῖα	ἡδύ
Gen.	πόλε-ως	ἄστε-ως	ἡδέ-ος	ἡδείας	ἡδέ-ος
Dat.	πόλει	ἄστει	ἡδεῖ	ἡδείᾳ	ἡδεῖ
Akk.	πόλι-ν	ἄστυ	ἡδύν	ἡδεῖαν	ἡδύ
Pl. Nom.	πόλεις	ἄστη	ἡδεῖς	ἡδεῖαι	ἡδέ-α
Gen.	πόλε-ων	ἄστε-ων	ἡδέ-ων	ἡδειῶν	ἡδέ-ων
Dat.	πόλε-σι(ν)	ἄστε-σι(ν)	ἡδέ-σι(ν)	ἡδείαις	ἡδέ-σι(ν)
Akk.	πόλεις	ἄστη	ἡδεῖς	ἡδείας	ἡδέ-α

1. Die Endungen -ως und -ων gelten für den Akzent als kurz.

2. Zu den Stämmen auf -ῠ gehören neben den Neutra (s. Tabelle) auch Maskulina mit sigmatischem Nominativ, z. B.

ὁ πῆχυς »die Elle«, πήχεως, πήχει, πῆχυν — Pl. wie πόλεις

3. Der Vok. Sg. ist gleich dem bloßen Stamm:

ὦ μάντι von ὁ μάντις »der Seher« — ὦ πρέσβυ von ὁ πρέσβυς »der alte Mann«

4. Die Adjektive betonen im Nom. Sg. Mask./Neutr. die Endsilbe.

Ausnahme:

ἥμισυς, ἡμίσεια, ἥμισυ »halb« — θῆλυς, θήλεια, θῆλυ »weiblich«

Beachte: Die Adjektive auf -υς kontrahieren nur in ει.

5. Besonderheiten:

a) Der Plural von πρέσβυς (s. o. 3):

πρέσβεις, πρέσβεων, πρέσβεσι(ν), πρέσβεις

bedeutet »die Gesandten«; er ersetzt den ungebräuchlichen Plural von ὁ πρεσβευτής, πρεσβευτοῦ »der Gesandte«.

b) ὁ υἱός »der Sohn« bildet neben der regelmäßigen Flexion der o-Deklination auch Formen vom Stamm υἱυ- (abgelautet υἱε-):

υἱέος, υἱεῖ; υἱεῖς, υἱέων, υἱέσι(ν), υἱεῖς

S 26 *Die einzelnen Kasus der ι-Deklination zeigen — meist in veränderter Form — die verschiedenen Ablautstufen des Stammauslauts:* ηι, ει, ι *(§ 9, 2);* ηι *und* ει *wurden vor Vokal zu* ηι̯ *bzw.* ει̯ *(§ 14, 1), und* ι̯ *schwand (§ 14, 3); das* ι *der Schwundstufe ist teilweise an das in mehreren Kasus erscheinende* ε *angeglichen worden, das als Stammauslaut empfunden wurde; zur Kontraktion s. u. Sg. Gen.* πόλ-εως < -ηος *(quantitative Metathese, durch die sich auch der Akzent erklärt, § 10, 4, vgl. auch § 33 S 11)* < -ηι̯-ος. *Dat.* πόλ-ει: < -ει̯-ι *(§ 12, 2). Pl. Nom.* πόλεις: < -ει̯-ες *(§ 12, 1). Gen.* πόλ-εων < -ει̯-ων *(Akzent analog zum Gen. Sg., vgl. § 33 S 11). Dat.* πόλ-εσι: *statt* -ι-σι *(s. o.). Akk.* πόλ-εις: < -ενς *(§ 16, 8), das durch Umbildung aus* -ι-νς *entstand (s. o.).*

Bei der υ*-Deklination ist die Verteilung der einzelnen Ablautstufen* (ηυ, ευ, υ) *und deren Umformung entsprechend:* ηυ *und* ευ *wurden vor Vokal zu* ηϝ *bzw.* εϝ *(§ 15, 1), und* ϝ *schwand (§ 15, 3); das* υ *der Schwundstufe wurde z. T. durch* ε *ersetzt (s. o.). Nach dem Schwund von* ϝ *wurden nur noch leicht zu kontrahierende Vokale kontrahiert; im übrigen unterblieb die Kontraktion wie auch bei der* ι*-Deklination, obwohl dort zwischen den Vokalen nicht ursprünglich* ϝ *stand (vgl. § 12 Anm. a. Ende). Jedoch Neutr. Pl. Nom./Akk.* ἄστ-η < -εα *(§ 12, 3) mit Kontraktion in Analogie zu den* σ*-Stämmen (*γένη *usw.).*

Mask./Neutr. Sg. Gen. ἡδ-έος < -έϝ-ος: *im Gegensatz zum Gen. der Substantive mit Grundstufe des Stammauslauts. Fem.* ἡδεῖα < -εϝ-ι̯α *(§ 14, 7, zur Endung vgl. § 37 S 16).*

Stämme auf Diphthong 45

1. Substantive auf -εύς

Stamm	βασιληϝ-, βασιλευ- König	
Nom.	ὁ βασιλεύ-ς	οἱ βασιλεῖς
Gen.	βασιλέ-ως	βασιλέ-ων
Dat.	βασιλεῖ	βασιλεῦ-σι(ν)
Akk.	βασιλέ-ᾱ	βασιλέ-ᾱς
Vok.	βασιλεῦ	βασιλεῖς

a) Alle Substantive auf -εύς sind Maskulina; der Nom. Sg. ist stets endbetont.

b) Im älteren Attisch (bis etwa 375 v. Chr.) ist der Ausgang im Nom. Pl. -ης: οἱ βασιλῆς (vgl. S 27).

c) Wörter auf -εύς mit vorangehendem Vokal kontrahieren oft auch im Gen. und Akk. Sg. und Pl.:

ὁ Πειραιεύς »der Piräus«, τοῦ Πειραιῶς (neben Πειραιέως), τὸν Πειραιᾶ (-ᾶ < -έᾱ, § 12, 3 Anm.; daneben Πειραιέᾱ).

ὁ Δωριεύς »der Dorer«, τῶν Δωριῶν (Δωριέων), τοὺς Δωριᾶς (s. o.; daneben Δωριέᾱς).

S 27 *Diese Deklination ist aus der* υ*-Deklination durch Verallgemeinerung der Dehnstufe* (ηυ) *entwickelt;* ηυ *wurde vor Vokalen zu* ηϝ *(§ 15, 1), und* ϝ *schwand (§ 15, 3);* η *ist teils lautgesetzlich, teils analogisch zu* ε *gekürzt worden. Nur* η *(bzw.* ε*) +* ε *oder* ι *wurden kontrahiert (vgl. § 44 S 26); doch siehe oben 1c. Sg. Nom.* -εύς: < -ηυς *(§ 10, 1). Gen.* -έως: < -ηος *(§ 10, 4)* < -ηϝ-ος. *Dat.* -εῖ: *mit* ε *in Analogie zu den übrigen Kasus statt* -ῆι < -ηϝ-ι. *Akk.* -έᾱ *(§ 10, 4)* < ηϝ-α. *Vok.* -εῦ: *mit* ε *wie im Dat. Sg. Pl. Nom.* -εῖς: < -εϝ-ες *(§ 12, 1) mit* ε *wie im Dat. Sg. statt* βασιλ-ῆς *(ältere Form)* < -ηϝ-ες. *Gen.* -έων: < -ηων *(§ 10, 3)* < -ηϝ-ων. *Dat.* -εῦσι: < -ηυ-σι *(§ 10, 1). Akk.* -έᾱς: < -ηας *(§ 10, 4)* < -ηϝ-ας.

2. Stämme auf -ο (< οι) und -ω (< ωυ)

Stamm	πειθοι̯- Überredung	ἡρωυ-, ἡρω(Ϝ)- Held	
Nom.	ἡ πειθώ	ὁ ἥρω-ς	οἱ ἥρω-ες
Gen.	πειθοῦς	ἥρω-ος	ἡρώ-ων
Dat.	πειθοῖ	ἥρω-ι	ἥρω-σι(ν)
Akk.	πειθώ	ἥρω-α	ἥρω-ας
Vok.	πειθοῖ	ἥρω-ς	ἥρω-ες

a) Die Substantive auf -ώ sind Feminina, und zwar meist Eigennamen; sie sind endbetont und kommen nur im Singular vor.

b) Die wenigen Substantive auf -ως sind Maskulina.

Anmerkung:
ὁ Τρώς »der Troer« betont im Gen. Pl. nicht die Endung: τῶν Τρώων.

S 28 πειθώ: *Dehnstufe im Nom. -ω < -ωι (Langdiphthonge konnten schon im Indogermanischen unter bestimmten Bedingungen ihren zweiten Bestandteil verlieren, wie dann andere auch später wieder, vgl. § 2 Anm.); Grundstufe im Vok. -οι und in den übrigen Kasus, wo οι vor Vokal zu οι̯ wurde (§ 14, 1) und ι̯ schwand (§ 14, 3); darauf trat Kontraktion ein (§ 12, 1, 2 u. 4): Gen. -οῦς < -οι̯-ος. Dat. -οῖ < -οι̯-ι. Akk. -ω < -οι̯-α.*

ἥρως: *Stamm ἡρωυ- vor Vokal > ἡρωϝ- (§ 15, 1) > ἡρω- (§ 15, 3), dessen ω jedenfalls in der Schrift in dieser Stellung überall erhalten blieb (vgl. dagegen § 10, 3). Analog dazu erscheint auch vor -ς (-σ) ω statt zu erwartendem ου (vgl. S 29 zu* βοῦς *und* ναῦς, *S 27 zu* βασιλεύς*).*

3. Einzelwörter: βοῦς, ναῦς, Ζεύς

Stamm	βου-, βο(Ϝ)- Rind		νᾱυ-, νη(Ϝ)- Schiff		Ζευ-, Δι(Ϝ)- Zeus
Nom.	ὁ (ἡ) βοῦς	οἱ (αἱ) βό-ες	ἡ ναῦς	αἱ νῆ-ες	Ζεύς
Gen.	βο-ός	βο-ῶν	νε-ώς	νε-ῶν	Δι-ός
Dat.	βο-ΐ	βου-σί(ν)	νη-ΐ	ναυ-σί(ν)	Δι-ί
Akk.	βοῦ-ν	βοῦς	ναῦ-ν	ναῦς	Δί-α
Vok.					Ζεῦ

S 29 βοῦς: *Überall scheint der Stamm in der Form* βου- *bzw. vor Vokal* βο- < βοϝ- *(§ 15, 1 u. 3) vorzuliegen. Es gibt jedoch Anzeichen dafür, daß der Nom. Sg.* βοῦς < *-ōus (§ 10, 1; Dehnstufe) entstanden ist und Akk. Sg. und Pl.* βοῦν *und* βοῦς *ältere Formen verdrängt haben (z. B. bei Hom. einmal Akk. Sg.* βῶν*) und erst später zum Nom. Sg. analog hinzugebildet worden sind (nach dem Muster von* πλοῦς - πλοῦν - πλοῦς, *§ 31, 1).*

ναῦς: *Stamm* νᾱυ- *bzw. vor Vokal* νᾱϝ- *(§ 15, 1), dessen* ϝ *schwand (§ 15, 3). Nom. Sg.* ναῦς < νᾱυς *(§ 10, 1), entsprechend Dat. Pl.* ναυσί; *Akk. Sg. und Pl.* ναῦν *und* ναῦς *sind jedoch jüngere Analogiebildungen (§ 260, 2b; vgl. auch das oben zu* βοῦς *Bemerkte). Gen. Sg.* νεώς < νηος *(§ 10, 4)* < νᾱϝ-ος *(§ 8). Dat. Sg.* νηΐ < νᾱϝ-ι. *Nom. Pl.* νῆες < νᾱϝ-ες. *Gen. Pl.* νεῶν < νηων *(§ 10, 3)* < νᾱϝ-ων. *Zum Nebeneinander von* ᾰ *(in* αυ*) und* ε *vgl. § 10, 4 Anm.*

Ζεύς: *Nom.* Ζεύς < Δι̯ηυς *(§ 10, 1 und § 14, 10; Dehnstufe), Vok.* Ζεῦ < Δι̯ευ *(§ 14, 10; Grundstufe, vgl. lat. Juppiter < di̯eŭ pater), in den übrigen Kasus liegt die Schwundstufe* Δι- < Διϝ *(§ 14, 1 und § 15, 1 u. 3) vor.*

Übersicht der Adjektive der dritten Deklination 46

1. Adjektive dreier Endungen:

a) Stämme auf -ντ (Flexion § 37, 5)

ἄκων, ἄκουσα, ἆκον unfreiwillig πᾶς, πᾶσα, πᾶν jeder, ganz
χαρίεις, χαρίεσσα, χαρίεν anmutig (§ 37, 6)

b) Stämme auf -ν (Flexion § 39, 5)

μέλας, μέλαινα, μέλαν schwarz τάλας, τάλαινα, τάλαν (poet.) unglücklich

c) Stämme auf -υ (Flexion § 44)

ἡδύς, ἡδεῖα, ἡδύ süß, angenehm

2. Adjektive zweier Endungen:

a) Stämme auf Dentale (Flexion § 36, 5)

εὔελπις, εὔελπι hoffnungsvoll εὔχαρις, εὔχαρι anmutig

b) Stämme auf -ν (Flexion § 39, 4)

εὐδαίμων, εὔδαιμον glücklich ἄρρην, ἄρρεν männlich
Komparative wie κακίων, κάκιον »schlechter« (§ 50, 2)

c) Stämme auf -σ (Flexion § 42)

σαφής, σαφές deutlich συνήθης, σύνηθες gewohnt

3. Adjektive einer Endung:

ἅρπαξ, ἅρπαγος räuberisch ἧλιξ, ἥλικος gleichaltrig (§ 35)
πένης, πένητος arm φυγάς, φυγάδος flüchtig (§ 36, 5)
ἄπαις, ἄπαιδος kinderlos (§ 36, 5) μάκαρ, μάκαρος glücklich (§ 38)

Nur weiblich braucht man die Adjektive auf -ίς, -ίδος, wie
Ἑλληνίς, -ίδος »griechisch«; συμμαχίς, -ίδος »verbündet« (§ 36, 5)

Die doppelstämmigen Adjektive μέγας »groß« und πολύς »viel« 47

Stamm	μεγα-/μεγαλο-, μεγαλᾱ-			πολυ-/πολλο-, πολλᾱ-		
Sg. Nom.	μέγα-ς	μεγάλη	μέγα	πολύ-ς	πολλή	πολύ
Gen.	μεγάλου	μεγάλης	μεγάλου	πολλοῦ	πολλῆς	πολλοῦ
Dat.	μεγάλῳ	μεγάλῃ	μεγάλῳ	πολλῷ	πολλῇ	πολλῷ
Akk.	μέγα-ν	μεγάλην	μέγα	πολύ-ν	πολλήν	πολύ
Pl. Nom.	μεγάλοι	μεγάλαι	μεγάλα	πολλοί	πολλαί	πολλά
Gen.	μεγάλων	μεγάλων	usw.	πολλῶν	πολλῶν	usw.

Die Adjektive μέγας und πολύς bilden den Nom./Akk. Sg. Mask. und Neutr. vom Stamm μεγα- bzw. πολυ-; alle übrigen Formen werden vom Stamm μεγαλο-, πολλο- nach der o- und a-Deklination gebildet.

Die Steigerung der Adjektive

48 Bildung der Steigerungsgrade

1. Komparativ und Superlativ werden gebildet, indem an den Positiv (Grundform) Steigerungssuffixe angefügt werden:

-τερος, -τέρᾱ, -τερον	für den Komparativ,
-τατος, -τάτη, -τατον	für den Superlativ

oder (seltener)

-ῑ́ων, -ῑον	für den Komparativ,
-ιστος, -ίστη, -ιστον	für den Superlativ.

2. Die Steigerungsformen können auch umschrieben werden:
der Komparativ durch μᾶλλον (mehr, magis),
der Superlativ durch μάλιστα (am meisten, maxime) mit dem Positiv:
σοφός, μᾶλλον σοφός, μάλιστα σοφός

49 Steigerung auf -τερος, -τατος

1. Die meisten Adjektive werden gesteigert, indem

τερος, -τέρᾱ, -τερον	für den Komparativ (vgl. § 60 S 46),
-τατος, -τάτη, -τατον	für den Superlativ (vgl. § 65 S 51)

dem Stamm des Maskulinums angefügt werden.

Diese Komparative und Superlative sind stets dreier Endungen, auch wenn der Positiv nur einer oder zweier Endungen ist.

Positiv		Stamm	Komparativ	Superlativ
δίκαιος	gerecht	δικαιο-	δικαιό-τερος	δικαιό-τατος
μέλᾱς	schwarz	μελαν-	μελάν-τερος	μελάν-τατος
σαφής	deutlich	σαφεσ-	σαφέσ-τερος	σαφέσ-τατος
γλυκύς	süß	γλυκυ-	γλυκύ-τερος	γλυκύ-τατος

Hierher gehören auch

χαρίεις	anmutig	χαριεντ-	χαριέστερος	χαριέστατος
πένης	arm	πενητ-	πενέστερος	πενέστατος

S 30 χαριέστερος < χαριενστερος *(§ 16, 12 Anm.)* < χαριεντ-τερος *(§ 17, 3), ebenso der Superlativ;* πενέστερος < πενητ-τερος *(§ 17, 3) mit* ε *statt* η *in Analogie zu* σαφέστερος *(vgl. 4).*

2. Bei den Adjektiven der o-Deklination bleibt das stammauslautende -ο nur dann unverändert, wenn die voraufgehende Silbe von Natur oder durch Position (§ 4, 1) lang ist; ist sie kurz, so wird -ο zu -ω gedehnt:

ἔντῑμος	geehrt	ἐντῑμο-	ἐντιμό-τερος	ἐντιμό-τατος
δεινός	furchtbar	δεινο-	δεινό-τερος	δεινό-τατος
μακρός	lang	μακρο-	μακρό-τερος	μακρό-τατος
ἔνδοξος	berühmt	ἐνδοξο-	ἐνδοξό-τερος	ἐνδοξό-τατος

aber:

νέος	neu	νεο-	νεώ-τερος	νεώ-τατος
σοφός	weise	σοφο-	σοφώ-τερος	σοφώ-τατος
ἄξῐος	würdig	ἀξῐο-	ἀξιώ-τερος	ἀξιώ-τατος

S 31 *Anscheinend bestand eine Abneigung gegen eine Aufeinanderfolge zu vieler Kürzen, die durch die Dehnung des* ο *beseitigt wurde (vgl. § 268, 1 zu 266, 3).*

3. Einige Adjektive verlieren den Stammauslaut -ο vor -τερος, -τατος, z. B.

γεραιός	bejahrt	γεραί-τερος	γεραί-τατος
φίλος	lieb	φίλ-τερος	φίλ-τατος
παλαιός	alt	παλαί-τερος	παλαί-τατος
		(neben παλαιότερος	παλαιότατος)

S 32 παλαί-τερος *und* παλαί-τατος *sind formal Komparativ und Superlativ zum Adverb* πάλαι *(vgl. § 51, 2); analog dazu wurden* γεραίτερος *und* γεραίτατος *gebildet. Für* φίλτερος, φίλτατος *fehlt eine sichere Erklärung. Vgl. auch 4b und c, ferner § 50.*

4. -έσ-τερος, **-έσ**-τατος werden dem Stamm angefügt (analog zu Formen wie σαφέστερος, σαφέστατος)

a) bei den Adjektiven auf -ων, -ον:

εὐδαίμων	glücklich	St. εὐδαιμον-	εὐδαιμον-έσ-τερος	εὐδαιμον-έσ-τατος
σώφρων	besonnen	σωφρον-	σωφρον-έσ-τερος	σωφρον-έσ-τατος

b) bei den Kontrakta auf -ους, -ουν unter Verlust des Stammauslauts -ο:

εὔνους	wohlgesinnt	εὐνο (ο)-	εὐνούστερος	εὐνούστατος
ἁπλοῦς	einfach	ἁπλο (ο)-	ἁπλούστερος	ἁπλούστατος
			(aus εὐνο-έσ-τερος usw.)	

c) bei ἐρρωμένος stark (ebenfalls unter Verlust des Stammauslauts):

ἐρρωμεν-έσ-τερος, ἐρρωμεν-έσ-τατος

S 33 *In Steigerungsformen wie* σαφέστερος, σαφέστατος *empfand man* -έστερος, -έστατος *als Endung und übertrug sie auf Adjektive mit anderem Stamm.* ἁπλούστερος < ἁπλο-έστερος *(§ 12, 4), ebenso der Superlativ; zum nicht sicher zu erklärenden Wegfall des Stammauslauts* -ο- *hier und bei* ἐρρωμεν-έστερος *vgl. 3 mit S 32.*

Steigerung auf -ίων, -ιστος 50

1. Einige Adjektive werden gesteigert, indem

-ῑ́ων, -ῑον für den Komparativ,
-ιστος, -ίστη, -ιστον für den Superlativ

unmittelbar an die Wurzel (nicht an den daraus abgeleiteten Adjektivstamm!) angefügt werden.

Positiv		Wurzel	Komparativ		Superlativ
κακός	schlecht	κακ-	κακί̄ων	κάκῑον	κάκιστος
αἰσχρός	schändlich	αἰσχ-	αἰσχί̄ων	αἴσχῑον	αἴσχιστος
ἐχθρός	feindlich	ἐχθ-	ἐχθί̄ων	ἔχθῑον	ἔχθιστος
καλός	schön	καλλ-	καλλί̄ων	κάλλῑον	κάλλιστος
ἡδύς	angenehm	ἡδ-	ἡδί̄ων	ἥδῑον	ἥδιστος
ταχύς	schnell	θαχ-	θά̄ττων	θᾶττον	τάχιστος
μέγας	groß	μεγ-	μείζων	μεῖζον	μέγιστος
πολύς	viel	πλη-	πλείων	πλέον	πλεῖστος
ῥᾴδιος	leicht	ῥᾱ-	ῥᾴων	ῥᾷον	ῥᾷστος

S 34 *Der Komparativ wurde im Indogermanischen mit einem Suffix gebildet, das in folgenden Ablautformen vorkam: -i̯ōs-, -i̯os-, is (§ 9, 2 und § 14, 1; vgl. lat. maiōrem mit -iōr- < -i̯ōs-, maius mit -ius < -i̯os, mag-is). Im Griechischen liegen Spuren der Grundstufe -i̯os- in Formen wie* κακίω *und* κακίους *vor (s. u. S 35), und die Schwundstufe -is, erweitert um ein Suffix -ŏn-, ist in* -ῑων < -ισ-ων *(§ 16, 2) enthalten, wobei die Länge des* ι, *die im Attischen die Regel und auch sonst nicht selten ist, Schwierigkeiten macht. Statt* -ίων *begegnet auch* -ι̯ων *(wohl Kreuzung von* -ιων *mit der alten Endung -i̯ōs; vgl. auch § 14, 1).*

θάττων < θάχ-ι̯ων *(§ 14, 11),* τάχ-ιστος *wie* ταχύς *mit* τ < θ *(§ 17, 4).* μείζων < μέγ-ι̯ων *(§ 14, 12).* θάττων *und* μείζων *(*ει = ẹ̄, *§ 2 Anm.) zeigen Längung des Wurzelvokals in Analogie zu bestimmten Komparativen, wo sie sich lautgesetzlich erklärt; wie* θά̄ττων *und* μείζων *auch* ἐλά̄ττων *und* κρείττων *(§ 51).*

Im Komparativ und Superlativ von πολύς *erscheint die Wurzel ohne* υ *und in anderer Ablautform (*πλη- *bzw.* πλε-, *vgl. § 9, 6 über zweisilbige Wurzeln):* πλείων *in Analogie zum Superlativ für* πλέων < πλη-ι̯ων *(§ 14, 3 und § 10, 3),* πλεῖστος < πλε-ιστος *(§ 12, 2).*

2. Deklination des Komparativs:

	κακῑον- schlechter			
	Mask./Fem.	Neutr.	Mask./Fem.	Neutr.
Nom.	κακί̄ων	κάκῑον	κακί̄ον-ες κακί̄ους	κακί̄ον-α κακί̄ω
Gen.	κακί̄ον-ος		κακῑόν-ων	
Dat.	κακί̄ον-ι		κακί̄οσι(ν)	
Akk.	κακί̄ον-α κακί̄ω	κάκῑον	κακί̄ον-ας κακί̄ους	κακί̄ον-α κακί̄ω

S 35 κακίω < κακῑοσ-α, κακίους < κακῑοσ-ες *(§ 16, 2 und § 12, 4; s. o. S 34). Die Form des Nom. Pl.* κακίους *wird auch als Akk. verwendet (in Analogie zu den Adjektiven und Substantiven, die für diese beiden Kasus nur eine Form haben, vgl. § 42 S 24). Zum Dat. Pl. vgl. § 39 S 19.*

Besonderheiten bei der Steigerung 51

1. Bildung der Steigerungsgrade von verschiedenen Wurzeln:

Positiv		Komparativ		Superlativ
ἀγαθός	gut	ἀμείνων, ἄμεινον	tüchtiger, trefflicher	ἄριστος
		βελτῑ́ων, βέλτῑον	(sittlich) besser	βέλτιστος
		κρείττων, κρεῖττον	stärker	κράτιστος
		λῴων, λῷον	vorteilhafter	λῷστος
κακός	schlecht	κακῑ́ων, κάκῑον	schlechter (peior)	κάκιστος
		χείρων, χεῖρον	geringer (deterior)	χείριστος
		ἥττων, ἧττον	schwächer (inferior)	ἥκιστα (adv. = am wenigsten)
μῑκρός	klein	μῑκρότερος	kleiner	μῑκρότατος
		ἐλᾱ́ττων, ἔλᾱττον μείων, μεῖον	} geringer	ἐλάχιστος
ὀλίγος	wenig	ἐλᾱ́ττων, ἔλᾱττον μείων, μεῖον		ἐλάχιστος

S 36 *Positiv, Komparativ und Superlativ liegen zwei oder mehr verschiedene Stämme zugrunde (vgl. gut, besser, am besten, lat. bonus, melior, optimus).*

κρείττων < κρετ-ι̯ων *(§ 14, 9 Anm.), zur Längung des* ε *vgl. § 50 S 34.* κράτ-ιστος *mit Schwundstufe der Wurzel* κρετ- *(§ 9, 3).* χείρων < χερ-ι̯ων *(§ 14, 5): analog dazu* ει *(statt* ε*) auch im Superl.* χείριστος. ἥττων < ἡκ-ι̯ων *(§ 14, 11).* ἐλᾱ́ττων < ἐλαχ-ι̯ων *(§ 14, 11), zur Längung des* α *vgl. § 50 S 34.* ἀμείνων *und* μείων *haben einen anderen formalen Ursprung als die übrigen Komparative.*

2. Adjektivische Steigerungsformen zu Adverbien und Präpositionen:

(πρό	vor)	πρότερος	(der) frühere	πρῶτος	(der) erste
(ὑπέρ	über)	ὑπέρτερος	(der) obere	ὑπέρτατος	(der) oberste
(ἐξ	aus)	—		ἔσχατος	(der) äußerste
(ὑπό)		—		ὕπατος	(der) höchste
—		ὕστερος	(der) spätere	ὕστατος	(der) letzte

Das Adverb

Die von Adjektiven abgeleiteten Adverbien 52

1. Bildung

Von Adjektiven wird das Adverb des Positivs gebildet, indem der Ausgang des Gen. Pl. Mask. durch -ως ersetzt wird.

Das Adverb stimmt also mit Ausnahme des letzten Buchstabens in Form und Akzent mit dem Gen. Pl. Mask. überein.

Adjektiv		Gen. Pl. Mask.	Adverb
σοφός	weise	σοφῶν	σοφῶς
ἀνδρεῖος	tapfer	ἀνδρείων	ἀνδρείως
ἁπλοῦς	einfach	ἁπλῶν	ἁπλῶς
εὐδαίμων	glücklich	εὐδαιμόνων	εὐδαιμόνως
σαφής	deutlich	σαφῶν	σαφῶς
ἡδύς	angenehm	ἡδέων	ἡδέως

S 37 *Die Endung* -ως < *-ōd ist die Ablativendung der o-Deklination, vgl. lat. rarō* < *-ōd; man erwartet Abfall des Dentals (§ 18, 3); vielleicht konnte jedoch auslautendes »d« unter bestimmten von der Stellung des Wortes im Satz abhängigen Bedingungen auch zu »-ς« werden (vgl.* οὕτως *neben* οὕτω*). Von der o-Deklination wurde die Endung auf die anderen Deklinationen übertragen.*

2. Bisweilen dient das Neutrum des Adjektivs als Adverb (vgl. § 53, 3 Anm.):

πολύ	sehr	μικρόν, ὀλίγον	ein wenig
ταχύ (= ταχέως)	schnell	εὐθύ (= εὐθέως)	geradewegs, sofort
σφόδρα (= σφοδρῶς)	heftig, sehr		

Als Adverb von ἀγαθός dient εὖ »gut«.

3. Steigerung

Als Steigerungsform des Adverbs dient im Komparativ der Akk. Sg. des Neutrums auf -ον, im Superlativ der Akk. Pl. des Neutrums auf -α:

σοφῶς	weise	σοφώτερον	σοφώτατα
εὐδαιμόνως	glücklich	εὐδαιμονέστερον	εὐδαιμονέστατα
σαφῶς	deutlich	σαφέστερον	σαφέστατα
καλῶς	schön	κάλλῑον	κάλλιστα
ἡδέως	gern	ἥδῑον	ἥδιστα

4. Besonderheiten der Steigerung:

εὖ	gut	ἄμεινον	ἄριστα
ὀλίγον, μικρόν	ein wenig	ἧττον	ἥκιστα (minime)
μάλα	sehr	μᾶλλον	μάλιστα (maxime)
ἐγγύς	nahe	{ ἐγγυτέρω	ἐγγυτάτω (vgl. § 53, 5)
		ἐγγύτερον	ἐγγύτατα

S 38 *(zu 2 und 3) Zum Akk. Sg. Neutr. als Adverb vgl. lat. fortius, zum Akk. Pl. Neutr. vgl.* πολλά *»oft«; siehe auch § 53, 3.*

S 39 *(zu 4)* εὖ *und* ὀλίγον *sind adverbiell gebrauchte Akkusative des Neutrums (*εὖ *Neutr. zu hom.* ἐύς *»gut«), siehe oben 2. Die Endungen von* μάλα *und* ἐγγύς *sind nicht sicher erklärt.* μᾶλλον < μαλ-ι̯ον *(§ 14, 6; zur Längung des* α *siehe § 50 S 34 über* θᾶττων*).*

53 Erstarrte Kasusformen als Adverbien

1. Alte Genitive auf -ου:

ποῦ	wo	πανταχοῦ	allerorten
αὐτοῦ	ebendort	ὁμοῦ	zusammen
οὐδαμοῦ	nirgendwo		

2. Alte Dative auf -η:

πῇ	wo; wie	χαμαί	am Boden
ταύτῃ	dort; auf diese Weise	σπουδῇ	mit Mühe, kaum
ἄλλῃ (= ἄλλως)	auf andere Weise	πεζῇ	zu Fuß
πολλαχῇ (= πολλαχῶς)	auf vielfache Art und Weise	κοινῇ	gemeinsam
		δημοσίᾳ	von Staats wegen (publice)
οὐδαμῇ (= οὐδαμῶς)	keineswegs	ἰδίᾳ	für sich (privatim)
		εἰκῇ	planlos, unüberlegt

3. Alte Akkusative (vgl. § 52, 2):

ἀρχήν	von vornherein	μάτην	vergeblich	αὔριον	morgen
πρῶτον	zuerst	τήμερον	heute	ὕστερον	später
πλησίον	nahe				

Anmerkung:

Als Akkusative erklären sich auch πολύ, μικρόν, ταχύ usw. (§ 52, 2) und die Steigerungsformen des Adverbs (ebd. 3).

4. Alte Lokative auf -ι, Pl. -σι:

οἴκοι	zu Hause (domi)	Ἀθήνησι(ν)	in Athen
θύρᾱσι(ν)	vor der Tür, draußen		

5. Alte Instrumentale auf -ω:

ὧ-δε	so, auf diese Weise	οὔ-πω	noch nicht	ὀπίσω	hinten

Ortsadverbien bilden vielfach auch die Steigerungsformen auf -ω:

ἄνω	oben	ἀνωτέρω	ἀνωτάτω
κάτω	unten	κατωτέρω	κατωτάτω
ἔξω	außerhalb	ἐξωτέρω	ἐξωτάτω
πόρρω	fern	πορρωτέρω	πορρωτάτω
ἐγγύς	§ 52, 4		

S 40

1. *Die Verwendung des Genitivs als Adverb könnte sich aus der in § 148 a behandelten Gebrauchsweise dieses Kasus erklären; doch ist die Deutung von* ποῦ *usw. als Genitive zweifelhaft.*

2. *Bei* πῇ *usw. handelt es sich um Dative in lokativischer oder instrumentaler Funktion (vgl. § 22, 3); zu* χαμαί *vgl. § 34 S 13.*

3. *Die adverbielle Verwendung des Akkusativs geht von verschiedenen Gebrauchsweisen dieses Kasus aus (§ 142).*

4. *Zu den Lokativendungen* -ι *und* -σι *vgl. § 34 S 13.*

5. *Der Ausgangspunkt für die Adverbien auf* -ω *ist der alte Instrumentalis der o-Deklination (idg. -ō), meist in lokativischer Funktion; einige können aber auch auf den alten Ablativ* -ω < *idg. -ōd zurückgehen (s. o. § 52 S 37* οὕτω*).*

54 Ortsadverbien mit den Suffixen -θι, -θεν, -σε/-δε

-θι	»wo«?	-θεν	»woher?«	-σε, -δε	»wohin?«
ἄλλοθι	anderswo	ἄλλοθεν	anders-woher	ἄλλοσε	anders-wohin
αὐτόθι (= αὐτοῦ)	ebendort	αὐτόθεν	ebendorther	αὐτόσε	eben-dorthin
πολλαχόθι (= πολ-λαχοῦ)	an vielen Orten	πολλαχόθεν	von vielen Orten, Seiten her	πολλαχόσε	nach vielen Orten, Seiten
(πανταχοῦ	überall)	πάντοθεν, πανταχόθεν	überallher	πάντοσε, πανταχόσε	überallhin
(ἐκεῖ	dort)	ἐκεῖθεν	von dort	ἐκεῖσε	dorthin
(οἴκοι	zu Hause)	οἴκοθεν	von Hause	οἴκαδε	nach Hause
(χαμαί	am Boden)	χαμᾶθεν	vom Boden	χαμᾶζε	zu Boden
(θύρᾱσι	draußen)	θύρᾱθεν	von draußen	θύρᾱζε	nach draußen
(Ἀθήνησι	in Athen)	Ἀθήνηθεν	von Athen	Ἀθήναζε	nach Athen

S 41 Ἀθήνᾰζε < Ἀθήνᾰσ-δε *(§ 2, 3b)* < Ἀθήνᾰνσ-δε *(§ 16, 12 Anm;* -ανς *ist eine ältere Form der Endung des Akk. Pl., vgl. § 27 S 4); ebenso — aber mit sekundärer Länge des* ᾱ — θύρᾱζε. *Nach* θύρᾱζε *und* θύρᾱθεν *auch* χαμᾶζε *und* χαμᾶθεν; *zu* χαμαί *vgl. § 34 S 13 und § 53, 2. Die Endung von* ἐκεῖ *steht im Ablautverhältnis zu der von* οἴκοι *(§ 9, 1).*

55 Korrelative Pronominaladverbien

Tabelle siehe nächste Seite!

Die Fußnoten der Tabelle stehen auf dieser Seite!

S 42 *Ein Teil der Adverbien weist Ausgänge auf, die Kasusendungen darstellen und oben besprochen worden sind (§ 53 S 40); allerdings heißen die Adverbien wie* ποῖ *usw. »wohin?« bzw. antworten auf die Frage »wohin?«, während Lokative wie* οἴκοι *auf die Frage »wo?« antworten; vgl. zu dieser zweifachen Verwendungsweise des Lokativs jene Fälle, wo ein und dasselbe Adverb auf jene beiden Fragen antwortet:* ἐνταῦθα, ἐνθάδε, χαμαί.

Der andere Teil der Adverbien ist mit Hilfe von Suffixen gebildet: zu den schon oben genannten (§ 54) kommen noch hinzu: -θα *für Adverbien auf die Frage »wo?« und »wohin?« (s. o.);* -τε *und* -ίκα *für solche auf die Frage »wann?«;* -δε *zeigte in* ἐνθά-δε *wohl ursprünglich die Richtung auf einen Ort hin an (vgl. § 54), in allen anderen Fällen hat es dagegen demonstrativ-hinweisende Bedeutung wie in* ὅδε *(§ 61). Teilweise sind die Adverbien mit* αὐτός *(§ 58) verschmolzen (z. B.* τηνικαῦτα*), worauf hier nicht näher eingegangen werden kann.*

---

[1] ἔνθα und ἔνθεν haben neben der relativen Bedeutung (wo, wohin; woher) in einigen Verbindungen auch noch demonstrative Bedeutung, z. B. ἔνθα δή »da eben, da gerade«; ἔνθεν καὶ ἔνθεν »von da und dort, von beiden Seiten«.

[2] Demonstratives ὥς (ὧς) findet sich fast nur noch in den Verbindungen: καὶ ὥς »auch so, gleichwohl«; οὐδ᾽ (μηδ᾽) ὥς »dennoch nicht«.

	Interrogativa: direkt und indirekt	Interrogativa: nur indirekt	Demonstrativa	Relativa: bestimmt	Relativa: allgemein	Indefinita (sämtlich enklitisch)
Ort	ποῦ; ubi? wo?	ὅπου ubi wo	ἐνθάδε hic hier ἐνταῦθα ibi dort ἐκεῖ illic dort αὐτοῦ ibidem ebendort	οὗ, ἔνθα[1] } ubi, wo	ὅπου ubicumque wo (auch immer)	που alicubi irgendwo
Ort	ποῖ; quo? wohin?	ὅποι quo wohin	ἐνθάδε, δεῦρο huc hierhin ἐνταῦθα eo dorthin ἐκεῖσε illuc dahin αὐτόσε eodem ebendorthin	οἷ, ἔνθα[1] } quo, wohin	ὅποι quocumque wohin (auch immer)	ποι aliquo irgend- wohin
Ort	πόθεν; unde? woher?	ὁπόθεν unde woher	ἐνθένδε hinc von hier ἐντεῦθεν inde von dort ἐκεῖθεν illinc von dort αὐτόθεν indidem ebendorther	ὅθεν, ἔνθεν[1] } unde, woher, von wo	ὁπόθεν undecum- que woher (auch immer)	ποθέν alicunde irgend- woher
Zeit	πότε; quando? wann?	ὁπότε quando wann	τότε tum dann, damals	ὅτε cum, quando als, wenn	ὁπότε cum, quan- documque als, wenn	ποτέ aliquando irgend- wann, einst
Zeit	πηνίκα; quo tem- pore? zu welcher Zeit?	ὁπηνίκα quo tem- pore zu welcher Zeit	τηνικάδε hoc tempore τηνικαῦτα eo tempore } zu dieser Zeit	ἡνίκα quo tempore zu der Zeit, als	ὁπηνίκα quocumque tempore z. welch. Zt. (auch immer)	
Art und Weise	πῶς; quomodo? wie?	ὅπως quomodo wie	(ὧς)[2] ὧδε οὕτως } sic, ita, so	ὡς, ὥσπερ } ut, wie	ὅπως utcumque wie (auch immer)	πως aliquo modo irgendwie
Art und Weise	πῇ; quā? wie? wo?	ὅπῃ quā wie, wo	τῇδε ταύτῃ } hāc (viā) so; hier, dort	ᾗ, ᾗπερ quā wie, wo	ὅπῃ quācumque wie, wo (auch immer)	πῃ aliquā irgendwie, irgendwo

Das Pronomen

56 **Das nichtreflexive Personalpronomen**

	1. Person: ich		2. Person: du		3. Person: er, sie, es		
	betont	unbetont	betont	unbetont			
Sg. Nom.	ἐγώ		σύ		—	—	—
Gen.	ἐμοῦ	μου	σοῦ	σου	αὐτοῦ	αὐτῆς	αὐτοῦ
Dat.	ἐμοί	μοι	σοί	σοι	αὐτῷ	αὐτῇ	αὐτῷ
Akk.	ἐμέ	με	σέ	σε	αὐτόν	αὐτήν	αὐτό
Pl. Nom.	ἡμεῖς		ὑμεῖς		—	—	—
Gen.	ἡμῶν		ὑμῶν		αὐτῶν	αὐτῶν	αὐτῶν
Dat.	ἡμῖν		ὑμῖν		αὐτοῖς	αὐταῖς	αὐτοῖς
Akk.	ἡμᾶς		ὑμᾶς		αὐτούς	αὐτάς	αὐτά

1. Erste und zweite Person:

Für die obliquen Kasus des Singulars gibt es betonte und unbetonte (enklitische) Formen. Die betonten Formen stehen

a) bei nachdrücklicher Hervorhebung, vor allem bei Gegenüberstellungen:
ἢ ἐμοὶ ἢ σοί — οὐκ ἐμέ, ἀλλὰ σέ

b) nach Präpositionen:
περὶ ἐμοῦ, πρὸς σέ

Anmerkung 1:

Stark hervorgehoben wird das Pronomen durch Anfügung der enklitischen Partikel γε: ἔγωγε (Akzent!), ἐμοῦγε, ἔμοιγε (Akzent!), ἐμέγε, σύγε usw.

2. Dritte Person:

Als Ersatz für das fehlende Personalpronomen treten in den obliquen Kasus die Formen von αὐτός (§ 58) ein (vgl. lat. eius, ei usw.).

Anmerkung 2:

Bei besonderer Hervorhebung gebraucht man in allen Kasus (also auch im Nominativ, wo sonst die Person nur durch die Endung des Verbums bezeichnet wird) die Formen von οὗτος oder ἐκεῖνος (§ 61).

S 43 *Die indogermanische Deklination der Pronomina wies gegenüber der der Nomina große Unterschiede auf: Verschiedene Stämme für den Nominativ und die obliquen Kasus (vgl.* ἐγώ, *ego, ich gegenüber* με, *mē, mich) und für den Singular und den Plural (vgl.* σε, *tē, dich gegenüber* ὑμᾶς, *vōs, euch), ferner besondere Endungen bzw. Endungslosigkeit bestimmter Kasus (viele Formen des Singulars und die Dative Plural* ἡμῖν *und* ὑμῖν *lassen im Attischen noch solche Besonderheiten erkennen; vgl. auch § 24 S 1 und § 30 S 7). Im Laufe der Entwicklung sind die Unterschiede zwischen der Deklination der Nomina und Pronomina jedoch immer mehr ausgeglichen worden.*

σύ mit σ- statt τ- in Analogie zu den obliquen Kasus, vgl. lat. tu. σοῦ mit σ- < τϝ- (§ 15, 6, vgl. § 15, 1). ἡμεῖς < ἡμέ-ες (§ 12, 1), ἡμῶν < ἡμέ-ων (§ 12, 4), ἡμᾶς < ἡμέ-ας (gegen § 12, 3 in Analogie zu den vielen Akkusativen auf -ᾰς), zum Dativ siehe oben; entsprechend die 2. Pl. (Stamm: ὑμε-). — Stamm ἡμε- < ἀσμε- < n̥sme- (§ 16, 5 und § 13, 4), ὑμε- < usme- (§ 16, 5), wobei n̥s- die Schwundstufe zu lat. nōs und ŭs- die Schwundstufe zu lat. vōs darstellt (vgl. § 9, 3; § 15, 1); der Spir. asper von ἡμεῖς usw. nach ὑμεῖς usw.; diese Formen verdanken ihren Spir. asper vielleicht dem Einfluß des besonderen Nominativ-Stamms der 2. Plur., der aus anderen idg. Sprachen bekannt ist und mit »i̯« anlautete (§ 14, 2; vgl. jedoch auch ὕδωρ neben lat. unda und andere Beispiele für ῠ < ὐ).

Das reflexive Personalpronomen 57

1. Im Gegensatz zum Lateinischen und Deutschen hat das Griechische auch für die 1. und 2. Person ein besonderes Reflexivpronomen.

	1. Person	2. Person	3. Person	
Sg. Gen.	ἐμαυτοῦ, -ῆς	σεαυτοῦ, -ῆς	ἑαυτοῦ, -ῆς, -οῦ	sui
Dat.	ἐμαυτῷ, -ῇ	σεαυτῷ, -ῇ	ἑαυτῷ, -ῇ, -ῷ	sibi
Akk.	ἐμαυτόν, -ήν	σεαυτόν, -ήν	ἑαυτόν, -ήν, -ό	se
Pl. Gen.	ἡμῶν αὐτῶν	ὑμῶν αὐτῶν	ἑαυτῶν oder σφῶν αὐτῶν	sui
Dat.	ἡμῖν αὐτοῖς, -αῖς	ὑμῖν αὐτοῖς, -αῖς	ἑαυτοῖς, -αῖς, -οῖς oder σφίσιν αὐτοῖς, -αῖς	sibi
Akk.	ἡμᾶς αὐτούς, -άς	ὑμᾶς αὐτούς, -άς	ἑαυτούς, -άς, -ά oder σφᾶς αὐτούς, -άς	se

2. Statt σεαυτοῦ, σεαυτῆς ἑαυτοῦ, ἑαυτῆς ἑαυτῶν usw.
ist auch σαυτοῦ, σαυτῆς αὑτοῦ, αὑτῆς αὑτῶν usw.
sehr gebräuchlich.

3. Für die 3. Person werden auch folgende Formen als indirektes Reflexiv (§ 182, 2) gebraucht:

Sg. οὗ (οὑ), οἷ (οἱ), ἕ (ἑ) — Pl. σφεῖς, σφῶν, σφίσι(ν), σφᾶς.

S 44 *Die einzelnen Kasus des Reflexivpronomens setzen sich aus Formen des Personalpronomens (§ 56) bzw. des indirekten Reflexivpronomens (siehe dazu unten) und solchen von αὐτός zusammen. Im Singular sind beide Bestandteile unter Eintritt von Elision bzw. Krasis (§ 20 mit Anm.) zu einem Wort verschmolzen. ἑᾱυτῶν/ᾱὑτῶν usw. sind jüngere aus dem Singular entwickelte Formen (älter σφῶν αὐτῶν usw.). Neben οἷ gab es die vollere Form ἑοῖ, und daher findet sich neben ᾱὑτῷ auch ἑᾱυτῷ; z. T. nach diesem Vorbild neben σᾱυτῷ auch σεᾱυτῷ; ähnlich erklären sich auch die übrigen Formen.*

Das indirekte Reflexivpronomen οὗ usw., dessen Spiritus asper < σϝ- entstanden ist (§ 15, 5, vgl. § 15, 1), ist mit lat. sui usw. verwandt. Im Plural liegt ein Stamm σφε- vor: Nom. σφεῖς < σφέ-ες usw. (vgl. § 56 S 43 über ἡμεῖς usw.); der Dativ ist jedoch eine Bildung besonderer Art.

58

αὐτός

αὐτός, αὐτή, αὐτό wird mit Ausnahme des Nom./Akk. Sg. Neutr. (vgl. dazu § 30 S 7) wie ein Adjektiv dekliniert (s. Tab. § 56). Es bedeutet:

1. **selbst (ipse):**

   αὐτὸς ἥκει »er kommt selbst«; ὁ τύραννος αὐτός »der Tyrann selbst«; αὐτὸς ὁ τύραννος »selbst der Tyrann«;

2. **derselbe:**

   ὁ αὐτός (idem); ὁ αὐτὸς τύραννος »derselbe Tyrann« (beachte die attributive Stellung!);

3. in den obliquen Kasus ersetzt es das nichtreflexive Personalpronomen der 3. Person (§ 56):

   θαυμάζω αὐτόν »ich bewundere ihn« (admiror eum);

so dient es auch zum Ausdruck des Besitzverhältnisses (§ 60):

ὁ φίλος αὐτοῦ »sein Freund« (amicus eius).

Anmerkung:

Die vokalisch auslautenden Formen des Artikels können mit αὐτός durch Krasis (§ 20 Anm.) verbunden werden:

ὁ αὐτός = αὑτός — τῇ αὐτῇ = ταὐτῇ
τὸ αὐτό = ταὐτό (dafür in Analogie zu Neutra wie δῶρον häufig ταὐτόν) usw.

59

Das reziproke Pronomen

Pl. Gen.	ἀλλήλων	ἀλλήλων	ἀλλήλων	einander
Dat.	ἀλλήλοις	ἀλλήλαις	ἀλλήλοις	
Akk.	ἀλλήλους	ἀλλήλας	ἄλληλα	

Dem reziproken Pronomen fehlen Singular und Nominativ.

S 45 *Das Pronomen ist dadurch entstanden, daß in einem Satz wie* ἄλλος ἄλλον ὠθεῖ, *der in älterer Zeit offenbar auch die kaum noch nachzuweisende Bedeutung »Der eine stößt den anderen = sie stoßen einander« haben konnte, die beiden Formen von* ἄλλος *zu einem Wort zusammenrückten (die Wendung* ἄλλος ἄλλον *o. ä. findet sich fast nur noch in der Bedeutung »Der eine diesen, der andere jenen«). Die genauere Erklärung ist schwierig und auch umstritten.*

60

Das Possessivpronomen

1.

ἐμός, ἐμή, ἐμόν	mein, meus	ἡμέτερος, ἡμετέρα, ἡμέτερον	unser, noster
σός, σή, σόν	dein, tuus	ὑμέτερος, ὑμετέρα, ὑμέτερον	euer, vester

S 46 *Im Singular und Plural liegen verschiedene Bildungsweisen vor, vgl. lat. meus und tuus gegenüber noster und vester.* σός *hat* σ- < τϝ- *(vgl. § 56 S 43 zu* σοῦ*).* ἡμέ-τερος *und* ὑμέ-τερος *weisen wie die lateinischen Entsprechungen das Suffix* -τερο- *auf, das ursprünglich zur Kennzeichnung von Gliedern eines Gegensatzpaares verwendet wurde* (δεξιτερός: ἀριστερός, *vgl.* ἕτερος, πότερος) *und sich dann zum Komparativ-Suffix entwickelte, wofür Gegensatzpaare wie* μακρότερος : μικρότερος *den Ausgangspunkt darstellten.*

2. Das fehlende Possessivpronomen der 3. Person wird durch den Genitiv des Personalpronomens umschrieben:

ὁ φίλος αὐτοῦ (nichtreflexiv) — τὸν ἑαυτοῦ φίλον (reflexiv).

Auch die Possessivpronomina der 1. und 2. Person können durch den Gen. der Personalpronomina ersetzt werden (s. u. 4a).

3. In allen drei Personen unterscheidet das Griechische (abweichend vom Lateinischen und Deutschen) zwischen nichtreflexivem und reflexivem Gebrauch des Possessivpronomens.

4. Übersicht über die Ausdrucksmöglichkeiten für das Possessivverhältnis:

a) **nichtreflexiv**

schwächer betont	stärker betont
ὁ φίλος μου mein Freund	ὁ ἐμὸς φίλος **mein** Freund
ὁ φίλος σου	ὁ σὸς φίλος
ὁ φίλος αὐτοῦ (-ῆς)	ὁ τούτου (ἐκείνου) φίλος
ὁ φίλος ἡμῶν	ὁ ἡμέτερος φίλος
ὁ φίλος ὑμῶν	ὁ ὑμέτερος φίλος
ὁ φίλος αὐτῶν	ὁ τούτων (ἐκείνων) φίλος

b) **reflexiv**

	schwächer betont		stärker betont
στέργω	τὸν ἐμὸν φίλον		τὸν ἐμαυτοῦ (-ῆς) φίλον
στέργεις	τὸν σὸν φίλον		τὸν σαυτοῦ (-ῆς) φίλον
στέργει	τὸν ἑαυτοῦ (-ῆς) φίλον	=	τὸν ἑαυτοῦ (-ῆς) φίλον
στέργομεν	τὸν ἡμέτερον φίλον		τὸν ἡμέτερον αὐτῶν φίλον
στέργετε	τὸν ὑμέτερον φίλον		τὸν ὑμέτερον αὐτῶν φίλον
στέργουσι	τὸν ἑαυτῶν φίλον	=	τὸν ἑαυτῶν φίλον

Anmerkung:

Wenn der Zusammenhang keinen Zweifel offenläßt, genügt der bestimmte Artikel zum Ausdruck des Possessivverhältnisses (s. § 178, 1 a):

στέργομεν τὴν πατρίδα (patriam amamus) »wir lieben unser Vaterland«.

5. Zu beachten ist die Wortstellung:

a) die zum Ausdruck des Besitzverhältnisses gesetzten Genitive μου, σου, αὐτοῦ (-ῆς), ἡμῶν, ὑμῶν, αὐτῶν stehen **prädikativ,** d. h. hinter dem mit Artikel verbundenen Substantiv oder vor dem Artikel:

ὁ φίλος αὐτοῦ oder αὐτοῦ ὁ φίλος

b) alle anderen Pronomina, die das Possessivverhältnis bezeichnen, stehen **attributiv,** d. h. zwischen Artikel und Substantiv oder mit wiederholtem Artikel hinter dem Substantiv:

ὁ ἐμὸς φίλος — ὁ φίλος ὁ ἐμός

61 Demonstrativpronomina

Es gibt folgende Demonstrativpronomina:

ὅδε, ἥδε, τόδε	der da, dieser (hier)
οὗτος, αὕτη, τοῦτο	dieser
ἐκεῖνος, ἐκείνη, ἐκεῖνο	jener

In einigen Wendungen hat auch der Artikel seine alte demonstrative Bedeutung bewahrt; s. § 177; § 180, 1.

Die zusammengesetzten Demonstrativpronomina

τοιόσδε/τοιοῦτος »so beschaffen«; τοσόσδε/τοσοῦτος »so groß«

siehe § 64.

1. Deklination

a) ὅδε besteht aus dem Artikel und der hinweisenden enklitischen Partikel -δε »da, hier«; es hat daher die Flexion des Artikels:

Nom.	Sg. ὅδε	ἥδε	τόδε	Pl.	οἵδε	αἵδε	τάδε
Gen.	τοῦδε	τῆσδε	τοῦδε		τῶνδε	τῶνδε	τῶνδε
Dat.	τῷδε	τῇδε	τῷδε		τοῖσδε	ταῖσδε	τοῖσδε
Akk.	τόνδε	τήνδε	τόδε		τούσδε	τᾱ́σδε	τάδε

b) οὗτος enthält ebenfalls den Artikel; es richtet sich nach ihm im Anlaut (Spiritus asper oder τ) und im Vokal der ersten Silbe (ο oder α):

Nom.	Sg. οὗτος	αὕτη	τοῦτο	Pl.	οὗτοι	αὗται	**ταῦτα**
Gen.	τούτου	ταύτης	τούτου		τούτων	**τούτων**	τούτων
Dat.	τούτῳ	ταύτῃ	τούτῳ		τούτοις	ταύταις	τούτοις
Akk.	τοῦτον	ταύτην	τοῦτο		τούτους	ταύτᾱς	ταῦτα

c) ἐκεῖνος wird wie ein Adjektiv der o- und a-Deklination dekliniert — mit Ausnahme des Nom./Akk. Sg. Neutr. auf -ο: ἐκεῖνο.

Anmerkung:

Zur Verstärkung kann den Formen von ὅδε, οὗτος, ἐκεῖνος ein — »hinweisendes« — ί angefügt werden (ι δεικτικόν); es ist stets betont und bewirkt den Ausfall vorhergehender kurzer Vokale:

ὁδί, αὑτηί, τουτί usw.

S 47 οὗτος *ist aus dem Artikel entwickelt, jedoch ist seine Bildungsweise im einzelnen unklar. Die durch die betonende Partikel* -υ- *erweiterten Stämme des Artikels* οὑ-, του-, αὑ-, ταυ- *(*αυ < ᾱυ, *§ 10, 1; vgl. § 24 S 1) scheinen mit deklinierten Formen des Artikels verbunden zu sein (zur Verstärkung?). Jedoch scheint im Nom./Akk. Pl. Neutr.* ταῦτα *auch der erste Bestandteil dekliniert zu sein, und der zweite Bestandteil zeigt* -ς *im Nom. Sg. Mask.* οὗτος *sowie überall (auch im Nom. Mask./Fem.)* -τ-*; Gen. Pl. Fem.* τούτων *ist vom Maskulinum und Neutrum beeinflußt.*

2. Bedeutungsunterschied (s. auch § 180)

ὅδε (lat. hic) weist auf das Zunächstliegende, auch auf das Folgende:

ἔλεξε τάδε »er sagte folgendes« (Einleitung einer Rede).

οὗτος (lat. is, iste) bezeichnet schon Genanntes, Vorhergehendes:

ταῦτα ἔλεξε »das sagte er« (Abschluß einer Rede).

In Verbindung mit dem Relativpronomen (§ 62) entspricht es dem dt. der(jenige), welcher: οὗτος, ὅς . . .

ἐκεῖνος (lat. ille) bezeichnet (räumlich und zeitlich) Entferntes.

3. In Verbindung mit einem Substantiv erfordern ὅδε, οὗτος, ἐκεῖνος den Artikel; das Pronomen steht dann prädikativ:

ὅδε ὁ ἀνήρ	oder	ὁ ἀνὴρ ὅδε	dieser Mann (hier)
αὕτη ἡ γυνή	oder	ἡ γυνὴ αὕτη	diese Frau
ἐκεῖνο τὸ δῶρον	oder	τὸ δῶρον ἐκεῖνο	jenes Geschenk

Relativpronomina 62

	welcher, welche, welches; der, die, das			a) wer auch immer; jeder, der b) indirektes Fragepronomen		
Sg. Nom.	ὅς	ἥ	ὅ	ὅστις	ἥτις	ὅτι (ὅ, τι)
Gen.	οὗ	ἧς	οὗ	οὗτινος (ὅτου)	ἧστινος	οὗτινος (ὅτου)
Dat.	ᾧ	ᾗ	ᾧ	ᾧτινι (ὅτῳ)	ᾗτινι	ᾧτινι (ὅτῳ)
Akk.	ὅν	ἥν	ὅ	ὅντινα	ἥντινα	ὅτι (ὅ, τι)
Pl. Nom.	οἵ	αἵ	ἅ	οἵτινες	αἵτινες	ἅτινα (ἅττα)
Gen.	ὧν	ὧν	ὧν	ὧντινων	ὧντινων	ὧντινων
Dat.	οἷς	αἷς	οἷς	οἷστισι(ν)	αἷστισι(ν)	οἷστισι(ν)
Akk.	οὕς	ἅς	ἅ	οὕστινας	ἅστινας	ἅτινα (ἅττα)

1. ὅς, ἥ, ὅ (qui, quae, quod) hat in allen Formen Spiritus asper und Akzent.

Das Relativpronomen kann verstärkt werden durch das enklitische Suffix -περ:

ὅσπερ, ἥπερ, ὅπερ »der gerade; gerade der, welcher«.

2. ὅστις, ἥτις, ὅτι (oder: ὅ, τι) wird gebraucht:

a) **als verallgemeinerndes Relativpronomen:** wer auch immer; jeder, der (lat. quisquis, quicumque);

b) **als indirektes Fragepronomen** (§ 63)

Die Schreibart ὅ, τι (für das Neutr. Sg.) dient zur Unterscheidung von der Konjunktion ὅτι »daß, weil« (lat. quod).

3. οἷος/ὁποῖος, ὅσος/ὁπόσος, ὁπότερος siehe § 64.

S 48 ὅς < ̯ιος *(§ 14, 2).*

ὅσ-τις *setzt sich aus dem Relativpronomen* ὅς *und dem enklitischen Indefinitpronomen* τις *(§ 63) zusammen; beide Bestandteile werden dekliniert, im Falle von* ὅτου *und* ὅτῳ < ὁ- *(Stamm des Relativpronomens) +* του *bzw.* τῳ *(vgl. dazu § 63 S 49) ausnahmsweise nur der zweite.* ἅττα < ἅ *(Nom. Pl. Neutr. des Relativpronomens) +* ττα *(vgl. dazu § 63 S 49).*

63 **Interrogativ- und Indefinitpronomina**

	Pronomen interrogativum		Pronomen indefinitum	
Sg. Nom.	τίς	τί	τις	τι
Gen.	τίνος (τοῦ)		τινός (του)	
Dat.	τίνι (τῷ)		τινί (τῳ)	
Akk.	τίνα	τί	τινά	τι
Pl. Nom.	τίνες	τίνα	τινές	τινά (ἄττα)
Gen.	τίνων		τινῶν	
Dat.	τίσι(ν)		τισί(ν)	
Akk.	τίνας	τίνα	τινάς	τινά (ἄττα)

1. **Das Interrogativpronomen τίς, τί** wird substantivisch (wer, was? — lat. quis, quid?) und adjektivisch (welcher, welche, welches? — lat. qui, quae, quod?) als Einleitung direkter und indirekter Fragen gebraucht. Es betont stets die **Stammsilbe** und hat immer den **Akut.**

ὅστις, ἥτις, ὅτι leitet nur indirekte Fragen ein. Es wird ebenfalls sowohl substantivisch als auch adjektivisch gebraucht. Zu ὅστις als verallgemeinerndem Relativpronomen s. § 62.

2. **Das Indefinitpronomen τις, τι**

substantivisch: (irgend) jemand (aliquis), ein gewisser (quidam), mancher, man

adjektivisch: (irgend)ein (aliqui), ein (gewisser), mancher (vgl. § 179, Anm. 1)

ist stets enklitisch (ausgenommen ἄττα), kann also einen Akzent nur auf der Endsilbe haben (§ 6, 2).

3. ποῖος/ὁποῖος, πόσος/ὁπόσος, πότερος/ὁπότερος und die entsprechenden Indefinita s. § 64.

S 49 τίς, τί *entsprechen lat. quis, quid (τ < q^{u} nach § 17, 1, Verlust des auslautenden »d« nach § 18, 3). Zur Verwendung der unbetonten Formen* τις, τι *als pronomen indefinitum vgl. lat. si quis, si quid usw. und dt. Ausdrucksweisen wie »Da ist wer«.*

Die meisten Formen gehen auf den Stamm τι- *zurück: normal* τί-ς, τί *(s. o.). Der Akk. Sg. Mask.* τίνα *entstand dadurch, daß an den zu erwartenden Akk.* *τί-ν *noch zusätzlich die Nebenform* -α *der Akkusativendung angefügt wurde;* τίνα *schien dann von einem Stamm* τιν- *abgeleitet wie* ποιμένα *von* ποιμεν-, *und von diesem Stamm* τιν- *sind die Formen* τίνος *usw. gebildet (vgl. § 39 S 19). —* ἄττα *enthält* -ττα, *das lat. quia entspricht (quia ist eigentlich Nom./Akk. Pl. Neutr., vgl. quod;* ττ < $q^{u}i̯$, *vgl. § 14, 11* ττ < κi̯; *vgl. § 14, 1); das anlautende* α- *kann hier nicht erklärt werden.*

Ein Stamm τε- *liegt dem Gen. Sg.* τοῦ < τέο *(§ 12, 4) und dem Dat.* τῷ < τέῳ *(§ 12, 4) zugrunde; der Gen.* τε-ο *weist die für Pronomina charakteristische Endung dieses Kasus auf, die auch in die o-Deklination eingedrungen ist (*-ου < -ο-ο, *§ 25 S 2); die Ähnlichkeit mit dem Gen. Sg. der o-Deklination führte zur Bildung des Dat.* τέῳ *mit dem Dativausgang der o-Deklination als Endung.*

Übersicht über die korrelativen Pronomina 64

Interrogativa		Demonstrativa	Relativa		Indefinita
direkt u. indirekt	nur indirekt		bestimmt	allgemein	(enklitisch)
τίς; quis? wer? welcher?	ὅστις quis wer, welcher	ὅδε, οὗτος hic, is dieser ἐκεῖνος ille jener	ὅς qui der, welcher	ὅστις quicumque wer auch immer	τις (ali)quis irgend- einer
ποῖος; qualis? wie be- schaffen?	ὁποῖος qualis wie be- schaffen	τοιόσδε, τοιοῦτος talis so beschaffen	οἷος qualis wie be- schaffen	ὁποῖος qualiscumque wie beschaffen (auch immer)	ποιός irgendwie beschaffen
πόσος; quantus? wie groß? πόσοι; quot? wie viele?	ὁπόσος quantus wie groß ὁπόσοι quot wie viele	τοσόσδε, τοσοῦτος tantus so groß τοσοίδε, τοσοῦτοι tot so viele	ὅσος quantus wie groß ὅσοι quot wie viele	ὁπόσος quantuscumque wie groß (auch immer) ὁπόσοι quotcumque wie viele (auch immer)	ποσός von ir- gendeiner Größe
πότερος; uter? wer (von beiden)	ὁπότερος uter wer (von beiden)	ὁ ἕτερος alter der eine von beiden ἑκάτερος uterque beide		ὁπότερος uter(cumque) wer von beiden	πότερος (nicht enklitisch) einer von beiden

Zur Deklination:

τοιόσδε, τοιᾱ́δε, τοιόνδε und τοσόσδε, τοσήδε, τοσόνδε flektieren regelmäßig nach der o- bzw. a-Deklination,

τοιοῦτος und τοσοῦτος nach οὗτος, also:

τοσοῦτος	τοσαύτη	τοσοῦτο	τοσοῦτοι	τοσαῦται	τοσαῦτα
τοσούτου	τοσαύτης	τοσούτου usw.	τοσούτων	τοσούτων	τοσούτων usw.

Neben τοιοῦτο und τοσοῦτο sind im Neutr. auch die Formen τοιοῦτον und τοσοῦτον gebräuchlich (vgl. ταὐτόν neben ταὐτό § 58 Anm.).

Anmerkung:

ὁ ἕτερος »der eine, der andere von zweien« wird häufig durch Krasis zu ἅτερος, τοῦ ἑτέρου zu ϑᾰτέρου, τὸ ἕτερον zu ϑᾰ́τερον usw. (ohne Koronis geschrieben!).

S 50 *Die Pronomina τοσόσδε, τοσοῦτος, τοιόσδε, τοιοῦτος setzen sich aus den in der Prosa nicht gebräuchlichen Pronomina τόσος »so groß« bzw. τοῖος »so beschaffen« und ὅδε bzw. οὗτος zusammen. Bei der Verschmelzung zu einem Wort haben die einzelnen Bestandteile bestimmte Veränderungen erfahren (u. a. ist der bei der Deklination von ὅδε und οὗτος auf den Nom. Mask. und Fem. beschränkte Stamm ohne »τ« verallgemeinert worden). ἕτερος durch Assimilation < ἅτερος (§ 19, 6); als diese Assimilation noch nicht eingetreten war, entstanden die Formen ἅτερος usw. < ὁ ἅτερος (vgl. § 20 Anm. zu ἀνήρ u. ä.).*

Das Zahlwort

65 Kardinalzahlen, Ordinalzahlen, Zahladverbien

Zahlzeichen		Kardinalzahlen	Ordinalzahlen	Zahladverbien
α′	1	εἷς, μία, ἕν	πρῶτος, -η, -ον	ἅπαξ einmal
β′	2	δύο	δεύτερος, -ᾱ, -ον	δίς zweimal
γ′	3	τρεῖς, τρία	τρίτος, -η, -ον	τρίς dreimal
δ′	4	τέτταρες, τέτταρα	τέταρτος	τετράκις
ε′	5	πέντε	πέμπτος	πεντάκις
ϛ′	6	ἕξ	ἕκτος	ἑξάκις
ζ′	7	ἑπτά	ἕβδομος	ἑπτάκις
η′	8	ὀκτώ	ὄγδοος	ὀκτάκις
ϑ′	9	ἐννέα	ἔνατος	ἐνάκις
ι′	10	δέκα	δέκατος	δεκάκις
ια′	11	ἕνδεκα	ἑνδέκατος	ἑνδεκάκις
ιβ′	12	δώδεκα	δωδέκατος	δωδεκάκις
ιγ′	13	τρεῖς καὶ δέκα	τρίτος καὶ δέκατος	τρισκαιδεκάκις
ιδ′	14	τέτταρες καὶ δέκα	τέταρτος καὶ δέκατος	τετταρεσκαιδεκάκις
ιε′	15	πεντεκαίδεκα	πέμπτος καὶ δέκατος	usw.
ιϛ′	16	ἑκκαίδεκα	ἕκτος καὶ δέκατος	
ιζ′	17	ἑπτακαίδεκα	ἕβδομος καὶ δέκατος	
ιη′	18	ὀκτωκαίδεκα	ὄγδοος καὶ δέκατος	
ιϑ′	19	ἐννεακαίδεκα	ἔνατος καὶ δέκατος	
κ′	20	εἴκοσι(ν)	εἰκοστός	εἰκοσάκις
λ′	30	τριᾱ́κοντα	τριᾱκοστός	τριακοντάκις
μ′	40	τετταράκοντα	τετταρακοστός	usw.
ν′	50	πεντήκοντα	πεντηκοστός	
ξ′	60	ἑξήκοντα	ἑξηκοστός	
ο′	70	ἑβδομήκοντα	ἑβδομηκοστός	
π′	80	ὀγδοήκοντα	ὀγδοηκοστός	
ϟ′	90	ἐνενήκοντα	ἐνενηκοστός	

Zahlzeichen		Kardinalzahlen	Ordinalzahlen	Zahladverbien
ρ'	100	ἑκατόν	ἑκατοστός	ἑκατοντάκις
σ'	200	διᾱκόσιοι, αι, α	διᾱκοσιοστός	διᾱκοσιάκις
τ'	300	τριᾱκόσιοι	τριᾱκοσιοστός	usw.
υ'	400	τετρακόσιοι	τετρακοσιοστός	
φ'	500	πεντακόσιοι	πεντακοσιοστός	
χ'	600	ἑξακόσιοι	ἑξακοσιοστός	
ψ'	700	ἑπτακόσιοι	ἑπτακοσιοστός	
ω'	800	ὀκτακόσιοι	ὀκτακοσιοστός	
ϡ'	900	ἐνακόσιοι	ἐνακοσιοστός	
,α	1000	χῑ́λιοι	χῑλιοστός	χῑλιάκις
,β	2000	δισχῑ́λιοι	δισχῑλιοστός	usw.
,γ	3000	τρισχῑ́λιοι	τρισχῑλιοστός	
,δ	4000	τετρακισχῑ́λιοι	τετρακισχῑλιοστός	
		usw.	usw.	
,ι	10000	μῡ́ριοι	μῡριοστός	μῡριάκις
,κ	20000	δισμῡ́ριοι	δισμῡριοστός	usw.

Als **Zahlzeichen** dienen die Buchstaben des griech. Alphabets; für die Zahlen 1—999 werden sie mit einem Strich rechts oben, von 1000 an mit einem Strich links unten versehen. Einige alte Buchstaben haben sich als Zahlzeichen erhalten: ϛ (= στ, Stigma, vermutlich das alte Ϝ-Zeichen) für 6, ϟ (Koppa) für 90, ϡ (Sampi) für 900.

S 51 *Die griechischen Zahlwörter sind fast alle mit den entsprechenden lateinischen verwandt, die aber z. T. nicht genau mit ihnen übereinstimmen. Viele Einzelheiten, deren Erklärung strittig ist oder zu weit führen würde, müssen im folgenden übergangen werden.*

Kardinalzahlen:

1—10: Im Griechischen wie im Indogermanischen werden die Zahlwörter für 1—4 dekliniert (vgl. § 67), während im Lateinischen nur noch die für 1—3 deklinierbar sind und im Deutschen fast nur noch das für 1.—Zu εἷς *siehe § 67 S 52.* δύο *= duo.* τρεῖς *(*ει *= ẹ̄, § 2 Anm.) = trēs.* τέτταρες *(*τ *<* $q^{u̯}$*, § 17, 1;* ττ *< tu̯, § 15, 7) = quattuor.* πέντε *(*τ *<* $q^{u̯}$*, § 17, 1) = quinque (qu im Anlaut durch Assimilation < p).* ἕξ *(Spir. asper <* σ*, § 16, 1) = sex.* ἑπτά *(Spir. asper <* σ*, § 16, 1;* α *< m̥, § 13, 3) = septem.* ὀκτώ *= octō.* ἐννέα *(<* ἐννέϜα*, § 15, 3;* α *< n̥, § 13, 4) = novem (< neven).* δέκα *(*α *< m̥, § 13, 3) = decem.*

*20—90: Die Zahlwörter für diese Zahlen enthalten ein altes Substantiv -*κοντ*- < -(d)komt- »Zehner« (m vor Dental > n durch Assimilation, vgl. § 19, 4; vgl.* δέκα*), das in der Schwundstufe auch in* εἴκοσι *vorliegt (<* ἐ-Ϝῑ-κατι*, vgl. vī-ginti, eigtl. »zwei Zehner«;* ῑ *alte Dualendung; im übrigen vgl. das unten zu -*κοσιοι *Bemerkte). Nachdem die Deklination des Substantivs erstarrt war (-*α *in* τριᾱ́κοντα *usw. ist die Endung des Nom./Akk. Pl. Neutr.), wurden die betreffenden Zahlwörter als (unveränderliche) Adjektive verwendet. Vgl. lat. -gintā in trigintā usw. (g analogisch < c).*

100—900: ἑ-κατόν *(ἑ- unklar;* α < *m̥, § 13, 3) = centum (n < m; zur Endung vgl. § 25 S 2).* -κοσιοι *(in* διᾱκόσιοι *usw.)* < -κατιοι *(*ο < α *unter dem Einfluß der Zehner;* -σι- < -τι-, *§ 17, 2); zugrunde liegt ein Substantiv* -κατο- *»Hunderter, Anzahl von 100« (vgl.* ἑ-κατόν*). Damit wurden zusammengesetzte Zahlsubstantive gebildet, von denen man mit Hilfe des Suffixes* -i̯ο- *Adjektive ableitete:* διᾱκόσιοι *eigentlich »eine Anzahl von 200 bildend«; die auf -centi und -genti endenden Zahlwörter des Lateinischen (ducenti, quadringenti usw.) sind vergleichbar, weisen jedoch nicht das Suffix* -i̯ο- *auf.*

1000: vgl. mille, dessen Bestandteile mit griech. μία *und* χίλιοι *verwandt sind.*

Ordnungszahlen:

πρῶτος *ist verwandt mit* πρό, πρίν, *primus;* δεύ-τερος *mit* δέομαι < δεύομαι *(§ 15, 1 und 3) »zurückstehen« (zum Suffix* -τερο- *vgl. § 60 S 46). Die beiden ersten Ordnungszahlen haben im Griechischen wie im Lateinischen keine etymologischen Beziehungen zu den entsprechenden Kardinalzahlen. Alle anderen sind von den einzelnen Kardinalzahlen abgeleitet, und zwar teils durch Anfügen von* -ο-/-η- *(so* ἕβδομος *und* ὄγδοος, *die daneben allerdings noch eigentümliche lautliche Veränderungen aufweisen), teils mit Hilfe des Suffixes* -το- *oder bestimmter Erweiterungen dieses Suffixes (so die übrigen); dasselbe Suffix wird auch als Superlativendung verwendet (§ 48), was sich daher erklärt, daß sowohl der Superlativ als auch die Ordnungszahlen aus einer Reihe einen Einzelnen hervorheben: z. B. den Größten bzw. den Vierten.* -κοστός < -κοντ-τος *(§ 17, 3; § 16, 12 Anm.); in* τριᾱκοστός *usw. wurde* -(ο)στος *als Suffix empfunden und auf andere Zahlen übertragen (*ἑκατοστός *usw.).*

66 Zahladjektive, Zahlsubstantive, Distributivzahlen

1. Neben den Kardinal- und Ordinalzahlen und den Zahladverbien bildet das Griechische noch

a) **Zahladjektive** mit -πλοῦς (»-fach, lat. -plex«; § 32):

ἁπλοῦς, διπλοῦς, τριπλοῦς usw.

und mit -πλάσιος, -πλασίᾱ, -πλάσιον:

διπλάσιος »doppelt so groß, so viel«; τριπλάσιος usw.

b) **Zahlsubstantive** auf -άς, -άδος, z. B.

ἡ μονάς ἡ ἑνάς	die Einheit, die Zahl eins	ἡ δεκάς	die Zehnzahl
		ἡ μῡριάς	die Zahl 10000, eine Anzahl von 10000
ἡ τριάς	die Dreiheit, -zahl		

Beachte:

δέκα μυριάδες στρατιω**τῶν** (lat. centum milia mili**tum**) = 100000 Soldaten.

2. Distributivzahlen fehlen im Griechischen; sie werden ersetzt durch die Kardinalzahl in Verbindung mit ἀνά oder κατά (mit Akk.):

καθ' ἕνα (je einer, einzeln, singuli), κατὰ δύο (je zwei, bini), ἀνὰ πέντε (je fünf, quini).

Selten: σύνδυο »je zwei«, σύντρεις »je drei«.

Deklination der Zahlwörter 67

Alle Ordinalzahlen und die Kardinalzahlen von 200 an werden wie dreiendige Adjektive der o- und a-Deklination dekliniert; von den übrigen Kardinalzahlen werden nur die ersten vier dekliniert:

	ἑν- : σμ- ein(s)			δυ- zwei	τρε- : τρει̯- drei		τετταρ- vier	
Nom.	εἷς	μία	ἕν	δύο	τρεῖς	τρί-α	τέτταρ-ες	τέτταρ-α
Gen.	ἑν-ός	μιᾶς	ἑν-ός	δυοῖν	τρι-ῶν		τεττάρ-ων	
Dat.	ἑν-ί	μιᾷ	ἑν-ί	δυοῖν	τρι-σί(ν)		τέτταρ-σι(ν)	
Akk.	ἕν-α	μίαν	ἕν	δύο	τρεῖς	τρί-α	τέτταρ-ας	τέτταρ-α

Wie εἷς flektieren auch οὐδείς und μηδείς »niemand, keiner«, wie δύο auch ἄμφω »beide«, lat. ambo.

	Sg. οὐδείς	οὐδεμία	οὐδέν	Pl. οὐδέν-ες	ἄμφω
Nom.	Sg. οὐδείς	οὐδεμία	οὐδέν	Pl. οὐδέν-ες	ἄμφω
Gen.	οὐδεν-ός	οὐδεμιᾶς	οὐδεν-ός	οὐδέν-ων	ἀμφοῖν
Dat.	οὐδεν-ί	οὐδεμιᾷ	οὐδεν-ί	οὐδέσι(ν)	ἀμφοῖν
Akk.	οὐδέν-α	οὐδεμίαν	οὐδέν	οὐδέν-ας	ἄμφω

S 52 *Der Stamm des Zahlworts für 1 ist sem-, Schwundstufe sm- (vgl. lat. semel, simplex);* εἷς < ἕν-ς < *sem-s (§ 16, 1 und 8; m >* ν *unter dem Einfluß des* -ς*; vgl. § 19, 4),* ἕν < *sem (*ν < *m, § 18, 2); im älteren* ἕνς *und in* ἕν *schien ein Stamm* ἑν- *vorzuliegen, von dem die übrigen Kasus abgeleitet sind (vgl. § 39);* μία < *sm-ia (§ 16, 4; zur Endung vgl. § 37 S 16 und § 14, 1).*

Die Deklination von δύο *stimmt fast ganz mit der des Duals überein (§ 69), der nur im Nom./Akk.* -ω *hat und nicht* -ο *wie* δύο*; vgl. jedoch die Nebenform* δύω*, die Homer kennt.*

τρεῖς *gehört zu den* ι*-Stämmen (Grundstufe:* τρει-*, Schwundstufe:* τρι-*) und bildet den Nom./Akk. Mask./Fem. wie die entsprechenden Substantive (*πόλις *usw., § 44), während es im Gen.* τρι-ῶν *(Schwundstufe) und Dat.* τρι-σί *(*ι *nicht durch* ε *verdrängt) wahrscheinlich die ursprünglichen Kasusendungen bewahrt hat. Nom./Akk. Neutr.* τρί-α *(Schwundstufe).*

Zur Deklination von τέτταρες *vgl. die von* ῥήτωρ *§ 38.*

Bildung zusammengesetzter Zahlen 68

1. Bei der Verbindung von Einern, Zehnern usw. kann die größere oder die kleinere Zahl vorangehen. Geht die kleinere Zahl voran, so **muß** καί stehen, geht aber die größere voran, so kann καί stehen oder fehlen. Also:

245 = πέντε καὶ τετταράκοντα καὶ διακόσιοι
oder διακόσιοι καὶ τετταράκοντα καὶ πέντε
oder διακόσιοι τετταράκοντα πέντε

Ordinalzahlen werden gewöhnlich durch καί verbunden:

der 45. = ὁ πέμπτος καὶ τετταρακοστός
oder ὁ τετταρακοστὸς καὶ πέμπτος
(selten ὁ τετταρακοστὸς πέμπτος)

2. Zahlen über 10000 werden in Zehntausendern ausgedrückt:

zwanzig**tausend** Soldaten = δισ**μύριοι** στρατιῶται
oder = δύο μυριάδες στρατιωτῶν (§ 66, 1).

Anmerkung:

Von μύριοι, μύριαι, μύρια (10000) ist zu unterscheiden das anders akzentuierte μυρίοι, μυρίαι, μυρία (unendlich viele, unzählige; vgl. lat. sescenti und mille, dt. »tausend« im gleichen Sinne).

3. Neben den gewöhnlichen Formen (s. Tabelle § 65) finden sich bisweilen auch τρισκαίδεκα (13), τρισκαιδέκατος, τετταρακαίδεκα (14), τετταρακαιδέκατος, ἑπτακαιδέκατος (17.).

4. Bei Ordinalzahlen kann der 21., 31. usw. ebensowohl durch ὁ πρῶτος καὶ εἰκοστός (τριακοστός usw.) wie durch ὁ εἷς καὶ εἰκοστός (τριακοστός usw.) wiedergegeben werden.

5. Für 18, 19, 28 usw. findet sich oft auch 20-2, 20-1 usw. (vgl. lat. duode-, unde-); »minus« wird durch das Partizip δέων, δέουσα, δέον (mit Gen.) »ermangelnd« ausgedrückt:

18 Jahre	δυοῖν δέοντα εἴκοσιν ἔτη
29 Schiffe	μιᾶς δέουσαι τριάκοντα νῆες
das 39. Jahr	τὸ ἑνὸς δέον τετταρακοστὸν ἔτος

69 Der Dual des Nomens

Der Dual in der Deklination hat nur jeweils zwei Kasusformen (vgl. δύο, ἄμφω § 67), die eine für Nominativ, Akkusativ und Vokativ, die andere für Genitiv und Dativ.

Dualausgänge

	Nom., Akk., Vok.	Gen., Dat.
o-Deklination	-ω	-οιν
a-Deklination	-ᾱ	-αιν
3. Deklination	-ε	-οιν

Beim Artikel werden die maskulinen Formen auch für das Femininum gebraucht.

Beispiele:

o-Deklination:

τὼ ἀδελφώ, τοῖν ἀδελφοῖν   τὼ ἀνθρώπω, τοῖν ἀνθρώποιν

a-Deklination:

δύο δραχμᾱ́, δυοῖν δραχμαῖν   τὼ καλᾱ̀ χώρᾱ, τοῖν καλαῖν χώραιν

3. Deklination:

τὼ χεῖρε, τοῖν χεροῖν   τὼ φύλακε, τοῖν φυλάκοιν
τὼ ἄνδρε, τοῖν ἀνδροῖν   τὼ γυναῖκε, τοῖν γυναικοῖν
δύο παῖδε, δυοῖν παίδοιν   τίνε πόλει; τοῖν πολέοιν
τὼ σκέλει, τοῖν σκελοῖν »die beiden Beine«

Zu ἐγώ: νώ, νῷν »wir beide« — Zu σύ: σφώ, σφῷν »ihr beide«.

S 53 *Mit der Deklination des Duals der o-Stämme vergleiche man die von* ἄμφω *und* δύο *(§ 67). In Analogie zur o-Deklination wurde der Dual der a-Deklination geschaffen (nach dem Wandel von* ᾱ *zu* η, *daher auch* δράχμᾱ *mit* ᾱ*; vgl. § 8 Anm.). Die »dritte« Deklination hat den Ausgang des Gen./Dat. der o-Deklination übernommen.* πόλει < πολει̯-ε *(§ 14, 3; § 12, 1),* πολέοιν < πολει̯-οιν *(§ 14, 3).* σκέλει < σκελεσ-ε *(§ 16, 2; § 12, 1),* σκελοῖν < σκελεσ-οιν *(§ 16, 2; § 12, 4).*

Der Artikel hatte ursprünglich im Dual ähnlich wie ἄμφω *und* δύο *keine besondere Form für das Femininum (daher* τὼ χώρᾱ *u. ä.). — Auf den Dual des Pronomens, besonders den eigentümlichen Stamm der 2. Person* σφώ, *kann hier nicht eingegangen werden.*

B. DAS VERBUM

Formenbestand des Verbums 70

1. Übersicht:

a) **Verbum finitum**

drei Personen:	1., 2., 3. Person;
drei Numeri:	Singular, Plural, **Dual**;
vier Modi:	Indikativ, Konjunktiv, **Optativ**, Imperativ;
sieben Tempora:	Präsens, Imperfekt, Futur, **Aorist**, Perfekt, Plusquamperfekt, Futurum perfecti;
drei Genera verbi:	Aktiv, **Medium**, Passiv.

Anmerkung:
Die Tempora teilt man ein in Haupttempora (Präs., Fut., Perf., Fut. perf.) und Neben- oder Augmenttempora (Impf., Aor., Plusq.).

b) **Verbum infinitum**

je 5 Infinitive in den 3 Genera verbi: Präs., Fut., Aor., Perf., Fut. perf.;
je 5 Partizipien in den 3 Genera verbi (Tempora wie oben);
2 Verbaladjektive.

2. Das griechische Verbum hat somit einen größeren Formenreichtum als das lateinische. Abweichend vom Latein haben sich beim griech. Verbum finitum aus dem Indogermanischen erhalten:

a) der **Dual**

Er bezeichnet die Paarigkeit oder einfach die Zweiheit der Subjekte. Im Laufe der Sprachentwicklung wird er mehr und mehr durch den Plural ersetzt (Formen des Duals § 124)

b) der **Optativ**

Er bezeichnet im Hauptsatz den Wunsch oder (in Verbindung mit ἄν) die vorsichtige Behauptung (§ 212)

c) der **Aorist**

Im Indikativ ist er das Tempus der Erzählung entsprechend dem lat. Perfectum historicum (Genaueres § 208)

d) das **Medium**

Es bringt eine besondere Beteiligung des Subjekts an der Handlung zum Ausdruck; die Handlung vollzieht sich am Subjekt selbst oder in seinem Interesse (§ 204):

Akt. λούω »ich wasche«; Med. λούομαι »ich wasche mich« (oder: für mich); λούομαι τὰς χεῖρας »ich wasche mir die Hände«.

Die Formen des Mediums und Passivs sind in allen Tempora gleich außer im Futur und Aorist.

Verben, die aktive oder reflexive Bedeutung bei medialer oder passiver Form haben, heißen **Deponentien.**

Anmerkung:

Deponentien mit medialem Aorist heißen Deponentia media (d. m.), solche mit passivem Aorist Deponentia passiva (d. p.).

71 Konjugationen

Es gibt im Griechischen zwei Konjugationen:

1. **Verba auf -ω mit Themavokal -ε/ο-** (thematische Konjugation):

   παιδεύω »ich erziehe«, παιδεύ**ο**-μεν »wir erziehen«, παιδεύ**ε**-τε »ihr erzieht«.

2. **Verba auf -μι ohne Themavokal** (athematische Konjugation):

   ἵστη-μι »ich stelle«, ἵστα-μεν »wir stellen«, ἵστα-τε »ihr stellt«.

Anmerkung 1:

Als Themavokal (τὸ θέμα »der Stamm«) bezeichnet man den Stammauslaut -ε/ο-; die früher übliche Bezeichnung »Bindevokal« oder »Bildevokal« beruhte auf der (sprachgeschichtlich nicht haltbaren) Annahme, daß -ε/ο- vom Stamm zu trennen sei.

Anmerkung 2:

Die Bezeichnung »thematische« bzw. »athematische Konjugation« ist nur in der unterschiedlichen Bildung der Formen des Präsens und Imperfekts begründet; über die Bildung der anderen Tempora besagt sie nichts (vgl. § 73, 2).

72 Der Verbalstamm

Der (allgemeine) **Verbalstamm** ist der Teil des Verbums, der allen Formen zugrunde liegt, jedoch bei manchen Verben in einzelnen Formen gewisse Veränderungen aufweist:

παιδεύω (Präs. Akt.), πεπαίδευκα (Perf. Akt.), ἐπαιδεύθην (Aor. Pass.), Verbalstamm: παιδευ-

τρέφω »ich ernähre«, θρέψω (Fut. Akt), τέτροφα (Perf. Akt.), τέθραμμαι (Perf. Med./Pass.), Verbalstamm: **θ**ρεφ-

Der Verbalstamm **kann** mit der Wurzel zusammenfallen, z. B.

θύω »ich opfere«; Verbalstamm = Wurzel: θυ- (ἡ θυ-σία »Opfer«)

aber:

δουλεύω »ich diene«; Verbalstamm: δουλευ-, Wurzel: δουλ- (ὁ δοῦλ-ος, ἡ δουλ-εία).

Die Tempusstämme 73

1. Der Präsensstamm liegt den Formen des Präs. und Impf. Akt. und Med./Pass. zugrunde. Bei den Verben auf -ω lautet der Präsensstamm auf -ε/ο- aus, bei den Verben auf -μι fehlt dieser Themavokal (§ 71, Anm. 1):

παιδεύομεν »wir erziehen«	Verbalstamm: παιδευ-
	Präsensstamm: παιδευε/ο
ἐσμέν »wir sind«	Verbalstamm: ἐσ-
	Präsensstamm: ἐσ-

Bei manchen Verben ist der Verbalstamm im Präsensstamm erweitert (§ 83), z. B.

γηράσκω »ich altere«	Verbalstamm: γηρα- (vgl. τὸ γῆρας)
	Präsensstamm: γηρα-σκ-ε/ο-
δείκνυμι »ich zeige«	Verbalstamm: δεικ- (vgl. ἡ δεῖξις »Beweis«)
	Präsensstamm: δεικ-νυ-

2. Die übrigen Tempusstämme

a) Übersicht

		Tempuszeichen
Fut.-Stamm (Akt. und Med.)	παιδευ**σε/ο**-	-σε/ο-
Aor.-Stamm (Akt. und Med.)	παιδευ**σ**-	-σ-
Perf.-Stamm (Akt.)	**πε**παιδευ**κ**-	-κ-
Perf.-Stamm (Med./Pass.)	**πε**παιδευ-	—
Aor.-Stamm (Pass.)	παιδευ**θη**-	-θη-
Fut.-Stamm (Pass.)	παιδευ**θησε/ο**-	-θησε/ο-

b) Der Futurstamm für Akt. und Med. wird stets mit, der Perfektstamm für Med./Pass. stets ohne Tempuszeichen gebildet. Die anderen unter a) aufgeführten Tempusstämme werden von manchen Verben auch ohne Tempuszeichen gebildet.

Zur Unterscheidung bezeichnet man

die mit Tempuszeichen gebildeten Tempora als »**schwache Tempora**« (oder Tempora prima), z. B.

ἐπαίδευσα »schwacher Aorist« oder Aor. I (»Aorist eins«),

die ohne Tempuszeichen gebildeten Tempora als »**starke Tempora**« (oder Tempora secunda), z. B. von λείπω »ich lasse«:

ἔλιπον »starker Aorist« oder Aor. II (»Aorist zwei«), λέλοιπα »starkes Perfekt« oder Perf. II.

Moduszeichen und Personalendungen 74

1. Als Moduszeichen treten zwischen Tempusstamm und Personalendung

im Konjunktiv -η/ω- (bei thematischen Formen als Dehnung des Themavokals), im Optativ -ιη- bzw. -ῑ-.

Indikativ	Konjunktiv	Optativ
παιδεύο-μεν	παιδεύω-μεν	παιδεύο-ι-μεν
παιδεύε-τε	παιδεύη-τε	παιδεύο-ι-τε
δίδω-μι »ich gebe«	διδῶ	διδο-ίη-ν

S 54 *Ursprünglich war nur der Konjunktiv der thematischen Stämme durch η/ω, das durch Dehnung des Themavokals entstand, gekennzeichnet (»langvokalischer Typ« des Konjunktivs, vgl. παιδεύωμεν), während man zur Bildung des Konjunktivs der athematischen Stämme kurzes ε/ο als Moduszeichen verwendete (»kurzvokalischer Typ«, vgl. den homerischen Konjunktiv Aor. θή-ο-μεν, § 263, 3, 1). Aber fast überall wurde die kurzvokalische Bildungsweise von der langvokalischen abgelöst (vgl. den Konjunktiv des — athematischen — sigmatischen Aorists παιδεύσωμεν; vgl. § 84 S 61). Die Optativsuffixe -ιη- und -ῑ- sind Ablautvarianten, jedoch handelt es sich um einen Ablaut besonderer Art.*

2. Die Personalendungen kennzeichnen nicht nur die Person, sondern auch den Numerus und das Genus verbi, oft auch das Tempus. Es gibt

Primärendungen (Hauptendungen) in den Indikativen der Haupttempora (außer Perf. Akt.) und den Konjunktiven,

Sekundärendungen (Nebenendungen) in den Indikativen der Nebentempora und den Optativen.

Anmerkung 1:
Der passive Aorist hat aktive Endungen.

Anmerkung 2:
Das Perf. Akt. hat im Singular eigene Endungen: 1. Sg. -α (< idg. -a), 2. Sg. -θα (dafür meist jüngeres -ας), 3. Sg. -ε (< idg. -e).

Anmerkung 3:
Die 1. Sg. der aktiven Optative hat häufig die Primärendung -μι.

3. Die ursprünglichen Personalendungen

	Aktiv			Med./Pass.		
	Haupttempora	Nebentempora	Imperative	Haupttempora	Nebentempora	Imperative
Sg. 1.	-μι (-ω)	-μ > {-ν, -α}		-μαι	-μην	
2.	-σι	-ς	—[3]	-σαι	-σο	-σο
3.	-τι > σι	—	-τω	-ται	-το	-σθω
Pl. 1.	-μεν	-μεν		-μεθα	-μεθα	
2.	-τε	-τε	-τε	-σθε	-σθε	-σθε
3.	-ντι > νσι[1]	-(ε)ν[2]	-ντων[4]	-νται	-ντο	-σθων[5]

S 55 *Die Unterschiede zwischen den verschiedenen Arten von Personalendungen, die im Lateinischen weitgehend ausgeglichen worden sind, sind auch im Griechischen z. T. verwischt: Sekundärendungen sind in den Bereich der Primärendungen (bzw. Perfektendungen, vgl. oben 2 Anm. 2) eingedrungen und umgekehrt.*

Primärendungen des Aktivs: 1. Sg.: -μι ist die Endung der athematischen, -ω die der thematischen Stämme, vgl. lat. leg-ō. 2. Sg. -σι: vgl. legi-s, vielleicht < -si, wenn »s« nicht ursprünglich Sekundärendung. 3. Sg.: -τι > -σι nach § 17, 2, vgl. legi-t < -ti. 1. Pl. -μεν: das Verhältnis der Endung zur verwandten lat. -mus < -mos in legi-mus ist nicht geklärt.

[1] jünger: -ᾱσι. [2] jünger: -σαν. [3] häufig: -θι. [4] jünger: -τωσαν. [5] jünger: -σθωσαν.

2. Pl. -τε: ursprünglich wohl Sekundärendung; dieselbe Endung liegt im Imperativ der 2. Pl. (s. u.) und umgebildet auch in legi-tis vor. 3. Pl.: -ντι > -νσι nach § 17, 2, vgl. legu-nt < -nti; neben -νσι begegnet vereinzelt auch -ενσι (vgl. § 114 S 92) wie -εν neben -ν (s. u.).

Sekundärendungen des Aktivs: 1. Sg.: -ν < -m (§ 18, 2), -α < -m̥ (§ 13, 3), vgl. legeba-m. 2. Sg. -ς: vgl. legeba-s. 3. Sg. (scheinbar endungslos) und 3. Pl. -(ε)ν: nach § 18, 3 < idg. -t bzw. -(e)nt; dagegen weisen legebat und legebant die Primärendungen auf (s. o.); die lat. Lautgesetze verbieten eine Rückführung dieser Endungen auf idg. -t bzw. -nt. Zur 1. und 2. Pl. siehe oben.

Die Endungen -ᾱσι und -σαν entstanden, indem man von Formen wie φᾱσί < φα-νσι (§ 16, 7) und ἐπαίδευσαν (§ 84 S 61), ἦσαν (§ 114 S 92) die als Endungen empfundenen Ausgänge -ᾱσι und -σαν ablöste und auf andere Formen übertrug.

Die Personalendungen des Med./Pass. können mit den stark abweichenden lateinischen nicht verglichen werden.

Imperativ der 2. Person: Für die 2. Sg. Akt. wird wie im Lateinischen (vgl. lege) meist der endungslose Stamm verwendet (vgl. die Bildungsweise des Vokativs, der eine gewisse innere Verwandtschaft mit dem Imperativ hat, z. B. § 25 S 2 zu φίλε). 2. Pl. Akt. -τε: vgl. legi-te (siehe auch oben). 2. Sg. Med./Pass. -σο: vgl. seque-re < -so.

Imperativ der 3. Person: Die Endung -τω der 3. Sg. Akt., aus der die übrigen Imperativformen der 3. Person durch Umbildung entstanden sind, wurde ursprünglich für alle Numeri, Genera verbi und Personen verwendet (vgl. legi-tō »er soll lesen« und »du sollst lesen«). 3. Pl. -ντων: älter ist die Endung -ντω, die noch zusätzlich mit der Sekundärendung der 3. Pl. -ν versehen wurde, vgl. legu-nto; neben -ντων finden sich die Endungen -των (z. B. ἔσ-των, § 114) und -τωσαν (hier wie oft im Indikativ -σαν statt -ν, s. o.).

4. Übersicht über die Bildung der Nominalformen

	Aktiv	Med./Pass.[1]
Infinitive	-εν, -(έ)ναι, -σαι	-σθαι
Partizipien	-ντ-[2]	-μενος, -η, -ον
Verbaladjektive	—	-τός, -ή, -όν
		-τέος, -α, -ον

S 56 *Infinitive: Die Infinitive sind alte Verbalsubstantive, die mit verschiedenen Suffixen von der Verbalwurzel abgeleitet wurden und deren Deklination in bestimmten Kasus erstarrte. Ihre Endungen sind die nicht mehr lebendigen Ausgänge jener Kasus: z. B. παιδεῦσαι eigentlich »zum Erziehen« (vgl. § 34 S 13 über χαμαί), dann »(zu) erziehen«.*

Partizipien: Den mit -ντ- gebildeten Partizipien wie παιδεύων, -οντος entspricht legens, -entis; mit παιδευόμενος usw. vgl. alumnus »Zögling«, eigtl. Partizip zu alere: »der, der aufgezogen wird«.

Verbaladjektive: Das Verbaladjektiv auf -τός (παιδευτός) ist mit demselben Suffix gebildet wie das lat. Part. Perf. Pass. (lectus), dient aber nicht nur wie dieses zur Bezeichnung des erreichten Zustands (= »erzogen«), sondern auch zum Ausdruck der Möglichkeit (= »erziehbar«). Die Bedeutung »erziehbar« entwickelte sich zunächst in Verbindung mit einer Negation: οὐ παιδευτός »nicht erzogen« > »nicht erziehbar«, vgl. invictus »unbesiegt« und »unbesiegbar«. παιδευτέος kann hier nicht erklärt werden.

---

[1] Der Aor. Pass. hat aktive Endungen, vgl. § 84 S 61.

[2] Außer dem Part. Perf. Akt., vgl. § 36, 5c.

75 Das Augment

Das Augment (augmentum »Zuwachs«) kennzeichnet die Vergangenheit; es erscheint **nur im Indikativ** der Nebentempora (Impf., Aor., Plusq.). Es gibt zwei Formen des Augments:

1. Syllabisches Augment: Konsonantisch anlautenden Verben wird ε- vorangesetzt. παιδεύω, Impf. ἐ-παίδευον, Aor. ἐ-παίδευσα

Anlautendes ρ wird nach syllabischem Augment verdoppelt (vgl. § 16, 5, Anm. 2): ῥῑ́πτω »ich werfe«, Impf. ἔρρῑπτον, Aor. ἔρρῑψα.

2. Temporales Augment: Bei vokalisch anlautenden Verben wird der anlautende Vokal gedehnt, und zwar

α zu **η**	ἄγω	ich führe	Impf.	ἦγον
ε zu **η**	ἐλπίζω	ich hoffe	„	ἤλπιζον
ο zu **ω**	ὀνομάζω	ich nenne	„	ὠνόμαζον
ῐ zu **ῑ**	ἱκετεύω	ich flehe	„	ῑ̔κέτευον
ῠ zu **ῡ**	ὑβρίζω	ich bin übermütig	„	ῡ̔βριζον
αι zu **ῃ**	αἰσχύνω	ich beschäme	„	ᾔσχυνον
ᾳ zu **ῃ**	ᾄδω	ich singe	„	ᾖδον
αυ zu **ηυ**	αὐξάνω	ich vermehre	„	ηὔξανον
ει zu **ῃ**	εἰκάζω	ich vermute	„	ᾔκαζον
ευ zu **ηυ**	εὑρίσκω	ich finde	„	ηὕρισκον
οι zu **ῳ**	οἴχομαι	ich gehe fort	„	ᾠχόμην

Unverändert bleibt anlautendes η, ω, ῑ, ῡ und ου, bisweilen auch ει und ευ (vgl. § 76, 3a):

ἥκω	ich komme	Impf.	ἧκον
ὠφελέω	ich nütze	„	ὠφέλουν

Impf. εἴκαζον neben ᾔκαζον, εὐχόμην (ich betete) neben ηὐχόμην.

Anmerkung:
Durch das »syllabische« Augment wird das Verb um eine »syllaba« (Silbe) vermehrt; das »temporale« Augment verlängert nur die »Zeitdauer« des anlautenden Vokals.

S 57 *Zwischen den augmentierten und nicht-augmentierten Formen mancher vokalisch anlautender Verben besteht kein Unterschied, entweder weil die Verben an und für sich schon mit langem Vokal anlauten (z. B. ἥκω: ἧκον, s. o.) oder weil die augmentierten Formen gekürzt worden sind, so z. B. vielleicht, falls nicht augmentlos, εὐχόμην < ηὐχόμην, (vgl. § 10, 1 Anm.). In Analogie zu diesen scheinbar augmentlosen Formen entstanden jüngere Formen ohne temporales Augment (die augmentlosen Formen Homers jedoch stammen aus einer Zeit, als die Verwendung des Augments noch nicht verbindlich war, § 263, 1, 1; vgl. § 111 S 88 zum starken Plusq. Akt.).*

76 Das Augment beim Kompositum

1. Bei Verben, die mit einer Präposition zusammengesetzt sind, steht das Augment vor dem Simplex:

εἰσ-πῑ́πτω	ich falle hinein	Impf.	εἰσ-έπῑπτον
εἰσ-άγω	ich führe hinein	„	εἰσ-ῆγον

Soweit konsonantischer Auslaut der Präposition im Präsens durch lautliche Vorgänge (Assimilation u. a.) verändert worden war, erhält er vor dem Augment seine ursprüngliche Gestalt wieder:

ἐγ-γράφω	ich schreibe darauf	Impf.	ἐν-έγραφον
συλ-λέγω	ich sammle	„	συν-έλεγον
συ-σκευάζω	ich bereite vor	„	συν-εσκεύαζον
ἐκ-βάλλω	ich werfe hinaus	„	ἐξ-έβαλλον

Vokalisch auslautende Präpositionen (außer περί und πρό) verlieren den Endvokal (Elision § 20, 1):

ἀπο-βάλλω	ich werfe weg	Impf.	ἀπ-έβαλλον
ἐπι-τρέπω	ich überlasse	„	ἐπ-έτρεπον

aber:

περι-πίπτω	ich gerate hinein	„	περι-έπῖπτον
προ-βάλλω	ich werfe vor	„	προ-έβαλον oder προὔβαλλον (§ 12, 4)

2. Bei Verba composita, die mit α privativum, δυσ-, εὐ- gebildet oder von Nomina ohne Präposition abgeleitet sind, tritt das Augment an den Wortanfang:

ἀδικέω	ich tue Unrecht	Impf.	ἠδίκουν
δυστυχέω	ich bin unglücklich	„	ἐδυστύχουν
εὐδοκιμέω	ich bin angesehen	„	ηὐδοκίμουν
οἰκοδομέω	ich baue	„	ᾠκοδόμουν

3. Besonderheiten

a) εὐεργετέω »ich erweise Wohltaten« hat gewöhnlich kein Augment: Impf. εὐεργέτουν (bisweilen εὐηργέτουν). Auch bei anderen mit εὐ- zusammengesetzten Verben kann das Augment fehlen:

εὐδοκίμουν (s. o.); ηὐτύχουν oder εὐτύχουν »ich war glücklich«.

b) Bei einigen zusammengesetzten Verben, die man nicht mehr als Komposita empfand, weicht die Augmentbildung von den angeführten Regeln ab, z. B.

ἐπίσταμαι	ich verstehe	Impf.	ἠπιστάμην
καθεύδω	ich schlafe	„	ἐκάθευδον (neben καθηῦδον)
καθέζομαι	ich setze mich	„	ἐκαθεζόμην

c) Einige wenige Komposita sind doppelt augmentiert, z. B.

ἀν-έχομαι	ich ertrage	Impf.	ἠν-ειχόμην (zum Augment ει- s. § 77, 1).

Besonderheiten der Augmentbildung 77

1. Einige vokalisch (ursprünglich aber konsonantisch) anlautende Verben haben syllabisches Augment ἐ-

a) mit folgendem ε ist es zu εἰ- kontrahiert:

ἔχω	ich habe	<*σεχ-	Impf.	εἶχον
ἕπομαι	ich folge	<*σεπ-	„	εἱπόμην
ἕρπω	ich krieche	<*σερπ-	„	εἷρπον
ἐθίζω	ich gewöhne	<*σϝεθ-	„	εἴθιζον
ἕλκω	ich ziehe	<*σϝελκ-	„	εἷλκον
ἐάω	ich lasse		„	εἴων
ἐργάζομαι	ich arbeite		„	εἰργαζόμην
			gewöhnlich	ἠργαζόμην

b) unverändert steht ἐ- vor dem folgenden Vokal bei:

ὠθέω	ich stoße	<*ϝωθε-	Impf.	ἐώθουν
ὠνέομαι	ich kaufe	<*ϝωνε-	,,	ἐωνούμην

2. Scheinbar doppeltes Augment haben die Verben

ὁράω	ich sehe	Impf.	ἑώρων
ἀν-οίγω	ich öffne	,,	ἀν-έῳγον
ἁλίσκομαι	ich werde gefangen	Aor.	ἑᾱ́λων

S 58 *Zu den unter 1 genannten Verben: Weil diese Verben ursprünglich konsonantisch anlauteten, haben sie syllabisches Augment:* εἷρπον < ἐ-σερπον *(§ 16, 2 und § 12, 1),* εἰργαζόμην < ἐ-ϝεργ. *(§ 15, 3; § 12, 1),* ἐώθουν < ἐ-ϝώθ. *(keine Kontraktion, vgl. dazu § 12 Anm. a. Ende). Bei Verben mit aspiriertem Anlaut der Wurzel ist die Aspiration vom Wurzelanlaut auf das Augment übergegangen (nur z. T. lautgesetzlich). Ehemaliger konsonantischer Anlaut schließt temporales Augment jedoch nicht aus (z. B.* ἵστην, *vgl. § 107 S 84).*
Zu den unter 2 genannten Verben: In Wirklichkeit liegt nicht doppeltes Augment vor, sondern eine seltenere Nebenform des Augments, nämlich ἡ- *statt des üblichen* ἐ-: ἑώρων < ἡ-ϝορ., ἑᾱ́λων < ἡ-ϝαλ. *(quantitative Metathese, § 10, 4; zum Spir. asper s. o.); scheinbar ebenso* ἀνέῳγον, *wo die Sachlage in Wirklichkeit jedoch verwickelter ist.*

78 Die Reduplikation

1. **Reduplikation** erscheint im Griechischen

a) bei einigen Verben im Präsensstamm (Reduplikationsvokal ι, vgl. lat. si-st-o, gi-gn-o); z. B.

γί-γνομαι »ich werde«, γι-γνώσκω »ich erkenne«, δί-δωμι »ich gebe«, τί-θημι »ich setze«;

b) ganz vereinzelt im Aor. II, z. B.

ἄγω »ich führe«, ἤγ-αγον (»attische« Reduplikation, vgl. § 80, 1);

c) bei allen Verben im Perfektstamm.

2. Die Perfektreduplikation

Die Reduplikation ist das Kennzeichen des Perfektstammes. Sie erscheint in **allen** Formen des Perfekts, Plusquamperfekts und Perfekt-Futurs.

Bei Verben, die mit Präpositionen zusammengesetzt sind, steht die Reduplikation (wie das Augment, § 76, 1) vor dem Simplex.

79 Bildung der Perfektreduplikation

1. Ein einfacher Konsonant im Anlaut (außer ρ) tritt mit ε vor den Verbalstamm:

παιδεύω	Perf.	πε-παίδευκα

Mit Aspirata anlautende Verben stellen die entsprechende Tenuis + ε voran (§ 17, 4):

θηρεύω	ich jage	Perf.	τε-θήρευκα
φεύγω	ich fliehe	,,	πέ-φευγα
χωρέω	ich weiche	,,	κε-χώρηκα

2. Bei Muta cum liquida im Anlaut wird nur die Muta mit ε vorangestellt:

γράφω	ich schreibe	Perf.	γέ-γραφα
κλείω	ich schließe	,,	κέ-κλεικα
χρῑ́ω	ich salbe	,,	κέ-χρῑκα

3. In den anderen Fällen gleicht die Reduplikation (äußerlich) dem Augment:

a) bei anlautendem ρ:

ῥίπτω	ich werfe	Aor.	ἔρρῑψα	Perf.	ἔρρῑφα

b) bei anlautender Konsonantenverbindung (auch ζ, ξ, ψ, nicht aber Muta cum liquida):

στρατεύω	ich ziehe zu Felde	Impf.	ἐ-στράτευον	Perf.	ἐ-στράτευκα
κτίζω	ich gründe	,,	ἔ-κτιζον	,,	ἔ-κτικα
ζητέω	ich suche	,,	ἐ-ζήτουν	,,	ἐ-ζήτηκα
ψεύδομαι	ich lüge	,,	ἐ-ψευδόμην	,,	ἔ-ψευσμαι

c) bei anlautendem Vokal:

ἄγω	ich führe	Impf.	ἦγον	Perf.	ἦχα
ἱδρύω	ich gründe	,,	ἵδρυον	,,	ἵδρῡκα

4. Ausnahmen

von 2:

γι-γνώσκω	ich erkenne	Perf.	ἔ-γνωκα

von 3b:

κτάομαι	ich erwerbe	Perf.	κέ-κτημαι
μι-μνῄσκομαι	ich erinnere mich	,,	μέ-μνημαι
πί-πτω	ich falle	,,	πέ-πτωκα

(Scheinbare) Ausnahmen zu 3c siehe § 80, 2/3.

S 59 *Verben mit mehr als einem Konsonant im Anlaut und solche mit anlautendem ρ, neben dem oft ursprünglich noch ein zweiter Konsonant stand (s. u.), hatten ursprünglich eine Reduplikation wie κέ-κτημαι (s. o. 4) und κέ-κλεικα (s. o. 2). Die Reduplikationssilbe erlitt jedoch oft solche lautlichen Veränderungen, daß sie sich nur durch den Spiritus asper oder gelegentlich sogar überhaupt nicht vom Augment unterschied: ἕστηκα < σε-στηκα (§ 108 S 85), ἔρρωγα < Ϝε-Ϝρωγα (§ 15, 2, -Ϝρ- > -ρρ- wie -σρ- > -ρρ-, § 16, 5 Anm. 2); siehe auch unten § 80 S 60. Im Gegensatz zu ἕστηκα wurde der Spiritus asper der Reduplikationssilbe entsprechender Perfektformen meist in Analogie zum Augment durch den Spiritus lenis ersetzt (ἔσπαρμαι statt ἕσπαρμαι < σε-σπαρμαι), weil die Reduplikationssilbe als solche nicht mehr verstanden wurde. Nach Vorbildern dieser Art trat dann auch bei den meisten anderen Verben mit mehr als einem Konsonant im Anlaut »ἐ-« an die Stelle der echten Reduplikation. — Bei den Verben mit vokalischem Anlaut stimmten, wenn auch vielleicht nur äußerlich, schon im Indogermanischen Reduplikation und Augment überein.*

Besonderheiten der Perfektreduplikation 80

1. Die sogenannte »attische« Reduplikation

Bei einigen vokalisch anlautenden Verben treten die beiden ersten Laute vor den gedehnten Anfangsvokal, z. B.

ἀκούω	ich höre	Perf.	ἀκ-ήκοα
ὀρύττω	ich grabe	,,	ὀρ-ώρυχα
ὄμνυμι	ich schwöre	,,	ὀμ-ώμοκα

2. εἰ- als Reduplikation haben

a) folgende Verben, bei denen auch das Augment εἰ- erscheint (§ 77, 1):

ἐθίζω	ich gewöhne	Perf. I	εἴθικα
		„ II	εἴωθα ich bin gewohnt
ἐάω	ich lasse	„	εἴᾱκα
ἕλκω	ich ziehe	„	εἵλκυκα
ἐργάζομαι	ich arbeite	„	εἴργασμαι

b) weitere ursprünglich mit ϝ, σ, ι̯ anlautende Verben:

ἵημι	ich schicke	Perf.	εἷκα
λαμβάνω	ich nehme	„	εἴληφα
(ἀγορεύω)	ich sage	„	εἴρηκα

c) durch Analogie die Verben:

λαγχάνω	ich erlose	Perf.	εἴληχα
διαλέγομαι	ich unterrede mich	„	δι-είλεγμαι
συλ-λέγω	ich sammle	„	συν-είλοχα

3. ἐ- (ἑ-) als Reduplikation haben (gegen § 79, 3c) folgende (scheinbar) vokalisch anlautende Verben:

ὠθέω	ich stoße	Perf.	ἔ-ωκα
ὠνέομαι	ich kaufe	„	ἐ-ώνημαι
ὁράω	ich sehe	„	ἑ-όρᾱκα, jünger: ἑώρᾱκα
ἀν-οίγω	ich öffne	„	ἀν-έ-ῳχα
ἁλίσκομαι	ich werde gefangen	„	ἑ-άλωκα
(*ϝεικ-)	ich gleiche	„	ἔ-οικα

S 60 ἀκήκοα < ἀκηκουσ-α: *Nach dem Schwund des* σ *(§ 16, 2) erfolgte auch noch Wandel von* υ > ϝ *(§ 15, 1) und Schwund des* ϝ *(§ 15, 3) im Gegensatz zu* ἀκούω < ἀκουσ-ι̯ω *(vgl. § 91, 2). Im Präsens ist der Verbalstamm mit dem Suffix* -ι̯ω *erweitert wie auch im Falle von* ὀρύττω < ὀρυχ-ι̯ω *(§ 14, 11) gegenüber* ὀρώρυχ-α.
εἰ- *ist bei einigen Verben lautgesetzlich aus der normalen Reduplikationssilbe (§ 79, 1) entstanden und von dort auf andere Verben übertragen worden, z. B.* εἷκα < ι̯ε-ι̯εκα *(§ 14, 2 u. 3 und § 12, 1; doch siehe auch § 108 S 85),* εἴληφα < σε-σλᾱφα *(§ 16, 5 Anm. 2),* εἴρηκα < ϝειρηκα *(§ 15, 2), das durch Dissimilation (§ 19) aus* ϝευρηκα < ϝε-ϝρηκα *entstand (vgl. § 15, 1; sonst wurde* -ϝρ- *meist wie in* ἔρρωγα *zu* -ρρ-, *vgl. § 79 S 59).*
ἑόρακα < ϝε-ϝορακα *(§ 15, 2 u. 3) usw. wurden nicht kontrahiert (vgl. § 12 Anm. a. Ende),* ἑώρακα *und* ἀνέῳχα *sind an die augmentierten Formen angeglichen worden.*

81 Betonung der Verbalformen

1. Grundregel: Der Akzent tritt in allen Formen des **Verbum finitum** möglichst weit vom Wortende zurück, indes nicht über Augment oder Reduplikation hinaus.

Die Ausgänge -οι und -αι gelten nur im Optativ als lang.

παιδεύω, παίδευε, παιδευόμεθα, παιδεύονται, παίδευσαι (Imp. Aor. Med.)

aber:

εἰσ-ῆλθον (Aor.) »ich kam herein«, ἀπ-ῆχα (Perf.) »ich habe fortgeführt«, παιδεύοι (Opt. Präs. Akt.).

Ausnahmen:

2. Sg. Imp. Aor. II Med.:
βαλοῦ »wirf!«, πυθοῦ »erfahre!« (s. u. 2);

folgende fünf aktive Imperative:
εἰπέ »sage!«, λαβέ »nimm!«, ἐλθέ »komm!«, εὑρέ »finde!«, ἰδέ »sieh!«

2. Kontrahierte Formen sind auf der Kontraktionssilbe betont, wenn einer der kontrahierten Vokale betont war (§ 12 Ende):
ποιεῖτε < ποιέετε »ihr tut«, παιδευθεῖμεν < παιδευθή-ῑ-μεν (Opt. Aor. Pass.), βαλοῦ < βαλέο (s. o. 1).

3. Für die Formen des **Verbum infinitum** gibt es kein einheitliches Betonungsgesetz. Die Partizipien behalten als Nomina den Akzent möglichst auf der Tonsilbe des Nom. Sing. Mask. (§ 23, 3).

Die thematische Konjugation

(Verben auf -ω)

Einteilung der Verben nach dem Stammauslaut 82

Nach dem Auslaut des Verbalstammes ergeben sich folgende Verbalklassen:

1. Verba vocalia (oder pura)

a) non contracta auf ι, υ, Diphthong:
λύ-ω ich löse παιδεύ-ω ich erziehe

b) contracta auf α, ε, ο:
τῑμά-ω ich ehre ποιέ-ω ich tue δουλό-ω ich knechte

2. Verba muta

a) auf γ, κ, χ:
λέγ-ω ich sage ἄρχ-ω ich herrsche

b) auf β, π, φ:
τρέπ-ω ich wende γράφ-ω ich schreibe

c) auf δ, τ, θ:
ψεύδ-ω ich täusche πείθ-ω ich überrede

3. Verba liquida auf λ, μ, ν, ρ

νέμ-ω ich teile zu κρῖν-ω ich richte σπείρ-ω ich säe

4. Verben mit dem Stammauslaut σ und ϝ

Durch Schwund des σ bzw. ϝ sind sie im Präsensstamm zu Verba vocalia geworden:
ἀκούω < *ἀκουσι̯ω ich höre πλέω <*πλεϝω ich segle

Anmerkung:
Verben mit Konsonant als Stammauslaut werden als Verba impura bezeichnet.

83 Einteilung der Verbalklassen nach dem Präsensstamm

Da der Verbalstamm im Präsensstamm oft verändert ist (§ 73, 1), sind nach dem Verhältnis des Präsensstammes zum Verbalstamm folgende Klassen zu unterscheiden:

1. Präsensstamm nur durch Themavokal erweitert, z. B.

λύω	ich löse	παιδεύω	ich erziehe	παύω	ich beende
λέγω	ich sage	ἄρχω	ich herrsche	διώκω	ich verfolge
ψεύδω	ich täusche	πείθω	ich überrede	γράφω	ich schreibe
μένω	ich bleibe	δέρω	ich schinde		

2. Präsensstamm durch i̯ erweitert (vgl. lat. fac-i-o)

a) i̯ zwischen Vokalen fällt aus (§ 14, 3), z. B.

τῑμᾰ́ω	<*τιμᾱ-i̯-ω	ich ehre (zur Kürzung des α § 89 S 63)		
φιλέω	<*φιλε-i̯-ω	ich liebe	δουλόω <*δουλο-i̯-ω	ich knechte

b) i̯ nach einem Konsonant führt zu Veränderungen (§ 14), z. B.

φυλάττω	<*φυλακ-i̯-ω	(τοῦ φύλακ-ος	des Wächters)	ich bewache
ταράττω	<*ταραχ-i̯-ω	(ἡ ταραχ-ή	die Verwirrung)	ich verwirre
βλάπτω	<*βλαβ-i̯-ω	(ἡ βλάβ-η	der Schaden)	ich schade
θάπτω	<*θαφ-i̯-ω	(ὁ τάφ-ος	das Grab)	ich begrabe
ἐλπίζω	<*ἐλπιδ-i̯-ω	(τῆς ἐλπίδ-ος	der Hoffnung)	ich hoffe
ἁρπάζω	<*ἁρπαγ-i̯-ω	(ἡ ἁρπαγ-ή	der Raub)	ich raube
ἅλλομαι	<*ἁλ-i̯-ομαι	(ἅλ-μα	Sprung; lat. sal-i-o)	ich springe
καθαίρω	<*καθαρ-i̯-ω	(καθαρ-ός	rein)	ich reinige
φθείρω	<*φθερ-i̯-ω	(ἡ φθορ-ά	das Verderben)	ich verderbe
κρῑ́νω	<*κρῐν-i̯-ω	(Fut. κρῐν-ῶ)		ich richte
καίω	<*καϝ-i̯-ω	(τὸ καῦ-μα	die Hitze)	ich brenne

3. Präsensstamm durch Nasal (-ν-, -αν-, -νε-) erweitert (vgl. lat. vi-n-c-o), z. B.

κάμ-ν-ω	(Aor. ἔ-καμ-ον)		ich ermüde
αἰσθ-άν-ομαι	(ἡ αἴσθ-ησις	die Wahrnehmung)	ich nehme wahr
ἀφ-ικ-νέ-ομαι	(ὁ ἱκ-έτης	der Schutzflehende)	ich komme an
λα-ν-θ-άν-ω	(Aor. ἔ-λαθ-ον)		ich bin verborgen
τυ-γ-χ-άν-ω	(ἡ τύχ-η	das Schicksal)	ich erlange

4. Präsensstamm durch -σκ- oder -ισκ- erweitert (vgl. lat. senē-sc-o), z. B.

γηρά-σκ-ω	(τὸ γῆρας	das Alter)	ich altere
εὑρ-ίσκ-ω	(Aor. ηὗρ-ον)		ich finde

5. Präsensstamm durch Reduplikation (§ 78, 1) **erweitert** (vgl. lat. si-st-o), z. B.

γί-γν-ομαι	(τὸ γέν-ος	das Geschlecht)	ich werde
γι-γνώ-σκ-ω	(ἡ γνῶ-σις	die Einsicht)	ich erkenne

Verba vocalia non contracta

Tabelle siehe folgende Seite!

S 61 *Vgl. § 74 S 55 und S 56.*

Aktiv:

Indikativ Präsens: 2. Sg. -εις: *an den zu erwartenden Ausgang* -ει < -ε-σι *(§ 16, 2; § 12, 2) wurde zusätzlich in Analogie zu Formen wie* ἐπαίδευες *noch die Sekundärendung* -ς *gefügt. 3. Sg.* -ει: *zu* παιδεύεις *nach dem Vorbild von* ἐπαίδευες: ἐπαίδευε *u. ä. analog hinzugebildet. 3. Pl.* -ουσι < -ο-νσι < -ο-ντι *(§ 17, 2; § 16, 7).*

Futur: vgl. § 121 S 98.

Aorist: Dem sigmatischen Aorist entsprechen im Lateinischen, wo unter der Bezeichnung »Perfekt« alte Perf.- und Aor.-Formen vereinigt sind, Formen wie scripsi usw. Die Personalendungen wurden ursprünglich unmittelbar an das Tempuszeichen -σ- *angehängt (athematische Bildungsweise): 1. Sg.* -σα < *-s-m̥ (§ 13, 3). 3. Sg.* -σε: *zu* ἐπαίδευσα *nach dem Vorbild von* πεπαίδευκα : πεπαίδευκε *analog hinzugebildet. 3. Pl.* -σαν: *beruht auf Erweiterung von* -σα < *-s-n̥t (§ 13, 4; § 18, 3) durch* -ν *in Analogie zur 3. Pl.* ἐπαίδευον. *In* -σαν *wurde »*α*« als eine Art Themavokal empfunden und von hier sowie von der 1. Sg. aus auf die übrigen Formen mit Ausnahme der 3. Sg. übertragen.*

Perfekt: Zu den Personalendungen des Perf. Akt. vgl. § 74, 2 Anm. 2. 3. Pl. -κᾱσι: *Die ältere Endung* -ᾰσι < *-n̥ti (§ 13, 4; § 17, 2) wurde an die jüngere Endung* -ᾱσι *(§ 74 S 55) angeglichen. Von der älteren Endung der 3. Pl. und von der 1. Sg. aus breitete sich »*α*« wie im Ind. Aor. weiter aus. — Vgl. § 111 S 88.*

Plusquamperfekt: Zur Bildung des Plusq. wird der am Ende um ein -ε- *unklarer Herkunft erweiterte Perfektstamm verwendet. Die dem Plusq. zukommenden Sekundärendungen sind z.T. durch die Perfektendungen ersetzt. 1. Sg.* -κη: < -κε-α *(§ 12, 3). 2. Sg.* -κης: < -κε-ας *(§ 12, 3), zu* ἐπεπαιδεύκεα *(1. Sg., s. o.) hinzugebildet in Analogie zu* πεπαίδευκα : πεπαίδευκας *und* ἐπαίδευσα : ἐπαίδευσας. *3. Sg.* -κει: < -κε-ε *(§ 12, 1).* ἐπεπαιδεύκεμεν *usw. sind die entsprechenden Pluralformen. — Von der 3. Sg.* ἐπεπαιδεύκει *aus bildete man durch Anhängen der Sekundärendungen* ἐπεπαιδεύκει-ν, ἐπεπαιδεύκει-ς *und später auch* ἐπεπαιδεύκει-μεν *usw. (vgl. § 110, 3* ἔβη : ἔβην, ἔβης, ἔβημεν *usw.).*

Konjunktiv: Vgl. § 74 S 54. Die 2. u. 3. Sg. des Konj. Präs. sind von den entsprechenden Formen des Ind. beeinflußt (s. o.). 3. Pl. -ωσι < -ω-νσι *(§ 16, 7; § 11 Anm. 2). Konj. Aor. und Perf. sind in Analogie zum Konj. Präs. gebildet.*

Optativ: Vgl. § 74 S 54. 1. Sg. Opt. Präs. -οι-μι: *Die Primärendung hat die Sekundärendung verdrängt. Opt. Fut. und Perf. sind nach dem Opt. Präs. geschaffene Analogiebildungen. Dasselbe gilt auch für die regelmäßigen Formen des Opt. Aor., wo nur der Themavokal* -ο- *durch das für den Aor. charakteristische* -α- *ersetzt worden ist. Die Formen* παιδεύσειας, -ε, -αν, *die verschieden erklärt werden, lassen den Einfluß des Ind. Aor. erkennen (*ἐπαίδευσας, -ε, -αν*).*

Imperativ: Der Ausgang -σον *der 2. Sg. Aor. Imp. ist nicht sicher erklärt.*

Infinitiv: Inf. Präs. -ειν < -ε-εν *(§ 12, 1), ebenso Inf. Fut. Vgl. § 74 S 56.*

Partizip: Vgl. § 37, 5 mit S 16 und § 36 S 15.

Medium und **Passiv** siehe Seite 90!

Verba voca

84 Aktiv

Konjugationsbeispi

		Indikativ	Konjunktiv
Präsens	Sg. 1.	παιδεύ ω	παιδεύ ω
	2.	παιδεύ εις	παιδεύ ῃς
	3.	παιδεύ ει	παιδεύ ῃ
	Pl. 1.	παιδεύ ο-μεν	παιδεύ ω-μεν
	2.	παιδεύ ε-τε	παιδεύ ῃ-τε
	3.	παιδεύ ουσι(ν)	παιδεύ ωσι(ν)
Imperfekt	Sg. 1.	ἐ-παίδευ ο-ν	
	2.	ἐ-παίδευ ε-ς	
	3.	ἐ-παίδευ ε(ν)	
	Pl. 1.	ἐ-παιδεύ ο-μεν	
	2.	ἐ-παιδεύ ε-τε	
	3.	ἐ-παίδευ ο-ν	
Futur	Sg. 1.	παιδεύ σω	
	2.	παιδεύ σεις	
	3.	παιδεύ σει	
	Pl. 1.	παιδεύ σο-μεν	
	2.	παιδεύ σε-τε	
	3.	παιδεύ σουσι(ν)	
Aorist	Sg. 1.	ἐ-παίδευ σ-α	παιδεύ σ-ω
	2.	ἐ-παίδευ σ-α-ς	παιδεύ σ-ῃς
	3.	ἐ-παίδευ σ-ε(ν)	παιδεύ σ-ῃ
	Pl. 1.	ἐ-παιδεύ σ-α-μεν	παιδεύ σ-ω-μεν
	2.	ἐ-παιδεύ σ-α-τε	παιδεύ σ-ῃ-τε
	3.	ἐ-παίδευ σ-α-ν	παιδεύ σ-ωσι(ν)
Perfekt	Sg. 1.	πε παίδευ κ-α	πε παιδεύ κ-ω
	2.	πε παίδευ κ-α-ς	πε παιδεύ κ-ῃς usw.
	3.	πε παίδευ κ-ε(ν)	gewöhnlich
	Pl. 1.	πε παιδεύ κ-α-μεν	πε παιδευ κ-ὼς, -υῖα, -ὸς ὦ, ᾖς,
	2.	πε παιδεύ κ-α-τε	usw.
	3.	πε παιδεύ κ-ᾱσι(ν)	
Plusquamperfekt	Sg. 1.	ἐ-πε παιδεύ κ-ει-ν[1]	
	2.	ἐ-πε παιδεύ κ-ει-ς[1]	
	3.	ἐ-πε παιδεύ κ-ει	
	Pl. 1.	ἐ-πε παιδεύ κ-ε-μεν[2]	
	2.	ἐ-πε παιδεύ κ-ε-τε[2]	
	3.	ἐ-πε παιδεύ κ-ε-σαν[2]	
Futur des Perfekts	Sg. 1.	πε παιδευ κ-ὼς ἔσομαι	
	2.	πε παιδευ κ-ὼς ἔσῃ usw.	

[1] Ältere Nebenform ἐ-πε παιδεύ κ-η, κ-η-ς.
[2] Spätere Nebenform ἐ-πε παιδεύ κ-ει-μεν, κ-ει-τε, κ-ει-σαν.

Anmerkung: Für den D
vgl. die Endungen § 12

n contracta

ιδεύω ich erziehe

Optativ	Imperativ	Infinitiv	Partizip
.δεύ οι-μι .δεύ οι-ς .δεύ οι .δεύ οι-μεν .δεύ οι-τε .δεύ οι-εν	 παίδευ ε παιδευ έ-τω παιδεύ ε-τε παιδευ ό-ντων[1]	παιδεύ ειν	παιδεύ ων, ο-ντ-ος παιδεύ ουσα, ούσης παιδεῦ ον, ο-ντ-ος
.δεύ σοι-μι .δεύ σοι-ς .δεύ σοι .δεύ σοι-μεν .δεύ σοι-τε .δεύ σοι-εν		παιδεύ σειν	παιδεύ σων, σο-ντ-ος παιδεύ σουσα, σούσης παιδεῦ σον, σο-ντ-ος
.δεύ σ-αι-μι .δεύ σ-αις, σ-ειας .δεύ σ-αι, σ-ειε(ν) .δεύ σ-αι-μεν .δεύ σ-αι-τε .δεύ σ-αι-εν, σ-ειαν	 παίδευ σ-ον παιδευ σ-άτω παιδεύ σ-α-τε παιδευ σ-ά-ντων[2]	 παιδεῦ σαι	παιδεύ σ-ᾶς, σ-α-ντ-ος παιδεύ σ-ᾱσα, σ-ᾱ́σης παιδεῦ σ-αν, σ-α-ντ-ος
παιδεύ κ-οι-μι παιδεύ κ-οι-ς usw. vöhnlich παιδευ κ-ὼς εἴην, εἴης, εἴη v.		πε παιδευ κ-έναι	πε παιδεύ κ-ώς, κ-ότος πε παιδευ κ-υῖα, κ-υίας πε παιδευ κ-ός, κ-ότος

pätere Nebenform παιδευ έ-τωσαν.

[2] Spätere Nebenform παιδευ σ-ά-τωσαν.

Medium

		Indikativ	Konjunktiv
Präsens	Sg. 1.	παιδεύ ο-μαι	παιδεύ ω-μαι
	2.	παιδεύ ῃ (-ει)	παιδεύ ῃ
	3.	παιδεύ ε-ται	παιδεύ ῃ-ται
	Pl. 1.	παιδευ ό-μεθα	παιδευ ώ-μεθα
	2.	παιδεύ ε-σθε	παιδεύ η-σθε
	3.	παιδεύ ο-νται	παιδεύ ω-νται
Imperfekt	Sg. 1.	ἐ-παιδευ ό-μην	
	2.	ἐ-παιδεύ ου	
	3.	ἐ-παιδεύ ε-το	
	Pl. 1.	ἐ-παιδευ ό-μεθα	
	2.	ἐ-παιδεύ ε-σθε	
	3.	ἐ-παιδεύ ο-ντο	
Futur	Sg. 1.	παιδεύ σο-μαι	
	2.	παιδεύ σῃ (-ει)	
	3.	παιδεύ σε-ται	
	Pl. 1.	παιδευ σό-μεθα	
	2.	παιδεύ σε-σθε	
	3.	παιδεύ σο-νται	
Aorist	Sg. 1.	ἐ-παιδευ σ-ά-μην	παιδεύ σ-ω-μαι
	2.	ἐ-παιδεύ σ-ω	παιδεύ σ-ῃ
	3.	ἐ-παιδεύ σ-α-το	παιδεύ σ-η-ται
	Pl. 1.	ἐ-παιδευ σ-ά-μεθα	παιδευ σ-ώ-μεθα
	2.	ἐ-παιδεύ σ-α-σθε	παιδεύ σ-η-σθε
	3.	ἐ-παιδεύ σ-α-ντο	παιδεύ σ-ω-νται
Perfekt	Sg. 1.	πε παίδευ-μαι	πε παιδευ-μένος ὦ
	2.	πε παίδευ-σαι	-η, -ον ᾖς
	3.	πε παίδευ-ται	ᾖ
	Pl. 1.	πε παιδεύ-μεθα	πε παιδευ-μένοι ὦμε
	2.	πε παίδευ-σθε	-αι, -α ἦτε
	3.	πε παίδευ-νται	ὦσι(
Plusquamperfekt	Sg. 1.	ἐ-πε παιδεύ-μην	
	2.	ἐ-πε παίδευ-σο	
	3.	ἐ-πε παίδευ-το	
	Pl. 1.	ἐ-πε παιδεύ-μεθα	
	2.	ἐ-πε παίδευ-σθε	
	3.	ἐ-πε παίδευ-ντο	
Futur des Perfekts	Sg. 1.	πε παιδεύ σο-μαι	
	2.	πε παιδεύ σῃ usw.	

Optativ	Imperativ	Infinitiv	Partizip
δευ οί-μην δεύ οι-ο δεύ οι-το δευ οί-μεθα δεύ οι-σθε δεύ οι-ντο	 παιδεύ ου παιδευ έ-σθω παιδεύ ε-σθε παιδευ έ-σθων[1]	 παιδεύ ε-σθαι	παιδευ ό-μενος, παιδευ ο-μένη, παιδευ ό-μενον
δευ σοί-μην δεύ σοι-ο δεύ σοι-το δευ σοί-μεθα δεύ σοι-σθε δεύ σοι-ντο		 παιδεύ σε-σθαι	παιδευ σό-μενος, παιδευ σο-μένη, παιδευ σό-μενον
δευ σ-αί-μην δεύ σ-αι-ο δεύ σ-αι-το δευ σ-αί-μεθα δεύ σ-αι-σθε δεύ σ-αι-ντο	 παίδευ σαι (Akz.!) παιδευ σ-ά-σθω παιδεύ σ-α-σθε παιδευ σ-ά-σθων[1]	 παιδεύ σ-α-σθαι	παιδευ σ-ά-μενος, -η, -ον
παιδευ-μένος εἴην η, -ον εἴης εἴη παιδευ-μένοι εἶμεν αι, -α εἶτε εἶεν	 πε παίδευ-σο πε παιδεύ-σθω πε παίδευ-σθε πε παιδεύ-σθων[1]	 πε παιδεῦ-σθαι	πε παιδευ-μένος, -η, -ον (Akz.!)
παιδευ σοί-μην παιδεύ σοι-ο usw.)		(πε παιδεύ σε- σθαι)	πε παιδευ σό- μενος, -η, -ον

[1] ätere Nebenform παιδευ έ-σθωσαν, παιδευ σ-ά-σθωσαν, πε παιδεύ-σθωσαν.

Passiv

		Indikativ	Konjunktiv
Präsens	Sg. 1.	παιδεύ ο-μαι	παιδεύ ω-μαι
	2.	παιδεύ ῃ usw.	παιδεύ ῃ usw.
		wie im Medium	wie im Medium
Imperfekt	Sg. 1.	ἐ-παιδευ ό-μην	
	2.	ἐ-παιδεύ ου usw.	
Futur	Sg. 1.	παιδευ θήσο-μαι	
	2.	παιδευ θήσῃ (-ει)	
	3.	παιδευ θήσε-ται	
	Pl. 1.	παιδευ θησό-μεθα	
	2.	παιδευ θήσε-σθε	
	3.	παιδευ θήσο-νται	
Aorist	Sg. 1.	ἐ-παιδεύ θη-ν	παιδευ θῶ
	2.	ἐ-παιδεύ θη-ς	παιδευ θῇς
	3.	ἐ-παιδεύ θη	παιδευ θῇ
	Pl. 1.	ἐ-παιδεύ θη-μεν	παιδευ θῶ-μεν
	2.	ἐ-παιδεύ θη-τε	παιδευ θῆ-τε
	3.	ἐ-παιδεύ θη-σαν	παιδευ θῶσι(ν)
Perfekt	Sg. 1.	πε παίδευ-μαι	πε παιδευ-μένος ὦ
	2.	πε-παίδευ-σαι usw.	ᾖς u
		wie im Medium	wie im Medium
Plusquamperfekt	Sg. 1.	ἐ-πε παιδεύ-μην	
	2.	ἐ-πε παίδευ-σο usw.	
		wie im Medium	
Futur des Perfekts	Sg. 1.	πε παιδεύ σο-μαι	
	2.	πε παιδεύ σῃ usw.	

Optativ	Imperativ	Infinitiv	Partizip
δευ οί-μην δεύ οι-ο usw. im Medium	 παιδεύ ου usw. wie im Medium	 παιδεύ ε-σθαι	παιδευ ό-μενος, -η, -ον
δευ θησοί-μην δευ θήσοι-ο δευ θήσοι-το δευ θησοί-μεθα δευ θήσοι-σθε δευ θήσοι-ντο		 παιδευ θήσε-σθαι	παιδευ θησό-μενος, -η, -ον
δευ θείη-ν δευ θείη-ς δευ θείη δευ θείη-μεν, θεῖ-μεν δευ θείη-τε, θεῖ-τε δευ θείη-σαν, θεῖ-εν	 παιδεύ θη-τι παιδευ θή-τω παιδεύ θη-τε παιδευ θέ-ντων[1]	 παιδευ θῆ-ναι	παιδευ θείς, θέ-ντ-ος παιδευ θεῖσα, θείσης παιδευ θέν, θέ-ντ-ος
παιδευ-μένος εἴην usw. im Medium	 πε παίδευ-σο usw. wie im Medium	 πε παιδεῦ-σθαι	πε παιδευ-μένος, -η, -ον
παιδευ σοί-μην παιδεύ σοι-ο usw.)		(πε παιδεύ σε-σθαι)	πε παιδευ σό-μενος, -η, -ον

Adi. verbale: παιδευ-τός
παιδευ-τέος

[1] pätere Nebenform παιδευ θή-τωσαν.

S 61 *(Fortsetzung von Seite 83)*

Medium:

Die Bildung der medialen Formen entspricht der der aktiven, von denen sie sich nur durch die besonderen Endungen unterscheiden, wenn man von den Formen des Perf. und Plusq. absieht, die ohne Tempuszeichen athematisch vom reduplizierten Stamm gebildet werden.

2. Sg.: In der 2. Sg. mußte das »σ« der Endungen -σαι und -σο zwischen Vokalen lautgesetzlich schwinden (§ 16, 2). Darauf trat bei manchen Formen Kontraktion ein: Ind. Präs. -ῃ < -ε-(σ)αι (§ 12, 3), Konj. Präs. -ῃ < -η-(σ)αι (§ 12, 3), Ind. Impf. und Imp. Präs. -ου < -ε-(σ)ο (§ 12, 4), Ind. Aor. -σω < -σα-(σ)ο (§ 12, 4). Bei anderen Formen unterblieb die Kontraktion (Opt. Präs. und Aor.), und im Perf. und Plusq. wurde sogar in Analogie zu πέπεισαι u. ä. (mit σ < σσ, vgl. § 94, 1) das »σ« wieder eingeführt (vgl. § 16, 2 Anm.).

2. Sg. Ind. Präs. (und Fut.) -ει: Seit dem 4. Jh. v. Chr. wurde ῃ wie ει (= ẹ̄, § 2 Anm.) gesprochen und konnte daher auch in der Schrift mit ει wiedergegeben werden; -ει ist bei bestimmten Formen einiger Verben die übliche Schreibweise (βούλει, οἴει, δέει; ὄψει, vgl. § 123, 3).

2. Sg. Imp. Aor.: Der Imp. παίδευσαι und der Inf. Aor. Akt. παιδεῦσαι, deren Akzentunterschied nicht ursprünglich ist, stellen zwei Verwendungsweisen ein- und derselben Form dar. Die Infinitive konnten auch als Imperative gebraucht werden (§ 186); wegen der Übereinstimmung seines Ausgangs mit der Primärendung der 2. Sg. Med. wurde der Inf. παιδεῦσαι speziell als Imp. der 2. Sg. Med. verwendet; jedoch wurden Inf. und Imp. nachträglich zur Unterscheidung verschieden betont.

Passiv:

Die passive Bedeutung hat sich aus der medialen entwickelt (τρέπεται »er wendet sich« > »er wird gewendet«). Daher dienen die Formen des Mediums im allgemeinen gleichzeitig auch als Passivformen.

Aorist: Der Aor. Pass. weist das Tempuszeichen -θη- und aktive Endungen auf, die auf den Einfluß des starken Aor. Pass. (§ 100) zurückzuführen sind, dessen ursprünglich intransitive Bedeutung erst später in passive Bedeutung überging (ἐξεπλάγη »er erschrak« > »er wurde erschreckt«). Man vermutet, daß es auch im Griechischen einmal für die 2. Sg. Med. die aus anderen Sprachen bekannte Sekundärendung -θης gegeben hat und daß die mit dieser Endung versehene 2. Sg. Med. starker Aoriste der Ausgangspunkt für die mit -θη- gebildeten Aoriste gewesen ist (allgemein zur starken Bildungsweise bestimmter Tempora vgl. § 73, 2b).

Aorist Konjunktiv: παιδευ-θῶ < -θήω usw. (§ 12, 4 und 1); vgl. § 107 S 84. Opt.: Der Opt. ist im Sg. mit dem Moduszeichen -ιη-, im Pl. mit -ῑ- gebildet (§ 74 S 54). 1. Sg. παιδευθείην gegen § 14, 1 und 3 in Analogie zur 1. u. 2. Pl. < -θη-ιη-ν, ebenso die übrigen Formen des Sg. und die 3. Pl.; 1. Pl. παιδευ-θεῖμεν < -θη-ῑ-μεν (§ 12, 2; § 10, 1), ebenso die 2. Pl.

Imp.: 2. Sg. παιδεύ-θητι < -θη-θι (Hauchdissim., § 17, 4 Anm.); bei der 3. Pl. wurde -θη- vor -ντ- > -θε- (§ 10, 2), wie auch beim Part. Zum Part. vgl. § 37, 5 mit S 16.

Futur: παιδευθήσομαι neben ἐπαιδεύθην wie σφαλήσομαι neben ἐσφάλην (§ 100, 1) und βήσομαι neben ἔβην (§ 110, 4).

Verbaladjektive: vgl. § 74 S 56.

85 Die Formen des Präsensstammes

1. An den Präsensstamm (§ 73, 1) treten im Präsens (außer Opt.) die Primärendungen (§ 74, 2), im Imperfekt und Optativ die Sekundärendungen. Das Imperfekt hat als Tempus der Vergangenheit das Augment.

2. Im Konjunktiv ist der Themavokal gedehnt, im Optativ verbindet sich der Themavokal ο mit dem Moduszeichen ῑ zu οι (§ 74, 1).

3. Da die ursprünglichen Endungen (§ 74, 3) z. T. stark verändert sind, folgt eine Übersicht der Ausgänge (Themavokal + Endung = Ausgang).

Ausgänge

Aktiv:

	Präsens				Imperfekt
	Ind.	Konj.	Opt.	Imp.	Ind.
Sg. 1.	-ω	-ω	-οιμι		-ον
2.	-εις	-ῃς	-οις	-ε	-ες
3.	-ει	-ῃ	-οι	-έτω	-ε(ν)
Pl. 1.	-ομεν	-ωμεν	-οιμεν		-ομεν
2.	-ετε	-ητε	-οιτε	-ετε	-ετε
3.	-ουσι(ν)	-ωσι(ν)	-οιεν	-όντων (-έτωσαν)	-ον
Inf. -ειν		Part. -ων, -ουσα, -ον			

Medium/Passiv:

	Präsens				Imperfekt
	Ind.	Konj.	Opt.	Imp.	Ind.
Sg. 1.	-ομαι	-ωμαι	-οίμην		-όμην
2.	-ῃ (-ει)	-ῃ	-οιο	-ου	-ου
3.	-εται	-ηται	-οιτο	-έσϑω	-ετο
Pl. 1.	-όμεϑα	-ώμεϑα	-οίμεϑα		-όμεϑα
2.	-εσϑε	-ησϑε	-οισϑε	-εσϑε	-εσϑε
3.	-ονται	-ωνται	-οιντο	-έσϑων (-έσϑωσαν)	-οντο
Inf. -εσϑαι		Part. -όμενος, -ομένη, -όμενον			

Die übrigen Tempora 86

1. Kurzer Stammauslaut wird bei den Verba vocalia vom Futur an durch alle Tempora gedehnt, z. B.

φῠ́ω »ich erzeuge«, Fut. φῡ́-σω, Aor. ἔ-φῡ-σα

(Ausnahmen § 91/92).

2. Futur Akt. und Med.: Tempuszeichen -σε/ο-. Die Ausgänge sind den Präsensausgängen gleich; Konjunktiv und Imperativ fehlen.

Beachte: σ zwischen zwei Vokalen bleibt erhalten (vgl. § 16, 2 Anm.):

παιδεύσω, παιδεύσεις usw.

Anmerkung:
Beim sog. »attischen Futur« (auch »Futurum contractum« genannt) treten die Ausgänge Akt. -ῶ, -εῖς, -εῖ usw., Med. -οῦμαι, -ῇ (-εῖ), -εῖται usw. (Konjugation wie die der Verba contracta auf -έω § 87, 2) unmittelbar an den Verbalstamm (s. Verba liquida § 96, 3 mit S 75). Bei den Verba vocalia begegnet ein Futurum contractum nur vereinzelt (τελέω § 91, 2; καλέω § 92, 3). Bei Wurzeln auf -α ergeben sich die Ausgänge -ῶ, -ᾷς, -ᾷ (vgl. § 95 S 73).

3. Aorist Akt. und Med.: Tempuszeichen -σ- (bleibt zwischen Vokalen erhalten, vgl. § 16, 2 Anm.); Charaktervokal -α-; Augment im Ind. Der Konjunktiv hat die Ausgänge des Konj. Präs.

Im Optativ sind die Formen -ειας (2. Sg.), -ειε(ν) (3. Sg.), -ειαν (3. Pl.) gebräuchlicher als die regelmäßigen.

Unterscheide:

παίδευσον (2. Sg. Imp. Aor. Akt.) — παιδεῦσον (Nom./Akk. Sg. Neutr. Part. Fut. Akt.)

παίδευσαι (2. Sg. Imp. Aor. Med.) — παιδεύσαι (3. Sg. Opt. Aor. Akt.) — παιδεῦσαι (Inf. Aor. Akt.).

4. Perfekt Akt.: Reduplikation; Tempuszeichen -κ-; Charaktervokal -α-.

Ausgänge: im Ind. (außer 3. Pl.) wie im Aorist, im Konj. und Opt. (falls nicht umschrieben) wie im Präsens.

Besonderheiten: Inf. -έναι, Part. -ώς, -υῖα, -ός.

5. Plusquamperfekt Akt.: Augment, Reduplikation, Tempuszeichen -κ-, Charaktervokal --ε/ει-. Sekundärendungen (3. Pl. -σαν).

6. Perfekt und Plusquamperfekt Med./Pass.: Reduplikation, kein Tempuszeichen; Primärendungen im Perf., Augment und Sekundärendungen im Plusq. (σ zwischen Vokalen bleibt erhalten, vgl. § 16, 2 Anm.).

Konj. und Opt. Perf. werden umschrieben.

Beachte die Betonung des Inf. und Part.: πεπαιδεῦσθαι, πεπαιδευμένος.

7. Futur des Perfekts: Im Akt. nur noch erhalten in τεθνήξω »ich werde tot sein« (§ 122, 6) und ἑστήξω »ich werde stehen« (§ 108, 2), sonst umschrieben durch Part. Perf. + ἔσομαι (§ 114): πεπαιδευκὼς ἔσομαι »ich werde erzogen haben«.

Im Med./Pass.: Perfektstamm + σ + Präsensausgänge; Opt. und Inf. sind wenig gebräuchlich.

8. Aorist Pass.: Tempuszeichen -θη-, vor Vokal und ντ: -θε- (§ 10, 2; § 84 S 61); aktive Endungen; im Indikativ Augment und Sekundärendungen (3. Pl. -σαν).

Beachte: 2. Sg. Imp. -θη-τι (< -θη-θι § 17, 4 Anm.)

9. Futur Pass.: Tempuszeichen -θησε/ο-; mediale Endungen.

10. Verbaladjektiva:

a) Verbalstamm + -τος, -τη, -τον: παιδευτός »erziehbar« oder »erzogen«;

b) Verbalstamm + -τέος, -τέᾱ, -τέον: παιδευτέος »einer, der erzogen werden muß« (educandus).

Verba contracta

Konjugationsbeispiele 87

1. τῑμάω ich ehre

Es wird

α + e-Laut (ε, η, ει, ῃ) zu α (ᾳ),
α + o-Laut (ο, ω, ου, οι) zu ω (ῳ).

		Aktiv		Medium und Passiv	
Ind. Präs.	Sg. 1.	τιμάω	τιμῶ	τιμάομαι	τιμῶμαι
	2.	τιμάεις	τιμᾷς	τιμάῃ	τιμᾷ
	3.	τιμάει	τιμᾷ	τιμάεται	τιμᾶται
	Pl. 1.	τιμάομεν	τιμῶμεν	τιμαόμεθα	τιμώμεθα
	2.	τιμάετε	τιμᾶτε	τιμάεσθε	τιμᾶσθε
	3.	τιμάουσι(ν)	τιμῶσι(ν)	τιμάονται	τιμῶνται
Imperfekt	Sg. 1.	ἐτίμαον	ἐτίμων	ἐτιμαόμην	ἐτιμώμην
	2.	ἐτίμαες	ἐτίμας	ἐτιμάου	ἐτιμῶ
	3.	ἐτίμαε	ἐτίμα	ἐτιμάετο	ἐτιμᾶτο
	Pl. 1.	ἐτιμάομεν	ἐτιμῶμεν	ἐτιμαόμεθα	ἐτιμώμεθα
	2.	ἐτιμάετε	ἐτιμᾶτε	ἐτιμάεσθε	ἐτιμᾶσθε
	3.	ἐτίμαον	ἐτίμων	ἐτιμάοντο	ἐτιμῶντο
Konjunktiv	Sg. 1.	τιμάω	τιμῶ	τιμάωμαι	τιμῶμαι
	2.	τιμάῃς	τιμᾷς	τιμάῃ	τιμᾷ
	3.	τιμάῃ	τιμᾷ	τιμάηται	τιμᾶται
	Pl. 1.	τιμάωμεν	τιμῶμεν	τιμαώμεθα	τιμώμεθα
	2.	τιμάητε	τιμᾶτε	τιμάησθε	τιμᾶσθε
	3.	τιμάωσι(ν)	τιμῶσι(ν)	τιμάωνται	τιμῶνται
Optativ	Sg. 1.	τιμαοίην	τιμῴην	τιμαοίμην	τιμῴμην
	2.	τιμαοίης	τιμῴης	τιμάοιο	τιμῷο
	3.	τιμαοίη	τιμῴη	τιμάοιτο	τιμῷτο
	Pl. 1.	τιμάοιμεν	τιμῷμεν	τιμαοίμεθα	τιμῴμεθα
	2.	τιμάοιτε	τιμῷτε	τιμάοισθε	τιμῷσθε
	3.	τιμάοιεν	τιμῷεν	τιμάοιντο	τιμῷντο
Imperativ	Sg. 2.	τίμαε	τίμα	τιμάου	τιμῶ
	3.	τιμαέτω	τιμάτω	τιμαέσθω	τιμᾶσθω
	Pl. 2.	τιμάετε	τιμᾶτε	τιμάεσθε	τιμᾶσθε
	3.	τιμαόντων	τιμώντων	τιμαέσθων	τιμάσθων
Infinitiv		τιμάειν	τιμᾶν	τιμάεσθαι	τιμᾶσθαι
Partizip		τιμάων	τιμῶν, -ῶντος	τιμαόμενος	τιμώμενος
		τιμάουσα	τιμῶσα, -ώσης	τιμαομένη	τιμωμένη
		τιμάον	τιμῶν, -ῶντος	τιμαόμενον	τιμώμενον

2. ποιέω ich tue

Es wird

ε + ε zu ει,

ε + ο zu ου.

ε vor langem Vokal oder Diphthong wird verschlungen.

		Aktiv		Medium und Passiv	
Ind. Präs.	Sg. 1.	ποιέω	ποιῶ	ποιέομαι	ποιοῦμαι
	2.	ποιέεις	ποιεῖς	ποιέῃ	ποιῇ
	3.	ποιέει	ποιεῖ	ποιέεται	ποιεῖται
	Pl. 1.	ποιέομεν	ποιοῦμεν	ποιεόμεθα	ποιούμεθα
	2.	ποιέετε	ποιεῖτε	ποιέεσθε	ποιεῖσθε
	3.	ποιέουσι(ν)	ποιοῦσι (ν)	ποιέονται	ποιοῦνται
Imperfekt	Sg. 1.	ἐποίεον	ἐποίουν	ἐποιεόμην	ἐποιούμην
	2.	ἐποίεες	ἐποίεις	ἐποιέου	ἐποιοῦ
	3.	ἐποίεε	ἐποίει	ἐποιέετο	ἐποιεῖτο
	Pl. 1.	ἐποιέομεν	ἐποιοῦμεν	ἐποιεόμεθα	ἐποιούμεθα
	2.	ἐποιέετε	ἐποιεῖτε	ἐποιέεσθε	ἐποιεῖσθε
	3.	ἐποίεον	ἐποίουν	ἐποιέοντο	ἐποιοῦντο
Konjunktiv	Sg. 1.	ποιέω	ποιῶ	ποιέωμαι	ποιῶμαι
	2.	ποιέῃς	ποιῇς	ποιέῃ	ποιῇ
	3.	ποιέῃ	ποιῇ	ποιέηται	ποιῆται
	Pl. 1.	ποιέωμεν	ποιῶμεν	ποιεώμεθα	ποιώμεθα
	2.	ποιέητε	ποιῆτε	ποιέησθε	ποιῆσθε
	3.	ποιέωσι(ν)	ποιῶσι (ν)	ποιέωνται	ποιῶνται
Optativ	Sg. 1.	ποιεοίην	ποιοίην[1]	ποιεοίμην	ποιοίμην
	2.	ποιεοίης	ποιοίης	ποιέοιο	ποιοῖο
	3.	ποιεοίη	ποιοίη	ποιέοιτο	ποιοῖτο
	Pl. 1.	ποιέοιμεν	ποιοῖμεν	ποιεοίμεθα	ποιοίμεθα
	2.	ποιέοιτε	ποιοῖτε	ποιέοισθε	ποιοῖσθε
	3.	ποιέοιεν	ποιοῖεν	ποιέοιντο	ποιοῖντο
Imperativ	Sg. 2.	ποίεε	ποίει	ποιέου	ποιοῦ
	3.	ποιεέτω	ποιείτω	ποιεέσθω	ποιείσθω
	Pl. 2.	ποιέετε	ποιεῖτε	ποιέεσθε	ποιεῖσθε
	3.	ποιεόντων	ποιούντων	ποιεέσθων	ποιείσθων
Infinitiv		ποιέειν	ποιεῖν	ποιέεσθαι	ποιεῖσθαι
Partizip		ποιέων ποιέουσα ποιέον	ποιῶν, -οῦντος ποιοῦσα, -ούσης ποιοῦν, -οῦντος	ποιεόμενος ποιεομένη ποιεόμενον	ποιούμενος ποιουμένη ποιούμενον

[1] Auch: ποιοῖμι, ποιοῖς, ποιοῖ.

3. δουλόω ich knechte

Es wird

ο + ε, ο, ου zu ου,

ο + η, ω zu ω,

ο + ι-Diphthong (ει, οι, ῃ) zu οι.

		Aktiv		Medium und Passiv	
Ind. Präs.	Sg. 1.	δουλόω	δουλῶ	δουλόομαι	δουλοῦμαι
	2.	δουλόεις	δουλοῖς	δουλόῃ	δουλοῖ
	3.	δουλόει	δουλοῖ	δουλόεται	δουλοῦται
	Pl. 1.	δουλόομεν	δουλοῦμεν	δουλοόμεθα	δουλούμεθα
	2.	δουλόετε	δουλοῦτε	δουλόεσθε	δουλοῦσθε
	3.	δουλόουσι(ν)	δουλοῦσι (ν)	δουλόονται	δουλοῦνται
Imperfekt	Sg. 1.	ἐδούλοον	ἐδούλουν	ἐδουλοόμην	ἐδουλούμην
	2.	ἐδούλοες	ἐδούλους	ἐδουλόου	ἐδουλοῦ
	3.	ἐδούλοε	ἐδούλου	ἐδουλόετο	ἐδουλοῦτο
	Pl. 1.	ἐδουλόομεν	ἐδουλοῦμεν	ἐδουλοόμεθα	ἐδουλούμεθα
	2.	ἐδουλόετε	ἐδουλοῦτε	ἐδουλόεσθε	ἐδουλοῦσθε
	3.	ἐδούλοον	ἐδούλουν	ἐδουλόοντο	ἐδουλοῦντο
Konjunktiv	Sg. 1.	δουλόω	δουλῶ	δουλόωμαι	δουλῶμαι
	2.	δουλόῃς	δουλοῖς	δουλόῃ	δουλοῖ
	3.	δουλόῃ	δουλοῖ	δουλόηται	δουλῶται
	Pl. 1.	δουλόωμεν	δουλῶμεν	δουλοώμεθα	δουλώμεθα
	2.	δουλόητε	δουλῶτε	δουλόησθε	δουλῶσθε
	3.	δουλόωσι(ν)	δουλῶσι (ν)	δουλόωνται	δουλῶνται
Optativ	Sg. 1.	δουλοοίην	δουλοίην	δουλοοίμην	δουλοίμην
	2.	δουλοοίης	δουλοίης	δουλόοιο	δουλοῖο
	3.	δουλοοίη	δουλοίη	δουλόοιτο	δουλοῖτο
	Pl. 1.	δουλόοιμεν	δουλοῖμεν	δουλοοίμεθα	δουλοίμεθα
	2.	δουλόοιτε	δουλοῖτε	δουλόοισθε	δουλοῖσθε
	3.	δουλόοιεν	δουλοῖεν	δουλόοιντο	δουλοῖντο
Imperativ	Sg. 2.	δούλοε	δούλου	δουλόου	δουλοῦ
	3.	δουλοέτω	δουλούτω	δουλοέσθω	δουλούσθω
	Pl. 2.	δουλόετε	δουλοῦτε	δουλόεσθε	δουλοῦσθε
	3.	δουλοόντων	δουλούντων	δουλοέσθων	δουλούσθων
Infinitiv		δουλόειν	δουλοῦν	δουλόεσθαι	δουλοῦσθαι
Partizip		δουλόων	δουλῶν, -οῦντος	δουλοόμενος	δουλούμενος
		δουλόουσα	δουλοῦσα, -ούσης	δουλοομένη	δουλουμένη
		δουλόον	δουλοῦν, -οῦντος	δουλοόμενον	δουλούμενον

88 Die Formen des Präsensstammes

1. Die Verben auf -άω, -έω, -όω bezeichnet man als Verba contracta, weil sie im Präsens und Imperfekt den Auslaut des Verbalstammes (α, ε, ο) mit dem Themavokal kontrahieren (Übersicht der Kontraktionsergebnisse bei den Konjugationsbeispielen § 87).

2. Im Singular des Opt. Präs. Akt. haben die Verba contracta gewöhnlich das Moduszeichen -ιη-, also die Ausgänge -οίην, -οίης, -οίη.

3. Die 3. Sg. Impf. Akt. hat kein ν ἐφελκυστικόν.

4. Der Inf. Präs. Akt. lautet τιμᾶν und δουλοῦν ohne ι.

S 62 *Die Optativformen* τιμῴην, ποιοίην, δουλοίην *usw. weisen das Moduszeichen* -ιη- *auf wie die entsprechenden Formen der athematischen Verben (§ 107 S 84).*
Zur Zeit der Kontraktion unterschied sich echtes ει *(Diphthong) noch von unechtem* ει *(= ẹ̄, § 2 Anm.); daher* τιμάει, δουλόει *(mit echtem* ει*) >* τιμᾷ, δουλοῖ *usw., aber* τιμάειν, δουλόειν *(*ει *= jüngere Schreibweise für ẹ̄ <* ε + ε*, vgl. § 84 S 61) >* τιμᾶν, δουλοῦν *(*ου *= ọ̄, § 2 Anm.).*

89 Die übrigen Tempora

1. Vom Futur an dehnen die Verba contracta ihren Stammauslaut (s. § 86, 1), und zwar
die Verben auf -άω zu η, nach ε, ι, ρ zu ᾱ,
die Verben auf -έω zu η, die Verben auf -όω zu ω.

2. **Stammformen**

Präsens	Verbalstamm	Futur	Aorist	Perfekt
τιμάω ich ehre	τῑμᾰ-	τιμή-σω τιμη-θήσομαι	ἐ-τίμη-σα ἐ-τιμή-θην	τε τίμη-κα τε τίμη-μαι
θηράω ich jage	θηρᾰ-	θηρᾱ́-σω θηρᾱ-θήσομαι	ἐ-θήρᾱ-σα ἐ-θηρᾱ́-θην	τε θήρᾱ-κα τε θήρᾱ-μαι
ποιέω ich tue	ποιε-	ποιή-σω ποιη-θήσομαι	ἐ-ποίη-σα ἐ-ποιή-θην	πε ποίη-κα πε ποίη-μαι
δουλόω ich knechte	δουλο-	δουλώ-σω δουλω-θήσομαι	ἐδούλω-σα ἐ-δουλώ-θην	δε δούλω-κα δε δούλω-μαι

Verbaladjektive:
τιμη-τός, -τέος — θηρᾱ-τός, -τέος
ποιη-τός, -τέος — δουλω-τός, -τέος

S 63 *Die Verba auf* -άω, -έω *und* -όω *sind zu einem großen Teil von nominalen* ᾱ- *bzw.* ο-*Stämmen (Stammauslaut:* ε/ο*, § 25 S 2) mit Hilfe des Suffixes* -ι̯ω *abgeleitet, dessen* ι̯ *nach § 14, 3 schwand: z. B.* τιμάω *von* τιμή *(*-η < -ᾱ*, § 8),* δουλόω *von* δοῦλος*. Bei den Verba auf* -ᾱ́ω *wurde* ᾱ *im Präsensstamm unter dem Einfluß der Verba auf* -έω *und* -όω *früh zu* ᾰ *gekürzt (unter vergleichbaren Bedingungen tritt sonst Kürzung erst nach dem Wandel* ᾱ > η *ein, und ihr Ergebnis ist nicht* ᾰ*, sondern* ε*: vgl. § 259, 2, ferner § 10, 3 und 4 Anm.). Aber außerhalb des Präsensstammes behauptete sich die Länge des Vokals, der dann als* ᾱ *erhalten blieb (nach* ε, ι, ρ*) bzw. zu* η *wurde:* δρᾱ́σω, τιμήσω *usw. Umgekehrt bildete man dann nach* δρᾱ́ω: δρᾱ́σω *usw. zu* ποιέω, δουλόω *die Formen* ποιήσω, δουλώσω *usw. mit langem Vokal.*

Besonderheiten bei den Verba contracta 90

1. η statt ᾱ als Kontraktionsergebnis haben folgende Verben mit Stammauslaut -η-:

ζῆν leben — πεινῆν hungern — διψῆν dürsten
χρῆν ein Orakel erteilen — χρῆσθαι gebrauchen

also:

Ind./Konj. Präs. ζῶ, ζῇς, ζῇ, ζῶμεν, ζῆτε, ζῶσιν   Impf. ἔζων, ἔζης usw.
Ind./Konj. Präs. χρῶμαι, χρῇ, χρῆται usw.   Impf. ἐχρώμην, ἐχρῶ, ἐχρῆτο usw.

S 64 *Die Ausgänge -ῶ, -ῶμαι sind kontrahiert aus -ηω, -ηομαι. Die Länge hat sich hier aus besonderen Gründen anders entwickelt als in τιμάω, wo sie früh gekürzt wurde (vgl. § 89 S 63); sie ist z. T. nicht aus ᾱ entstanden, sondern stets η (= idg. ē) gewesen, so der Stammauslaut von χρῆν, χρῆσθαι (η nach ρ in χρη- also nicht etwa Verstoß gegen § 8).*

2. Nicht kontrahiert werden die Formen von

κᾱ́ω (= καίω) ich verbrenne, zünde an (< *καϝ-ι̯ω)
κλᾱ́ω (= κλαίω) ich weine (< *κλαϝ-ι̯ω)

S 65 *-αϝι̯- konnte im Attischen sowohl zu -αι- (§ 14, 7) als auch zu -ᾱ- werden; das Unterbleiben der Kontraktion ist regelrecht (§ 12 Anm. a. Ende).*

3. Nur in ει kontrahieren die einsilbigen Verbalstämme auf -ε-:

πλέω	ich segle	(< *πλεϝ-ω)
πνέω	ich atme	(< *πνεϝ-ω)
θέω	ich laufe	(< *θεϝ-ω)
ῥέω	ich fließe	(< *σρεϝ-ω)
δέω	ich ermangle	(< *δεϝ-ω)
δέομαι	ich bedarf, bitte	

also:

πλέω, πλεῖς, πλεῖ, πλέομεν, πλεῖτε, πλέουσι(ν)
Impf. ἔπλεον, ἔπλεις usw. — Konj. πλέω, πλέῃς usw. — Opt. πλέοιμι, πλέοις usw.

Anmerkung 1:
δέω »ich binde« (< *δει̯-ω) **kann** immer kontrahieren: δῶ oder δέω, δεῖς, δεῖ, δοῦμεν oder δέομεν, δεῖτε usw.

Anmerkung 2:
Zu δέομαι »ich bedarf, bitte« lautet die 2. Sg. Ind. Präs. stets δέει (unterscheide δεῖ »es ist nötig«).

S 66 *Schwund des ϝ nach § 15, 3; hinsichtlich der Kontraktion vgl. § 12 Anm. a. Ende.*

Besonderheiten der Tempusbildung bei einigen Verba vocalia 91

Einige Verben erscheinen im Präsensstamm als Verba vocalia, weil ihr Stammauslaut ϝ oder σ zwischen zwei Vokalen ausgefallen ist (§ 82, 4); bei der Tempusbildung tritt ϝ bzw. σ wieder in Erscheinung. Ein im Präsensstamm auslautender kurzer Vokal wird (entgegen § 86, 1) nicht gedehnt.

1. Verben mit Ϝ als Stammauslaut

Bei der Tempusbildung erscheint ϝ vor Konsonanten als υ (vgl. § 15, 1).

Präsens	Verbalstamm	Futur	Aorist	Perfekt
πλέω ich segle	πλεϝ- πλευ-	πλεύσομαι[1] πλευσθήσομαι[2]	ἔπλευσα ἐπλεύσθην[2]	πέπλευκα πέπλευσμαι[2]
πνέω ich atme	πνεϝ- πνευ-	πνεύσομαι[1]	ἔπνευσα	πέπνευκα
καίω, κᾱ́ω ich verbrenne	καϝ- καυ-	καύσω καυθήσομαι	ἔκαυσα ἐκαύθην	κέκαυκα κέκαυμαι καυ(σ)τός[2]
κλαίω, κλᾱ́ω ich weine	κλαϝ- κλαυ-	κλαύσομαι κλαυ(σ)θήσομαι[2]	ἔκλαυσα ἐκλαύ(σ)θην[2]	κέκλαυκα κέκλαυμαι κλαυ(σ)τός[2]

S 67 *Das Suffix -ι̯ω erscheint, soweit es überhaupt auftritt (vgl. § 90, 2), nur im Präsensstamm; Futur, Aorist usw. werden von der reinen Wurzel abgeleitet. — Die Nebenformen* πλευσοῦμαι *und* πνευσοῦμαι *erklären sich als durch das Futurum Atticum (§ 95 S 73) veranlaßte Umbildungen des gewöhnlichen Futurs.*

2. Verben mit σ als Stammauslaut

Bei der Tempusbildung erscheint σ vor -μ, -θ und -τ.

Präsens	Verbalstamm	Futur	Aorist	Perfekt
γελάω ich lache	γελᾰσ-	γελάσομαι γελασθήσομαι	ἐγέλασα ἐγελάσθην	γεγέλακα γεγέλασμαι γελαστός
σπάω ich ziehe	σπᾰσ-	σπάσω σπασθήσομαι	ἔσπασα ἐσπάσθην	ἔσπακα ἔσπασμαι
τελέω ich vollende	τελεσ-	τελῶ τελεσθήσομαι	ἐτέλεσα ἐτελέσθην	τετέλεκα τετέλεσμαι
ἀρκέω ich genüge	ἀρκεσ-	ἀρκέσω	ἤρκεσα	—
αἰδέομαι d. p. ich scheue mich	αἰδεσ-	αἰδέσομαι	ᾐδέσθην	ᾔδεσμαι
ἀκούω ich höre	ἀκουσ-	ἀκούσομαι ἀκουσθήσομαι	ἤκουσα ἠκούσθην	ἀκήκοα ἤκουσμαι
χρῑ́ω ich salbe	χρῑσ-	χρῑ́σω χρῑσθήσομαι	ἔχρῑσα ἐχρῑ́σθην	κέχρῑκα κέχρῑ(σ)μαι χρῑστός

[1] Daneben auch »dorisches Fut.«: πλευσοῦμαι, πνευσοῦμαι (vgl. unten S 67).
[2] »Parasitisches σ«, § 92, 1.

S 68 *Während die Ausgänge -άω und έω von τιμᾰ́ω, ποιέω usw. auf -ᾰ-ι̯ω bzw. -ε-ι̯ω zurückgehen (vgl. § 89 S 63), sind die Ausgänge der hier genannten Verben auf -άω und -έω aus -ᾰσ-ι̯ω bzw. -εσ-ι̯ω entstanden (-σι̯- schwand nach § 14, 8 Anm.; σ als Stammauslaut ist jedoch auch für einige dieser Verben nicht gesichert). Daher erfolgt im Akt. Fut., Aor. usw. keine Vokaldehnung (diese unterbleibt z. T. auch bei den Verben ἐπαινέω und παραινέω, die vielleicht ursprünglich im Präsens wie τίθημι/τίθεμεν usw. konjugiert wurden und sich so von ποιέω usw. unterschieden; vgl. § 92 S 69). — Nur der Präsensstamm wird mit dem Suffix -ι̯ω gebildet. Fut. γελάσομαι < γελασ-σομαι (§ 16, 3; zum Med. vgl. § 103, 1). Perf. Akt. γεγέλακα ist eine Analogiebildung, die sich ähnlich erklärt wie πέπεικα (vgl. § 94 S 72). Perf. Med./Pass. 1. Sg. γεγέλασμαι: Bewahrung des σ gegen § 16, 5, in Analogie zu γεγέλασται usw.; ebenso 1. Pl. und Part. — Entsprechend die übrigen Formen; jedoch Fut. Akt. τελῶ Analogiebildung zu καλῶ (vgl. § 92 S 70), zum Perf. ἀκήκοα vgl. § 80 S 60.*

Besonderheiten der Tempusbildung (Forts.) 92

1. Verben mit parasitischem σ

Bei einigen Verben mit vokalisch auslautendem Stamm tritt (in Analogie zu den Verbalstämmen auf σ, § 91, 2, und t-Laut, § 94, 1) sog. »parasitisches« σ auf, und zwar teils vor μ und t-Laut, teils nur vor t-Laut:

κελεύω	ich befehle	κελεύσω κελευσθήσομαι	ἐκέλευσα ἐκελεύσθην	κεκέλευκα κεκέλευσμαι
ἕλκω (ἑλκύω)	ich ziehe	ἕλξω ἑλκυσθήσομαι	εἵλκυσα εἱλκύσθην	εἵλκυκα εἵλκυσμαι
κλείω	ich schließe	κλείσω κλεισθήσομαι	ἔκλεισα ἐκλείσθην	κέκλεικα κέκλειμαι
δράω	ich tue	δρᾱ́σω δρᾱσθήσομαι	ἔδρᾱσα ἐδρᾱ́σθην	δέδρᾱκα δέδρᾱμαι
χρήομαι	ich gebrauche	χρήσομαι	ἐχρησάμην ἐχρήσθην (pass.)	κέχρημαι

πλέω, καίω, κλαίω § 91, 1.

2. Verben mit eingeschränkter Dehnung

Einige Verben dehnen ihren Stammauslaut nur vor Tempuszeichen σ, ἐπαινέω »ich lobe« und παραινέω »ich rede zu« nur im Perf. Pass.

δέω	ich binde	δήσω δεθήσομαι	ἔδησα ἐδέθην	δέδεκα δέδεμαι
θύω[1]	ich opfere	θύσω τῠθήσομαι	ἔθῡσα ἐτῠ́θην	τέθῡκα τέθῠμαι
λύω[1]	ich löse	λῡ́σω λῠθήσομαι	ἔλῡσα ἐλῠ́θην	λέλῠκα λέλῠμαι

[1] Mit kurzem oder (häufiger) langem υ.

δύω[1] (tr.)	ich versenke	δῡσω δῠθήσομαι	ἔδῡσα ἐδῠθην	δέδῠκα δέδῠμαι
δύομαι[1] (intr.)	ich gehe unter	δῡσομαι	ἔδῡν (§ 110)	δέδῡκα
ἐπαινέω	ich lobe	ἐπαινέσομαι ἐπαινεθήσομαι	ἐπῄνεσα ἐπῃνέθην	ἐπῄνεκα ἐπῄνημαι
παραινέω	ich rede zu	παραινέσω παραινεθήσομαι	παρῄνεσα παρῃνέθην	παρῄνεκα παρῄνημαι

S 69 *Der Wechsel von langem und kurzem Vokal beruht z. T. auf Ablaut. Zu ἐπαινέω und παραινέω siehe auch § 91 S 68.*

3. Verben mit verschiedenen Besonderheiten

καλέω ich rufe	καλε- κλη-	καλῶ κληθήσομαι	ἐκάλεσα ἐκλήθην	κέκληκα κέκλημαι
χέω ich gieße	χεϝ- χυ-	χέω χυθήσομαι	ἔχεα ἐχύθην	κέχυκα κέχυμαι

S 70 καλε- *und* κλη- *sind Ablautformen der zweisilbigen Wurzel des Verbs (§ 9, 6). Fut.* καλῶ < καλε-σω *(§ 16, 2, vgl. § 95 S 73).*

Die Wurzel von χέω *ist* χευ-, *vor Vokal* χεϝ- *(§ 15, 1), Schwundstufe* χυ- *(§ 9, 2). Präs.* χέω < χεϝ-ω *(§ 15, 3); in Präsensformen wie* παιδεύω, ἀκούω *u. ä. wurde der Diphthong in Analogie zum Futur, Aorist usw. wiederhergestellt oder war ursprünglich durch Konsonanten geschützt, die später schwanden (vgl. § 80 S 60).*

Fut. χέω *ist als Futur verwendeter kurzvokalischer Konjunktiv zu* ἔχεα *(vgl. § 121 S 98).* ἔχεα < ἐ-χεϝ-α *(§ 15, 3): ohne* σ *gebildeter athematischer Aorist (vgl. § 110).*

Verba muta

93 Einteilung

1. Nach dem Stammauslaut unterscheiden sich drei Klassen (§ 82, 2):

a) Guttural- oder k-Stämme auf γ, κ, χ
b) Labial- oder p-Stämme auf β, π, φ
c) Dental- oder t-Stämme auf δ, τ, ϑ

2. Im Präsensstamm ist der Verbalstamm vielfach nicht klar zu erkennen, da die ι̯-Erweiterung Veränderungen bewirkt hat (§ 83, 2b). Es sind

a) Verben auf -ττω Gutturalstämme (vgl. § 14, 11), z. B.

κηρύττω < *κηρυκ-ι̯ω (τὸν κήρυκ-α den Herold) ich melde
ταράττω < *ταραχ-ι̯ω (ἡ ταραχ-ή die Verwirrung) ich verwirre

---

[1] Mit kurzem oder (häufiger) langem υ.

Anmerkung:

Einige Verben auf -ττω sind Dentalstämme, z. B.
ἁρμόττω (vgl. Ἁρμόδ-ιος) ich füge (vgl. § 93 S 71)
πλάττω < * πλαθ-ι̯ω (ὁ πλάστης < *πλαθ-της) ich forme (vgl. § 14, 9, Anm.)

b) Verben auf -πτω Labialstämme (vgl. § 14, 13), z. B.

βλάπτω	< *βλαβ-ι̯ω	(ἡ βλάβ-η	der Schaden)	ich schade
τύπτω	< *τυπ-ι̯ω	(ὁ τύπ-ος	der Schlag)	ich schlage
θάπτω	< *θαφ-ι̯ω	(ὁ τάφ-ος	das Grab)	ich begrabe

c) Verben auf -ζω Dentalstämme (vgl. § 14, 10), z. B.

ἐλπίζω	< *ἐλπιδ-ι̯ω	(τὴν ἐλπίδ-α	die Hoffnung)	ich hoffe
ἐρίζω	< *ἐριδ-ι̯ω	(τῆς ἔριδ-ος	des Streites)	ich streite

Anmerkung:

Einige Verben auf -ζω sind Gutturalstämme (vgl. § 14, 12), vor allem solche, die einen Klang bezeichnen, z. B.

στενάζω	< *στεναγ-ι̯ω	(ὁ στεναγ-μός	das Seufzen)	ich seufze
οἰμώζω	< *οἰμωγ-ι̯ω	(ἡ οἰμωγ-ή	das Wehklagen)	ich wehklage
σαλπίζω	< *σαλπιγγ-ι̯ω	(τὴν σάλπιγγ-α	die Trompete)	ich trompete

S 71 *Im Präsens hat -ττω z. T. älteres -ζω verdrängt: In Analogie zu* φυλάξω: φυλάττω *bildete man zu* σφάξω *das Präs.* σφάττω *statt* σφάζω *(hom.)* < σφάγ-ι̯ω *(§ 14, 12); ähnlich* ἁρμόττω *statt* ἁρμόζω < ἁρμόδ-ι̯ω *(§ 14, 10) u. ä. Es gibt jedoch auch Wurzeln, die im Auslaut zwischen Media, Tenuis und Aspirata schwanken (vgl. z. B.* κρύφα *»heimlich« und* κρύβω = κρύπτω*), was allerdings z. T. darauf beruhen kann, daß der jeweils ursprüngliche Laut durch andere analogisch ersetzt wurde.*

Tempusbildung 94

1. Die Formen der Verba muta werden mit den gleichen Tempuszeichen, Charaktervokalen, Moduszeichen und Endungen gebildet wie die der Verba vocalia. Besonderheiten ergeben sich nur aus dem Zusammentreffen des konsonantischen Stammauslautes mit dem Tempuszeichen oder dem anlautenden Konsonanten einer Endung:

γ, κ, χ	+ σ	ergibt ξ	(§ 16, 11)	**β, π, φ**	+ σ	ergibt ψ	(§ 16, 10)
	+ μ	ergibt γμ	(s. u. S 72)		+ μ	ergibt μμ	(§ 19, 3)
	+ τ	ergibt κτ	(§ 19, 5)		+ τ	ergibt πτ	(§ 19, 5)
	+ σθ	ergibt χθ	(§ 19, 5)		+ σθ	ergibt φθ	(§ 19, 5)
	+ θ	ergibt χθ	(§ 19, 5)		+ θ	ergibt φθ	(§ 19, 5)
δ, τ, θ	+ σ	ergibt σ	(§ 16, 9)		+ κ	ergibt κ	(s. u. S 72)
	+ μ	ergibt σμ	(s. u. S 72)		+ τ	ergibt στ	(§ 17, 3)
	+ σθ	ergibt σθ	(§ 16, 9)		+ θ	ergibt σθ	(§ 17, 3)

2. Nur die Dentalstämme bilden das Perfekt Akt. mit Tempuszeichen -κ-; die Guttural- und Labialstämme bilden nur das starke Perfekt (§ 101).

3. Übersicht über die Tempora der Verba muta

Verbalstamm	διωκ-	πρᾱγ-	κρυφ-	γυμναδ-
Bedeutung	ich verfolge	ich tue	ich verberge	ich übe
Akt. Präs.	διώκω	πρᾱ́ττω	κρύπτω	γυμνάζω
Fut.	διώξω	πρᾱ́ξω	κρύψω	γυμνάσω
Aor.	ἐδίωξα	ἔπρᾱξα	ἔκρυψα	ἐγύμνασα
Perf.	δεδίωχα[1]	πέπρᾱχα[1, 2]	κέκρυφα[1]	γεγύμνακα
M./P. Perf.	δεδίωγμαι	πέπρᾱγμαι	κέκρυμμαι	γεγύμνασμαι
Fut. d. Perf.	δεδιώξομαι	πεπρᾱ́ξομαι	κεκρύψομαι	—
Pass. Aor.	ἐδιώχθην	ἐπρᾱ́χθην	ἐκρύφθην	ἐγυμνάσθην
Verbaladj.	διωκτός	πρᾱκτός	κρυπτός	γυμναστός
	διωκτέος	πρᾱκτέος	κρυπτέος	γυμναστέος

4. Perfekt und Plusquamperfekt Med./Pass.: Die 3. Pl. Ind. wird nicht mit der Endung -νται bzw. -ντο gebildet, sondern durch Part. + εἰσίν bzw. ἦσαν umschrieben.

Konjugationsbeispiele:

	Indikativ Perfekt	Plusquamperfekt	Imperativ	Infinitiv und Partizip
διωκ- ich verfolge	δεδίωγμαι	ἐδεδιώγμην		
	δεδίωξαι	ἐδεδίωξο	δεδίωξο	δεδιῶχθαι
	δεδίωκται	ἐδεδίωκτο	δεδιώχθω	
	δεδιώγμεθα	ἐδεδιώγμεθα		δεδιωγμένος
	δεδίωχθε	ἐδεδίωχθε	δεδίωχθε	δεδιωγμένη
	δεδιωγμένοι εἰσί(ν)	δεδιωγμένοι ἦσαν	δεδιώχθων	δεδιωγμένον
κρυφ- ich verberge	κέκρυμμαι	ἐκεκρύμμην		
	κέκρυψαι	ἐκέκρυψο	κέκρυψο	κεκρύφθαι
	κέκρυπται	ἐκέκρυπτο	κεκρύφθω	
	κεκρύμμεθα	ἐκεκρύμμεθα		κεκρυμμένος
	κέκρυφθε	ἐκέκρυφθε	κέκρυφθε	κεκρυμμένη
	κεκρυμμένοι εἰσί(ν)	κεκρυμμένοι ἦσαν	κεκρύφθων	κεκρυμμένον
πειθ- ich überrede	πέπεισμαι	ἐπεπείσμην		
	πέπεισαι	ἐπέπεισο	πέπεισο	πεπεῖσθαι
	πέπεισται	ἐπέπειστο	πεπείσθω	
	πεπείσμεθα	ἐπεπείσμεθα		πεπεισμένος
	πέπεισθε	ἐπέπεισθε	πέπεισθε	πεπεισμένη
	πεπεισμένοι εἰσί(ν)	πεπεισμένοι ἦσαν	πεπείσθων	πεπεισμένον

[1] Perf. II s. § 101.

[2] Daneben (in anderer Bedeutung) πέπρᾱγα § 101, 5.

5. Häufung gleicher Konsonanten wird vermieden, z. B. in πέπεμμαι (statt eines dreifachen μ) von πέμπω »ich schicke«.

S 72 *Die in der Tabelle (s. o. 1) aufgezählten Veränderungen des Wurzelauslauts sind nur z. T. lautgesetzlich; teilweise sind sie das Ergebnis des analogischen Ausgleichs, der zwischen den verschiedenen Formen eines Verbs bzw. zwischen den Formen von Verben mit verschiedenem Wurzelauslaut stattfand. Darauf beruht u. a. die Vertretung der Konsonantenverbindung »Dental + μ« durch -σμ- in der 1. Sg. Perf. Med./Pass.* πέπεισμαι *u. ä., die in Analogie zu* πέπεισται < πεπειθ-ται *(§ 17, 3) gebildet ist (vgl. dagegen* ὁ ῥυθμός*); ferner der scheinbare Schwund der Dentale im Perf. Akt. vor* κ (πέπεικα, γεγύμνακα)*; in Wirklichkeit handelt es sich hier um junge Analogiebildungen* (πέπεικα: ἔπεισα *wie* πεπαίδευκα: ἐπαίδευσα).

Besonderheiten der Tempusbildung bei einigen Verba muta 95

1. Die mehr als zweisilbigen Verben auf -ίζω haben im Aktiv und Medium das sog. »attische Futur« (§ 86, 2 Anm.):

νομίζω	ich glaube	Fut.	νομιῶ, νομιεῖς, -εῖ usw.
λογίζομαι	ich überlege	Fut.	λογιοῦμαι, λογιῇ (-εῖ), -εῖται usw. (wie die Verba contracta auf -έω)
dagegen:			
κτίζω	ich gründe (zweisilbig!)	Fut.	κτίσω

Anmerkung 1:
Ähnlich bildet βιβάζω »ich bringe zum Gehen« das Fut.: βιβῶ, βιβᾷς, -ᾷ usw. (wie τιμάω).

Anmerkung 2:
Abweichend von 1 bildet ἐρίζω »ich streite« Fut. ἐρίσω, ἀθροίζω »ich versammle« ἀθροίσω.

S 73 *Während in Futurformen wie* παιδεύσω *usw., wo nach § 16, 2 das* σ *schwinden mußte, dieser Laut in Analogie zu anderen Verben wieder eingeführt worden ist (§ 16, 2 Anm.), unterblieb dies bei einigen Formen, die sich lautgesetzlich entwickelt haben: Zu* καλεῖν *(Wurzel* καλε-*, § 92 S 70) lautet das Fut.* καλῶ < καλέ-(σ)ω, *zu* κρεμάννυμι *(Wurzel* κρεμα-*, § 117, 9)* κρεμῶ < κρεμά-(σ)ω, *obwohl die Aoriste* ἐκάλεσα, ἐκρέμασα *wie* ἐπαίδευσα »σ« *aufweisen. Als neben diesen Aoristen noch die unkontrahierten Futura* καλέω, κρεμάω *standen, bildete man zu* ἐκόμισα, ἐβίβασα *analog* κομίω, βιβάω*; später wurde* κομίω *zu* κομιῶ *umgebildet (nach* καλῶ *u. ä.) und* βιβάω *zu* βιβῶ *kontrahiert. Vgl. § 96 S 75.*

2. σπένδω »ich bringe ein Trankopfer dar« bildet mit Ersatzdehnung:

σπείσω (< *σπενδσω), ἔσπεισα, ἔσπεικα, ἔσπεισμαι, ἐσπείσθην

S 74 *Von den gewöhnlichen Dentalstämmen unterscheidet sich* σπένδω *nur dadurch, daß nach den in § 94, 1 angegebenen Veränderungen noch zusätzlich* ν *vor* σ *mit Ersatzdehnung schwand (§ 16, 7, die Ersatzdehnung z. T. im Gegensatz zu § 16, 12 Anm.);* ἔσπεικα *ist eine Analogiebildung wie* πέπεικα *(vgl. § 94 S 72).*

3. στρέφω »ich drehe«, τρέπω »ich wende«, τρέφω »ich ernähre« bilden den Perfektstamm des Med./Pass. mit Ablaut (§ 9, 3):

ἔστραμμαι, τέτραμμαι, τέθραμμαι

Beachte die Hauchdissimilation bei τρέφω (Fut. θρέψω) und ihr Unterbleiben bei τεθράφθαι u. ä. (§ 17, 4 mit Anm.).

Verba liquida

96 Präsens, Futur, Aorist

1. Verba liquida sind die Verben mit dem Stammauslaut λ, μ, ν, ρ.

2. Im Präsensstamm ist nur bei wenigen Verba liquida der Verbalstamm unverändert, z. B.

μένω	ich bleibe	Verbalstamm	μεν-
νέμω	ich teile zu	Verbalstamm	νεμ-

Meist ist der Verbalstamm durch ι̯ erweitert, wodurch lautgesetzliche Veränderungen eintreten (§ 14, 4—6), z. B.

		Stamm	Präsensstamm
ἀγγέλλω	ich melde	ἀγγελ-	*ἀγγελι̯ε/ο- > ἀγγελλε/ο-
φαίνω	ich zeige	φαν-	*φανι̯ε/ο- > φαινε/ο-
φθείρω	ich verderbe	φθερ-	*φθερι̯ε/ο- > φθειρε/ο-
κλΐνω	ich lehne	κλῐν-	*κλινι̯ε/ο- > κλῑνε/ο-

3. Futur: Im Aktiv und Medium haben die Verba liquida das sog. »attische Futur« (§ 86, 2 Anm.):

μένω	Fut. μενῶ	ἀγγέλλω	Fut. ἀγγελῶ
φαίνω	Fut. φανῶ	φθείρω	Fut. φθερῶ
ἅλλομαι »ich springe«	Fut. ἁλοῦμαι		

S 75 *Fut.* ἀγγελ-ῶ: *An die Wurzel trat der Ausgang* -ῶ < -έω < -εσω, *der vom Futur solcher Verben übernommen wurde, deren Wurzel außerhalb des Präsensstammes im Futur und anderen Tempora scheinbar eine e-Erweiterung aufwies, wie z. B.* βαλῶ < βαλέ(σ)ω, *Fut. zu* βάλ-λειν *(in Wirklichkeit sind* βαλ-, βαλε- *und außerdem* βλη- *verschiedene Ablautformen der zweisilbigen Wurzel des Verbs, vgl. § 9, 6 und § 119, 1). Vgl. zum Futurum Atticum auch § 95 S 73.*

4. Im Aorist Akt. und Med. fällt das Tempuszeichen σ nach λ, μ, ν, ρ unter Ersatzdehnung fort (§ 16, 6); gedehnt wird

			Verbalstamm	Aorist
α zu η:	φαίνω	ich zeige	φαν-	ἔφηνα
nach ι, ρ zu ᾱ:	μιαίνω	ich beflecke	μιαν-	ἐμίᾱνα
	περαίνω	ich vollende	περαν-	ἐπέρᾱνα
ε zu ει:	μένω	ich bleibe	μεν-	ἔμεινα
	ἀγγέλλω	ich melde	ἀγγελ-	ἤγγειλα
ῐ zu ῑ:	κρΐνω	ich richte	κρῐν-	ἔκρῑνα
ῠ zu ῡ:	ἀμΰνω	ich wehre ab	ἀμῠν-	ἤμῡνα

Anmerkung:

ἅλλομαι (»ich springe«, Verbalstamm ἁλ-) bildet den Aor. Ind. ἡλάμην regelmäßig, die nicht augmentieren Formen jedoch mit ᾱ statt η, das wegen der Ersatzdehnung auch hier zu erwarten gewesen wäre: ᾱ̔́λασθαι usw.; αἴρω (»ich hebe«, Verbalstamm ἀρ- < ἀερ-, wozu jedoch Präs. αἴρω nicht paßt) bildet Fut. ἀρῶ, Aor. Ind. ἦρα, Konj. ἄρω, Inf. ἆραι usw.

Die Formen des Perfektstammes 97

1. ν wird vor dem Tempuszeichen κ als γ geschrieben:
φαίνω, Verbalstamm φαν-, Perf. Akt. πέφαγκα.

2. ν wird vor μ zu σ:
πέφασμαι.

3. Beim Zusammentreffen der Liquida mit σϑ wird σ ausgestoßen:
Inf. Perf. Med./Pass. ἠγγέλ-ϑαι, πεφάν-ϑαι.

4. Die 3. Pl. Perf. und Plusq. Med./Pass. wird stets umschrieben durch Partizip + εἰσίν bzw. ἦσαν. Ebenfalls wird das Futur des Perfekts umschrieben durch Part. + ἔσομαι.

5. **Übersicht über Perf. und Plusq. Med./Pass.**

	Indikativ Perfekt	Plusquamperfekt	Imperativ	Infinitiv und Partizip
ἀγγέλλω ich melde Verbalstamm ἀγγελ-	ἤγγελ-μαι ἤγγελ-σαι ἤγγελ-ται	ἠγγέλ-μην ἤγγελ-σο ἤγγελ-το	 ἤγγελ-σο ἠγγέλ-ϑω	ἠγγέλ-ϑαι
	ἠγγέλ-μεϑα ἤγγελ-ϑε ἠγγελμένοι εἰσίν	ἠγγέλ-μεϑα ἤγγελ-ϑε ἠγγελμένοι ἦσαν	 ἤγγελ-ϑε ἠγγέλ-ϑων	ἠγγελ-μένος ἠγγελ-μένη ἠγγελ-μένον
φαίνω ich zeige Verbalstamm φαν-	πέφασ-μαι {(πέφαν-σαι) {πεφασμένος εἶ πέφαν-ται	ἐπεφάσ-μην {(ἐπέφαν-σο) {πεφασμένος ἦσϑα ἐπέφαν-το	 {(πέφαν-σο) {πεφασμένος ἴσϑι πεφάν-ϑω	πεφάν-ϑαι
	πεφάσ-μεϑα πέφαν-ϑε πεφασμένοι εἰσίν	ἐπεφάσ-μεϑα ἐπέφαν-ϑε πεφασμένοι ἦσαν	 πέφαν-ϑε πεφάν-ϑων	πεφασ-μένος πεφασ-μένη πεφασ-μένον

S 76 ἤγγελσαι, ἤγγελσο: σ *gegen § 16, 6 in Analogie zu* πέπεισαι *u. ä. bewahrt (vgl. § 16, 6 Anm.).* ἤγγελϑε: < ἤγγελ-σϑε *(§ 16, 12), ebenso Inf., 3. Imp.*
πέφασμαι: *gegen § 19, 2 in Analogie zu* πέπεισμαι *u. ä. gebildet; die lautgesetzliche Entwicklung von* -νμ- > μμ *zeigt* ἤσχυμμαι. πέφανσαι, πέφανσο *müßten wie* ἤγγελσαι, ἤγγελσο *erklärt werden, wenn diese Formen tatsächlich vorkommen sollten.* πέφανϑε: *statt* πεφασϑε < πεφαν-σϑε *(§ 16, 12 Anm.) in Analogie zu* πέφανται; *ebenso Plusq., Inf., 3. Imp. Zu den gegen das Hauchdissimilationsgesetz verstoßenden Formen* (πέφανϑε *usw.) vgl. § 17, 4 Anm.*

98 Besonderheiten der Tempusbildung bei einigen Verba liquida

1. Die einsilbigen Stämme mit -ε- zeigen Ablaut im Perfektstamm, im meist stark gebildeten[1] Aorist und Futur Pass. und im Verbaladjektiv (vgl. besonders § 9, 3):

στέλλω	στελ-/στḷ-	στελῶ	ἔστειλα	ἔσταλκα
ich schicke		σταλτός	ἐστάλην	ἔσταλμαι
δέρω	δερ-/δṛ-	δερῶ	ἔδειρα	—
ich schinde		δαρτός	ἐδάρην	δέδαρμαι

Weitere Beispiele s. § 105, 30 ff.

2. Die Verben κρῑ́νω »ich richte«, κλῑ́νω »ich neige«, πλῡ́νω »ich wasche« zeigen in verschiedenen Formen eine ν-Erweiterung der Wurzel:

κρῑ́νω	κρῐ-/κρῐν-	κρῐνῶ	ἔκρῑνα	κέκρῐκα
		κρῐτός	ἐκρῐ́θην	κέκρῐμαι

S 77 *Die Formen von* κρίνω, *denen das* ν *fehlt, gehen auf die ursprüngliche Wurzel des Verbums zurück, die* κρῐ- *lautet. Eine Erweiterung der Wurzel (durch das Suffix* -ν-, *§ 83, 3) wiesen zunächst nur die Formen des Präsensstamms auf, bei denen man nachträglich das* ν *als zur Wurzel gehörig empfand. Von der erweiterten Wurzel* κρῐν- *bildete man dann nach Art der Verba liquida ein Präs.* κρίνω *(mit langem Vokal, vgl. § 14, 5), Fut.* κρῐνῶ *und Aor.* ἔκρῑνα. *Entsprechend* κλίνω, πλύνω.

Die starken Tempora (Tempora secunda)

99 Der starke Aorist des Aktivs und Mediums

1. Der Indikativ hat die Ausgänge des Imperfekts, alle übrigen Formen haben die Ausgänge des Präsens.

2. Abweichenden Akzent zeigen vier Formen (auch bei den Komposita):

Inf. Akt.	-εῖν	2. Sg. Imp. Med.	-οῦ
Part. Akt.	-ών, -οῦσα, -όν	Inf. Med.	-έσθαι

Beispiel:

ἀποβάλλω »ich werfe weg« ἀποβαλεῖν, ἀποβαλών — ἀποβαλοῦ, ἀποβαλέσθαι

3. Konjugationsbeispiel: βάλλω ich werfe

	Indikativ	Konjunktiv	Optativ	Imperativ	Inf. und Part.
Aktiv	ἔ-βαλ ο-ν	βάλ ω	βάλ οι-μι		βαλ εῖν
	ἔ-βαλ ε-ς	βάλ ῃς	βάλ οι-ς	βάλ ε[2]	
	ἔ-βαλ ε(ν)	βάλ ῃ	βάλ οι	βαλ έ-τω	βαλ ών (-όντος)
	ἐ-βάλ ο-μεν	βάλ ω-μεν	βάλ οι-μεν		βαλ οῦσα
	ἐ-βάλ ε-τε	βάλ η-τε	βάλ οι-τε	βάλ ε-τε	βαλ όν (-όντος)
	ἔ-βαλ ο-ν	βάλ ωσι(ν)	βάλ οι-εν	βαλ ό-ντων	

[1] Siehe § 100. [2] aber: εἰπέ, λαβέ, ἐλθέ, εὑρέ, ἰδέ (s. § 81, 1).

	Indikativ	Konjunktiv	Optativ	Imperativ	Inf. und Part.
Medium	ἐ-βαλ ό-μην	βάλ ω-μαι	βαλ οί-μην		βαλ έ-σθαι
	ἐ-βάλ ου	βάλ ῃ	βάλ οι-ο	βαλ οῦ	
	ἐ-βάλ ε-το	βάλ η-ται	βάλ οι-το	βαλ έ-σθω	βαλ ό-μενος
	ἐ-βαλ ό-μεθα	βαλ ώ-μεθα	βαλ οί-μεθα		βαλ ο-μένη
	ἐ-βάλ ε-σθε	βάλ η-σθε	βάλ οι-σθε	βάλ ε-σθε	βαλ ό-μενον
	ἐ-βάλ ο-ντο	βάλ ω-νται	βάλ οι-ντο	βαλ έ-σθων	

4. Es begegnet nicht bei ein und demselben Verb Aorist I und Aorist II (Ausnahme: τρέπω § 100, 6c).

5. Aorist II Akt. (und Med.) bilden ferner

a) κατα-καίνω ich töte καν- κατ-έκανον
(ἀνα)κράζω ich schreie κρᾰγ- (ἀν)έκραγον

b) mit Ablaut:
λείπω ich lasse λειπ-/λιπ- ἔλιπον
φεύγω ich fliehe φευγ-/φυγ- ἔφυγον
τρέπομαι ich wende mich τρεπ-/τr̥π- ἐτραπόμην (s. § 100, 6c)

c) mit Reduplikation (§ 78, 1):
ἄγω ich führe ἀγ- ἤγ-αγον

Häufig begegnet der Aorist II auch bei den unregelmäßigen Verben (§ 119 ff.).

S 78 *Gegenüber dem Präsens weist die Wurzel im Aorist oft eine andere Ablautstufe auf, meist die Schwundstufe:* ἔλιπον, ἔφυγον, ἐτραπόμην *(vgl. § 9, 2 u. 3). Die Präsenssuffixe von* βάλλω *(< βαλ-νω, § 19, 1; § 83, 3),* κατακαίνω *(< -καν-ι̯ω, § 14, 4) und* (ἀνα)κράζω *(< -κραγ-ι̯ω, § 14, 12) fehlen naturgemäß im Aorist.*

Der starke Aorist und das davon gebildete Futur des Passivs 100

1. Im Aor. II und Fut. II Pass. ist der Verbalstamm mit -η- (statt mit -θη-) erweitert. Die Flexion ist die gleiche wie im Aor. I und Fut. I Pass., z. B. ἐφάνην, ἐφάνης usw. (von φαίνομαι); nur in der 2. Sg. Imp. bleibt -θι unverändert, z. B. φάνηθι »erscheine«.

2. Verbalstämme mit ε werden abgelautet (Beispiele s. u. 5).

3. Aor. II und Fut. II Pass. haben oft intransitive oder reflexive Bedeutung.

4. Nur Verben, die keinen **aktiven** Aor. II bilden, haben Aor. II und Fut. II Pass. (Ausnahme: τρέπω, s. u. 6c).

5. Zusammenstellung der in attischer Prosa geläufigsten Verben mit Aor. II und Fut. II Pass. (einige Verben auf -μι s. § 117):

a) **Verba muta**

βλάπτω	ich schädige	βλαβ-	ἐβλάβην Fut. II: βλαβήσομαι (und ἐβλάφθην)
γράφω	ich schreibe	γραφ-	ἐγράφην γςαφήσομαι u.s.w.
θάπτω	ich begrabe	θαφ-	ἐτάφην
κόπτω	ich schlage	κοπ-	ἐκόπην
ἀλλάττω	ich ändere	ἀλλαγ-	ἠλλάγην
πλήττω	ich schlage	πληγ-	ἐπλήγην (s. u. 6b)
σφάττω	ich schlachte	σφαγ-	ἐσφάγην
τήκομαι	ich schmelze (intr.)	τηκ-/τᾰκ-	ἐτᾰκην
mit Ablaut:			
κλέπτω	ich stehle	κλεπ-/κλ̥π-	ἐκλάπην
στρέφω	ich drehe	στρεφ-/στρ̥φ-	ἐστράφην (pass. und refl.)
τρέπω	ich wende	τρεπ-/τρ̥π-	ἐτράπην (s. u. 6c)
τρέφω	ich ernähre	θρεφ-/θρ̥φ-	ἐτράφην
Ausnahme:			
συλ-λέγω	ich sammle	λεγ-	συν-ελέγην

b) **Verba liquida**

κλῑνω	ich neige	κλῐ(ν)-	ἐκλίνην (und ἐκλίθην)
μαίνομαι	ich rase	μαν-	ἐμάνην (Fut. medial: μανοῦμαι)
σφάλλω	ich bringe zu Fall	σφαλ-	ἐσφάλην (pass. und intr.)
φαίνω	ich zeige	φαν-	ἐφάνην (s. u. 6a)
mit Ablaut:			
δέρω	ich schinde	δερ-/δρ̥-	ἐδάρην
σπείρω	ich säe	σπερ-/σπρ̥-	ἐσπάρην
στέλλω	ich sende	στελ-/στλ̥-	ἐστάλην
(δια)φθείρω	ich verderbe	φθερ-/φθρ̥-	(δι)εφθάρην (pass. und intr.)

6. Besonderheiten

a) Unterscheide:

φαίνομαι	ich werde gezeigt	Aor. I	ἐφάνθην
φαίνομαι	ich zeige mich, ich erscheine	Aor. II	ἐφάνην (Fut. s. § 102)

b) Unterscheide:

πλήττω	ich schlage	Aor. ἐπλήγην
aber:		
ἐκ-πλήττομαι	ich erschrecke (intr.)	Aor. ἐξ-επλάγην

c) τρέπω »ich wende« bildet im Aktiv, Medium und Passiv sowohl Aor. I wie Aor. II:

Akt.	ἔτρεψα	ἔτραπον (poet.) ich wendete
Med.	ἐτρεψάμην	ich wendete von mir, ich schlug in die Flucht
	ἐτραπόμην	ich wandte mich, ich ergriff die Flucht
Pass.	ἐτρέφθην	ich wurde gewendet
	ἐτράπην	ich wurde gewendet, ich wandte mich

S 79 *Der starke Aorist Pass. hat sich aus Wurzelaoristen des Aktivs wie* ἔβην *(§ 110) entwickelt, deren intransitive Bedeutung in die passive überging (vgl. § 84 S 61 zum Aor. Pass.); diesen Aoristen stand mediales Futur zur Seite (vgl.* βήσομαι *neben* ἔβην*), woraus sich durch Übergang der medialen (intransitiven) Bedeutung in die passive das starke Fut. Pass. entwickelte (vgl. § 84 S 61 zum Passiv). — Der Wurzelauslaut, den die Aoriste* ἐσφάγην, ἐπλήγην *u. a. erkennen lassen, stimmt nicht mit dem überein, den die Präsensformen* σφάττω, πλήττω *usw. vorauszusetzen scheinen (vgl. § 93 S 71). — Im Gegensatz zu* ἐκπλήττομαι *zeigt* ἐξεπλάγην *die Schwundstufe der Wurzel (§ 9, 4) wie* ἐδάρην *usw. (§ 9, 3). Zu anderen Unterschieden zwischen Präsens- und Aoriststamm s. o. § 99 S 78.*

Das starke Perfekt und Plusquamperfekt des Aktivs 101

1. Dem starken Perfekt und Plusquamperfekt fehlt das Tempuszeichen -κ-. Sonst ist die Flexion die gleiche wie beim Perf. I und Plusq. I.

γράφω	ich schreibe	γραφ-	Perf. II	γέγραφ-α, -ας, -ε(ν)	usw.
			Plusq. II	ἐγεγράφ-ειν, -εις, -ει	usw.
			Inf.	γεγραφ-έναι	

2. Der Verbalstamm zeigt im Perf./Plusq. II häufig Ablaut.

3. Perf./Plusq. II bilden alle Labial- und Gutturalstämme (§ 94, 2), wobei der Stammauslaut häufig aspiriert wird, und einige wenige Verba liquida.

4. Zusammenstellung der in attischer Prosa geläufigsten Verben mit Perf./Plusq. II Akt.

a) **Verba muta**

mit unverändertem Verbalstamm:

γράφω	ich schreibe	γραφ-	γέγραφα
θάπτω	ich begrabe	θαφ-	τέταφα
κρύπτω	ich verberge	κρυφ-	κέκρυφα
ἄρχω	ich herrsche	ἀρχ-	ἦρχα
ὀρύττω	ich grabe	ὀρυχ-	ὀρ-ώρυχα (§ 80, 1)
πλήττω	ich schlage	πληγ-	πέπληγα
πρᾶττω	ich tue	πρᾱγ-	πέπρᾱγα (s. u. 5)
φεύγω	ich fliehe	φευγ-	πέφευγα

mit Ablaut:

λείπω	ich lasse	λειπ-/λοιπ-	λέλοιπα
στρέφω	ich drehe	στρεφ-/στροφ-	ἔστροφα
τρέφω	ich nähre	θρεφ-/θροφ-	τέτροφα
πείθω	ich überrede	πειθ-/ποιθ-	πέποιθα (s. u. 5)

mit aspiriertem Stammauslaut:

βλάπτω	ich schade	βλαβ-	βέβλαφα
κόπτω	ich schlage	κοπ-	κέκοφα

ἄγω	ich führe	ἀγ-	ἦχα
ἀλλάττω	ich ändere	ἀλλαγ-	ἤλλαχα
διώκω	ich verfolge	διωκ-	δεδίωχα
κηρύττω	ich verkünde	κηρῡκ-	κεκήρῡχα
πράττω	ich tue	πρᾱγ-	πέπρᾱχα (s. u. 5)
τάττω	ich ordne	ταγ-	τέταχα

mit Ablaut und aspiriertem Stammauslaut:

κλέπτω	ich stehle	κλεπ-/κλοπ-	κέκλοφα
πέμπω	ich schicke	πεμπ-/πομπ-	πέπομφα
συλλέγω	ich sammle	λεγ-/λογ-	συνείλοχα (§ 80, 2 c)
τρέπω	ich wende	τρεπ-/τροπ-	τέτροφα

b) **Verba liquida**

ἀποκτείνω	ich töte	κτεν-/κτον-	ἀπέκτονα
μαίνω	ich mache rasend	μαν-/μην-	μέμηνα (s. u. 5)
φαίνω	ich zeige	φαν-/φην-	πέφηνα (s. u. 5)

5. Bei einigen Verben hat das Perf./Plusq. II Akt. intransitive Bedeutung (vgl § 102): μαίνω »ich mache rasend« (μαίνομαι »ich werde rasend«) μέμηνα »ich bin rasend«

Unterscheide:

πείθω	ich überrede	πέπεικα	(tr.)	ich habe überredet
		πέποιθα	(intr.)	ich vertraue
φαίνω	ich zeige	πέφαγκα	(tr.)	ich habe gezeigt
(φαίνομαι	ich erscheine)	πέφηνα	(intr.)	ich bin erschienen
πρᾱ́ττω	ich tue	πέπρᾱχα		ich habe getan
		(εὖ) πέπρᾱγα		ich befinde mich (wohl)

S 80 *Zum Fehlen des Tempuszeichens -κ- vgl. § 111 S 88. — Aspiration des Wurzelauslauts ist im Perfekt Med./Pass. durch bestimmte Endungen veranlaßt worden (vgl. z. B. τετάχθαι: Wurzel ταγ-, § 94, 1) und hat sich dann weiter ausgebreitet (vgl. die seltenere Form der 3. Pl. τετάχαται < τεταχ-ν̥ται, § 13, 4). Schließlich wurde die Aspiration als ein Kennzeichen des Perfekts empfunden und auch zur Charakterisierung des Perf. Akt. verwendet (τέταχ-α usw.). — Zu Ablautunterschieden zwischen Präsens- und Perfektstamm und anderen Unterschieden vgl. § 99 S 78 und § 100 S 79.*

Besonderheiten im Gebrauch der Genera verbi

102 Transitive und intransitive Bedeutung

Wenn ein Verb sowohl schwache als auch starke Tempora bildet, so haben die schwachen Tempora meist transitive, die starken Tempora aber intransitive Bedeutung.

Wenn nur **ein** Perfekt gebildet wird, so ist es meist intransitiv.

Beispiele:

φαίνω	ich zeige	φανῶ	ἔφηνα	πέφαγκα
φαίνομαι	ich erscheine	φανοῦμαι -ήσομαι	ἐφάνην	πέφηνα
ἐθίζω	ich gewöhne	ἐθιῶ	εἴθισα	εἴθικα
ἐθίζομαι	ich gewöhne mich	ἐθισθήσομαι	εἰθίσθην	εἴωθα
μαίνω	ich mache rasend	—	ἔμηνα	—
μαίνομαι	ich werde rasend	μανοῦμαι	ἐμάνην	μέμηνα
τήκω	ich schmelze (tr.)	τήξω	ἔτηξα	—
τήκομαι	ich schmelze (intr.)	τακήσομαι	ἐτάκην	τέτηκα
δύω	ich versenke	δῡσω	ἔδῡσα	δέδῡκα
δύομαι	ich versinke	δῡσομαι	ἔδῡν (§ 110)	δέδῡκα
φύω	ich lasse wachsen	φῡσω	ἔφῡσα	—
φύομαι	ich wachse	φῡσομαι	ἔφῡν (§ 110)	πέφῡκα ich bin von Natur

S 81 *Von den griechischen Perfekta des Aktivs gehen nur die ohne κ gebildeten auf das idg. Perfekt zurück, das ursprünglich ausschließlich intransitive Bedeutung hatte und daher oft neben medialen Formen in anderen Tempora stand. Dagegen sind die κ-Perfekta griechische Neubildungen (§ 111 S 88), von denen jedoch gerade die älteren oft ebenfalls intransitive Bedeutung haben (πέφῡκα, δέδῡκα, das älter ist als δέδῠκα). — Zur ursprünglich intransitiven Bedeutung der Aoriste auf -ην und der zugehörigen Futura vgl. § 100 S 79, zu εἰθίσθην, ἐθισθήσομαι § 104 S 83.*

Mediales Futur in aktiver und passiver Bedeutung 103

1. Viele Verben bilden ein **mediales** Futur in **aktiver** Bedeutung (sehr oft Verben mit Aor. II).

Beispiele:

ἀκούω	ich höre	ἀκούσομαι	κλαίω	ich weine	κλαύσομαι
βοάω	ich rufe	βοήσομαι	πλέω	ich segle	πλεύσομαι
γελάω	ich lache	γελᾰσομαι	φεύγω	ich fliehe	φεύξομαι
ἀπο-θνήσκω	ich sterbe	ἀπο-θανοῦμαι	Aor. II	ἀπ-έθανον	
κάμνω	ich ermüde	καμοῦμαι	Aor. II	ἔκαμον	
λαμβάνω	ich nehme	λήψομαι	Aor. II	ἔλαβον	
μανθάνω	ich lerne	μαθήσομαι	Aor. II	ἔμαθον	

Siehe auch § 110, 4 und dazu S 87.

2. Manche Verben bilden ein **mediales** Futur in **passiver** Bedeutung, z. B.

ἀδικέω	ich behandle ungerecht	ἀδικήσομαι	ich werde ungerecht behandelt werden
ζημιόω	ich bestrafe	ζημιώσομαι	
ὠφελέω	ich fördere	ὠφελήσομαι	

3. Einige Verben bilden **mediale und passive** Futurformen in **passiver** Bedeutung, z. B.

τιμάω	ich ehre	τιμήσομαι und τιμηθήσομαι	ich werde geehrt werden
(ἀπο)στερέω	ich beraube	(ἀπο)στερήσομαι und (ἀπο)στερηθήσομαι	

S 82 *Erst verhältnismäßig spät entwickelte sich eine besondere Form für das Fut. Pass. (παιδευθήσομαι usw., eine Bildung, die jünger ist als ἐπαιδεύθην usw.); bevor es sie gab, konnte die mediale Form des Fut. ebenso wie die des Präs. usw. sowohl in medialer als auch in passiver Bedeutung verwendet werden (§ 84 S 61). ἀδικήσομαι, τιμήσομαι usw. in passiver Bedeutung stellen also Reste der älteren Gebrauchsweise des Fut. Med. dar.*

104 Deponentien

1. **Deponentia media** haben mediales Futur und medialen Aorist.

Wenn zu diesen Deponentien passive Aorist- (und Futur-)Formen gebildet werden, so haben sie passive Bedeutung.

Perfekt und Plusquamperfekt haben sowohl aktive wie passive Bedeutung.

αἰτιάομαι	αἰτιᾱ́σομαι	ᾐτιᾱσάμην	ᾐτίᾱμαι	ᾐτιᾱ́θην
ich beschuldige	werde beschuldigen	beschuldigte	habe beschuldigt u. bin beschuldigt	wurde beschuldigt
δέχομαι	δέξομαι	ἐδεξάμην	δέδεγμαι	ἐδέχθην
ich nehme auf				

Weitere Beispiele:

βιάζομαι	ich zwinge	λογίζομαι	ich erwäge
ἐργάζομαι	ich arbeite	μέμφομαι	ich tadle (ohne Perf. und Aor. Pass.)
ῑ̓άομαι	ich heile	μεταπέμπομαι	ich hole
κτάομαι	ich erwerbe	μῑμέομαι	ich ahme nach

2. **Deponentia passiva** sind besonders Verben der Gemütsbewegung und des Denkens. Sie haben (a) passives Futur und passiven Aorist oder (b) — meistens — mediales Futur und passiven Aorist (in diesem Falle spricht man auch von Deponentia medio-passiva).

Beispiele:

a) ἔραμαι (gew. ἐράω)	ich liebe	ἐρασθήσομαι	ἠράσθην
ἥδομαι	ich freue mich	ἡσθήσομαι	ἥσθην
ἡττάομαι	ich unterliege	ἡττηθήσομαι (und ἡττήσομαι)	ἡττήθην
b) αἰδέομαι	ich scheue mich	αἰδέσομαι	ᾐδέσθην
ἐναντιόομαι	ich trete entgegen	ἐναντιώσομαι	ἠναντιώθην
ἐν-θῡμέομαι	ich erwäge	ἐν-θῡμήσομαι	ἐν-εθῡμήθην
προ-θῡμέομαι	ich bin geneigt	προ-θῡμήσομαι	προ-εθῡμήθην / προὐθῡμήθην
δια-νοέομαι	ich beabsichtige	δια-νοήσομαι	δι-ενοήθην

S 83 *Die Aoriste ἠράσθην, ᾐδέσθην usw. und sogar die Futura ἐρασθήσομαι, ἡσθήσομαι, ἡττηθήσομαι haben mediale Bedeutung (z. T. allerdings daneben auch passive). Während die Aoriste auf -θην in älterer Zeit oft (wenn auch schon nicht mehr so oft wie die auf -ην) nicht-passive Bedeutung aufweisen (vgl. § 84 S 61), sind die später hinzugebildeten Futura auf -θήσομαι i. a. in noch höherem Maße als die entsprechenden Aoriste auf die passive Bedeutung spezialisiert. — Da die Aoriste ᾐδέσθην usw., wie gesagt, mediale Bedeutung haben, verstehen sich die Futura αἰδέσομαι usw. von selbst.*

3. Auch das reflexive und intransitive Medium mancher transitiven Verben weist die gleiche Tempusbildung auf wie die Deponentia passiva, z. B.

a) τήκω	ich schmelze (tr.)	-ομαι	schmelze (intr.)	τακήσομαι	ἐτάκην
b) αἰσχῡ́νω	ich beschäme	-ομαι	schäme mich	αἰσχυνοῦμαι[1]	ᾐσχύνθην
ὀργίζω	ich erzürne	-ομαι	zürne	ὀργιοῦμαι[1]	ὠργίσθην
ὁρμάω	ich treibe an	-ομαι	breche auf	ὁρμήσομαι	ὡρμήθην
πείθω	ich überrede	-ομαι	gehorche	πείσομαι	ἐπείσθην
πλανάω	ich führe irre	-ομαι	irre umher	πλανήσομαι	ἐπλανήθην
πορεύω	ich bringe fort	-ομαι	reise	πορεύσομαι	ἐπορεύθην
φοβέω	ich schrecke	-ομαι	fürchte mich	φοβήσομαι	ἐφοβήθην

Auch unter den unregelmäßigen Verben (§ 120) sind mehrere Deponentia passiva.

Übersicht über die Tempusbildung der Verba muta und liquida 105

a) **Verba muta** (διώκω, πρᾱ́ττω, κρύπτω, γυμνάζω s. § 94, 3)

Gutturalstämme				
1. τάττω ich ordne	ταγ-	τάξω ταχθήσομαι	ἔταξα ἐτάχθην	τέταχα τέταγμαι τακτός
2. σφάττω ich schlachte	σφαγ-	σφάξω σφαγήσομαι	ἔσφαξα ἐσφάγην	— ἔσφαγμαι
3. ἄγω ich führe	ἀγ-	ἄξω ἀχθήσομαι	ἤγαγον ἤχθην	ἦχα ἦγμαι ἀκτός
4. ἄρχω ich herrsche	ἀρχ-	ἄρξω ἄρξομαι	ἦρξα ἤρχθην	ἦρχα ἦργμαι ἀρκτός
5. πλήττω ich schlage	πληγ-	πλήξω πληγήσομαι	ἔπληξα ἐπλήγην	πέπληγα πέπληγμαι
mit Ablaut:				
ἐκ-πλήττω ich erschrecke (tr.)	πληγ-	ἐκ-πλήξω	ἐξ-έπληξα	ἐκ-πέπληγα
ἐκ-πλήττομαι ich erschrecke (intr.)	πλαγ-	ἐκ-πλαγήσομαι	ἐξ-επλάγην	ἐκ-πέπληγμαι

[1] Selten αἰσχυνθήσομαι, ὀργισθήσομαι.

6. τήκω ich schmelze (tr.) τήκομαι ich schmelze (intr.)	τηκ- τακ-	τήξω τακήσομαι	ἔτηξα ἐτάκην	— τέτηκα
7. φεύγω ich fliehe	φευγ- φυγ-	φεύξομαι	ἔφυγον	πέφευγα
Labialstämme				
8. βλάπτω ich schade	βλαβ-	βλάψω βλαβήσομαι	ἔβλαψα ἐβλάβην	βέβλαφα βέβλαμμαι βλαπτός
9. γράφω ich schreibe	γραφ-	γράψω γραφήσομαι	ἔγραψα ἐγράφην	γέγραφα γέγραμμαι γραπτός
10. θάπτω ich begrabe	θαφ-	θάψω ταφήσομαι	ἔθαψα ἐτάφην	τέταφα τέθαμμαι θαπτός
11. κόπτω ich schlage	κοπ-	κόψω κοπήσομαι	ἔκοψα ἐκόπην	κέκοφα κέκομμαι κοπτός
mit Ablaut:				
12. κλέπτω ich stehle	κλεπ- κλοπ- κl̥π-	κλέψω —	ἔκλεψα ἐκλάπην	κέκλοφα κέκλεμμαι κλεπτός
13. λείπω ich (ver)lasse	λειπ- λοιπ- λιπ-	λείψω λειφθήσομαι	ἔλιπον ἐλείφθην	λέλοιπα λέλειμμαι λειπτός
14. πέμπω ich schicke	πεμπ- πομπ-	πέμψω πεμφθήσομαι	ἔπεμψα ἐπέμφθην	πέπομφα πέπεμμαι πεμπτός
15. ῥίπτω ich werfe	ῥῑπ- ῥῐπ-	ῥί̄ψω —	ἔρρῑψα {ἐρρῐ́φην {ἐρρί̄φθην	ἔρρῑφα ἔρρῑμμαι ῥῑπτός
16. στρέφω ich drehe	στρεφ- στροφ- στr̥φ-	στρέψω στραφήσομαι	ἔστρεψα ἐστράφην	ἔστροφα ἔστραμμαι στρεπτός

17. τρέπω ich wende	τρεπ- τροπ- τρ̥π-	τρέψω τραπήσομαι	ἔτρεψα[1] ἔτραπον ἐτράπην[1] ἐτρέφθην	τέτροφα τέτραμμαι τρεπτός
18. τρέφω ich ernähre	θρεφ- θροφ- θρ̥π-	θρέψω θρέψομαι	ἔθρεψα ἐτράφην	τέτροφα τέθραμμαι —
19. τρίβω ich reibe	τρῑβ- τρῐβ-	τρίψω τρῐβήσομαι	ἔτρῑψα ἐτρίβην ἐτρίφθην	τέτρῐφα τέτρῑμμαι —
Dentalstämme				
20. ψεύδω ich täusche ψεύδομαι ich lüge	ψευδ-	ψεύσω ψευσθήσομαι ψεύσομαι	ἔψευσα ἐψεύσθην ἐψευσάμην log ἐψεύσθην täuschte mich	— ἔψευσμαι ἔψευσμαι
21. σπένδω ich spende, bringe ein Trankopfer dar	σπενδ-	σπείσω —	ἔσπεισα ἐσπείσθην	ἔσπεικα ἔσπεισμαι
22. πείθω ich überrede πείθομαι ich gehorche	πειθ- (ποιθ-)	πείσω πεισθήσομαι πείσομαι	ἔπεισα ἐπείσθην ἐπείσθην	πέπεικα πέποιθα[2] ich vertraue πέπεισμαι πέπεισμαι

b) **Verba liquida**

23. ἀγγέλλω ich melde	ἀγγελ-	ἀγγελῶ ἀγγελθήσομαι	ἤγγειλα ἠγγέλθην	ἤγγελκα ἤγγελμαι
24. σφάλλω ich täusche	σφαλ-	σφαλῶ σφαλήσομαι	ἔσφηλα ἐσφάλην	ἔσφαλκα ἔσφαλμαι
25. καθαίρω ich reinige	καθαρ-	καθαρῶ καθαρθήσομαι	ἐκάθηρα ἐκαθάρθην	κεκάθαρκα κεκάθαρμαι καθαρτός

[1] Siehe § 100, 6c. [2] Siehe § 101, 5.

26. μιαίνω ich beflecke	μιαν-	μιανῶ —	ἐμίᾱνα ἐμιάνθην	μεμίαγκα μεμίασμαι
27. αἴρω ich hebe	ἀρ-	ἀρῶ ἀρθήσομαι	ἦρα (ἆραι) ἤρθην	ἦρκα ἦρμαι
28. ἅλλομαι ich springe	ἁλ-	ἁλοῦμαι	ἡλάμην (ἅλασθαι)	—
mit Ablaut:				
29. δέρω ich schinde	δερ-/δρ̥-	δερῶ δαρήσομαι	ἔδειρα ἐδάρην	— δέδαρμαι δαρτός
30. σπείρω ich säe	σπερ- σπρ̥-	σπερῶ σπαρήσομαι	ἔσπειρα ἐσπάρην	ἔσπαρκα ἔσπαρμαι σπαρτέος
31. στέλλω ich sende	στελ- στλ̥-	στελῶ σταλήσομαι	ἔστειλα ἐστάλην	ἔσταλκα ἔσταλμαι σταλτέον
32. (δια)φθείρω ich verderbe	φθερ- φθρ̥- φθορ-	φθερῶ φθαρήσομαι	ἔφθειρα ἐφθάρην	{ἔφθαρκα {ἔφθορα ἔφθαρμαι φθαρτός
33. ἀποκτείνω ich töte	κτεν- κτον-	ἀποκτενῶ	ἀπέκτεινα	ἀπέκτονα
34. μαίνω ich mache rasend μαίνομαι ich werde rasend	μαν- μην-	— μανοῦμαι	ἔμηνα ἐμάνην	— μέμηνα ich bin rasend
35. φαίνω ich zeige φαίνομαι ich zeige mich, erscheine	φαν- φην-	φανῶ φανθήσομαι {φανοῦμαι {φανήσομαι	ἔφηνα ἐφάνθην ἐφάνην	πέφαγκα πέφασμαι {πέφηνα {πέφασμαι
36. ἐγείρω ich wecke ἐγείρομαι ich wache auf	ἐγερ- ἐγορ- ἐγρ(η)-	ἐγερῶ — ἐγεροῦμαι	ἤγειρα ἠγέρθην ἠγρόμην	— — ἐγρήγορα ich bin wach

Die athematische Konjugation
(Verben auf -μι)

Die Formen des Präsensstammes 106

1. **Den Präsensstamm** erhält man durch Abtrennung der Endungen -μι und -μεν (1. Sg./1. Pl. Ind. Präs. Akt.):

δίδωμι	ich gebe	—	δίδομεν	Präsensstamm διδω-/διδο-
εἶμι	ich werde gehen	—	ἴμεν	Präsensstamm εἰ-/ἰ-

Hinsichtlich der Bildung des Präsensstammes werden unterschieden:

a) Verben mit Präsensreduplikation (§ 78, 1):
δί-δω-μι, Verbalstamm (= Wurzel) δω-/δο-

b) Verben mit unverändertem Verbalstamm (»Wurzelpräsentien«; auch als »kleine Verben auf -μι« bezeichnet):
εἶμι, Verbalstamm εἰ-/ἰ- (=Präsensstamm, s. o.)

c) Verben mit Nasalerweiterung -νῠ̄- (Verben auf -(ν)νῡμι):
δείκνῡμι »ich zeige«, Verbalstamm δεικ-

2. Moduszeichen und Personalendungen treten unmittelbar an den Präsensstamm.

3. **Endungen:**

Ind. Präs. Akt.:	-μι,	-ς,	-σι(ν),	-μεν,	-τε,	-ᾱσι(ν)
Impf. Akt.:	-ν,	-ς,	—	-μεν,	-τε,	-σαν
Imp. Akt.:	—	—/-θι,	-τω,	—	-τε,	-ντων

Im Med./Pass. sind die Endungen die gleichen wie bei der thematischen Konjugation, nur bleibt das σ der 2. Sg. -σαι bzw. -σο im Ind. Präs., im Impf. und Imp. zwischen Vokalen erhalten (Ausnahmen § 109, 2):
δίδοσαι — ἐδίδοσο — ἵστασο

4. **Im Konjunktiv** wird das Moduszeichen -η/ω- mit dem Stammauslaut kontrahiert, jedoch nicht mit ι und υ:

ἵστημι	»ich stelle«	Konj.	*ἱστη-ω-μεν > ἱστῶμεν
aber: εἶμι (s. o.)		Konj.	ἴωμεν

Im Optativ verbindet sich das Moduszeichen -ιη/ῑ- mit dem Stammauslaut zu einem Diphthong (vgl. § 107 S 84):
*διδο-ιη-ν > διδοίην *ἱστα-ῑ-μεν > ἱσταῖμεν

5. **Der Akzent** tritt (gemäß der Regel § 81, 1) möglichst weit zurück, jedoch nie über das Augment hinaus.

Konjunktive sind auf der Kontraktionssilbe, Optative auf dem Moduszeichen betont (Ausnahmen § 109, 2):
παρῶμεν — παρεῖμεν (1. Pl. Konj./Opt. Präs. von πάρειμι »ich bin anwesend«)

Infinitive auf -ναι betonen die vorletzte Silbe:
διδόναι, παρεῖναι

Komposita weichen von der Betonung des Simplex nur im Ind. Präs. und Imp. ab:
πάρεστιν, πάρισθι, aber: παρῆσαν, παρών

107 **Verben**

δίδωμι ich gebe, τίθημι ich set

Aktiv **Präsens**

	V.-Stamm	δω-/δο-	θη-/θε-	ἡ-/ἑ-	στη-/στᾰ-
Indikativ Präs.	Sg. 1.	δί δω-μι	τί θη-μι	ἵ η-μι	ἵ στη-μι
	2.	δί δω-ς	τί θη-ς	ἵ η-ς	ἵ στη-ς
	3.	δί δω-σι (ν)	τί θη-σι (ν)	ἵ η-σι (ν)	ἵ στη-σι (ν)
	Pl. 1.	δί δο-μεν	τί θε-μεν	ἵ ε-μεν	ἵ στᾰ-μεν
	2.	δί δο-τε	τί θε-τε	ἵ ε-τε	ἵ στᾰ-τε
	3.	δι δό-ᾱσι (ν)	τι θέ-ᾱσι (ν)	ἱ ᾶσι (ν)	ἱ στᾶσι (ν)
Imperfekt	Sg. 1.	ἐ-δί δου-ν	ἐ-τί θην	ἵ ει-ν	ἵ στη-ν
	2.	ἐ-δί δου-ς	ἐ-τί θεις	ἵ ει-ς	ἵ στη-ς
	3.	ἐ-δί δου	ἐ-τί θει	ἵ ει	ἵ στη
	Pl. 1.	ἐ-δί δο-μεν	ἐ-τί θε-μεν	ἵ ε-μεν	ἵ στᾰ-μεν
	2.	ἐ-δί δο-τε	ἐ-τί θε-τε	ἵ ε-τε	ἵ στᾰ-τε
	3.	ἐ-δί δο-σαν	ἐ-τί θε-σαν	ἵ ε-σαν	ἵ στᾰ-σαν
Konjunktiv	Sg. 1.	δι δῶ	τι θῶ	ἱ ῶ	ἱ στῶ
	2.	δι δῷς	τι θῇς	ἱ ῇς	ἱ στῇς
	3.	δι δῷ	τι θῇ	ἱ ῇ	ἱ στῇ
	Pl. 1.	δι δῶ-μεν	τι θῶ-μεν	ἱ ῶ-μεν	ἱ στῶ-μεν
	2.	δι δῶ-τε	τι θῆ-τε	ἱ ῆ-τε	ἱ στῆ-τε
	3.	δι δῶσι (ν)	τι θῶσι (ν)	ἱ ῶσι (ν)	ἱ στῶσι (ν)
Optativ	Sg. 1.	δι δοίη-ν	τι θείη-ν	ἱ είη-ν	ἱ σταίη-ν
	2.	δι δοίη-ς	τι θείη-ς	ἱ είη-ς	ἱ σταίη-ς
	3.	δι δοίη	τι θείη	ἱ είη	ἱ σταίη
	Pl. 1.	δι δοῖ-μεν[1]	τι θεῖ-μεν[1]	ἱ εῖ-μεν[1]	ἱ σταῖ-μεν[1]
	2.	δι δοῖ-τε	τι θεῖ-τε	ἱ εῖ-τε	ἱ σταῖ-τε
	3.	δι δοῖ-εν	τι θεῖ-εν	ἱ εῖ-εν	ἱ σταῖ-εν
Imperativ	Sg. 2.	δί δου	τί θει	ἵ ει	ἵ στη
	3.	δι δό-τω	τι θέ-τω	ἱ έ-τω	ἱ στᾰ́-τω
	Pl. 2.	δί δο-τε	τί θε-τε	ἵ ε-τε	ἵ στα-τε
	3.	δι δό-ντων	τι θέ-ντων	ἱ έ-ντων	ἱ στά-ντων
Infinitiv		δι δό-ναι	τι θέ-ναι	ἱ έ-ναι	ἱ στᾰ́-ναι
Partizip		δι δούς, -δόντος δι δοῦσα, -δούσης δι δόν, -δόντος	τι θείς, -θέντος τι θεῖσα, -θείσης τι θέν, -θέντος	ἱ είς, -έντος ἱ εῖσα, -είσης ἱ έν, -έντος	ἱ στᾱ́ς, -στᾱ́ντ ἱ στᾶσα, -στᾱ́σ ἱ στᾰ́ν, -στᾰ́ντ

[1] Daneben auch διδοίημεν, τιθείημεν, ἱείημεν, ἱσταίημεν usw.

äsensreduplikation

ι ich sende, ἵστημι ich stelle

perfekt **Medium/Passiv**

δω-/δο-	θη-/θε-	ἡ-/ἑ-	στη-/στᾰ-
δί δο-μαι	τί θε-μαι	ἵ ε-μαι	ἵ στα-μαι
δί δο-σαι	τί θε-σαι	ἵ ε-σαι	ἵ στα-σαι
δί δο-ται	τί θε-ται	ἵ ε-ται	ἵ στα-ται
δι δό-μεθα	τι θέ-μεθα	ἱ έ-μεθα	ἱ στά-μεθα
δί δο-σθε	τί θε-σθε	ἵ ε-σθε	ἵ στα-σθε
δί δο-νται	τί θε-νται	ἵ ε-νται	ἵ στα-νται
ἐ-δι δό-μην	ἐ-τι θέ-μην	ῑ̔ έ-μην	ῑ̔ στά-μην
ἐ-δί δο-σο	ἐ-τί θε-σο	ῑ̔́ ε-σο	ῑ̔́ στα-σο
ἐ-δί δο-το	ἐ-τί θε-το	ῑ̔́ ε-το	ῑ̔́ στα-το
ἐ-δι δό-μεθα	ἐ-τι θέ-μεθα	ῑ̔ έ-μεθα	ῑ̔ στά-μεθα
ἐ-δί δο-σθε	ἐ-τί θε-σθε	ῑ̔́ ε-σθε	ῑ̔́ στα-σθε
ἐ-δί δο-ντο	ἐ-τί θε-ντο	ῑ̔́ ε-ντο	ῑ̔́ στα-ντο
δι δῶ-μαι	τι θῶ-μαι	ἱ ῶ-μαι	ἱ στῶ-μαι
δι δῷ	τι θῇ	ἱ ῇ	ἱ στῇ
δι δῶ-ται	τι θῆ-ται	ἱ ῆ-ται	ἱ στῆ-ται
δι δώ-μεθα	τι θώ-μεθα	ἱ ώ-μεθα	ἱ στώ-μεθα
δι δῶ-σθε	τι θῆ-σθε	ἱ ῆ-σθε	ἱ στῆ-σθε
δι δῶ-νται	τι θῶ-νται	ἱ ῶ-νται	ἱ στῶ-νται
δι δοί-μην	τι θεί-μην	ἱ εί-μην	ἱ σταί-μην
δι δοῖ-ο	τι θεῖ-ο	ἱ εῖ-ο	ἱ σταῖ-ο
δι δοῖ-το	τι θεῖ-το	ἱ εῖ-το	ἱ σταῖ-το
δι δοί-μεθα	τι θεί-μεθα	ἱ εί-μεθα	ἱ σταί-μεθα
δι δοῖ-σθε	τι θεῖ-σθε	ἱ εῖ-σθε	ἱ σταῖ-σθε
δι δοῖ-ντο	τι θεῖ-ντο	ἱ εῖ-ντο	ἱ σταῖ-ντο
δί δο-σο	τί θε-σο	ἵ ε-σο	ἵ στα-σο
δι δό-σθω	τι θέ-σθω	ἱ έ-σθω	ἱ στά-σθω
δί δο-σθε	τί θε-σθε	ἵ ε-σθε	ἵ στα-σθε
δι δό-σθων	τι θέ-σθων	ἱ έ-σθων	ἱ στά-σθων
δί δο-σθαι	τί θε-σθαι	ἵ ε-σθαι	ἵ στα-σθαι
δι δό-μενος	τι θέ-μενος	ἱ έ-μενος	ἱ στά-μενος
δι δο-μένη	τι θε-μένη	ἱ ε-μένη	ἱ στα-μένη
δι δό-μενον	τι θέ-μενον	ἱ έ-μενον	ἱ στά-μενον

Aorist des Aktivs

V.-Stamm		δω-/δο-	θη-/θε-	ἡ-/ἑ-	στη-
					ich stellte
Indikativ	Sg. 1.	ἔ-δω κ-α	ἔ-θη κ-α	ἧ κ-α	ἔ-στη σ-α
	2.	ἔ-δω κ-α-ς	ἔ-θη κ-α-ς	ἧ κ-α-ς	wie ἐπαίδευ
	3.	ἔ-δω κ-ε(ν)	ἔ-θη κ-ε(ν)	ἧ κ-ε(ν)	
	Pl. 1.	ἔ-δο-μεν	ἔ-θε-μεν	εἷ-μεν	
	2.	ἔ-δο-τε	ἔ-θε-τε	εἷ-τε	
	3.	ἔ-δο-σαν	ἔ-θε-σαν	εἷ-σαν	
Konjunktiv	Sg. 1.	δῶ	θῶ	ὧ	
	2.	δῷς	θῇς	ᾗς	
	3.	δῷ	θῇ	ᾗ	
	Pl. 1.	δῶ-μεν	θῶ-μεν	ὧ-μεν	
	2.	δῶ-τε	θῆ-τε	ἧ-τε	
	3.	δῶσι(ν)	θῶσι(ν)	ὧσι(ν)	
Optativ	Sg. 1.	δοίη-ν	θείη-ν	εἵη-ν	
	2.	δοίη-ς	θείη-ς	εἵη-ς	
	3.	δοίη	θείη	εἵη	
	Pl. 1.	δοῖ-μεν[1]	θεῖ-μεν[1]	εἷ-μεν[1]	
	2.	δοῖ-τε	θεῖ-τε	εἷ-τε	
	3.	δοῖ-εν	θεῖ-εν	εἷ-εν	
Imperativ	Sg. 2.	δό-ς	θέ-ς	ἕ-ς	
	3.	δό-τω	θέ-τω	ἕ-τω	
	Pl. 2.	δό-τε	θέ-τε	ἕ-τε	
	3.	δό-ντων	θέ-ντων	ἕ-ντων	
Infinitiv		δοῦναι	θεῖναι	εἷναι	
Partizip		δούς, δόντος δοῦσα, δούσης δόν, δόντος	θείς, θέντος θεῖσα, θείσης θέν, θέντος	εἵς, ἕντος εἷσα, εἵσης ἕν, ἕντος	

[1] Daneben auch δοίημεν, θείημεν, εἵημεν usw.

Aorist des Mediums

δο-	θε-	ἑ-	στη-	στη-/στᾰ-
			ich stellte für mich	ich trat
ἐ-δό-μην	ἐ-θέ-μην	εἵ-μην	ἐ-στη σ-ά-μην	ἔ-στη-ν[1]
ἔ-δου	ἔ-θου	εἷ-σο	wie ἐπαιδευσάμην	ἔ-στη-ς
ἔ-δο-το	ἔ-θε-το	εἷ-το		ἔ-στη
ἐ-δό-μεθα	ἐ-θέ-μεθα	εἵ-μεθα		ἔ-στη-μεν
ἔ-δο-σθε	ἔ-θε-σθε	εἷ-σθε		ἔ-στη-τε
ἔ-δο-ντο	ἔ-θε-ντο	εἷ-ντο		ἔ-στη-σαν
δῶ-μαι	θῶ-μαι	ὧ-μαι		στῶ
δῷ	θῇ	ᾗ		στῇς
δῶ-ται	θῆ-ται	ἧ-ται		στῇ
δώ-μεθα	θώ-μεθα	ὥ-μεθα		στῶ-μεν
δῶ-σθε	θῆ-σθε	ἧ-σθε		στῆ-τε
δῶ-νται	θῶ-νται	ὧ-νται		στῶσι(ν)
δοί-μην	θεί-μην	εἵ-μην		σταίη-ν
δοῖ-ο	θεῖ-ο	εἷ-ο		σταίη-ς
δοῖ-το	θεῖ-το	εἷ-το		σταίη
δοί-μεθα	θεί-μεθα	εἵ-μεθα		σταῖ-μεν
δοῖ-σθε	θεῖ-σθε	εἷ-σθε		σταῖ-τε
δοῖ-ντο	θεῖ-ντο	εἷ-ντο		σταῖ-εν
δοῦ	θοῦ	οὗ		στῆ-θι
δό-σθω	θέ-σθω	ἕ-σθω		στή-τω
δό-σθε	θέ-σθε	ἕ-σθε		στῆ-τε
δό-σθων	θέ-σθων	ἕ-σθων		στᾰ́-ντων
δό-σθαι	θέ-σθαι	ἕ-σθαι		στῆ-ναι
δό-μενος	θέ-μενος	ἕ-μενος		στᾱ́ς, στᾰ́ντος
δο-μένη	θε-μένη	ἑ-μένη		στᾶσα, στᾱ́σης
δό-μενον	θέ-μενον	ἕ-μενον		στᾰ́ν, στᾰ́ντος

[1] Vgl. § 110.

S 84 *Vgl. § 74 S 55 und S 56. Mehrere Formen sind von der athematischen Konjugation in die thematische übergegangen (s. u. zum Impf., Imp., Konj.). Die Entwicklung nahm ihren Ausgang von solchen Formen, die nur scheinbar thematisch waren, in Wirklichkeit aber einen anderen Ursprung hatten, worauf hier nicht näher eingegangen werden kann.*

Aktiv:

Die Wurzel erscheint jeweils in zwei Ablautformen: δω-/δο-, θη-/θε-, ἡ-/ἑ-, στη-/στᾰ- *(§ 9, 4).*
Indikativ Präsens: An die reduplizierte Wurzel (§ 78, 1a) treten unmittelbar die Personalendungen (§ 71, 2 u. § 106, 2): τίθημι < θι-θη-μι *(§ 17, 4).* ἵημι < ι̯ι-ι̯η-μι *(§ 14, 2 u. 3) oder* σι-ση-μι *(§ 16, 1 u. 2).* ἵστημι < σι-στη-μι *(§ 16, 1). — 2. Sg.* δίδω-ς *usw.: Sekundärendung statt Primärendung (vgl. § 74 S 55). 3. Pl.* ἱᾶσι < ἱέ-ᾱσι *(§ 12, 3 Anm., zur Endung vgl. § 74 S 55),* ἱστᾶσι < ἱστά-ᾱσι *(§ 12, 1).*
Imperfekt: Mehrere Formen sind thematisch gebildet: ἐδίδουν, -ους, -ου *wie* ἐδούλουν *usw.* < -ο-ον, -ο-ες, -ο-ε; ἐτίθεις, -ει *und* ἵεις, -ει *wie* ἐποίεις *usw.* < -ε-ες, -ε-ε; *1. Sg.* ἵειν *ist zur 2. u. 3. Sg. analog hinzugebildet. 3. Pl.: zur Endung* -σαν *vgl. § 74 S 55. —* ἵειν *hat im Gegensatz zum Aor. temporales Augment (vgl. § 77 S 58); vgl.* ἵστην.
*Aorist: Die Aoriste sind athematisch ohne Tempuszeichen gebildet, weisen jedoch im Sg. eine Erweiterung der Wurzel durch »κ« auf, die auch z. T. die entsprechenden lat. Formen zeigen (*ἔθηκα *= feci,* ἧκα *= iēci?; über das Verhältnis des Aor. zum lat. Perf. vgl. § 84 S 61); die Erweiterung ist jedoch nicht auf diese Formen beschränkt (vgl.* ἡ θήκη*; facio, iacio). Im Gegensatz zum κ-Perfekt, dessen »κ« bei bestimmten Verben wohl auch ursprünglich Wurzelerweiterung, nicht Tempuszeichen war (vgl. § 111 S 88), hat sich der »κ-Aorist« nicht weiter ausgebreitet. — Die Endungen des Sg. stimmen mit denen des sigmatischen Aor. überein (vgl. § 84 S 61); zur Endung der 3. Pl. vgl. das Impf. Der Aorist von* ἵημι *hat im Gegensatz zum Impf. syllabisches Augment (§ 77 S 58):* ἧκα < ἐ-ι̯η-κ-α, εἷμεν < ἐ-ι̯ε-μεν *(§ 14, 3; § 12, 1; zum Spir. asper vgl. § 77 S 58; statt »ι̯« ist vielleicht »σ« zu schreiben, s. o.).*
Konjunktiv: Die Konjunktive können aus den älteren kurzvokalischen Formen, aber auch aus den jüngeren langvokalischen Formen kontrahiert sein, also διδῶμεν *entweder* < διδώ-ομεν *oder* < διδώ-ωμεν *usw. (vgl. § 74 S 54). Wahrscheinlich ist jedoch für diese Konjunktive als Zwischenstufe der Entwicklung der langvokalische Typ anzunehmen (dasselbe gilt für andere kontrahierte Konjunktive:* παιδευθῶμεν, *§ 84;* βῶμεν, *§ 110;* φῶμεν, *§ 112 u. a.).* διδῶ, δῶ < -ώ-ω *(§ 12, 1);* τιθῶ, θῶ, ἱῶ, ὧ, ἱστῶ < -ή -ω *(§ 12, 4).*
Optativ: Der Optativ wird im Sg. mit dem Moduszeichen -ιη-, *im Pl. mit* -ῑ- *gebildet:* διδοίην < διδο-ιη-ν *usw. (Bewahrung des* ι *in Analogie zur 1. u. 2. Pl.; vgl. § 84 S 61 zum Opt. des Aor. Pass.);* διδοῖμεν < διδο-ῑ-μεν *(§ 12, 2).*
Imperativ: ἵστη *ist der als Imperativ verwendete endungslose Stamm.* δίδου, τίθει, ἵει *sind thematisch gebildet wie* δούλου < -ο-ε *bzw.* ποίει < -ε-ε. δός, θές, ἕς *stellen wohl den mit der Sekundärendung der 2. Sg. versehenen Stamm dar; der Imp. der 2. Sg. ist sonst meist endungslos (s. o.).*
Infinitiv: Zwei Infinitivendungen, nämlich -έναι *(vgl.* πεπαιδευκ-έναι*) und die jüngere Nebenform* -ναι, *liegen vor:* δοῦναι < δο-εναι *(§ 12, 4), aber* διδό-ναι *usw.*
Partizip: διδούς < διδο-ντ-ς *usw. (§ 37, 1 u. 5).*

Medium:

*Die Formen des Mediums enthalten die schwächere Form der Wurzel (*δο-, θε-, ἑ-, στα-*) mit Ausnahme der Konjunktivformen* διδῶμαι, τιθῶμαι *usw. (*-ῶμαι < -ώ-ωμαι *bzw.* -ή-ωμαι, *doch s. o. zum Konj. Akt.). Im Optativ sind Sg. und Pl. mit der schwächeren Form des Moduszeichens (*-ῑ-*) gebildet:* διδοίμην < διδο-ῑ-μην *usw. (§ 12, 2). — Zur ungleichmäßigen Entwicklung der Endungen* -σαι *und* -σο *der 2. Sg. vgl. § 84 S 61 und § 108, 1a.*

Tempusbildung der Verben mit Präsensreduplikation 108

1. Aorist

a) Im Singular des Ind. Aor. Akt. haben δίδωμι, τίθημι und ἵημι eine Erweiterung der Wurzel durch -κ-. In den übrigen Formen des Aktivs und im Medium treten die Endungen unmittelbar an die Wurzel.

Beachte: Die 2. Sg. Imp. Akt. ist mit -ς gebildet:

δό-ς, θέ-ς, ἕ-ς

In der 2. Sg. Ind. Med. von ἵημι ist -σ- nicht geschwunden:

εἶσο (dagegen: ἔδου < *ἐδο-σο, ἔθου < *ἐθε-σο usw.)

b) Betonung der Komposita: Der Akzent rückt nie über das Augment oder die unmittelbar vor dem Tempusstamm stehende Silbe hinaus:

ἀφ-ῆκα »ich entließ«; ἀπό-δος »gib zurück!«

Anmerkung:

Die einsilbigen medialen Imperative δοῦ, θοῦ, οὗ behalten den Akzent, wenn sie mit einsilbigen Präpositionen zusammengesetzt sind; nur bei Zusammensetzung mit mehrsilbigen Präpositionen rückt der Akzent vor:

ἐφ-οῦ	begehre	ἐν-θοῦ	lege hinein

aber:

ἀπό-δου	verkaufe	ἐπί-θου	greife an

Im Plural rückt der Akzent immer möglichst weit nach vorn:

ἔφ-εσθε, ἔν-θεσθε

2. Übersicht über die Tempusbildung

δίδωμι	δώσω δ**ο**θήσομαι	ἔδωκα ἐδ**ό**θην	δέδωκα δέδ**ο**μαι δοτός
τίθημι	θήσω **τε**θήσομαι	ἔθηκα ἐ**τέ**θην	τέθηκα (κεῖμαι § 115) θετός
ἵημι	ἥσω ἑθήσομαι	ἧκα εἵθην	εἷκα εἷμαι ἑτός

ἵστημι

Akt.	ἵστημι ich stelle	στήσω	ἔστησα	—
tr. Med.	ἵσταμαι stelle für mich	στήσομαι	ἐστησάμην	—
Pass.	ἵσταμαι werde gestellt	σταθήσομαι	ἐστάθην	—
intr. Med.	ἵσταμαι stelle mich = trete	στήσομαι	ἔστην ich trat (§ 110)	ἕστηκα ich stehe (§ 111) εἱστήκειν stand ἑστήξω werde stehen

S 85 *Aor. Pass.* ἐτέθην < ἐ-θε-θην *(§ 17, 4), entsprechend Fut. Pass.* τεθήσομαι. *Perf.* εἷκα < ι̯ε-ιε-κα *oder* σε-σε-κα *(§ 14, 2 u. 3 bzw. § 16, 1 u. 2; § 12, 1): Die Form der Reduplikation entspricht dem syllabischen Augment des Aorist (vgl. § 80 S 60).* ἕστηκα < σε-στηκα *(§ 16, 1, vgl. § 79 S 59). Plusq.* εἱστήκειν < ἐ-σεστηκ. *(§ 16, 2, zum Spir. asper vgl. § 77 S 58).*

109 Verben mit gleicher Flexion wie ἵστημι

Wie ἵστημι flektieren im Präsensstamm folgende Verben, deren drei letzte Deponentien **ohne** Präsensreduplikation sind:

πίμπλημι ich fülle	πλη-/πλα-	πλήσω πλησθήσομαι	ἔπλησα ἐπλήσθην	πέπληκα πέπλησμαι
πίμπρημι ich verbrenne (tr.)	πρη-/πρα-	πρήσω πρησθήσομαι	ἔπρησα ἐπρήσθην	πέπρηκα πέπρησμαι
ὀνίνημι[1] ich nütze	ὀνη-/ὀνα-	ὀνήσω ὀνήσομαι	ὤνησα ὠνήθην	— —
ἄγαμαι ich bewundere	ἀγα-	ἀγάσομαι	ἠγάσθην	— ἀγαστός
δύναμαι ich kann	δυνη-/δυνα-	δυνήσομαι	ἐδυνήθην ἐδυνάσθην	δεδύνημαι δυνατός
ἐπίσταμαι ich verstehe	ἐπιστη- ἐπιστα-	ἐπιστήσομαι	ἠπιστήθην	—

1. **ἐπριάμην** »ich kaufte« (nur Aor.; Präs. ὠνέομαι § 123, 11) wird im Indikativ wie das Imperfekt, sonst wie das Präsens dieser Deponentien konjugiert.

2. **Abweichungen von ἵσταμαι bei den Deponentien:**

a) Schwund des -σ- der Endung -σο und anschließende Kontraktion, z. B.
   2. Sg. Impf. ἐδύνω (<*ἐδυνασο), Imp. δύνω, πρίω.

b) der Akzent tritt im Konjunktiv und Optativ zurück:
   Konj. δύνωμαι, ἐπίστηται, πρίωνται
   Opt. δύναιο, ἄγαιτο, ἐπίσταισθε, πρίαιντο

S 86 *Die Besonderheiten der Präsensreduplikation und der Akzentuierung des Konjunktivs und Optativs, die z. T. auf eine ursprünglich andersartige Bildungsweise der betreffenden Formen schließen läßt (so z. B.* δύνωμαι *gegenüber* ἱστῶμαι*; daneben aber auch* ἵστωμαι*!), können hier nur erwähnt werden.*

[1] Das Impf. Akt. wird durch ὠφέλουν ersetzt.

Der Wurzelaorist 110

1. Beim Wurzelaorist werden die Endungen unmittelbar an die Wurzel gefügt.

Der Auslaut der Wurzel ist lang, nur vor dem -ι- des Optativzeichens und vor -ντ- des Part. und der 3. Pl. Imp. ist er gekürzt:

ἔστη-ν »ich trat« (s. Tab. § 107) — στᾰ́-ντος

Im Konjunktiv und Optativ erfolgt Kontraktion des Wurzelauslauts mit dem Moduszeichen:

(*στη-ω >) στῶ, (*στα-ιη-ν >) σταίην

2. Außer ἵσταμαι bilden auch einige Verben auf -ω einen Wurzelaorist; die gebräuchlichsten sind:

a) Wurzel auf a-Laut (ᾱ, η/ᾰ):

				Stammformen
βαίνω	ich gehe	βη-/βᾰ-	ἔβην	§ 110, 4
φθάνω	ich komme zuvor	φθη-/φθᾰ-	ἔφθην	§ 121, 3
ἀπο-διδράσκω	ich entlaufe	δρᾱ-/δρᾰ-	ἀπ-έδρᾱν	§ 122, 9

b) Wurzel auf e-Laut (η/ε):

ῥέω	ich fließe	ῥυη-/ῥυε-	ἐρρύην	§ 110, 4

c) Wurzel auf o-Laut (ω/ο):

γιγνώσκω	ich erkenne	γνω-/γνο-	ἔγνων	§ 122, 10
(βιόω) βιοτεύω	ich lebe	βιω-/βιο-	ἐβίων	§ 123, 6
ἁλίσκομαι	ich werde gefangen	ἁλω-/ἁλο-	ἑᾱ́λων	§ 122, 7

d) Wurzel auf ῡ/ῠ:

δύομαι	ich versinke	δῡ-/δῠ-	ἔδῡν	§ 92, 2
φύομαι	ich entstehe	φῡ-/φῠ-	ἔφῡν	§ 110, 4

3. Konjugationsbeispiele (ἔστην § 107):

Indikativ	ἔ-βη-ν	ἀπ-έ-δρᾱ-ν	ἐρ-ρύη-ν	ἔ-γνω-ν	ἔ-δῡ-ν
	ἔ-βη-ς	ἀπ-έ-δρᾱ-ς	ἐρ-ρύη-ς	ἔ-γνω-ς	ἔ-δῡ-ς
	ἔ-βη	ἀπ-έ-δρᾱ	ἐρ-ρύη	ἔ-γνω	ἔ-δῡ
	ἔ-βη-μεν	ἀπ-έ-δρᾱ-μεν	ἐρ-ρύη-μεν	ἔ-γνω-μεν	ἔ-δῡ-μεν
	ἔ-βη-τε	ἀπ-έ-δρᾱ-τε	ἐρ-ρύη-τε	ἔ-γνω-τε	ἔ-δῡ-τε
	ἔ-βη-σαν	ἀπ-έ-δρᾱ-σαν	ἐρ-ρύη-σαν	ἔ-γνω-σαν	ἔ-δῡ-σαν
Konjunktiv	βῶ	ἀπο-δρῶ	ῥυῶ	γνῶ	δῠ́ω[1]
	βῇς	ἀπο-δρᾷς	ῥυῇς	γνῷς	δύῃς
	βῇ	ἀπο-δρᾷ	ῥυῇ	γνῷ	δύῃ
	βῶ-μεν	ἀπο-δρῶ-μεν	ῥυῶ-μεν	γνῶ-μεν	δύω-μεν
	βῆ-τε	ἀπο-δρᾶ-τε	ῥυῆ-τε	γνῶ-τε	δύη-τε
	βῶσι(ν)	ἀπο-δρῶσι(ν)	ῥυῶσι(ν)	γνῶσι(ν)	δύωσι(ν)

[1] Daneben auch δύω.

Optativ	βαίη-ν	ἀπο-δραίη-ν	ῥυείη-ν	γνοίη-ν	
	βαίη-ς	ἀπο-δραίη-ς	ῥυείη-ς	γνοίη-ς	
	βαίη	ἀπο-δραίη	ῥυείη	γνοίη	
	βαῖ-μεν[1]	ἀπο-δραῖ-μεν[1]	ῥυεῖ-μεν[1]	γνοῖ-μεν[1]	
	βαῖ-τε	ἀπο-δραῖ-τε	ῥυεῖ-τε	γνοῖ-τε	
	βαῖ-εν	ἀπο-δραῖ-εν	ῥυεῖ-εν	γνοῖ-εν	
Imperativ	βῆ-θι	ἀπό-δρᾱ-θι		γνῶ-θι	δῦ-θι
	βή-τω	ἀπο-δρᾱ́-τω		γνώ-τω	δῡ́-τω
	βῆ-τε	ἀπό-δρᾱ-τε		γνῶ-τε	δῦ-τε
	βᾰ́-ντων	ἀπο-δρᾰ́-ντων		γνό-ντων	δῠ́-ντων
Inf.	βῆ-ναι	ἀπο-δρᾶ-ναι	ῥυῆ-ναι	γνῶ-ναι	δῦ-ναι
Partizip	βᾱ́ς, βᾰ́ντος	ἀπο-δρᾱ́ς, -δρᾰ́ντος	ῥυείς, ῥυέντος	γνούς, γνόντος	δῡ́ς, δῠ́ντος
	βᾶσα, βᾱ́σης	ἀπο-δρᾶσα, -δρᾱ́σης	ῥυεῖσα, ῥυείσης	γνοῦσα, γνούσης	δῦσα, δῡ́σης
	βᾰ́ν, βᾰ́ντος	ἀπο-δρᾰ́ν, -δρᾰ́ντος	ῥυέν, ῥυέντος	γνόν, γνόντος	δῠ́ν, δῠ́ντος

4. Alle diese Verben mit Wurzelaorist bilden mediales Futur und Perfekt I, z. B.

βαίνω	βήσομαι	ἔβην	βέβηκα
ῥέω	ῥυήσομαι	ἐρρύην	ἐρρύηκα
φύομαι	φύσομαι	ἔφῡν	πέφῡκα ich bin (von Natur)

S 87 *Die für den Präsensstamm charakteristischen Suffixe fehlen im Aor. (vgl. § 99 S 78), der meist eine andere Ablautform der Wurzel aufweist als das Präs., wobei es sich z. T. um einen Ablaut besonderer Art handelt (zu* ἁλι-: ἁλω- *vgl. § 122 S 99).*
Die einzelnen Formen des Aor. ἐρρύην *erklären sich wie* ἐπαιδεύθην *usw. (§ 84 S 61), die der übrigen entsprechend; insbesondere erfolgt die Kürzung des Wurzelauslauts unter denselben Bedingungen wie im Aor. Pass. die Kürzung von* -θη- > -θε-. *— Konj.* ῥυῶ < -ή-ω *wie* παιδευθῶ *(vgl. auch § 107 S 84 zum Konj.), entsprechend die übrigen Konj., jedoch ohne Kontraktion* δύω < δύ-ω *(§ 10, 3). — Zum Augment von* ἑάλων *vgl. § 77 S 58.*
*Im Fut. und gelegentlich auch im Präs. wird das Med. verwendet neben dem Akt. in den übrigen Tempora. Diese Verwendung des Med. statt des Akt. kann z. T. auf das Bestreben zurückgeführt werden, die intransitive Bedeutung der betreffenden Formen zu verdeutlichen (*βήσομαι *»ich werde gehen« gegenüber* βήσω *»ich werde veranlassen zu gehen«,* φύομαι *»ich entstehe« gegenüber* φύω *»ich erzeuge«). Im Fut., wo sie besonders häufig ist (§ 103, 1), ist eine durch das Medium zum Ausdruck kommende Betonung des eigenen Interesses des Subjekts am Verbalvorgang (vgl. § 204, 1) insofern verständlich, als das Futur dem Konjunktiv des Willens sehr nahe steht bzw. sogar daraus entstanden ist (vgl. § 121 S 98). — Vgl. § 102 S 81.*

111 Das Wurzelperfekt

1. Zu **ἕστηκα** »ich stehe« gibt es neben den mit -κ- gebildeten Formen auch solche ohne Tempuszeichen, bei denen die Endung unmittelbar an die reduplizierte Wurzel tritt:

Ind.	ἕστα-μεν	ἕστα-τε	ἑστᾶσι(ν)
Plusq.	ἕστα-μεν	ἕστα-τε	ἕστα-σαν (ohne Augment!)
Inf.	ἑστά-ναι		
Part.	ἑστώς	ἑστῶσα	ἑστός (ἑστώς)
	ἑστῶτος	ἑστώσης	ἑστῶτος

[1] Auch βαίη-μεν usw., ἀπο-δραίη-μεν, ῥυείη-μεν, γνοίη-μεν usw.

2. Ebenso finden sich Formen des Wurzelperfekts zu:

a) **τέθνηκα** »ich bin tot« (Präs. ἀπο-θνήσκω, Verbalstamm θνη-/θνᾰ-)

Ind.	τέθνα-μεν	τέθνα-τε	τεθνᾶσι (ν)
Plusq.			ἐτέθνα-σαν
Inf.	τεθνά-ναι		
Part.	τεθνε-ώς	τεθνε-ῶσα	τεθνε-ός
	τεθνε-ῶτος	τεθνε-ώσης	τεθνε-ῶτος

b) **δέδοικα** »ich fürchte« (Präs.-Bedeutung! Verbalstamm δει-/δοι-/δι-, Aorist ἔδεισα)

Ind.	δέδι-α, -ας, -ε (ν)	δέδι-μεν	δέδι-τε	δεδί-ᾱσι (ν)
Plusq.		ἐδέδι-μεν	ἐδέδι-τε	ἐδέδι-σαν
Inf.	δεδι-έναι			
Part.	δεδι-ώς	δεδι-υῖα	δεδι-ός	
	δεδι-ότος	δεδι-υίας	δεδι-ότος	

S 88 *Die starken Nebenformen, deren Endungen unmittelbar an die Wurzel treten, haben eine ältere Bildungsweise des Perf. Akt. bewahrt (vgl. 3. οἶδα und das starke Perf. Akt., § 101), der das Tempuszeichen »κ« und die analogische Ausbreitung des »α«, wie sie das regelmäßige Perfekt zeigt (§ 84 S 61, vgl. aber auch § 101), fremd war. »α« erscheint, soweit es nicht zur Wurzel gehört, nur in der 1. Sg. und 3. Pl., wo es seine Berechtigung hat (§ 84 S 61); analogisches »α« allerdings in δέδιας. Im Plusquamperfekt fehlt außer dem Tempuszeichen »κ« auch die sonst übliche e-Erweiterung des Perfektstamms (§ 84 S 61), meist auch das Augment (vgl. § 75 S 57 zur Augmentlosigkeit homerischer Formen). Das Tempuszeichen »κ« des regelmäßigen Perfekts war wohl ursprünglich eine Wurzelerweiterung (vgl. § 107 S 84 zum Aor.). — Die Nebenformen weisen alle die Schwundstufe der Wurzel auf (zu θνη- vgl. jedoch auch § 9, 6).*
τεθνεώς < τεθνη-ώς (§ 10, 3), τεθνεῶτος < τεθνη-ότος (§ 10, 4); τεθνεῶσα zu τεθνεώς hinzugebildet in Analogie zu γνούς: γνοῦσα u. ä.; τεθνεός mit ο statt ω nach πεπαιδευκός. — ἑστώς < ἑστα-ώς (§ 12, 4) usw.; Fem. und Neutr. (ἑστός) wie τεθνεῶσα, τεθνεός (s. o.). — Zur rein präsentischen Bedeutung von δέδοικα vgl. lat. ōdi und § 209 am Ende.

3. Unredupliziert ist das präsentische Perfekt

οἶδα ich weiß

Wurzel ϝειδ(ε)-/ϝοιδ-/ϝιδ- (vgl. εἶδον < *ἐ-ϝιδ-ον, lat. vid-ere)

Perfekt (Präsens)				Plusquamperfekt (Impf.)
Ind.	Konj.	Opt.	Imp.	
οἶδ-α	εἰδῶ	εἰδείη-ν		ᾔδ-ειν ᾔδη
οἶσ-θα	εἰδῇς	εἰδείη-ς	ἴσ-θι	ᾔδ-εις ᾔδη-σθα
οἶδ-ε (ν)	εἰδῇ	εἰδείη	ἴσ-τω	ᾔδ-ει (ν)
ἴσ-μεν	εἰδῶ-μεν	εἰδεῖ-μεν		ᾔδε-μεν[1]
ἴσ-τε	εἰδῆ-τε	εἰδεῖ-τε	ἴσ-τε	ᾔδε-τε
ἴσ-ᾱσι (ν)	εἰδῶσι (ν)	εἰδεῖ-εν	ἴσ-των	ᾔδε-σαν
Inf. εἰδ-έναι Fut. εἴσομαι ich werde wissen, werde erfahren		Part. εἰδ-ώς, -υῖα, -ός εἰδ-ότος, -υίας, -ότος		Verbaladj. ἰσ-τέον

[1] Auch ᾖσ-μεν, ᾖσ-τε, ᾖσαν.

Zur Betonung der Komposita s. § 106, 5: σύν-οιδα »ich bin Mitwisser«, σύν-ισμεν, σύν-ισθι, aber συν-ειδῶ, συν-ειδέναι.

S 89 *Das oben in S 88 über die ältere Bildungsweise des Perf. und Plusq. Akt. Bemerkte gilt im allgemeinen auch hier. Der Ablaut der Wurzel ist jedoch ausgeprägter:* εἰδ-, οἰδ-, ἰδ- *(<* ϝειδ- *usw., § 15, 2), daneben noch die erweiterte Form* εἰδε- *(<* ϝειδη-, *§ 10, 3); außerdem fehlt die Reduplikation, die auch im Idg. bei diesem Verbum sowie bei einigen anderen fehlte. — Zur präsentischen Bedeutung vgl. lat. novi.*

Indikativ Perfekt: οἶσθα < οἰδ-θα *(§ 17, 3, zur Endung § 74, 2 Anm. 2), entsprechend* ἴστε, *die Imperative und das Verbaladjektiv, danach analog* ἴσ-μεν *(vgl. § 94 S 72),* ἴσ-ᾱσι *(zur Endung § 74 S 55) mit* σ *statt* δ.

Plusquamperfekt: ᾔδ- < ἠ-ϝιδ- *(§ 15, 3; § 12, 2; zum Augment vgl. § 77 S 58). 2. Pl.* ᾖστε < ἠ-ϝιδ-τε *(§ 17, 3). 3. Pl.* ᾖσαν < ἠ-ϝιδ-σαν *(§ 16, 9, zur Endung § 74 S 55), danach analog* ᾖσμεν *(vgl.* ἴσμεν*). — 2. Sg.* ᾔδησθα *zeigt den in* ἐπεπαιδεύκης *vorliegenden Ausgang* -ης, *der in Analogie zu* ᾖσθα *(§ 114) durch die Endung* -θα *erweitert ist, wie neben* ᾔδεις *auch* ᾔδεισθα *vorkommt. Zu* ᾔδη, ᾔδειν *usw. s. o. § 84 S 61 über* ἐπεπαιδεύκη, ἐπεπαιδεύκειν *usw.*

Konjunktiv: εἰδῶ, -ῇς < εἰδέ-ω, -έ-ῃς *usw. (vgl. § 74 S 54).*

Optativ: εἰδείην < εἰδε-ιη-ν *usw. (vgl. § 107 S 84 zu* διδοίην *usw.).*

Imperativ: 3. Pl. ἴσ-των *(zur Endung § 74 S 55).*

Futur: εἴσομαι < εἴδ-σομαι *(§ 16, 9, zum Med. § 103, 1).*

Wurzelpräsentien

(Die sog. kleinen Verben auf -μι)

112 **1. φημί ich sage, behaupte**

Wurzel φη-/φᾰ- (vgl. lat. fā-ma, fā-ri); Nebenform φάσκω

Ind.	Konj.	Opt.	Imp.	Impf.
φη-μί	φῶ	φαίη-ν		ἔ-φη-ν
φή-ς (φῄς)	φῇς	φαίη-ς	φά-θι	ἔ-φη-σθα
φη-σί(ν)	φῇ	φαίη	φά-τω	ἔ-φη
φα-μέν	φῶ-μεν	φαῖ-μεν[1]		ἔ-φα-μεν
φα-τέ	φῆ-τε	φαῖ-τε	φά-τε	ἔ-φα-τε
φᾱσί(ν)	φῶσι(ν)	φαῖ-εν	φά-ντων	ἔ-φα-σαν

Inf. φά-ναι	Fut. φή-σω
Part. φάσκων, -ουσα, -ον[2]	Aor. ἔ-φη-σα

1. Im Indikativ Präsens sind alle Formen außer φής (φῄς) enklitisch.

2. Imperfekt und Infinitiv haben auch Aoristbedeutung.

Unterscheide:

ἔφην (oder εἶπον) »ich sagte« — ἔφησα »ich behauptete, bejahte«

[1] Auch φαίημεν, φαίητε, φαίησαν.

[2] Selten φάς, φᾶσα, φάν.

3. οὔ φημι (= nego) bedeutet: ich verneine, leugne, weigere mich.

4. Als vereinzelte Formen finden sich im Dialog:
ἠ-μί »sage ich«, ἦν δ'ἐγώ »sagte ich«, ἦ δ'ὅς (ἥ) »sagte er (sie)«

S 90 *Indikativ Präsens 2. Sg.* φῄς: *Erweiterung von* φη < φη-σι *(§ 16, 2; § 12, 2) durch die Sekundärendung der 2. Sg.* -ς *(vgl. § 84 S 61 zu* παιδεύεις*);* φή-ς *ist nur mit der Sekundärendung gebildet (vgl. § 74 S 55). 3. Pl.* φᾱσί < φα-νσι *(§ 16, 7).*

Imperfekt 2. Sg. ἔφησθα: *Erweiterung von* ἔ-φη-ς *durch die Perfektendung der 2. Sg. (vgl. § 111 S 89 zu* ᾔδησθα*).*

Konjunktiv: φῶ < φή-ω *usw. (§ 12, 4; vgl. auch § 107 S 84 zum Konj.).*

Optativ: Zu φαίην *usw. vgl. § 107 S 84 zu* διδοίην *usw.*

Imperativ: φάθι *ohne Hauchdissimilation (§ 17, 4 Anm.).*

Partizip φάσκων *gehört zu* φάσκω, *einem von der Wurzel* φα- *mit dem Suffix* -σκ- *(§ 83, 4) abgeleiteten Verbum. —* ἠμί *usw. sind die Reste eines alten mit* φημί *nicht verwandten Verbs.*

2. εἶμι ich werde gehen 113

Wurzel εἰ-/ἰ- (vgl. ī-re, ĭ-ter)

Ind.	Konj.	Opt.	Imp.	Impf.
εἶ-μι	ἴ ω	ἴ οι-μι		ᾖ-α (ᾔ-ει-ν)
εἶ	ἴ ῃς	ἴ οι-ς	ἴ-θι	ᾔ-ει-ς[1]
εἶ-σι(ν)	ἴ ῃ	ἴ οι	ἴ-τω	ᾔ-ει
ἴ-μεν	ἴ ω-μεν	ἴ οι-μεν		ᾖ-μεν
ἴ-τε	ἴ η-τε	ἴ οι-τε	ἴ-τε	ᾖ-τε
ἴ-ᾱσι(ν)	ἴ ωσι(ν)	ἴ οι-εν	ἰ ό-ντων	ᾖ-σαν
Infinitiv ἰ-έναι		Part. ἰ ών	ἰ οῦσα	ἰ όν
Verbaladj. ἰ-τέον		ἰ όντος	ἰ ούσης	ἰ όντος

Der Indikativ Präsens hat stets Futurbedeutung (»ich gehe« heißt ἔρχομαι); die übrigen Formen des Präsens haben präsentische und futurische Bedeutung.
Betonung der Komposita (§ 106, 5): ἄπ-ειμι, ἄπ-ιμεν, ἄπ-ιθι, aber ἀπ-ῇμεν, ἀπ-ιών.

S 91 *Vollstufe der Wurzel* εἰ- *(vor Vokal >* εἰ̯-, *§ 14, 1), Schwundstufe* ἰ-. *Übergang in die thematische Konjugation zeigen Konj. (vgl. § 74 S 54), Opt., 3. Pl. des Imp., Part. Präs.*

Präsens: 2. Sg. εἶ < εἰ-σι *(§ 16, 2; § 12, 2). — Zur futurischen Bedeutung des Präs. vgl. den Gebrauch des deutschen Präs. in Wendungen wie »Morgen gehe ich zum Arzt«. Das Impf. hat das normale temporale Augment (§ 75, 2). 1. Sg.* ᾖα *statt* ἦα < ἠι̯-α *(§ 14, 3) mit »ι subscriptum« nach* ᾖμεν *usw.; ebenso* ᾔ-ειν, ᾔ-εις, ᾔ-ει, *deren Ausgänge wohl nach* ᾔδειν *usw. analogisch umgebildet worden sind, wozu u. a. die Übereinstimmung der 3. Pl.* ᾖσαν *(»sie gingen« und »sie wußten«) der Anlaß gewesen sein könnte. 3. Pl.* ᾖ-σαν: *zur Endung vgl. § 74 S 55.*

---

1 Auch ᾔ-εισθα (vgl. § 111 S 89 zu ᾔδησθα).

114

3. εἰμί ich bin

Wurzel ἐσ-/σ- (vgl. es-se; s-um)

Ind.	Konj.	Opt.	Imp.	Impf.
εἰ-μί	ὦ	εἴη-ν		ἦ-ν (ἦ)
εἶ	ᾖς	εἴη-ς	ἴσ-θι	ἦσ-θα
ἐσ-τί(ν)	ᾖ	εἴη	ἔσ-τω	ἦ-ν
ἐσ-μέν	ὦ-μεν	εἶ-μεν[1]		ἦ-μεν
ἐσ-τέ	ἦ-τε	εἶ-τε	ἔσ-τε	ἦ-τε (ἦσ-τε)
εἰ-σί(ν)	ὦσι(ν)	εἶ-εν	ἔσ-των	ἦσ-αν

Inf. εἶ-ναι	Fut. ἔσο-μαι ἐσό-μεθα
Part. ὤν, οὖσα, ὄν	ἔσῃ ἔσε-σθε
ὄντος, οὔσης, ὄντος	ἔσ-ται ἔσο-νται

1. Außer εἶ sind die Formen des Ind. Präs. enklitisch; aber in der Bedeutung »da sein, vorhanden sein« haben alle Formen ihren eigenen Akzent, in der 3. Sg. tritt dann außerdem der Akzent zurück: ἔστι(ν).

2. ἔστι(ν) steht auch

a) nach ἀλλ', εἰ, καί, οὐκ, ὡς, τοῦτ', z. B. οὐκ ἔστιν ἀγαθόν, καὶ ἔστιν ἀληθές,

b) am Satzanfang,

c) in der Bedeutung »es ist erlaubt, möglich« (= ἔξεστιν).

3. Für die Betonung der Komposita gelten die allgemeinen Regeln (§ 106, 5).

S 92 *Grundstufe der Wurzel:* ἐσ-, *Schwundstufe:* σ-.

Indikativ Präsens: 1. Sg. εἰμί < ἐσ-μι *(§ 16, 5). 2. Sg.* εἶ < ἐσι *(§ 16, 2)* < **es-si, das schon im Idg. unter bestimmten Bedingungen zu *esi mit einfachem »s« geworden ist, so daß der völlige Schwund des Konsonanten nur einen scheinbaren Verstoß gegen § 16, 3* (σσ > σ) *darstellt. 3. Sg.* ἐσ-τί: *vgl. § 17, 2. 1. Pl.* ἐσμέν: *Bewahrung des* -σ- *in Analogie zu* ἐστέ *(vgl. dagegen* εἰμί*). 3. Pl.* εἰσί: < σ-ενσι *(§ 16, 7) mit Spir. lenis (gegen § 16, 1) in Analogie zu den übrigen Formen; zur Endung vgl. § 74 S 55.*

Imperfekt: 1. Sg. ἦ: < ἠσ-α *(§ 16, 2; § 12, 3); diese Form wurde unter dem Einfluß von* ἐπαίδευον *u. ä. nochmals mit der Sekundärendung der 1. Sg. versehen, daher* ἦν. *2. Sg.* ἦσθα: *alte Perfektform (vgl. § 111 S 88), die in das Impf. eindringen konnte, weil die Formen des Impf. und Perf. im Falle von* εἶναι *ohnehin z. T. übereinstimmten (Augment und Reduplikation bewirkten dieselbe Dehnung des Wurzelvokals, § 75, 2 und § 79, 3c). 3. Sg.* ἦν: < ἠσ-εν *(§ 12, 1), ursprünglich 3. Pl. (zur Endung vgl. § 74 S 55), die in solchen Sätzen, in denen das Prädikat im Sg. oder im Pl. stehen konnte, als 3. Sg. aufgefaßt worden ist (wenn z. B. das Subj. ein Neutr. Pl. ist, steht das Prädikat im allgemeinen im Sg., jedoch auch — zur Hervorhebung des Begriffs der Vielheit — im Pl.:* ἅπαντα ἦσαν εὐώδη*). 1. Pl.* ἦμεν: < ἠσ-μεν *(§ 16, 5). 2. Pl.* ἦτε: *Analogiebildung zu* ἦ-ν, ἦ-μεν *und* ἦσθα, ἦσαν, *die man falsch gliederte* (ἦ-σθα, ἦ-σαν). *3. Pl.* ἦσ-αν: *an die zu erwartende Endung* -α < *-n̥t (§ 13,4; § 18, 3) trat in Analogie zu* ἐπαίδευον *nochmals die Sekundärendung der 3. Pl. (vgl. § 84 S 61 zu* ἐπαίδευσαν*); zur Bewahrung des* σ *vgl. § 16, 2 Anm.*

[1] Auch εἴημεν, εἴητε, εἴησαν.

Konjunktiv: ὦ < ἔσ-ω, ᾖς < ἔσ-ῃς *usw.* (*§ 16, 2; § 12, 4 u. 1*), *thematisch gebildet (vgl. § 74 S 54).*

Optativ: εἴην < ἐσ-ιη-ν *usw.* (*§ 16, 2; § 12, 2*), *ursprünglich jedoch Schwundstufe der Wurzel (vgl. lat. s-im, älter s-iem mit der dem Griechischen entsprechenden Ablautform des Optativsuffixes).*

Imperativ: 2. Sg. ἴσ-θι: *die Erklärung des anlautenden* »ι« *ist umstritten. 2. Pl.* ἔσ-των: *zur Endung vgl. § 74 S 55.*

Infinitiv: εἶναι < ἐσ-ναι (*§ 16, 5*).

Partizip: ὤν *ist wie* ἰών (*§ 113 S 91*) *thematisch gebildet:* ὤν < σ-ων *mit Spir. lenis gegen § 16, 1, wie* εἰσί (*s. o.*).

Futur: ἔσομαι < ἐσ-σομαι (*§ 16, 3*). *3. Sg.* ἔσ-ται: *Präs. Med. in futurischer Bedeutung (vgl. § 113 S 91 zum Präs.). Zum Med. vgl. § 103, 1.*

4. χρή es ist nötig

χρή ist ursprünglich ein undeklinierbares Substantiv: χρή (sc. ἐστιν) = »es ist ein Bedürfnis, es ist nötig« (= opus est). Durch Verschmelzung mit den Formen von εἶναι entstanden die Formen:

Konj. χρῇ, Opt. χρείη, Impf. χρῆν, daneben ἐχρῆν,
Inf. χρῆναι, Part. (τὸ) χρεών (indeklinabel).

S 93 χρή: *ursprünglich Subst. neutralen Geschlechts, das* »*Not, Notwendigkeit*« *bedeutete. Impf.* χρῆν < χρὴ ἦν (*Krasis, § 20, 2*), *daneben* ἐχρῆν *mit syllabischem Augment, das man hinzufügte, als man sich der Entstehung der Form* χρῆν *nicht mehr bewußt war und das Augment vermißte (vgl. § 76, 3b/c). Konj.* χρῇ < χρὴ ᾖ. *Opt.* χρείη *statt* χρήη *in Analogie zu* εἴη *usw. (vgl. auch § 20, 2 Anm.). Inf.* χρῆναι < χρὴ εἶναι (ει = ẹ, *vgl. § 88 S 62 zu* τιμᾶν *usw.). Part.* χρεών < χρὴ ὄν (*§ 10, 4*).

4. κάθημαι ich sitze — Verbalstamm ἡ(σ)- **115**

5. κεῖμαι ich liege — Wurzel = Verbalstamm κει-

Präs.	Impf.	Imp.	Präs.	Impf.	Imp.
κάθη-μαι	ἐ-καθή-μην[1]		κεῖ-μαι	ἐ-κεί-μην	
κάθη-σαι	ἐ-κάθη-σο	κάθη-σο	κεῖ-σαι	ἔ-κει-σο	κεῖ-σο
κάθη-ται	ἐ-κάθη-το	καθή-σθω	κεῖ-ται	ἔ-κει-το	κεί-σθω
usw.	usw.	usw.	usw.	usw.	usw.
Inf. καθῆ-σθαι Part. καθή-μενος			Inf. κεῖ-σθαι		
Konj. u. Opt. durch καθέζομαι ersetzt			Part. κεί-μενος		
Fut. καθεδοῦμαι, -ῇ usw.			Fut. κείσομαι		

1. Das Simplex ἧμαι ist in Prosa nicht gebräuchlich.

2. κεῖσθαι und Komposita dienen als Perf. Pass. von τίθημι (§ 108, 2), z. B.
νόμος κεῖται »ein Gesetz ist gegeben«
ὑπόκειται »es steht (als Grundsatz) fest«; Inf. ὑποκεῖσθαι (zur Betonung § 106, 5).

[1] Auch καθήμην, καθῆσο, καθῆ(σ)το usw.

S 94 κάθημαι *wurde nicht mehr als Kompositum empfunden und daher im Impf. am Wortanfang vor der Präposition augmentiert (*ἐκαθήμην *usw., vgl. § 76, 3b/c). Es finden sich jedoch auch noch Formen mit regelrechtem (d. h. in diesem Fall unsichtbarem) Augment nach der Präposition (*καθήμην *usw., vgl. § 75, 2). Vgl. § 123 S 100.*

Verben mit Nasalerweiterung -νῡ̆- im Präsensstamm

(Die Verben auf -[ν]νῡμι)

116 Konjugationsbeispiel: δείκνῡμι ich zeige

Verbalstamm δεικ-, Präsensstamm δεικνῡ-/δεικνῠ-

		Aktiv	Med./Pass.
Ind. des Präs.	Sg. 1.	δείκ νῡ-μι	δείκ νῠ-μαι
	2.	δείκ νῡ-ς	δείκ νῠ-σαι
	3.	δείκ νῡ-σι (ν)	δείκ νῠ-ται
	Pl. 1.	δείκ νῠ-μεν	δεικ νῠ́-μεθα
	2.	δείκ νῠ-τε	δείκ νῠ-σθε
	3.	δεικ νῠ́-ᾱσι (ν)	δείκ νῠ-νται
Impf.	Sg. 1.	ἐ-δείκ νῡ-ν	ἐ-δεικ νῠ́-μην
	2.	ἐ-δείκ νῡ-ς	ἐ-δείκ νῠ-σο
	3.	ἐ-δείκ νῡ	ἐ-δείκ νῠ-το
	Pl. 1.	ἐ-δείκ νῠ-μεν	ἐ-δεικ νῠ́-μεθα
	2.	ἐ-δείκ νῠ-τε	ἐ-δείκ νῠ-σθε
	3.	ἐ-δείκ νῠ-σαν	ἐ-δείκ νῠ-ντο
Konj.	Sg. 1.	δεικ νῠ́ ω	δεικ νῠ́ ω-μαι
	2.	δεικ νῠ́ ῃς	δεικ νῠ́ ῃ
	3.	δεικ νῠ́ ῃ usw.	δεικ νῠ́ η-ται usw.
Opt.	Sg. 1.	δεικ νῠ́ οι-μι	δεικ νῠ οί-μην
	2.	δεικ νῠ́ οι-ς	δεικ νῠ́ οι-ο
	3.	δεικ νῠ́ οι usw.	δεικ νῠ́ οι-το usw.
Imp.	Sg. 2.	δείκ νῡ	δείκ νῠ-σο
	3.	δεικ νῠ́-τω	δεικ νῠ́-σθω
	Pl. 2.	δείκ νῠ-τε	δείκ νῠ-σθε
	3.	δεικ νῠ́-ντων	δεικ νῠ́-σθων
Inf.		δεικ νῠ́-ναι	δείκ νῠ-σθαι
Part.		δεικ νῡ́ς, -νῠ́ντος δεικ νῦσα, -νῡ́σης δεικ νῠ́ν, -νῠ́ντος	δεικ νῠ́-μενος δεικ νῠ-μένη δεικ νῠ-μενον

Fut. Akt. δείξω	Med. δείξομαι	Pass. δειχθήσομαι
Aor. Akt. ἔδειξα	Med. ἐδειξάμην	Pass. ἐδείχθην
Perf. Akt. δέδειχα	Med./Pass. δέδειγμαι	

Beachte:
Thematisch gebildet sind der Konj. und Opt. Präs.:
-νύω, -νύωμαι, -νύοιμι, -νυοίμην,
bisweilen auch andere Formen, z. B.
δεικνύει = δείκνῡσιν, ἐδείκνυε(ν) = ἐδείκνῡ u. a.

S 95 *Der Präsensstamm wird mit dem Suffix* -νῡ-/-νῠ- *gebildet. Der Wechsel der Quantität stellt eine jüngere Form des Ablauts dar. Vgl. im allgemeinen § 107 S 84; u. a. ist auch der Opt. in die thematische Konjugation übergegangen wie der Opt. von* εἶμι *(§ 113); der Imp. der 2. Sg.* δείκνῡ *ist der endungslose Stamm (vgl. § 107 S 84 zu* ἵστη*). — Zu den nicht vom Präsensstamm abgeleiteten Formen vgl. § 94 und § 101, 4a.*

Die übrigen Verben auf -(ν)νῡμι 117

a) **Gutturalstamm**

1. ζεύγνῡμι ich verbinde	ζευγ- ζυγ-	ζεύξω ζευχθήσομαι	ἔζευξα ἐζεύχθην ἐζύγην	— ἔζευγμαι
2. μείγνῡμι ich mische	μειγ- μιγ-	μείξω μειχθήσομαι	ἔμειξα ἐμείχθην ἐμῐ́γην	— μέμειγμαι
3. ἀνοίγνῡμι[1] ἀνοίγω öffne	ϝοιγ-	ἀνοίξω ἀνοιχθήσομαι	ἀνέῳξα ἀνεῴχθην	ἀνέῳχα ἀνέῳγμαι ἀνέῳγα bin offen
4. πήγνῡμι ich mache fest πήγνῡμαι werde fest	πηγ- πᾰγ-	πήξω πᾰγήσομαι	ἔπηξα ἐπᾰ́γην	— πέπηγα bin fest
5. ῥήγνῡμι ich zerreiße (tr.) ῥήγνῡμαι reiße (intr.)	ϝρηγ- ϝρᾰγ-	ῥήξω ῥᾰγήσομαι	ἔρρηξα ἐρρᾰ́γην	— ἔρρωγα bin zerrissen

b) **Liquidastamm**

6. ἀπόλλῡμι[2] richte zugrunde ἀπόλλῠμαι gehe zugrunde	ὀλ- ὀλε-	ἀπολῶ (-εῖς) ἀπολοῦμαι	ἀπώλεσα ἀπωλόμην	ἀπολώλεκα[3] (ἀπωλωλέκειν) ἀπόλωλα[3] (ἀπωλώλειν)
7. ὄμνῡμι ich schwöre	ὀμ- ὀμο-	ὀμοῦμαι	ὤμοσα ὠμό(σ)θη	ὀμώμοκα[3] ὀμώμο(σ)ται

[1] Imperf. ἀνέῳγον u. ἀνεῴγνῡν; zum Augment § 77, 2.
[2] < *ἀπ-ολ-νυ-μι (§ 19, 1). [3] Att. Reduplikation (§ 80, 1).

c) **σ-Stamm und scheinbarer σ-Stamm**[1]

8. κεράννῡμι ich mische	κερᾰ- κρᾱ-	κερῶ (-ᾷς) κρᾱθήσομαι	ἐκέρασα { ἐκρᾱ́θην { ἐκεράσθην	— κέκρᾱμαι
9. κρεμάννῡμι ich hänge	κρεμᾰ-	κρεμῶ (-ᾷς) —	ἐκρέμασα ἐκρεμάσθην	— κρέμαμαι[2] ich hange
10. πετάννῡμι ich breite aus	πετᾰ- πτᾰ-	πετῶ (-ᾷς) —	ἐπέτασα ἐπετάσθην	— πέπταμαι
11. σκεδάννῡμι ich zerstreue	σκεδᾰ-	σκεδῶ (-ᾷς) —	ἐσκέδασα ἐσκεδάσθην	— ἐσκέδασμαι
12. ἀμφιέννῡμι ich bekleide	ϝεσ-	ἀμφιῶ (-εῖς) —	ἠμφίεσα —	— ἠμφίεσμαι
13. σβέννῡμι ich lösche aus σβέννῡμαι ich erlösche (intr.)	σβεσ- σβη-	σβέσω σβεσθήσομαι σβήσομαι	ἔσβεσα ἐσβέσθην ἔσβην	— ἔσβεσμαι ἔσβηκα
14. ῥώννῡμι ich stärke	ῥω-	ῥώσω ῥωσθήσομαι	ἔρρωσα ἐρρώσθην	— ἔρρωμαι
15. στρώννῡμι ich breite aus	στρω-	στρώσω στρωθήσομαι	ἔστρωσα ἐστρώθην	— ἔστρωμαι

S 96 ἀμφιέννυμι < ἀμφιεσ-νυμι *(§ 16, 5 Anm. 1), ebenso* σβέννυμι < σβεσ-νυμι *(neben* σβεσ- *jedoch auch* σβη-, *das verschieden erklärt wird). Nach Vorbildern dieser Art ist das Präsens der vokalisch auslautenden Stämme umgebildet worden (*κεράννυμι *usw.). Der Aor. und das Perf. Pass. dieser Stämme läßt ebenfalls häufig den Einfluß der* σ-*Stämme erkennen (*ἐκρεμάσθην, ἐσκέδασμαι *usw.); siehe auch § 92, 1 zum parasitischen* σ. — κρέμαμαι *ist ein ohne Nasalsuffix gebildetes Präsens mit intransitiver Bedeutung.*

Die sog. unregelmäßigen Verben

118 Übersicht

Die »unregelmäßigen« Verben lassen sich in folgende Klassen einteilen:

1. Verben mit Ablaut (meist ohne besondere Präsenserweiterung);
2. Verben, deren Wurzel in einzelnen Tempusstämmen durch e-Laut erweitert ist (e-Klasse);
3. Verben mit Erweiterung des Präsensstammes durch -ν-, -νε-, -αν- oder Infix -ν- in Verbindung mit -αν- (Nasalklasse);
4. Verben mit Erweiterung des Präsensstammes durch -(ι)σκ-, häufig in Verbindung mit Präsensreduplikation (Inchoativklasse);
5. Verben, die die einzelnen Tempusstämme von verschiedenen Wurzeln bilden (Mischklasse).

---

[1] Siehe u. S 96.

[2] κρέμαμαι flektiert wie δύναμαι § 109; siehe auch S 96.

1. Verben mit Ablaut 119

Meist ohne besondere Präsenserweiterung[1]

1. βάλλω ich werfe	βαλ-[2] βαλε- βλη-	βαλῶ βληθήσομαι	ἔβαλον ἐβλήθην	βέβληκα βέβλημαι
2. καλέω[3] ich rufe	καλε- κλη-	καλῶ κληθήσομαι	ἐκάλεσα ἐκλήθην	κέκληκα κέκλημαι
3. χέω[4] ich gieße	χεϝ- χυ-	χέω χυθήσομαι	ἔχεα ἐχύθην	κέχυκα κέχυμαι
4. πῖπτω[5] ich falle	πετ-/πτ- πτω-	πεσοῦμαι	ἔπεσον	πέπτωκα
5. ἕπομαι[5] ich folge Impf. εἱπόμην § 77, 1	σεπ- σπ-	ἕψομαι	ἑσπόμην Konj. σπῶμαι — ἐπίσπωμαι Opt. σποίμην — ἐπίσποιτο Imp. σποῦ — ἐπίσπου Inf. (ἐπι)σπέσθαι	
6. ἔχω[5] ich habe Impf. εἶχον § 77, 1	σεχ- σχ- σχη-	{ ἕξω { σχήσω	ἔσχον Konj. σχῶ Opt. **σχοίην** Imp. **σχές**, σχέτω	ἔσχηκα
ἔχομαι ich halte mich		{ ἕξομαι { σχήσομαι	ἐσχόμην Konj. σχῶμαι Opt. σχοίμην Imp. σχοῦ, σχέσθω	ἔσχημαι
Komposita, z.B. παρέχω ich gewähre		{ παρέξω { παρασχήσω	παρέσχον Konj. παράσχω Opt. παρά**σχοιμι** Imp. παράσχες	παρέσχηκα
ἀνέχομαι ich ertrage Impf. ἠνειχόμην § 76, 3c		{ ἀνέξομαι { (ἀνασχήσομαι)	ἠνεσχόμην Konj. ἀνάσχωμαι Opt. ἀνάσχοιτο Imp. ἀνάσχου	ἠνέσχημαι
7. τείνω ich spanne	τεν- τη̥-	τενῶ ταθήσομαι	ἔτεινα ἐτάθην	τέτακα τέταμαι

S 97 πῑ-πτω: *Die Reduplikationssilbe hat ῑ statt ῐ (wahrscheinlich in Analogie zu ῥίπτω).* πεσοῦμαι *und* ἔπεσον *sind — vielleicht unter dem Einfluß des sigmatischen Fut. und des sigmatischen Aor. (besonders 3. Sg.) — an die Stelle von* πετοῦμαι *bzw.* ἔπετον *getreten.*
ἕπομαι: *Der Spir. asper des Präs. wurde auf den Aor. übertragen:* ἑσπόμην *statt* ἐ-σπ-όμην.
ἔχω: *Wurzel* σεχ- > ἑχ- > ἐχ- *(§ 16, 1; § 17, 4). Imp. Aor.* σχές *ist mit* θές *usw. (§ 107 S 84), Opt. Aor.* σχοίην *mit* ποιοίην *usw. (§ 88 S 62) vergleichbar.*

[1] Viele Verben mit Ablaut sind schon in der Zusammenstellung § 105 aufgeführt; hier sind nur diejenigen zusammengestellt, die üblicherweise als »unregelmäßige« Verben bezeichnet werden.
[2] Vgl. § 96 S 75. [3] Vgl. § 92 S 70. [4] Vgl. § 92 S 70 u. § 121 S 98. [5] Siehe u. S 97.

120

2. e-Klasse

(Verben, deren Wurzel in einzelnen Tempusstämmen durch e-Laut erweitert ist)

a) **e-Laut im Präsensstamm**

1. δοκέω ich scheine, meine δοκεῖ videtur	δοκε- δοκ-	δόξω δόξει	ἔδοξα ἔδοξεν	— δέδοκται (ist beschlossen)
2. ὠθέω ich stoße	ϝωθε- ϝωθ-	ὤσω ὠσθήσομαι	ἔωσα[1] ἐώσθην	ἔωκα ἔωσμαι
3. σκοπέω σκοπέομαι (σκέπτομαι) spähe, schaue	σκοπε- σκεπ-	σκέψομαι	ἐσκεψάμην	ἔσκεμμαι
4. γαμέω[2] (γυναῖκα) ich heirate γαμέομαι (ἀνδρί) nubo	γαμε/η- γαμ-	γαμῶ γαμοῦμαι	ἔγημα ἐγημάμην	γεγάμηκα γεγάμημαι

b) **e-Laut in allen Tempora außer im Präsensstamm**

5. βούλομαι ich will	βουλ(η)-	βουλήσομαι	ἐβουλήθην	βεβούλημαι
6. μέλλω habe vor; zaudere	μελλ(η)-	μελλήσω	ἐμέλλησα	—
7. δέω ich ermangle δεῖ (μοί τινος) es ist (mir etw.) nötig δέομαι (τινός) ich bedarf, bitte	δεϝ(η)-	δεήσω δεήσει δεήσομαι	ἐδέησα ἐδέησεν ἐδεήθην	δεδέηκα δεδέηκεν δεδέημαι
8. ἐθέλω (θέλω) ich will	(ἐ)θελ(η)-	ἐθελήσω	ἠθέλησα	ἠθέληκα
9. μέλει (μοί τινος) (etw.) liegt (mir) am Herzen ἐπιμέλομαι } (τινός) ἐπιμελέομαι } ich sorge (für jmd.)	μελ(η)-	μελήσει ἐπιμελήσομαι	ἐμέλησεν ἐπεμελήθην	μεμέληκεν ἐπιμεμέλημαι
10. οἴομαι ich glaube, meine	οἰ(η)-	οἰήσομαι	ᾠήθην	—

[1] Augment: § 77, 1b. [2] e-Laut auch im Perfektstamm.

11. ἐρ- (ἐρωτάω) ich frage	ἐρ(η)-	ἐρωτήσω ἐρήσομαι	ἠρώτησα ἠρόμην	ἠρώτηκα
12. ὀφείλω[1] ich schulde, soll	ὀφελ- ὀφειλ(η)-	ὀφειλήσω	ὠφείλησα ὤφελον	ὠφείληκα
13. γίγνομαι[2] ich werde, entstehe	γεν-/γον-[3] γν-/γενη-	γενήσομαι	ἐγενόμην	γεγένημαι γέγονα
14. μάχομαι (τινί) ich kämpfe (gegen)	μαχ(ε)- μαχη-	μαχοῦμαι	ἐμαχεσάμην	μεμάχημαι
15. ἄχθομαι ich ärgere mich (über τινί, ἐπί τινι)	ἀχθ(εσ)-	ἀχθέσομαι	ἠχθέσθην	—

3. Nasalklasse 121

a) **Präsenserweiterung durch -ν-**

1. τέμνω ich schneide	τεμ- τμη-	τεμῶ τμηθήσομαι	ἔτεμον ἐτμήθην	τέτμηκα τέτμημαι
2. κάμνω ich ermüde	καμ- κμη-	καμοῦμαι	ἔκαμον	κέκμηκα
3. φθάνω komme zuvor	φθη- φθᾰ-	φθήσομαι	ἔφθην[4] ἔφθᾰσα	ἔφθᾰκα
4. ἐλαύνω[5] ich treibe, intr.: ziehe	ἐλα-	ἐλῶ (-ᾷς) ἐλαθήσομαι	ἤλασα ἠλάθην	ἐλήλακα[6] ἐλήλαμαι
5. πΐνω ich trinke	πῑ- πο-/πω-	πΐομαι[5] ποθήσομαι	ἔπῐον ἐπόθην	πέπωκα πέπομαι
6. τΐνω bezahle, büße τΐνομαι lasse büßen, räche mich (an jmd. τινά)	τι- τει-	τείσω τείσομαι	ἔτεισα ἐτεισάμην	τέτεικα τέτεισμαι[7]
7. κλΐνω[8] ich lehne, neige	κλῐ- κλῑν-	κλῐνῶ κλιθήσομαι	ἔκλῑνα ἐκλΐθην ἐκλΐνην	κέκλῐκα κέκλῐμαι
8. κρΐνω[8] ich richte	κρῐ- κρῑν-	κρῐνῶ κρῐθήσομαι	ἔκρῑνα ἐκρΐθην	κέκρῐκα κέκρῐμαι

[1] ὀφείλω < ὀφελ-νω (auch sonst hat sich λν gelegentlich so entwickelt; vgl. dagegen § 19, 1); das im Präs. durch Ersatzdehnung entstandene ει drang auch in die übrigen Tempora ein mit Ausnahme von ὤφελον.

[2] Präs.-Reduplikation. [3] Vgl. § 9, 6. [4] Wurzelaorist § 110. [5] Siehe u. S 98.

[9] Att. Reduplikation § 80, 1. [7] Parasit. σ § 92, 1. [8] Vgl. § 98 S 77.

b) **Präsenserweiterung durch -νε-**

9. ἀφικνέομαι ich komme an	ἱκ-	ἀφίξομαι	ἀφῑκόμην	ἀφῖγμαι
10. ὑπισχνέομαι ich verspreche	σχ(η)-	ὑποσχήσομαι	ὑπεσχόμην	ὑπέσχημαι

c) **Präsenserweiterung durch -αν-**

11. ἁμαρτάνω ich fehle, verfehle (τινός)	ἁμαρτ- ἁμαρτη-	ἁμαρτήσομαι —	ἥμαρτον ἡμαρτήθην	ἡμάρτηκα ἡμάρτημαι
12. αἰσθάνομαι ich empfinde, nehme wahr (τινός u. τι)	αἰσθ- αἰσθη-	αἰσθήσομαι	ᾐσθόμην	ᾔσθημαι
13. αὐξάνω ich vermehre	αὐξ- αὐξη-	αὐξήσω { αὐξήσομαι { αὐξηθήσομαι	ηὔξησα ηὐξήθην	ηὔξηκα ηὔξημαι

d) **Präsenserweiterung durch Wurzelinfix -ν- (bzw. -μ-) in Verbindung mit -αν-**

14. λαγχάνω ich erlose, erhalte (τινός u. τι)	λαχ- ληχ-	λήξομαι	ἔλαχον	εἴληχα
15. λαμβάνω ich nehme, empfange	λαβ- ληβ-	λήψομαι ληφθήσομαι	ἔλαβον ἐλήφθην	εἴληφα εἴλημμαι
16. μανθάνω ich lerne	μαθ- μαθη-	μαθήσομαι	ἔμαθον	μεμάθηκα
17. λανθάνω (τινά) ich bin verborgen (vor jmd.) ἐπιλανθάνομαι (τινός) ich vergesse (etw.)	λαθ- ληθ-	λήσω ἐπιλήσομαι	ἔλαθον ἐπελαθόμην	λέληθα ἐπιλέλησμαι
18. πυνθάνομαι ich erfrage, erfahre (τινός τι)	πῠθ- πευθ-	πεύσομαι	ἐπυθόμην	πέπυσμαι
19. τυγχάνω (τινός) ich treffe, erlange	τυχ- τυχη- τευχ-	τεύξομαι	ἔτυχον	τετύχηκα

S 98 ἐλαύνω: *Das Präs. ist nicht direkt auf die Wurzel* ἐλα- *zurückzuführen, sondern vermutlich auf ein von ihr abgeleitetes Substantiv oder Adjektiv; ein entsprechendes Subst. oder Adj. ist jedoch nicht bezeugt.*

Fut. πίομαι: πῑ- *ist Schwundstufe zu* πω- < *pōi- (vgl. § 122 S 99).* — πίομαι *und auch* ἔδομαι *(§ 123, 4) sind ihrem Ursprung nach kurzvokalische Konjunktive (§ 74 S 54) zu athematischen Indikativen, die nicht mehr erhalten sind (doch vgl. den bei Homer vorkommenden Inf.* ἔδ-μεναι *und die Nebenform des Imp. Aor.* πῖ-θι*); sie haben futurische Bedeutung, die im Idg. dem Konj. neben seiner voluntativen Bedeutung eigen war und die aus dieser abgeleitet werden kann:* πῑόμεθα *»wir wollen trinken« > »wir werden trinken« (vgl. § 264, 4, 1 und engl. he will go »er wird gehen«). Dasselbe gilt für das Fut.* χέω *(§ 92 S 70), und ähnlich verhält es sich wahrscheinlich auch mit dem sigmatischen Fut. (*παιδεύσομεν *usw.), obwohl es vielleicht nicht einfach als regelrechter kurzvokalischer Konj. des sigmatischen Aor. angesehen werden darf (zu den langvokalischen Konjunktivformen wie* παιδεύσωμεν *usw. vgl. § 74 S 54); dagegen spricht u. a., daß die sigmatischen Futura sehr oft neben asigmatischen Aoristen stehen (z. B.* βήσομαι : ἔβην*).*

4. Inchoativklasse **122**

(Verben mit Erweiterung des Präsensstammes durch -[ι]σκ-)

1. γηράσκω ich altere	γηρᾱ- γηρᾰ-	γηρᾱ́σομαι	ἐγήρᾱσα	γεγήρᾱκα
2. ἀρέσκω ich gefalle	ἀρε-	ἀρέσω	ἤρεσα	—
3. ἡβάσκω werde mannbar	ἡβη- ἡβᾰ-	ἡβήσω	ἥβησα	ἥβηκα
4. ἀνᾱλίσκω[1] ich wende auf	ἀνᾱλ- ἀνᾱλω-	ἀνᾱλώσω ἀνᾱλωθήσομαι	ἀνήλωσα ἀνηλώθην	ἀνήλωκα ἀνήλωμαι
5. εὑρίσκω[1] ich finde	εὑρ- εὑρη/ε-	εὑρήσω εὑρεθήσομαι	ηὗρον ηὑρέθην	ηὕρηκα ηὕρημαι
6. ἀποθνῄσκω[1] ich sterbe, werde getötet	θαν- θνη-	ἀποθανοῦμαι	ἀπέθανον	τέθνηκα τεθνήξω werde tot sein
7. ἁλίσκομαι[1] ich werde gefangen	ϝᾰλ- ϝᾰλω-	ἁλώσομαι	ἑάλων[2] (ἥλων)	ἑάλωκα (ἥλωκα)
8. πάσχω[1] ich leide	πενθ- πονθ- πn̥θ- > παθ-	πείσομαι	ἔπαθον	πέπονθα

[1] Siehe u. S 99. [2] Augment § 77, 2; Wurzelaorist § 110.

Mit Präsensreduplikation:

9. ἀποδιδρᾱ́σκω (τινά) ich entlaufe	δρᾱ-	ἀποδρᾱ́σομαι	ἀπέδρᾱν[1]	ἀποδέδρᾱκα
10. γιγνώσκω ich erkenne	γνω-	γνώσομαι γνωσθήσομαι	ἔγνων[1] ἐγνώσθην[2]	ἔγνωκα ἔγνωσμαι[2] (γνωστός)
11. ἀναμιμνῄσκω[3] ich erinnere (τινά τι jmd. an etw.) μιμνῄσκομαι (τινός) ich erinnere mich	μνη-	ἀναμνήσω μνησθήσομαι	ἀνέμνησα ἐμνήσθην[2]	— μέμνημαι μεμνήσομαι meminero
12. τιτρώσκω ich verwunde	τρω-	τρώσω τρωθήσομαι	ἔτρωσα ἐτρώθην	τέτρωκα τέτρωμαι
13. βιβρώσκω (vgl § 123, 4) ich verzehre, esse	βρω-	— βρωθήσομαι	— ἐβρώθην	βέβρωκα βέβρωμαι
14. διδάσκω[3] ich lehre διδάσκομαι lasse mich belehren, lerne	διδαχ-	διδάξω διδαχθήσομαι διδάξομαι	ἐδίδαξα ἐδιδάχθην ἐδιδαξάμην	δεδίδαχα δεδίδαγμαι (διδακτός)

S 99 ἀνᾱλί-σκω, εὑρί-σκω, ἁλί-σκομαι: *Das vermutlich lange ῑ dieser Verben war Wurzelauslaut, wurde aber als zum Suffix gehörig empfunden; von diesen Verben übertrug man* -ῑσκω *auch auf andere (*ἀποθνῄσκω, ἀναμιμνῄσκω*).* ἀνᾱλίσκω < ἀνα-ϝαλῑ-σκω *(§ 15, 2; § 12, 1) enthält dieselbe Wurzel wie* ἁλῑ́σκομαι < ϝαλῑ-σκομαι *(§ 15, 2).* ϝαλῑ- *steht zu* ϝαλω- < ϝαλωι- *(vgl. § 45 S 28) im Ablautverhältnis (*ῑ *ist die Schwundstufe der* ι*-Langdiphthonge); ebenso verhält sich* εὑρί-σκω *zu* εὑρή-σω *usw.*

πάσχω: < πατ-σχω < παθ-σκω *(*τ-χ < θ-κ*: Metathese der Aspiration).* πείσομαι < πενθ-σομαι *(§ 16, 9 und 7).*

διδάσκω: *Es handelt sich nur scheinbar um einen Gutturalstamm, in Wirklichkeit liegt wohl die Wurzel* δα(σ)- *zugrunde (vgl. hom.* δέ-δα-ε *»er lehrte«). Von dieser Wurzel bildete man mit Reduplikation und Suffix* -σκ- *das Präs.* δι-δα-σκω *und dazu unter Beibehaltung der Reduplikation und des Suffixes Fut.* διδάξω < διδάσκ-σω *und Aor.* ἐδίδαξα < ἐδιδασκ-σα *(*-σκσ- > -ξ- *ist vorauszusetzen); die übrigen Formen wurden dann nach dem Vorbild der Gutturalstämme hinzugebildet (wie* ταράξω *usw.)*

---

[1] Wurzelaorist § 110.

[2] Parasit. σ § 92, 1.

[3] Siehe u. S 99.

5. Mischklasse 123

(Verben, die die einzelnen Tempusstämme von verschiedenen Wurzeln bilden)

1. παίω τύπτω πλήττω (§ 105, 5) πατάσσω } ich schlage	παι- τυπτ(ε)- πληγ- παταγ-	παίσω τυπτήσω πατάξω πληγήσομαι	ἔπαισα ἐπάταξα ἐπλήγην	πέπληγα πέπληγμαι πεπλήξομαι
2. αἱρέω ich nehme Med. ich wähle Pass. (z. Akt. u. Med.)	αἱρε- αἱρη- ἑλ-	αἱρήσω αἱρήσομαι αἱρεθήσομαι	εἷλον εἱλόμην ᾑρέθην	ᾕρηκα ᾕρημαι ᾕρημαι
3. ὁράω ich sehe Impf. ἑώρων § 77, 2	ϝορα- ὀπ- ϝιδ-	ὄψομαι ὀφθήσομαι (ὀπτός, ὁρᾱτός)	εἶδον ὤφθην	ἑώρᾱκα ἑώρᾱμαι ὦμμαι
4. ἐσθίω[1] βιβρώσκω } ich esse, verzehre	ἐδ- βρω- φαγ-	ἔδομαι βρωθήσομαι	ἔφαγον ἐβρώθην ἠδέσθην	βέβρωκα ἐδήδοκα βέβρωμαι ἐδήδεσμαι
5. ἔρχομαι ich gehe, komme	ἐρχ- εἰ- ἐλυθ- ἐλθ-	εἶμι	ἦλθον	ἐλήλυθα (ἥκω ich bin da)
6. ζῶ (ζῆν) βιοτεύω } ich lebe	βιο(τευ)- βιω- ζη-	βιώσομαι	ἐβίων[2]	βεβίωκα
7. φέρω ich trage Med. Pass.	φερ- οἰ- ἐνεκ- ἐνοκ- ἐγκ-	οἴσω οἴσομαι ἐνεχθήσομαι	ἤνεγκον[1] ἤνεγκα ἠνεγκάμην ἠνέχθην	ἐνήνοχα[1] ἐνήνεγμαι ἐνήνεγμαι (οἰστός)
8. πωλέω ἀποδίδομαι πιπρᾱ́σκω } ich verkaufe	πωλε- δω-/δο- πρᾱ-	πωλήσω ἀποδώσομαι πρᾱθήσομαι	ἐπώλησα ἀπεδόμην ἐπρᾱ́θην	πεπώληκα πέπρᾱκα πέπρᾱμαι
9. τρέχω θέω } ich laufe	τρεχ- θεϝ- δραμ(ε)-	δραμοῦμαι	ἔδραμον	δεδράμηκα

[1] Siehe u. S 100. [2] Wurzelaorist § 110.

10. καθίζω[1] ich setze (tr.) u. ich setze mich καθίζομαι } ich setze καθέζομαι } mich, sitze	ἱδ- ἱζ(ε)- ἑδ-	καθιῶ καθεδοῦμαι	ἐκάθισα ἐκαθεζόμην (Impf. u. Aor.)	— κάθημαι § 115
11. ὠνέομαι ich kaufe	ϝωνε- πρια-	ὠνήσομαι ὠνηθήσομαι	ἐπριάμην[2] ἐωνήθην	ἐώνημαι ἐώνημαι
12. σῴζω ich rette	σῳδ- σω-	σώσω σωθήσομαι	ἔσωσα ἐσώθην	σέσωκα σέσῳσμαι
13. ἀγορεύω } ich rede, λέγω } sage, φημί } spreche	ἀγορευ- λεγ- φη- ϝεπ-/ϝπ- ϝερ-/ϝρη-	{ ἐρῶ { λέξω { φήσω { ῥηθήσομαι { λεχθήσομαι	{ εἶπον[1] { ἔλεξα { ἔφην { ἐρρήθην { ἐλέχθην	 εἴρηκα[1] { εἴρημαι[1] { λέλεγμαι
Komposita:				
ἀπαγορεύω 1. verbiete 2. ermüde		ἀπ-ερῶ	ἀπ-εῖπον	ἀπ-είρηκα
διαλέγομαι ich unterrede mich		δια-λέξομαι	δι-ελέχθην	δι-είλεγμαι
συλλέγω ich sammle		συλ-λέξω συλ-λεγήσομαι	συν-έλεξα συν-ελέγην	συν-είλοχα συν-είλεγμαι

S 100 *Zu* ἔδομαι *s. o. § 121 S 98; die übrigen von der Wurzel* ἐδ- *abgeleiteten Formen* (ἐσθίω, ἐδήδοκα, ἠδέσθην, ἐδήδεσμαι) *haben bestimmte Umbildungen erfahren, die hier nicht erörtert werden sollen.*

ἤνεγκον: < ἠν-ενκ- *(§ 19, 4;* ἐνκ- *Schwundstufe zu* ἐνεκ-*); zur Reduplikation vgl.* ἤγαγον *(s. u.).* ἐνήνοχα: *zur att. Reduplikation vgl. § 80, 1, zur Aspiration § 101, 4a.*

καθίζω *usw.: Die meisten Formen sind von der Wurzel sed- (sd-) abgeleitet, das Perf.* κάθημαι *jedoch von der Wurzel ēs- (s. u.).*

καθ-ΐζω < σι-σδ-ω *(§ 16, 1; § 2, 3b), dazu bildete man* καθιῶ *und* ἐκάθισα *in Analogie zu* κομιῶ *bzw.* ἐκόμισα. καθ-έζομαι < σεδ-ιομαι *(§ 16, 1; § 14, 10).* καθ-εδοῦμαι < σεδ. *(§ 16, 1), att. Fut. (§ 95 S 73). Aor.* ἐκαθ-εζόμην < σε-σδ-όμην, *reduplizierter Aor. (s. u.).* κάθημαι: *Von* καθέζομαι *usw. wurde die Aspiration auf* κάθημαι *usw. übertragen (Wurzel ēs-, s. o.).* κάθ-ημαι < ἡσ-μαι *(§ 16, 5; § 11 Anm. 2); lautgesetzlich auch 1. Pl. sowie 2. Sg. u. Pl.; analog dazu 3. Sg. u. Pl.*

εἶπον: < ἔ-ειπον *(§ 12, 1)* < ἐ-ϝε-ϝπ-ον: *dazu und zu* εἴρηκα, εἴρημαι *siehe § 80 S 60;* εἶπον *ist reduplizierter Aorist wie* ἐκαθέζετο *(s. o.) und mit vollerer Reduplikation* ἤγαγον *(§ 99, 5c) und* ἤνεγκον *(s. o.);* εἰπεῖν, εἴπω *usw.* < ϝε-ϝπ- *(vgl. den obigen Verweis).*

[1] Siehe u. S 100. [2] Siehe § 109.

Der Dual beim Verbum 124

Der Dual in der Konjugation hat nur für die 2. und 3. Person besondere Endungen; für die 1. Person des Duals tritt die 1. Pl. ein.

Die Endungen des Duals:

		Haupttempora und Konjunktive	Nebentempora und Optative	Imperative
Aktiv	2.	-τον	-τον	-τον
und Aor. Pass.	3.	-τον	-την	-των[1]
Medium	2.	-σθον	-σθον	-σθον
und Passiv	3.	-σθον	-σθην	-σθων[2]

Beispiele:

Präsens		Ind.	Konj.	Opt.	Imp.
Akt.	2.	παιδεύ ε-τον	παιδεύ η-τον	παιδεύ οι-τον	παιδεύ ε-τον
	3.	παιδεύ ε-τον	παιδεύ η-τον	παιδευ οί-την	παιδευ έ-των
Med./	2.	παιδεύ ε-σθον	παιδεύ η-σθον	παιδεύ οι-σθον	παιδεύ ε-σθον
Pass.	3.	παιδεύ ε-σθον	παιδεύ η-σθον	παιδευ οί-σθην	παιδευ έ-σθων

Impf.	Akt.	ἐ-παιδεύ ε-τον	ἐ-παιδευ έ-την		
	M./P.	ἐ-παιδεύ ε-σθον	ἐ-παιδευ έ-σθην		
Aorist					
Akt.	Ind.	ἐ-παιδεύ σ-α-τον	ἐ-παιδευ σ-ά-την	Konj.	παιδεύ σ-η-τον usw.
Med.	Ind.	ἐ-παιδεύ σ-α-σθον	ἐ-παιδευ σ-ά-σθην	Opt.	παιδεύ σ-αι-σθον usw.
Pass.	Ind.	ἐ-παιδεύ θη-τον	ἐ-παιδευ θή-την	Konj.	παιδευ θῆ-τον usw.

[1] Z. T. ebenso im Pl. (vgl. § 74 S 55). [2] Ebenso im Pl.

Wortbildungslehre

Die Wörter der griechischen Sprache enthalten teils nur einen, teils mehrere Wortstämme; danach unterscheiden wir **einfache** und **zusammengesetzte** Wörter (Simplicia und Composita).

125 A. SIMPLICIA

Bei den einfachen Wörtern unterscheiden wir **Wurzel** und **Stamm.** Bisweilen ist der Stamm gleich der Wurzel, z. B. in θήρ, μήν, γῦψ (γῡπ-), γράφ-ω, φη-μί (Wurzelwörter). Meistens aber entsteht der Wortstamm aus der Wurzel durch Anfügung eines besonderen Bildungselementes, das wir **Suffix**[1] nennen (abgeleitete Wörter). An den Wortstamm treten bei flektierbaren Wörtern die **Endungen.** Vgl. § 21.

Beispiele:

(τὴν) γραφ-ή-ν, (τοῦ) γράμ-ματ-ος, παιδ-εύ-ω.

Von einem aus Wurzel und Suffix bestehenden Wortstamm können durch Anfügung weiterer Suffixe neue Wörter abgeleitet werden, z. B.

γραμ-ματ-ικ-ό-ς, γραμ-ματ-εύς.

Bei der Zusammenfügung konsonantisch auslautender Wurzeln und konsonantisch anlautender Suffixe treten die lautgesetzlichen Veränderungen ein, z. B. πίσ-τις (W. πιθ-) und πράκ-τωρ (W. πραγ-). Häufig erscheint in abgeleiteten Wörtern Ablaut des Wurzelvokals.

In der folgenden Übersicht ist überall das Suffix, wie es in Verbindung mit der Nominativendung erscheint, angegeben.

126 I. Bildung der Substantive

1. Nomina personalia:

Substantive, die eine Person bezeichnen, meistens nach ihrer Tätigkeit (nomina agentis) oder nach ihrer Heimat (nomina gentilia) oder Abstammung (nomina patronymica.)

a) **-της, -τηρ, -τωρ:**

ὁ ποιη-τής »der Dichter«, ὁ ἁρμοσ-τής »der Ordner«, ὁ δεσπό-της »der Herrscher« (Fem. ἡ δεσπό-τις), ὁ πολίτης »der Bürger«, ὁ Συβαρίτης »der Bewohner von Sybaris, Sybarit«, ὁ Αἰγινή-της »der Bewohner von Aigina«, ὁ σω-τήρ »der Retter« (Fem. ἡ σώ-τειρα, aus *σωτερι̯α), ὁ ῥή-τωρ »ora-tor«, ὁ πράκ-τωρ »der Täter«, ὁ Ἕκ-τωρ (»der Erhalter«).

[1] suffigere »(unten oder) hinten anheften«.

b) **-ευς:**

ὁ γραφ-εύς »der Schreiber«, ὁ ἱππ-εύς »der Reiter«, ὁ ἱερ-εύς »der Priester« (Fem. ἡ ἱέρ-εια aus *ἱερ-εϝ-ɩ̯α), ὁ Μεγαρ-εύς »der Megarer«; mit Ablaut: ὁ νομ-εύς »der Hirt«, ὁ τροφ-εύς »der Ernährer«.

c) **-μην, -μων:**

ὁ ποι-μήν »der Hüter, Hirt«, ὁ ἡγε-μών »der Führer«, ὁ Φιλή-μων (»der Liebhaber«).

d) **-ος:**

ὁ ἀοιδ-ός »der Sänger«, ὁ πομπ-ός »der Geleiter«; auch in Komposita: ὁ ἵππ-αρχ-ος »der Reiteroberst«, ὁ ζω-γράφ-ος »der Maler«, ὁ λοχ-ᾱγ-ός »der Führer eines Lochos«.

Nomina patronymica:

e) **-άδης, -ίδης,** (-ιάδης):

ὁ Αἰνει-άδης »der Nachkomme des Aineias«, ὁ Πριαμ-ίδης »der Nachkomme des Priamos«, ὁ Πελοπ-ίδης »der Nachkomme des Pelops«, ὁ Ἀτρείδης (aus *Ἀτρεϝ-ιδης) »der Atride«, ὁ Λαερτ-ιάδης »der Sohn des Laertes«.

f) **-ίων:**

ὁ Κρον-ίων (= Κρον-ίδης) »der Sohn des Kronos, Kronide«.

2. Nomina actionis und **rei actae:**

Sie bezeichnen eine Tätigkeit (ein Geschehen) oder das Ergebnis einer Tätigkeit.

a) **-ος** (mit o-Ablaut):

ὁ λόγ-ος »das Reden, die Rede, das (gesprochene) Wort«, ὁ τρόχ-ος »der Lauf«, ὁ ψόγ-ος »der Tadel«.

b) **-ᾱ, -η** (meistens mit Ablaut):

ἡ ἀγορ-ά »die Versammlung«, ἡ φθορ-ά »die Vernichtung«, ἡ φυλακ-ή »das Wachen, die Bewachung«, ἡ φυγ-ή »die Flucht«, ἡ τροπ-ή »die Umkehr«.

c) **-ίᾰ:**

ἡ μαν-ία »das Rasen, die Raserei«, ἡ ἀγγελ-ία »die Meldung«; vielfach zu Verben auf -εύω (-εϝω): ἡ παιδεία (aus *παιδηϝ-ια) »die Erziehung«, ἡ μαντεία »die Weissagung«, ἡ βασιλεία »die Königsherrschaft«.

d) **-τις, -σις** (vgl. § 17, 2):

ἡ πίσ-τις (aus *πιθ-τις) »das Vertrauen«, ἡ κρί-σις »die Entscheidung«, ἡ δό-σις »das Geben, die Gabe«, ἡ πρᾶξις (aus *πραγ-σις) »das Tun, die Tat«.

e) **-μός:**

ὁ στεναγ-μός »das Seufzen«, ὁ λογισ-μός »die Überlegung«, ὁ ψαλ-μός »das Saitenspiel«.

f) **-μη:**

ἡ γνώ-μη »die Einsicht«, ἡ ἐπιστή-μη »das Wissen, die Wissenschaft«, ἡ γραμ-μή »der Schriftzug, die Linie«.

g) **-μα** (-ματ-):

τὸ γράμ-μα »das Geschriebene, der Buchstabe«, τὸ πρᾶγ-μα »die Tat«, τὸ ποίη-μα »das Gedicht«.

3. Nomina instrumenti und nomina loci:

Jene bezeichnen das Werkzeug zu einer Handlung, diese den Ort einer Handlung oder den Aufenthaltsraum von Personen, Tieren, Sachen.

a) **-τρον, -τρᾱ** (Fem.):

τὸ ἄρο-τρον (arā-trum) »der Pflug«, τὸ πλῆκ-τρον »der Schlägel«, τὸ θέᾱ-τρον »das Theater, die Schaubühne«; ἡ ὀρχή-σ-τρα »der Tanzplatz«, ἡ παλαί-σ-τρα »der Ringplatz«.

b) **-ιον:**

τὸ γυμνάσ-ιον »der Turnplatz«, τὸ Ἡραῖον »der Heratempel«, τὸ πρυτανεῖον (aus *πρυτανηϝ-ιον) »das Amtshaus der Prytanen«, τὸ Θησεῖον (aus *Θησηϝ-ιον) »der Theseustempel«, (danach auch τὸ Μουσ-εῖον »der Musentempel, das Museum«).

c) **-τήριον:**

τὸ φυλακ-τήριον »das Wachthaus«, τὸ βουλευ-τήριον »das Rathaus«, τὸ δικασ-τήριον »die Gerichtsstätte«.

4. Nomina qualitatis:

Sie bezeichnen eine Eigenschaft (meistens von Adjektiven abgeleitet).

a) **-ιᾱ, -ι̯ᾰ:**

ἡ σοφ-ία »sapient-ia«, ἡ πεν-ία »die Armut«, ἡ κακ-ία »die Schlechtigkeit«, ἡ ἐλευθερ-ία »die Freiheit«; ἡ ἀλήθεια (aus *ἀληθεσ-ι̯α) »die Wahrheit«, ἡ εὔνοια »das Wohlwollen«.

b) **-της:**

ἡ μικρό-της »parvi-tas«, ἡ νεό-της »iuven-tus«, ἡ κακό-της »die Schlechtigkeit«, ἡ παχύ-της »die Dicke«, ἡ βραδυ-τής »die Langsamkeit«.

c) **-σύνη:**

ἡ δικαιο-σύνη »die Gerechtigkeit«, ἡ σωφρο-σύνη »die Besonnenheit«, ἡ εὐφρο-σύνη »die Heiterkeit«.

d) **-ος** (Neutra):

τὸ εὖρ-ος »die Breite«, τὸ βάθ-ος »die Tiefe«, τὸ ψεῦδ-ος »die Unwahrheit, Lüge«, τὸ αἶσχ-ος »die Häßlichkeit, Schande«.

5. Nomina diminutiva:

Sie bezeichnen eine Verkleinerung gegenüber dem Stammwort.

a) **-ιον, -ίδιον, -άριον:**

τὸ μαχαίρ-ιον »das Messerchen«, τὸ παιδ-ίον »das Knäbchen«, τὸ ἀσπίδ-ιον »das Schildchen« (oft ohne Diminutivbedeutung: τὸ βιβλ-ίον »das Buch«, τὸ θηρ-ίον »das Tier«, τὸ χωρ-ίον »das Land«);
τὸ νησ-ίδιον »das Inselchen«, τὸ ξιφ-ίδιον »das kleine Schwert, der Dolch«, τὸ αἰγ-ίδιον »das Zicklein«;
τὸ παιδ-άριον »das Knäbchen«, τὸ ἱππ-άριον »das Pferdchen«.

b) **-ίσκος:**

ὁ παιδ-ίσκος »das Knäbchen«, ὁ νεαν-ίσκος »der Jüngling«, ὁ ἀστερ-ίσκος »das Sternchen«.

II. Bildung der Adjektive 127

Zahlreich sind die mit den Suffixen -ο- und -ᾱ-, -η- gebildeten Adjektive (auf -ος, -ᾱ oder -η, -ον), ohne daß diese nach ihrer Bedeutung einheitlich bezeichnet werden könnten, z. B.

σοφ-ός, κακ-ός, καλ-ός, μικρ-ός, νέ-ος, φίλ-ος.

Ebensowenig läßt sich eine einheitliche Bedeutung feststellen bei den Adjektiven auf:

-ύς, -εῖα, ύ (siehe § 44):

ἡδ-ύς (ἥδομαι) »angenehm, süß«, εὐρύς (τὸ εὖρος) »breit«, ὀξύς »scharf«. Zu πολύς siehe § 47.

-ής, -ές (Gen. -οῦς):

σαφής »deutlich, klar«, εὐ-τυχής »glücklich«, ἀ-ηδής »unangenehm«, ἀ-σφαλής »ungefährdet, sicher«. (Einige Adjektive auf -ης sind nicht endbetont: πλήρης »voll«, εὐώδης »wohlriechend«, ἀήθης »ungewohnt«; siehe § 42.)

Eine bestimmte Bedeutung erhalten durch das betreffende Suffix die Adjektive mit folgenden Ausgängen:

1. **-(ι)κός** und **-(ι)μος** (Zugehörigkeit oder Tauglichkeit):

φυσι-κός »die Natur betreffend«, Ἑλλην-ικός »griechisch«, βασιλ-ικός »königlich«, γραφ-ικός »zum Schreiben (oder Malen) gehörig oder geeignet«, ἀρχ-ικός »zum Herrschen befähigt«, (substantiviert: ἡ μουσ-ική [erg. τέχνη] »die Musik«, ἡ γραμματ-ική »die Grammatik);

μάχ-ιμος »streitbar«, νόμ-ιμος »gebräuchlich«, στρατεύσι-μος (στράτευσις) »zum Kriegsdienst geeignet«, χρήσι-μος (χρῆσις) »brauchbar«.

2. **-ινος** und **-εος** (Stoff):

ξύλ-ινος »hölzern«, ἀδαμάντ-ινος »stählern«;
(χρύσ-εος) χρυσ-οῦς »golden«, (ἀργύρ-εος) ἀργυρ-οῦς »silbern«.

3. **-ιος, -αιος, -ειος** (Zugehörigkeit oder Angemessenheit):

Λακεδαιμόν-ιος »lakedaimonisch«, πάτρ-ιος »väterlich, zum Vater gehörig«, οὐράν-ιος »himmlisch«;
δίκ-αιος »rechtmäßig, gerecht«, ἀναγκ-αῖος »notwendig«, σκοτ-αῖος »dunkel«;
Ὁμήρ-ειος »homerisch«, δούλ-ειος »knechtisch«, βασίλ-ειος »königlich«, ἀνδρ-εῖος »mannhaft«.

4. **-λός, -νός, -ρός** (Neigung, Fülle):

δει-λός (W. δει-) »furchtsam«, σιγη-λός »schweigsam«;
ἀλγει-νός (aus *ἀλγεσ-νος) »schmerzhaft«, ὀρει-νός (aus *ὀρεσ-νος) »gebirgig«, σκοτει-νός (aus *σκοτεσ-νος) »dunkel«; daneben gibt es einzelne alte Verbaladjektive auf -νός: δει-νός »timendus, furchtbar«, σεμ-νός (aus *σεβ-νος) »venerandus, ehrwürdig«, ἁγ-νός (W. ἁγ-, vgl. ἅζω »ich scheue«) »ehrwürdig, heilig«; vgl. lat. dig-nus (aus *dec-nos, zu dec-et, dec-us) »(des Schmückens) würdig«;
φθονε-ρός »voll Neid, neidisch«, φοβε-ρός »grauenvoll«, λυπη-ρός »leidvoll«, πονη-ρός »mühselig, schlecht«, ἰσχυ-ρός »kraftvoll«.

5. **-εις, -εσσα, -εν**, Gen. -εντος, -έσσης, -εντος (Fülle):

ὑλή-εις »waldreich«, χαρί-εις »anmutreich«, ἰχθυ-ό-εις »fischreich«, πυρ-ό-εις »feurig«.

Beachte, wie bei den Adjektiven das zugrunde liegende Wort bald in der Form des Stammes, bald in der Form der Wurzel erscheint, bisweilen auch durch ein eingeschobenes -ο- mit dem Suffix verbunden ist!

III. Bildung der Adverbien

Siehe §§ 52—55

128
IV. Bildung der Verben

Neben den Wurzelverben (wie ἄρχ-ω, γράφ-ω, πείθ-ω) gibt es im Griechischen viele Verben, deren Präsensstamm eine Wurzelerweiterung aufweist; vgl. § 83. Alle Verben mit dem Suffix -(ι)σκ- haben inchoative Bedeutung. Auch bei den Verben, deren Präsensstamm durch -i̯- erweitert ist, finden sich bedeutungsverwandte Gruppen.

So bezeichnen oft:

1. die Verben auf **-έω** und **-εύω** einen Zustand oder eine Eigenschaft:

ἀνθ-έω »ich stehe in Blüte«, φιλ-έω »ich bin Freund«, νοσ-έω »ich bin krank«; besonders häufig Ableitungen von Komposita: εὐτυχ-έω »ich bin glücklich«, ἀδικ-έω »ich bin ungerecht«, στρατηγ-έω »ich bin Feldherr«, ἱππαρχ-έω »ich bin Reiteroberst«, βασιλ-εύω »ich bin König«, δουλ-εύω »ich bin Knecht«, ἱππ-εύω »ich bin Reiter«;

viele Verben auf -έω und -εύω bezeichnen auch eine Tätigkeit: ἀσκέω »ich übe«, ἱερεύω »ich opfere, schlachte«, παιδεύω »ich erziehe«, φονεύω »ich morde«;

2. die Verben auf **-άζω** und **-ίζω** eine Tätigkeit (körperlich oder geistig):

δικ-άζω »ich richte«, γυμν-άζω »ich übe«, ἀγορ-άζω »ich handle, kaufe (auf dem Markt)«, ἀναγκ-άζω »ich zwinge«;

βαδ-ίζω »ich schreite«, ἀκοντ-ίζω »ich werfe den Speer«, ἀγων-ίζομαι »ich kämpfe«, νομ-ίζω »ich glaube, meine«, ὁρ-ίζω »ich begrenze«; beachte: ἑλλην-ίζω, βοιωτ-ίζω »ich halte es mit den Griechen, mit den Boiotern«;

3. die Verben auf **-ῡνω, -όω** die Verursachung eines Zustandes (verba causativa oder factitiva):

βαρ-ύνω »ich mache schwer«, βραδ-ύνω »ich verlangsame«, θρασ-ύνω »ich ermutige«; δηλ-όω »ich mache offenbar«, δουλ-όω »ich mache zum Sklaven«, ζημι-όω »ich bringe in Schaden, bestrafe«, πυρ-όω »ich setze in Brand«.

B. KOMPOSITA

I. Form der Zusammensetzung

1. Zusammengesetzte Nomina

129
Das erste Glied

1. Das erste Glied ist **ein Nomen:**

a) Das erste Glied erscheint unverändert als Kasus:

ἡ Νεά-πολις (»Neustadt«), ὁ νεώσ-οικος »das Schiffshaus«, ναυσί-κλυτος »durch seine Flotte berühmt«, ὀρει-βάτης (und hom. ὀρεσσι-βάτης) »im Gebirge schweifend«.

b) Als erstes Glied erscheint der unveränderte Wortstamm:

vokalische Stämme: νικη-φόρος »siegbringend«, ὁ οἰκο-δόμος »der Baumeister«, φιλόσοφος »weisheitliebend«, ἡ πολι-ορκία »die Belagerung«, πολύ-πους »vielfüßig«, Θρασύβουλος (»Kühnrat«), ἀστυ-γείτων »der Stadt benachbart«, ἡ ναυ-μαχία »die Seeschlacht«, ὁ βου-κόλος »der Rinderhirt«;

konsonantische Stämme: ἡ ἀνδρ-αγαθία »die Mannhaftigkeit«, ἡ μελαγ-χολία »der Trübsinn«, τελεσ-φόρος »Vollendung bringend«.

c) Zwischen dem ersten und zweiten Glied ist der Vokal **ο** eingeschoben:

ὁ γεω-μέτρης (aus *γη-**ο**-μετρης) »der Landmesser«, ὁ μηχαν-**ο**-ποιός »der Maschinenbauer«, ὁ φυσι-**ο**-λόγος »der Naturforscher«, ὁ πατρ-**ο**-κτόνος »der Vatermörder«, ὁ παιδ-**ο**-τρῐ́βης »der Turnlehrer«.

Durch Analogiebildung (nach οἰκο-δόμος, φιλό-σοφος, μισό-λογος usw.) hervorgerufen, übernimmt das -ο- die Rolle eines besonderen Kompositionsvokals und verdrängt gelegentlich den Stammesauslaut des ersten Gliedes (Νικ-ό-μαχος neben νικη-φόρος). Vgl. im Lat.: armiger, stellifer, opifex, particeps, multiplex, honorificus; im Deutschen: Geburtsfest, Arbeitslohn, Freiheitskampf.

2. Das erste Glied ist ein **Adverb** (meist unverändert) oder eine **Kompositionspartikel:**

εὐ-τυχής »glücklich«, ἡ ἀγχί-νοια »die Geistesgegenwart«, ἀεί-ζωος »ewig lebend«, παλαι-γενής »hochbetagt«, ἡ παλιν-ῳδία »der Widerruf«, παλίρ-ρυτος »zurückströmend«;

nur in Zusammensetzungen kommen vor:

ἡμι- »halb«:

ὁ ἡμί-θεος »der Halbgott«, τὸ ἡμι-τάλαντον »das halbe Talent«, ἡμι-τέλεστος »halbvollendet«;

δυσ- »übel-, miß-, un-«: ἡ δύσ-νοια »das Übelwollen«, δύσ-θυμος »mißmutig, unmutig«, δυσ-ειδής »mißgestaltet«, δύσ-βατος »unwegsam«;

ἀ- »un-, -los« (α privativum, vgl. § 13, 4), vor Vokalen ἀν-; verwandt νη- (ursprünglich νε-):

ἀ-θάνατος »unsterblich«, ἀ-βλαβής »unbeschädigt«, ἄ-βουλος »ratlos«, ἄν-οπλος »unbewaffnet, wehrlos«, ἀργός (aus ἀ-Ϝεργος) »untätig«, ἄκων (aus *ἀϜεκων) »unfreiwillig«;

νημερτής (vgl. ἁμαρτάνω) »unfehlbar, wahrhaft«, νηλεής (vgl. ἔλεος) »mitleidlos«, **νήνεμος** (vgl. ὁ ἄνεμος) »windstill«.

3. Das erste Glied ist eine **Präposition:**

ἡ εἴσ-οδος »der Eingang«, ὁ συ-στρατιώτης »der Kamerad«, ὁ πρό-εδρος »der Vorsitzende«, τὸ ὑπο-ζύγιον »das Lasttier«; μετ-αίτιος »mitschuldig«, σύν-εργος »mitarbeitend«, πρόσ-οικος »anwohnend«, περι-φανής »ringsum sichtbar, sehr deutlich«, ἐπί-ορκος »meineidig«.

4. Das erste Glied ist **verbal** (selten):

a) Das zweite Glied lautet **vokalisch** an:

φερ-έγγυος (φέρειν, ἡ ἐγγύη) »Bürgschaft leistend«, παυ-σ-άνεμος »windstillend«;

b) das zweite Glied lautet **konsonantisch** an (Kompositionsvokal: -ε- oder -ι- oder -ο-):

ὁ Ἀρχ-έ-λαος (»der Führer des Volkes«), ὁ ἀρχ-ι-τέκτων »der Baumeister«, λυσ-ι-τελής »nützlich (eig. die Kosten einbringend)«, ἡ λειπ-ο-στρατία »die Fahnenflucht«.

Das zweite Glied 130

1. Bei der Bildung von **Substantiven**

a) Abstrakte Substantive bleiben nur unverändert nach Präpositionen, sonst tritt eine Veränderung ein:

ἡ ἀνά-βασις »der Marsch ins Binnenland«, ἡ εἰσ-βολή »der Einfall«;

dagegen: ἡ ναυ-μαχία (μάχη) »die Seeschlacht«, ἡ τραγ-ῳδία (ᾠδή) (»der Bocksgesang«) »die Tragödie«, ἡ φιλο-τιμία (τιμή) »die Ehrliebe«, ἡ εὐ-πρᾱξία (πρᾱ̃ξις) »das Wohlbefinden«.

b) Konkrete Substantive bleiben im zweiten Gliede meist unverändert:

ἡ ἀκρό-πολις »die Oberstadt«, αἱ Θερμο-πύλαι »die Thermopylen«, οἱ ὀπισθο-φύλακες »die Nachhut«, ἡ ἡμί-ονος »das Maultier«, τὸ ἡμι-τάλαντον »das halbe Talent«;
dagegen: τὸ ἡμι-δᾱρεικόν (δᾱρεικός) »der halbe Dareikos«, τὸ ἡμι-ωβόλιον (ὀβολός) »der halbe Obolos«.

c) Häufig ist das zweite Glied ein selbständig nicht vorkommendes verbales Substantiv (nomen agentis):

ὁ στρατ-ηγός (ἄγ-ειν) »der Heerführer«, ὁ ναύ-αρχος (ἄρχ-ειν) »der Admiral«, ὁ ναυ-πηγός (πηγ-νύναι) »der Schiffsbaumeister«, ὁ δημ-αγωγός (ἀγ-αγ-εῖν) »der Volksführer«, ὁ νομο-θέτης (τι-θέ-ναι) »der Gesetzgeber«, ὁ συν-ωμότης (ὀμ-νύναι) »der Mitverschworene«.

2. Bei der Bildung von **Adjektiven**

a) Substantive auf -ος, -ις und -υς erscheinen im zweiten Glied, besonders nach α privativum und Präpositionen, als Nom. Mask. der Form nach unverändert:

ἀ-κίνδυνος »ungefährlich«, ἀ-θάνατος »unsterblich«, ἄπ-οικος »ausgewandert«, σύμ-βιος »zusammenlebend«, φιλ-άνθρωπος »menschenfreundlich«, εὔ-πορος, »leicht zugänglich«, ἀγχί-πλους »nahe segelnd«, ἄ-πολις »heimatlos«, ἄ-χαρις »unerfreulich, undankbar«, εὔ-ελπις »hoffnungsvoll«, τρί-πηχυς »drei Ellen lang«.

In diesen Zusammensetzungen tritt der Akzent so weit wie möglich zurück.

b) Andere Substantive erleiden verschiedene Veränderungen:

ἄν-οπλος (ὅπλον) »unbewaffnet« ἄ-λῡπος (λύπη) »kummerlos«, σώ-φρων (φρήν) »bei gesundem Verstand«, ἀ-πάτωρ (πατήρ) »vaterlos«, φιλο-χρήματος »geldgierig«, ἄν-ανδρος (ἀνήρ) »unmännlich«.

c) Häufig ist das zweite Glied eine als selbständiges Wort nicht vorkommende verbale Bildung:

μισθο-φόρος (φέρ-ειν) »soldverdienend«, ναυ-ᾱγός (ἀγ-νύναι) »schiffbrüchig«.

Vgl. oben 1 c. Beachte den Akzent der so gebildeten Substantive und Adjektive: bei passiver Bedeutung tritt der Akzent so weit wie möglich zurück, bei aktiver Bedeutung erscheint der Akut auf der vorletzten Silbe oder, wenn diese lang ist, auf der letzten Silbe; vgl. also:

χαλκό-τυπος »vom Erz geschlagen« (die Wunde),
χαλκο-τύπος »Erz hämmernd« (der Schmied),
θεό-πομπος »von Gott gesandt, geleitet«,
ψυχο-πομπός »Seelen geleitend«;
ὁ ἱερο-ποιός »der Opferpriester«.

Anmerkung:

Ist der Anlaut des zweiten Gliedes ein kurzer offener Vokal, so tritt oft Dehnung ein, also:

ὑπ-**ή**κοος (ἀκούειν) »untertänig«, ὁ χορ-**η**γός (ἄγειν) »der Chorführer«, ὁ ὑπ-**η**ρέτης (ἐρέτης) »der Ruderknecht«, τὸ τρι-**ώ**βολον (ὀβολός) »drei Obolen«, ἀν-**ώ**λεθρος (ὄλεθρος) »unzerstörbar«, ἡ συν-**ω**μοσία (συν-ομνύναι) »die Verschwörung«, πολυ-**ώ**νυμος (ὄνομα) »vielnamig, weitberühmt«.

131 **2. Zusammengesetzte Verben**

Verben können nur mit Präpositionen zusammengesetzt werden. Dies geschieht sehr oft. Über die Bedeutung der einzelnen Präpositionen als Präverbien siehe § 174 ff.

Daneben gibt es sehr viele Verben (besonders auf -έω), die von einem zusammengesetzten Nomen abgeleitet sind, z. B. ἀδικ-έω (von ἄ-δικ-ος), δυστυχ-έω (von δυσ-τυχ-ής), στρατηγ-έω (von στρατ-ηγ-ός), ἱππαρχ-έω (von ἵππ-αρχ-ος), στρατοπεδ-εύω (von στρατό-πεδ-ον).

II. Bedeutung der Komposita 132

1. Nur in vereinzelten Fällen sind die beiden Glieder ihrer Bedeutung nach einander beigeordnet:

ἕν-δεκα (eins und zehn) »elf«, ἡμι-όλιος (halb und ganz) »anderthalbfach«.

2. Sonst ist stets das eine Glied dem andern untergeordnet, d. h. das eine Glied (und zwar meistens das erste, selten das zweite) enthält eine nähere Bestimmung des im andern Glied liegenden Begriffes. Am häufigsten sind die folgenden beiden Fälle:

a) Das erste Glied enthält eine adverbiale oder attributive Bestimmung zum zweiten Glied:

εἴσ-ιέναι »hineingehen«, ὁ σύμ-μαχος »der Mitstreiter«, περι-δεής »sehr furchtsam«, πολύ-πους »vielfüßig«, ὁ χειρο-τέχνης »der Handwerker«, ἡ μεσ-ημβρία »der Mittag«, τὸ στρατό-πεδον »der Lagerplatz«.

b) Das erste Glied bezeichnet das Objekt oder den Urheber zu dem im zweiten Glied enthaltenen verbalen Begriff:

πλεον-εκτεῖν »mehr haben (wollen)«, ὁπλο-φόρος »waffentragend«, πολυ-μαθής »vielwissend«, θεο-ποίητος »von Gott gemacht«, ὁ παιδ-αγωγός »der Jungenführer«; siehe auch die Beispiele § 129, 1c u. 130, 2c.

Seltener ist der umgekehrte Fall:

ὁ μισ-άνθρωπος »der Menschenhasser«, φιλ-έλλην »griechenfreundlich«, ἀξιό-λογος »der Rede wert«, δεισι-δαίμων »gottesfürchtig«; siehe auch die Beispiele § 129, 4.

Satzlehre

Erstes Kapitel

DER EINZELSATZ

A. Satzteile

I. Der einfache Satz

133 **Subjekt**

Das Subjekt eines Satzes kann ausgedrückt werden

1. durch ein **Subjektswort,**

2. durch einen **Subjektsatz** (meist Relativsatz):

ἃ εἶπον, ἀληθῆ ἐστιν	was ich sagte, ist wahr

3. durch die **Form des Verbums.**

a) Wenn im Griechischen ein persönliches Pronomen als Subjektswort steht, so ist es betont (vor allem antithetisch):

ἐγὼ μὲν ὁ αὐτός εἰμι, **ὑμεῖς δὲ** μεταβάλλετε	ich bin derselbe, ihr aber ...

b) Immer **ohne Subjektswort** stehen **»unpersönliche Ausdrücke«**:

δεῖ, χρή, ἔξεστιν	es ist nötig, erlaubt usw.

Ausdrücke des Naturgeschehens (erst später mit Götternamen als Subjekt)

ὕει, βροντᾷ (Ζεύς)	es regnet, es donnert
ἔσεισε (Ποσειδῶν)	es war ein Erdbeben

Ausdrücke des öffentlichen und militärischen Lebens (Ellipse eines selbstverständlichen Substantivs):

σαλπίζει (ὁ σαλπικτής)	man gibt ein Trompetensignal
ἐκήρυξεν (ὁ κῆρυξ)	man machte bekannt

Zusatz:

Dem unbestimmten deutschen Subjektswort **»man«** kann im Griechischen sonst entsprechen

1. das Pronomen τις:

μισεῖ **τις** Φίλιππον	man haßt Philipp

2. eine persönliche Verbform im **Passiv**:

διαβάλλ**ομαι**, ἐλέγ**ετο**	man verleumdet mich, man sagte

3. die **3. Person Pl. Akt.** der verba dicendi und putandi:

λέγ**ουσιν**, οἴ**ονται**	man sagt, glaubt
ἔκριν**ον** Κῦρον φιλομαθέστατον εἶναι	man meinte, daß Kyros ...

4. die **2. Person Sg. im Potentialis**:

οὐδένα **ἂν** εὕρ**οις** παντελῶς εὐδαίμονα ὄντα	man dürfte (wird wohl) niemanden finden ...

Prädikat 134

1. **Das Prädikat** eines Satzes kann ausgedrückt werden

a) durch ein **Verbum,**

b) durch ein **Hilfsverb mit Prädikatsnomen.**

Ein Prädikatsnomen im Nominativ steht im Griechischen bei

εἶναι	sein	
ὑπάρχειν	vorhanden sein	
φῦναι, πεφυκέναι	von Natur aus sein	
γίγνεσθαι, καταστῆναι	werden	u. a.
Μανδάνη Ἀστυάγους **ἦν θυγάτηρ**	Prädikat: **war die Tochter**	

Vgl. die Verbgruppe § 146.

c) durch ein Nomen (**Nominalsatz**).

»Ellipse der Kopula« findet sich im Griechischen besonders

α) in **Sinnsprüchen**[1] (Gnomen, Sentenzen):

ἦθος ἀνθρώπῳ δαίμων	(das) Wesen (ist dem) Menschen (sein) Dämon

β) in **unpersönlichen Ausdrücken:**

δῆλον ὅτι ψεύδεσθε	(es ist) offensichtlich, daß ihr lügt, offensichtlich lügt ihr

γ) beim **Verbaladjektiv**:

τί ποιητέον;	was (ist) zu tun?

2. **Das Prädikatsnomen**

a) Es steht **meist ohne Artikel:**

Πολλῶν ὁ καιρὸς γίγνεται διδάσκαλος	... ist (der) Lehrer

b) Steht es **mit Artikel,** so wird es **hervorgehoben**:[2]

κατὰ τοὺς νόμους, ἐάν τις φανερὸς γένηται κλέπτων, τούτοις θάνατός ἐστιν **ἡ ζημία**	... für diese ist der Tod **die festgesetzte** Strafe
Οὗτός ἐστιν **ὁ σώφρων,** οὗτος **ὁ ἀνδρεῖος**	dies ist **der wahrhaft Weise ...**

---

[1] Vgl. im Deutschen: z. B. Ende gut, alles gut u. a.

[2] Vgl. im Deutschen: „Er ist Lehrer", aber „Er ist **der** beste Lehrer."

besonders bei substantivierten Partizipien:

Ἐγώ εἰμι **ὁ μένειν κελεύσας** ... **der Mann, der** zu bleiben **befiehlt**

stets bei **ὁ αὐτός**:

Ἐγὼ μὲν **ὁ αὐτός** εἰμι, ὑμεῖς δὲ μεταβάλλετε ich bin **derselbe** ...

135

Kongruenz

(Beziehung zwischen Subjekt und Prädikat)

1. Grundsatz

Subjekt und Prädikat stimmen im Genus und Numerus überein.

2. Besonderheiten

a) Bei **mehreren Subjekten** richtet sich das Prädikat gern nach dem **zunächststehenden:**

ἐγέλ**ασε ὁ Κῦρος** καὶ οἱ ἄλλοι πολλοί Es lachte Kyros ...

Ἔνθα ἔθεον πάντες καὶ οἱ ὀπισθοφύλακες καὶ **τὰ ὑποζύγια ἠλαύνετο** καὶ οἱ ἵπποι Da liefen alle, auch die Nachhut und das Zugvieh wurde angetrieben und die Pferde

b) **Pronominales Subjekt** richtet sich nach dem **Prädikatsnomen** (im Deutschen anders: neutrales Pronomen):

αὕτη ἄλλη πρόφασις ἦν αὐτῷ τοῦ κακουργεῖν **Dies** war **ein anderer Vorwand** ...

3. Ausnahmen

a) Ist das **Subjekt** ein **Neutrum im Plural,** so steht

das verbale **Prädikat** meist im **Singular:**

Πάντα ῥεῖ Alles fließt

Das Neutrum des Plurals ist ursprünglich ein kollektiver Singularis feminini generis, z. B. νέφη *das Gewölk, die Wolken, vgl. lat. opera, ae (neben opera Neutr. Pl.). Daraus erklärt sich der Singular des Prädikats. Vgl. § 25 S 2.*

das **Prädikatsnomen** immer **im Plural:**

χαλεπὰ τὰ καλά Schwer (ist) das Schöne

b) Bei **Äußerungen definitorischer Art** steht das **Pronomen** im **Neutrum** (wie im Deutschen):

τί φῂς **ἀρετὴν** εἶναι; **Was,** sagst du, sei die Tugend?

τοῦτό ἐστιν ἡ **ἀρετή** Dies ist ...

Ähnlich: **δεινὸν** οἱ πολλοί Etwas Furchtbares ist die Masse

c) Eine »**constructio ad sensum**« ist in der temperamentvollen griechischen Sprache sehr häufig:

ὁ ἄλλος **στρατὸς ἀπέβαινον** Das andere Heer rückte ab

τὸ **πλῆθος ἐψηφίσαντο** πολεμεῖν Die Menge stimmte dafür ...

Besonders in langen Sätzen:

Ὁ δῆμος ὁ Σαμίων ἐς διακοσίους μὲν τῶν δυνατῶν **ἀπέκτεινε**, τετρακοσίους δὲ φυγῇ **ζημιώσαντες** καὶ **αὐτοὶ** τὴν γῆν αὐτῶν καὶ οἰκίας **νειμάμενοι** ... τὰ λοιπὰ **διῴκουν** τὴν πόλιν.

II. Der erweiterte Satz

Attribut 136

1. Wortstellung

a) Alles, was zwischen Artikel und Substantiv steht, oder mit Wiederholung des Artikels nach dem Substantiv, ist im Griechischen Attribut (»**Attributive Wortstellung**«):

Ὁ ἐκ τῶν Ἑλλήνων εἰς τοὺς βαρβάρους φόβος	Der Schrecken von den Griechen (ausgehend) gegen die Barbaren Der Schrecken, den die Griechen bei den Barbaren verbreiteten
ἐν ταῖς κώμαις ταῖς ὑπὲρ τοῦ πεδίου	in den Dörfern oberhalb der Ebene

b) Folgende Gruppen von Attributen stehen ohne Wiederholung des Artikels **erklärend hinter dem Substantiv**

α) der **Genitiv des Personalpronomens:**

ὁ φίλος μου
οἱ πρόγονοι ἡμῶν
οἱ πολλοὶ αὐτῶν — die Mehrzahl von ihnen

β) der **genitivus quantitatis** (partitivus):

οἱ πολλοὶ αὐτῶν
οἱ πολλοὶ τῶν ἀνθρώπων

γ) die **Apposition:** vgl. § 136, 2 f.

2. Arten des Attributes

a) **Adjektiv:**

Οἱ ἀγαθοὶ ἄνδρες σύνεισιν ἀνδράσι τοῖς ἀγαθοῖς	die guten Männer ... mit Männern, die gut sind

b) **Adverb:**

ἡ ἄνω ὁδός	der Weg ins Innere
οἱ νῦν ἄνθρωποι	die jetzt lebenden Menschen, die Menschen der Gegenwart
ἡ ἄγαν ἐλευθερία	die übermäßige Freiheit

c) **Substantiv mit Präposition:**

ἐν ταῖς κώμαις ταῖς ὑπὲρ τοῦ πεδίου	in den Dörfern oberhalb der Ebene

d) **Substantiv im Genitiv:**

ὁ τῆς βασιλέως γυναικὸς ἀδελφός	der Bruder (von) der Frau des Königs

e) **Relativsatz:** vgl. § 247, II 1.

f) Nomen im gleichen Kasus: **Apposition**

α) Apposition **nach einem Substantiv**

zur Angabe von **Rang, Beruf, Zugehörigkeit** usw. vor allem nach Eigennamen:
Ἀρχίδαμος, Λακεδαιμονίων βασιλεύς
Πυθαγόρας ὁ φιλόσοφος — P., der bekannte Philosoph
(zum Gebrauch des Artikels vgl. § 178 a)

nach geographischen Eigennamen:
ὁ Ἅλυς ποταμός
τὸ Πήλιον ὄρος } (gleiches Geschlecht)
ὁ Ὄλυμπος τὸ ὄρος (verschiedenes Geschlecht)

»Partitive Apposition« (sie bezeichnet einen Teil des zugehörigen Substantivs):
Οἰκίαι αἱ μὲν πολλαὶ ἐπεπτώκεσαν, ὀλίγαι δὲ περιῆσαν — (Häuser, und zwar die meisten), die meisten der Häuser, die meisten Häuser ...

β) Apposition **zu einem ganzen Satz**

vorangestellt:
Τὸ πάντων θαυμαστότατον ἐπαινοῦσι πάντες τὰ τοιαῦτα ἐπιτηδεύματα — Und (was) von allem das Wunderbarste (ist), alle loben ...

nachgestellt:
Ἦ γὰρ νοεῖς θάπτειν σφ' (= αὐτόν), **ἀπόρρητον πόλει**; — Denkst du wirklich ihn zu begraben, (was) verboten (ist) für die Stadt?

137 Prädikativum

(Zustandsattribut, Prädikatsattribut, prädikativer Zusatz)

1. Bedeutung

Die Prädikativa geben den **Zustand des Bezugswortes** an (eines Subjekts oder Objekts), sind aber eine **Erweiterung des Prädikats.** Sie richten sich in ihrem Kasus, Numerus und Genus nach dem Bezugswort[1].

2. Prädikative Wortstellung

Adjektiva, die nicht »attributiv« stehen, können Prädikativa sein (vgl. § 136, 1). Prädikativa stehen also nicht zwischen Artikel und Substantiv und auch nicht mit Wiederholung des Artikels nach einem Substantiv.

---

[1] Die Funktion der Prädikativa im Satz ist grundsätzlich die gleiche wie im Lateinischen, nur werden sie noch öfter gebraucht. Im Deutschen sind sie seltener, immer unveränderlich (Sie kamen betrunken [= in betrunkenem Zustand] nach Hause) und bezeichnen besonders oft den Zustand als Ergebnis der Handlung: sich die Füße wund laufen, sich heiser schreien usw.

3. Übersetzung der Prädikativa

a) durch ein (im Deutschen nicht zu deklinierendes) **Prädikativum:**

Εἶχον πάντες τὰς ἀσπίδας κεκαλυμμένας	Sie trugen die Schilde **verhüllt** (nicht etwa »die verhüllten Schilde«)

b) mit »**als**«:

πρῶτος τοῦτ' ἔγνωκα	**Als erster** habe ich dies erkannt

c) durch ein **Adverbiale:**

Σκηνοῦμεν ὑπαίθριοι ἐν τῇ τάξει	Wir zelten **unter freiem Himmel** . . .
Οἱ περὶ Ξενοφῶντα ηὐλίσθησαν αὐτοῦ ἄνευ πυρὸς καὶ ἄδειπνοι	. . . ohne Feuer und **ohne Mahlzeit** (**ohne** gegessen **zu** haben)

d) durch einen **Nebensatz:**

ἔχομεν τὸ σῶμα θνητόν	(Wir haben den Körper als einen sterblichen) . . . Wir haben einen Körper, **der sterblich ist**

4. Gruppierung der Prädikativa

a) **Reihenfolge:**

πρῶτος, πρότερος	als erster, früherer
ὕστατος, ἔσχατος	als letzter, äußerster
τελευτῶν	schließlich

b) **Menge:**

πολύς, πολλοί	in großer Zahl
ἄφθονος	reichlich
μόνος	allein

c) **Ort:**

ἐναντίος	gegenüber, entgegen
μετέωρος	hoch, in die Höhe, in der Höhe
ὑπαίθριος	unter freiem Himmel

d) **Zeit:**

ὄρθριος, ἑσπέριος	am frühen Morgen, am Abend
σκοταῖος	in der Dunkelheit
παννύχιος	die ganze Nacht hindurch
τριταῖος	am dritten Tage

e) **Art und Weise:**

ἄσμενος	gern
ἄδειπνος	ohne gegessen zu haben
αὐτόματος	von selbst
ἑκών — ἄκων, βουλόμενος	freiwillig — unfreiwillig, von selbst
ὑπόσπονδος	unter Vertrag, vertragsgemäß
ἄπρακτος	unverrichteter Sache

5. Bedeutungsunterschied bei attributiver und prädikativer Wortstellung

attributiv:		prädikativ:	
ἡ **μέση** πόλις	die mittlere Stadt	**μέση** ἡ πόλις (ἡ πόλις μέση)	die Mitte der Stadt
τὸ ἄκρον ὄρος	der hohe Berg	ἄκρον τὸ ὄρος (τὸ ὄρος ἄκρον)	der Gipfel des Berges
ἡ ἐσχάτη νῆσος	die äußerste Insel	ἐσχάτη ἡ νῆσος (ἡ νῆσος ἐσχάτη)	das Ende, der Rand der Insel
μόνος:			
ὁ μόνος παῖς	der einzige Sohn	ὁ παῖς μόνος	der Sohn allein
αὐτός:			
ὁ αὐτὸς τύραννος	derselbe Tyrann	ὁ τύραννος αὐτός	der Tyrann selbst
πᾶς (mit Artikel):			
ἡ πᾶσα χώρα	das gesamte Land	πᾶσα ἡ χώρα	das Land gänzlich
αἱ πᾶσαι πόλεις	die gesamten Städte, der Städtebund	πᾶσαι αἱ χῶραι	alle Länder, die Länder alle
		ἐνέπρησαν πᾶσαν τὴν ἀκρόπολιν	sie steckten die Akropolis überall in Brand
		πᾶσαι αἱ πόλεις ὡμολόγουν	die Städte stimmten alle zu
πᾶς (ohne Artikel):			
πᾶσα χώρα	ein ganzes Land, jedes Land		
πᾶσαι χῶραι	ganze Länder, alle möglichen Länder		

B. Wortarten

I. Nomen

Kasuslehre

Zur Geschichte des Kasusgebrauchs

Von den ursprünglichen acht Kasus des Indogermanischen hat das Griechische den Ablativ und Instrumentalis ganz, den Lokativ bis auf geringe Reste (vgl. οἴκοι, Ἰσθμοῖ, ἐκεῖ, Ἀθήνησι, θύρασι *usw.) eingebüßt. Die Funktionen dieser Kasus wurden teils vom Dativ, teils vom Genitiv übernommen.*

Der Anlaß zur Verschmelzung dieser Kasus liegt zum Teil schon in besonderen Verhältnissen des Indogermanischen, insofern als hier nicht bei allen Deklinationen für alle Kasus besondere Formen vorhanden waren (z. B. hatte der Genitiv und Ablativ Sg. aller Stämme mit Aus-

nahme der o-Stämme nur eine Form). Im Griechischen, wo z. B. von οἶκος *der Dativ* οἴκῳ, *der Lokativ* οἴκοι, *der Instrumentalis* οἴκω *lautete, wurde diese Entwicklung durch die fortschreitende Anähnlichung der Formen stark gefördert. Auch die Berührung zweier Kasus im syntaktischen Gebrauch hat diese Entwicklung unterstützt. So fällt z. B. der Lokativ in dem Satz: »ich fahre auf dem Schiff« mit dem Instrumentalis in: »ich fahre mit dem Schiff« sachlich zusammen. War einmal in solchen Einzelfällen vermischter Kasusgebrauch eingetreten, so wurde das gleiche durch die Kraft der Analogie bald auch auf ähnliche Fälle übertragen und einer von den beiden in Betracht kommenden Kasus überflüssig.*

Die Zahl der griech. Kasus ist so auf fünf zusammengeschmolzen (einschließlich Vok.). Da diese Kasus die Funktionen der untergegangenen mit übernahmen, ihre Bedeutung im Einzelfalle also an Durchsichtigkeit verlor, griff man in größerem Maße als bisher zum Gebrauch von Präpositionen, um die jedesmalige Kasusfunktion zu verdeutlichen.

1. Akkusativ

Übersicht 138

Grundbedeutung: Richtung (Ziel oder Strecke in einer Richtung).

Im Akkusativ steht

a) das Adverbiale

1. **der Richtung** auf ein Ziel hin (nur noch dichterisch)
   Frage: wohin?, in welcher Richtung?
   ἔρχεσθον κλισίην ... auf das Zelt hin
2. **der Ausdehnung** (Strecke) in Raum oder Zeit
   Frage: wie weit?, wie lange?, wie alt?
   Κῦρος ἐντεῦθεν ἐξελαύνει σταθμοὺς τρεῖς ... drei Tagemärsche weit
   ἐνταῦθα Κῦρος ἔμεινεν ἡμέρας τριάκοντα ... dreißig Tage lang
3. **der Beziehung** (»Hinsicht«): **accusativus Graecus**
   Frage: in welcher Beziehung?, in welcher Hinsicht?
   νοσεῖν τὴν ψυχὴν (ψυχὴν) καὶ τὸ σῶμα krank sein an Seele und Körper (in Hinsicht auf . . .)
4. **Akkusativische Adverbien**

b) das direkte Objekt als Ziel einer Handlung
Frage: wen?, was?

α) **»Äußeres« Objekt**
Die Handlung betrifft von außen ein schon vorhandenes Objekt: (**„Affiziertes Objekt“**):
κόπτει παῖδα Er schlägt einen Sklaven

β) **»Inneres« Objekt**

1. Akkusativ des **Ergebnisses (»Effiziertes« Objekt)**
   Die Handlung »bewirkt«, schafft selbst ein noch nicht vorhandenes Objekt:
   κόπτει νόμισμα Er schlägt eine Münze
2. Akkusativ des — gleichen — **Inhaltes**
   Die Inhalte von Verb und Objekt sind gleich:
   μάχεται μάχην Er schlägt eine Schlacht
   Mit Ellipse:
   ἥλλοντο ὑψηλά (ἅλματα) Sie sprangen hoch

Ein doppelter Akkusativ findet sich als

α) Akkusativ des **äußeren Objekts** und des **Prädikatsnomens,**

β) Akkusativ der **Person** und der **Sache.**

a) Adverbiale

139 **Akkusativ der Richtung** auf ein Ziel hin

Frage: wohin?, in welcher Richtung?

In dieser ursprünglichen Bedeutung findet sich der Akkusativ nur noch in Dichtungen[1], und zwar bei Verben der Bewegung:

ἔρχεσθον **κλισίην**	sie gingen zum Zelt
Ἦλθον πατρὸς **ἀρχαῖον τάφον**	Ich bin zu des Vaters altehrwürdigem Grabe gekommen

Sonst wird Richtung oder Ziel verdeutlicht

durch das **Suffix -δε:**

οἴκαδε, Ἀθήναζε, χαμᾶζε	nach Hause, nach Athen, zu Boden u. a.

durch die **Präpositionen πρός, εἰς, ὡς** u. a.:

ὡς βασιλέα ἔρχεσθαι	zum König gehen

140 **Akkusativ der Ausdehnung** in Raum oder Zeit

Frage: wie weit?, wie lange?, wie alt?

Er bezeichnet die räumliche oder zeitliche Strecke, über die hin sich eine Handlung vollzieht.

Raum:

Κῦρος ἐντεῦθεν ἐξελαύνει σταθμούς τρεῖς	... drei Tagemärsche weit

Zeit:

Κῦρος ἔμεινεν ἡμέρας τριάκοντα	... 30 Tage lang
δέκα ἔτη γεγονώς	10 Jahre alt[2]

Seltener auf die Frage: seit wie lange?

ἔτος τουτὶ τρίτον	dieses als das dritte Jahr, seit zwei Jahren[3]

141 **Akkusativ der Beziehung,** der »Hinsicht« (übertragen: mit dem Blick in eine Richtung), einschränkend, näher bestimmend.

Frage: in welcher Beziehung?, in welcher Hinsicht?

Dieser für das Griechische besonders charakteristische »**Accusativus Graecus**« steht[4]

[1] Der Akkusativ der Richtung hat sich im Lateinischen stärker erhalten: Romam, Athenas, domum, rus usw., vgl. im Deutschen „heimgehen".

[2] Vgl. decem annos natus.

[3] tertium annum.

[4] So dem Griechischen nachgebildet als »accusativus Graecus« im Lateinischen: os humerosque deo similis (Vergil). Sonst entspricht diesem Akkusativ der abl. limitationis.

bei **Verben**:

κάμνω τὴν κεφαλήν	Ich leide hinsichtlich des Kopfes, am Kopf ... Ich habe Kopfschmerzen
βέλτιόν ἐστι σῶμα ἢ ψυχὴν νοσεῖν	Es ist besser, körperlich als seelisch krank zu sein

bei **Adjektiven**:

καθαρὸς τὸ σῶμα	... rein am Körper

bei **Substantiven**:

πόλις, Θάψακος ὄνομα	... eine Stadt, Thapsakos mit Namen
γένος, εἶδος	der Herkunft, dem Aussehen nach usw.

besonders bei **Maßangaben**:

Εὐφράτης ποταμὸς ὢν τὸ εὖρος τεττάρων σταδίων	... ein Fluß von vier Stadien hinsichtlich der Breite, ein Fluß vier Stadien breit

entsprechend:

τὸ μέγεθος, ὕψος, βάθος

Akkusativische Adverbien (vgl. § 145, 2b) 142

Viele Akkusative der Beziehung oder der Ausdehnung sind zu Adverbien geworden[1], z. T. mit Ellipse des entsprechenden Substantivs.

Neutrale Pronomina:

τί;	in welcher Hinsicht? warum?	οὐδέν	in keiner Weise
		τἆλλα	im übrigen
τοῦτο	in dieser Hinsicht darum	(τὰ) πάντα	durchaus
τι	irgendwie		
τοῦτο μὲν — τοῦτο δέ	teils — teils		

Neutrale Adjektiva:

πολλά, πυκνά	häufig	πρῶτον	zuerst, erstens
τὰ πολλά	meist	τοὐναντίον	im Gegenteil
τὸ λοιπόν	in Zukunft	τὸ τελευταῖον	zuletzt, endlich
πρότερον	früher		

Substantiva:

(τὴν) ἀρχήν	anfangs, ursprüngl.	πρόφασιν	angeblich, zum Schein
(τὸ) τέλος	schließlich		
τὴν ταχίστην (ὁδόν)	aufs schnellste	δίκην (τινός)	nach Art von
πάντα τρόπον	auf jede Weise	χάριν (τινός)	jmd. zu Gefallen, um — willen
τοῦτον τὸν τρόπον	auf diese Weise		

[1] Vgl. quid? multum, nihil, magnam partem usw.

b) Direktes Objekt

Im Akkusativ steht das direkte Objekt als Ziel einer Handlung.

Frage: wen?, was?

143 **α) »Äußeres« Objekt**

Die Handlung betrifft von außen ein schon vorhandenes Objekt. („**Affiziertes Objekt**").

1. Griechische Transitiva — deutsche Intransitiva

a) Verben des **Nützens und Schadens**[1]:

ὀνινάναι, ὠφελεῖν τινα	jmd. nützen	
βλάπτειν, κακῶς ποιεῖν τινα	jmd. schaden	
ἀδικεῖν τινα	jmd. Unrecht tun	
εὐεργετεῖν, εὖ ποιεῖν τινα	jmd. Gutes tun	
εὖ (καλῶς), κακῶς λέγειν τινά	jmd. Gutes, Böses nachsagen	
τιμωρεῖσθαί τινα	sich an jmd. rächen	u. a.

b) Verben des **Erstrebens und Meidens**[2]:

φεύγειν, ἀποφεύγειν τινά	vor jmd. fliehen	
ἀποδιδράσκειν τινά	jmd. entlaufen	
θηρᾶν, θηρεύειν τινά	jmd. nachjagen	
φθάνειν τινά	jmd. zuvorkommen	
μιμεῖσθαι, ζηλοῦν τινα	jmd. nacheifern	
λανθάνειν τινά	verborgen sein vor jmd.	
τρεῖν, φοβεῖσθαί τινα	sich fürchten vor jmd.	
θαρρεῖν τινα	sich nicht fürchten vor jmd.	
ἐκπλήττεσθαί τινα	erschrecken vor jmd.	
αἰσχύνεσθαι, αἰδεῖσθαί τινα	sich schämen vor jmd.	
ἀμύνεσθαί τινα	sich wehren gegen jmd.	
φυλάττεσθαι, εὐλαβεῖσθαί τινα	sich hüten vor jmd.	u. a.

c) Verben des **Schwörens**[3]:

Der Schwur ist an die Gottheit **gerichtet:**

ὀμνύναι τινά	schwören bei jmd.	
ἐπιορκεῖν τινα	einen Meineid leisten bei jmd.	

Entsprechend der Akkusativ bei den Beteuerungspartikeln μά, νή:

μὰ τοὺς θεούς	bei den Göttern	
νὴ Δία	beim Zeus	u. a.

Zusatz zu a:

Einige Verben des Nützens und Schadens haben den Dativ der Beteiligung (commodi) bei sich:

λυσιτελεῖν	jmd. nützen (eigtl. die Kosten bezahlen)
συμφέρειν	jmd. nützen (eigtl. zuträglich sein)

[1] Vgl. adiuvare.

[2] Vgl. effugere, timere aliquem; aber: me pudet alicuius usw.

[3] Vgl. iurare per deos.

2. Griechische Intransitiva, auch mit transitivem Gebrauch 144

Mit einem äußeren Objekt verbinden sich auch ursprüngliche Intransitiva, z. B.

intransitiv:		transitiv:	
μένειν	bleiben, warten[1]	μένειν τινά	(in Richtung) auf jmd. warten, jmd. erwarten
σπεύδειν, σπουδάζειν	eifrig sein	σπεύδειν τι	etw. eifrig betreiben etw. beschleunigen
καρτερεῖν	standhaft sein	καρτερεῖν τι	etw. ertragen
σιγᾶν	schweigen	σιγᾶν τι	etw. verschweigen

Ebenso auch Komposita von Verben der Bewegung mit den Präverbia διά, ὑπέρ, παρά, ὑπό (wie im Deutschen und Lateinischen), z. B.

διαβαίνειν ποταμόν	einen Fluß durchqueren,	transire flumen
ὑπερβαίνειν ὄρος	ein Gebirge übersteigen,	transire montem
παραπλεῖν νῆσον	an einer Insel vorbeifahren,	insulam praetervehi
ὑφίστασθαι κίνδυνον	eine Gefahr bestehen,	periculum subire

β) »Inneres« Objekt 145

1. Akkusativ des Ergebnisses (»Effiziertes« Objekt)

Die Handlung schafft selbst ein noch nicht vorhandenes Objekt, sie »bewirkt« es. Die Dauer des Objektes reicht über die Dauer der Tätigkeit hinaus[2].

Beispiele:

νόμισμα κόπτειν	eine Münze schlagen
ἐπιστολὴν γράφειν	einen Brief schreiben
ὁδὸν τέμνειν	einen Weg bahnen

2. Akkusativ des gleichen Inhalts

Das Objekt hat den gleichen Inhalt wie das Prädikat, ist also nicht sinnotwendig. Die Dauer des Objektes ist ebenso lang wie die Dauer der Tätigkeit.

a) Verb und Nomen sind vom gleichen Stamm (»**Figura etymologica**«: ἔτυμον = Stammwort) oder sinngleichen Stämmen[3]. Das Nomen hat meist ein Adjektiv als Attribut bei sich:

κάλλιστον ἔργον ἐργάζεσθαι	eine sehr schöne Tat tun
ἱερὸν πόλεμον στρατεύεσθαι	einen heiligen Kampf kämpfen, (Krieg führen)
ζήσεις βίον κράτιστον, ἣν θυμοῦ κρατῇς	du wirst das beste Leben führen ...

b) Das sinngleiche Objekt wird (als nicht sinnotwendig) unterdrückt, das Attribut bleibt als **neutraler, adverbialer Akkusativ** erhalten (vgl. § 142):

(ἅλματα) ὑψηλὰ ἥλλοντο	sie sprangen hoch
ἡδὺν γέλωτα γελᾶν > ἡδὺ γελᾶν	fröhlich lachen[4]
'Ολυμπικὴν νίκην νικᾶν > 'Ολύμπια νικᾶν	einen olympischen Sieg erringen

[1] Vgl. manere (intr.) bleiben, (tr.) erwarten usw.
[2] Vgl. viam facere usw.
[3] Vgl. vitam tutam vivere und iter proficisci.
[4] Vgl. dulce ridere.

c) Doppelter Akkusativ

146

α) Akkusativ des äußeren Objekts und des Prädikatsnomens

1. Bei Verben, die bedeuten[1]:

a) **jmd. machen zu etw.**	
ἀποδεικνύναι, ὀνομάζειν τινά τι	jmd. ernennen zu etw.
αἱρεῖσθαί τινά τι	jmd. wählen zu etw.
ποιεῖν, τιθέναι, καθιστάναι τινά τι	jmd. einsetzen als etw.
b) **jmd. halten für etw.**[2]	
νομίζειν, ἔχειν τινά τι	jmd. halten für, haben als etw.
γιγνώσκειν, ἡγεῖσθαί τινά τι	jmd. ansehen als etw.
ὀνομάζειν, λέγειν τινά τι	jmd. etw. nennen, bezeichnen als etw.
c) **sich zeigen als jmd.**	
ἑαυτὸν παρέχειν τινά	sich bewähren als jmd. u. a.

2. **Im Passiv** wird sinngemäß aus diesem doppelten Akkusativ ein **doppelter Nominativ**:

Δαρεῖος Κῦρον στρατηγὸν ἀπέδειξεν	Dareios ernannte Kyros zum Feldherrn
Κῦρος στρατηγὸς ἀπεδείχθη	Kyros wurde zum Feldherrn ernannt

147

β) Akkusativ der Person und der Sache

1. Bei den Verben, die bedeuten[3]:

a) ἀναμιμνῄσκειν τινά τι	**jmd. erinnern an etw.**
b) ἐρωτᾶν τινά τι	**jmd. nach etw. fragen**[4]
c) διδάσκειν τινά τι	**jmd. etw. lehren**
κρύπτειν, ἀποκρύπτεσθαί τινά τι	jmd. etw. verheimlichen
d) αἰτεῖν τινά τι	**etw. von jmd. fordern,** jmd. um etw. bitten
ἀπαιτεῖν τινά τι	von jmd. etw. zurückfordern
πράττεσθαί τινά τι	von jmd. etw. eintreiben
κελεύειν τινά τι	jmd. zu etw. auffordern, jmd. etw. befehlen
e) ἀποστερεῖν τινά τι	**jmd. einer Sache berauben**
ἀφαιρεῖσθαί τινά τι	jmd. etw. wegnehmen
ἐκδύειν τινά τι	jmd. etw. ausziehen
ἐνδύειν, ἀμφιεννύναι τινά τι	jmd. etw. anziehen

---

[1] Vgl. die gleichen Verbgruppen im Lateinischen mit doppeltem Akkusativ und im Passiv mit doppeltem Nominativ.

[2] Die gleiche Konstruktion in deutscher Dichtung, z. B. Goethe, Faust: »So glaubst du dich schon Übermensch genug?« — Schiller, Wallensteins Tod: »Noch fühl' ich mich denselben, der ich war.«

[3] Vgl. docere, celare, poscere, flagitare, postulare aliquem aliquid, aber: privare aliquem aliqua re.

[4] Die gleiche Konstruktion ist bei einigen Verben auch im Deutschen möglich, z. B. Schiller, Wallensteins Tod: »Habt ihr mich nichts zu fragen?«

2. Auch im Griechischen sind dem Deutschen ähnliche Wendungen mit Präpositionen möglich, z. B.

ἀπαιτεῖν τι παρά τινος	etw. von jmd. fordern
ἐρωτᾶν τινα ἀμφί τινι ～ τι πρός τινα	jmd. nach etw. fragen

oder auch neben dem Akkusativ der Sache ein Genitiv der Person (und umgekehrt):

ἀφαιρεῖν τί τινος, ἀφαιρεῖσθαί τινός τι	jmd. etw. wegnehmen
ἀναμιμνῄσκειν τινά τινος	jmd. an etw. erinnern

Daneben sinngemäß Infinitivkonstruktionen, Sätze mit ὅτι, ὡς, indirekte Fragesätze.

3. a) Im **Passiv** bleibt der **Akkusativ der Sache** unverändert[1]. Das äußere Objekt wird Subjekt:

ὁ στρατηγὸς ἡμᾶς ἀποστερεῖ **τὸν μισθόν**	Der Feldherr beraubt uns des Soldes
Αἰάκης ἀπεστέρητο **τὴν ἀρχήν**	Aiakes war der Herrschaft beraubt, vgl. auch § 205

b) In einer ähnlichen persönlichen **passivischen Konstruktion** bleibt **der einen Körperteil bezeichnende Akkusativ** unverändert:

οἱ αἰχμάλωτοι δεδεμένοι ἦσαν καὶ **τὼ χεῖρε** καὶ **τὸν τράχηλον**	Die Kriegsgefangenen waren gebunden an Händen und Hals

2. Genitiv

Übersicht 148

Der Genitiv hat zwei Hauptbedeutungen:

a) Ursprüngliche Bedeutung (entspr. dem idg. Genitiv)

Bereich

dem etwas zugehört:

αἱ νῆες τῶν Ἀθηναίων εἰσίν	die Schiffe gehören den Athenern
νυκτός	(im Bereich der Nacht): nachts

den etwas trifft oder zu treffen sucht:

ἔλαβον τῆς ζώνης τὸν Ὀρόνταν	sie faßten . . . am Gürtel

b) Übernommene Bedeutung (entspr. dem idg. Ablativ)

Ursprungsbereich

einer Trennung oder Entfernung:

ἀπεῖχε τῶν ὀρῶν ὁ ποταμός	der Fluß war von den Bergen entfernt

eines Vergleiches:

μᾶλλον τοῦ δέοντος	(mehr vom Nötigen aus gesehen) mehr als nötig

[1] sententiam rogare und im Passiv sententiam rogari.

a) Ursprüngliche Bedeutung

Bereich

149 **Genitivus temporis — loci**[1]

Genitiv des zeitlichen oder räumlichen Bereichs, innerhalb dessen etwas geschieht

zeitlich:

νυκτός	nachts	θέρους	im Verlaufe des Sommers
τοῦ μηνός	jeden Monat (distributiv)	τοῦ λοιποῦ	in Zukunft
			u. a.

örtlich:

δεξιᾶς	rechts	ἀριστερᾶς	links
οὐδαμοῦ	nirgends[4]	πανταχοῦ	überall[4] u. a.

150 **Genitivus possessoris, subiectivus und obiectivus**

1. Genitivus **possessoris**
Genitiv des Besitzers

a) **wörtlich:**

αἱ τῶν Ἀθηναίων νῆες	als **Attribut**
αἱ νῆες τῶν Ἀθηναίων εἰσίν (die Schiffe gehören den Athenern)	als **Prädikatsnomen** (wie im Lat.)[2]
aber:	
ἐμόν ἐστιν	meum est usw.

b) **übertragen:**

τὸ τοῦ Σόλωνος (der Ausspruch Solons: geistiges Eigentum [vgl. gen. subi.])	als **Attribut**[3]
τῶν ἀρίστων ἐστίν (es ist Pflicht, Aufgabe, Eigentümlichkeit usw. der Besten)	als **Prädikatsnomen** (wie im Lat.)
ἱερὸς ὁ χῶρος τῆς Ἀρτέμιδος (heilig [ist] der Platz der Artemis)	bei den Adj. **ἱερός, ἴδιος, οἰκεῖος** (auch der Dativ möglich)

2. Genitivus **subiectivus** und **obiectivus,** besonders bei Verbalsubstantiven des Affekts:

τὸ τοῦ Ἀλκιβιάδου μῖσος	der Haß im Bereich des Alkibiades subi.: der Haß des A. (A. haßt) obi.: der Haß gegen A. (man haßt den A.)

---

[1] Im Lateinischen nicht gebräuchlich. Im Deutschen: nachts, mittags, sonntags usw.; rechts, nirgends usw.

[2] Schiller, Tell: »Dies Haus ist meines Herrn und Kaisers.« Vgl. Ihr seid des Todes.

[3] Vgl. illud Solonis.

[4] Vgl. aber § 53 S 40.

3. Genitivus **obiectivus** bei Verben und Adjektiven folgender Bedeutung und deren Gegenteil:

a) **Begierde,** z. B.

ἐπιθυμεῖν	begehren[1]	ἐπιθυμητικός	begierig
ἐφίεσθαι, ὀρέγεσθαι	streben		
ἐρᾶν	lieben, sich sehnen		

b) **Kenntnis,** z. B.

ἔμπειρος, ἐπιστήμων	kundig	ἄπειρος, ἀνεπιστήμων	unkundig

c) **Erinnerung,** z. B.

ἀναμιμνῄσκειν τινά τινος	jmd. an etw. erinnern	μνήμων	denkend an
ἀναμιμνῄσκεσθαι	sich erinnern		
μεμνῆσθαι	im Gedächtnis haben		
ἐπιλανθάνεσθαι	vergessen[2]	ἀμνήμων	nicht denkend an

d) **Sorge,** z. B.

φροντίζειν, ἐπιμέλεσθαι	sich kümmern um[3]	ἐπιμελής	besorgt
ἀμελεῖν	vernachlässigen	ἀμελής	nachlässig
μέλει μοί τινος	es liegt mir am Herzen		
ὀλιγωρεῖν	geringschätzen		

e) **Anteil** (auch als gen. quantitatis aufzufassen), z. B.

μετέχειν, κοινωνεῖν	teilnehmen	μέτοχος	teilhaft
μεταδιδόναι	Anteil geben	ἄμοιρος	frei von
τυγχάνειν	erlangen		

f) **Macht** (auch als gen. comparationis aufzufassen, vgl. § 156, 3), z. B.

ἡγεῖσθαι	führen	κύριος, ἐγκρατής	mächtig über
βασιλεύειν	König sein		
ἄρχειν, κρατεῖν	herrschen		

g) **Fülle,** z. B.

ἐμπιμπλάναι	füllen mit	μεστός, πλήρης	voll von
γέμειν	voll sein von		

begierig, kundig, eingedenk, besorgt, teilhaftig, mächtig, voll

---

[1] Platen: »Wer noch des Weins begehrt . . .«

[2] Vergißmeinnicht.

[3] Goethe, Iphigenie: »Wir achten nicht des Weges . . .«

151 **Genitivus quantitatis** (partitivus, des geteilten Ganzen)

Genitiv des ganzen Bereichs, der ganzen Menge eines genannten Teils

1. als Attribut (aber meist erklärend in **prädikativer Stellung**):

οἱ πολλοὶ τῶν Ἀθηναίων	die Mehrzahl der Athener
τίς ἡμῶν;	wer von uns?

2. als Adverbiale, besonders des Raumes und der Zeit:

Θῆβαι τῆς Βοιωτίας	Theben in Böotien	auch als gen. loci-
ὀψὲ τῆς ἡμέρας	spät am Abend	temporis aufzufassen

3. als Objekt bei den Verben

a) der **Teilnahme** (auch als gen. obiectivus aufzufassen), vgl. § 150, 3e besonders Komposita mit dem Präverbium **μετά**

b) des **Genusses** (essen, trinken, kosten **von** etwas):

ἐσθίειν	essen	γεύεσθαι	kosten
πίνειν	trinken	ἀπολαύειν	genießen[1]

c) der **Berührung** (des Teiles eines Ganzen), z. B.

ἅπτεσθαι, ψαύειν	berühren	ἔχεσθαι	sich halten an
λαμβάνεσθαι	sich festhalten an	ἀποτυγχάνειν, ἁμαρτάνειν	verfehlen[2]
στοχάζεσθαι	nach etw. zielen, etw. treffen[2]		
aber:			
λαμβάνειν τι	etw. ergreifen		

152 **Genitivus qualitatis**

Eigenschaftsbereich mit Zahlangaben besonders von Raum und Zeit

τὸ τεῖχος ἦν εὖρος εἴκοσι ποδῶν	Mauer ...20 Fuß breit
Πρόξενος ἦν, ὅτε ἀπέθανεν, ἐτῶν ὡς τριάκοντα	... an Jahren etwa 30

Vgl. § 141 Akkusativ der Beziehung.

b) Übernommene Bedeutung

Ursprungsbereich

153 **Genitivus loci**

bei geographischen Angaben:

πλησίον Θηβῶν	Frage: von wo aus gesehen?

Genitivus temporis

δευτέρῳ ἔτει τούτων	Frage: seit wann?

---

[1] Schiller, Maria Stuart: »Laß mich der neuen Freiheit genießen!«

[2] Der Genitiv wird hier zu einem **„genitivus finalis"**

[3] Schiller, Tell: »Euer hätt' ich nicht gefehlt.« — Goethe, Hermann und Dorothea: »Sorgsam brachte die Mutter des herrlichen Weins.«

Genitivus originis[1] 154

1. als Attribut:

Σωκράτης ὁ Σωφρονίσκου	von Sophroniskos abstammend, Sohn des S.

2. als Adverbiale

a) bei den Verben des **Ursprungs**:

γίγνεσθαι, φύεσθαί τινος	entstehen, abstammen von
Δαρείου καὶ Παρυσάτιδος γίγνονται παῖδες δύο	stammen ab von . . .

b) bei den Verben des **Anfangens** (auch als gen. obiect. oder quant. aufzufassen):

ἄρχω λόγου	ich rede als erster
ἄρχομαι λόγου	ich beginne mit meiner Rede

Genitivus separativus[2] 155

als Adverbiale bei den Verben und Ausdrücken der Trennung und Entfernung, vor allem bei

1. Komposita mit den Präverbien **ἀπο-, δια-, ἐκ-,** z. B.

ἀπέχειν	entfernt sein von
ἀπέχεσθαι	sich fernhalten von
ἀπαλλάττειν, ἀπολύειν	befreien von
ἀποστερεῖν τινά τινος	jmd. einer Sache berauben
ἀφίστασθαι	sich entfernen von
διαφέρειν	sich unterscheiden von
ἐκβάλλειν	vertreiben aus

aber auch:

κωλύειν, εἴργειν	hindern an
φείδεσθαι	jmd. schonen, an etwas sparen
ἀλλοῖος, ἕτερος	anders als, verschieden von

2. Verben des **Aufhörens** und Ausdrücken des **Mangels,** z. B.

παύειν	abbringen von, hindern an
παύεσθαι	aufhören mit
ἀπορεῖν, δεῖν	Mangel haben an
δεῖσθαι	etwas brauchen, um etw. bitten, jmd. bitten (vgl. § 150, 3a)
δεῖ μοί τινος	mir fehlt etw.
ἐνδεής	einer Sache bedürftig
ἐλεύθερος, κενός	frei, leer von

---

[1] Entsprechend im Lateinischen abl. originis.

[2] Jemanden seiner Mittel berauben, seines Amtes entsetzen usw. — Schiller, Jungfrau von Orleans: »Des Eides gegen mich entlaß ich sie.« Vgl. die verba separativa im Lateinischen.

156 Genitivus comparationis[1]

Ursprungsbereich eines Vergleichs

Frage eigentlich: von wo aus gesehen?

1. bei Komparativen statt ἤ mit Nominativ, Akkusativ, seltener Dativ:

μᾶλλον τοῦ δέοντος	mehr als nötig
statt ἤ mit dem Nominativ:	
οὐκ ἔστιν οὐδὲν κτῆμα **κάλλιον φίλου**	Kein Besitz ist schöner als ein Freund
statt ἤ mit dem Akkusativ:	
πᾶς τις αὑτὸν **τοῦ πέλας μᾶλλον** φιλεῖ	Jeder liebt sich selbst mehr als den Nächsten

2. bei Ausdrücken des **Vergleichs:**

λείπεσθαι	zurückbleiben hinter	ἔξοχος, διαπρεπής	hervorragend vor
ὑστερεῖν	später kommen als		

3. bei Verben der **Über- und Unterlegenheit,** besonders Komposita mit den Präverbien **περι-, προ-, κατα-:**

ἡττᾶσθαι	jmd. unterliegen	καταφρονεῖν	jmd. verachten
περιεῖναι	jmd. überlegen sein	καταγελᾶν	jmd. verspotten
περιγίγνεσθαι	die Oberhand gewinnen über	ἄρχειν, βασιλεύειν	herrschen über (vgl. auch § 150, 3)
προτιθέναι, προτιμᾶν, προαιρεῖσθαί τί τινος	etw. einer Sache vorziehen	κρατεῖν	Macht haben über
		ἡγεῖσθαι	befehligen
		aber:	
προέχειν	jmd. übertreffen	κρατεῖν τινα	jmd. besiegen
		ἡγεῖσθαί τινι	jmd. den Weg zeigen

Zusatz:

οἱ ἱππεῖς ἀποκτείνουσι τῶν ἀνδρῶν οὐ μεῖον πεντακοσίους	nach πλέον, μεῖον, ἔλαττον steht oft kein ἤ und auch kein gen. comparationis

157 Genitivus pretii

(vergleichende) Wertung[2] bei Kauf oder Tausch

Frage: wie teuer, wieviel wert?

1. als Attribut:

χωρίον δέκα μνῶν	ein Grundstück, das 10 Minen wert ist

2. als Adverbiale

a) bei den Ausdrücken der **Würdigung** und **Wertung:**

πολλοῦ, πλείονος τιμᾶσθαι, ἀξιοῦν	hoch, höher schätzen usw.
περὶ πολλοῦ ποιεῖσθαι	hoch schätzen
θέας ἄξιος	sehenswert

---

[1] Entsprechend im Lateinischen abl. comparationis.

[2] Vgl. Jeder Arbeiter ist seines Lohnes wert. Vgl. gen. und abl. pretii im Lateinischen.

b) bei den Ausdrücken des **Geschäftslebens** (Kauf, Miete usw.):

ἀγοράζειν, πρίασθαι, ὠνεῖσθαι	kaufen	πολλοῦ	teuer
πιπράσκειν, πωλεῖν, ἀποδίδοσθαι	verkaufen	ὀλίγου	billig
μισθοῦσθαι	mieten	πλείονος	teurer
μισθοῦν	vermieten	ἐλαχίστου	sehr billig
ἀλλάττειν	tauschen	χρυσοῦ	für Gold usw.
ὤνιος	käuflich		

Genitivus causae (vgl. dativus causae § 169) **158**

der Grund als geistiger Ursprungsbereich

Frage: weswegen?

1. bei den Ausdrücken des **Affekts** und der **Affektäußerung**[1], z. B.

θαυμάζειν, ἄγασθαι	bewundern wegen
εὐδαιμονίζειν, μακαρίζειν	glücklich preisen wegen
οἰκτίρειν	bedauern wegen
ἥδεσθαι	sich freuen über
ὀργίζεσθαι	zürnen wegen

2. bei den Ausdrücken des Gerichtsverfahrens: Genitivus **criminis**

Das Verbrechen als Grund einer Rechtshandlung neben dem Akkusativ der Person (τινά τινος)[2]:

αἰτιᾶσθαί τινά τινος	jmd. beschuldigen wegen
γράφεσθαί τινά τινος	jmd. (schriftlich) anklagen wegen
διώκειν τινά τινος	jmd. belangen wegen
φεύγειν τινὸς ὑπό τινος	von jmd. angeklagt werden wegen
αἱρεῖν τινά τινος	jmd. eines Verbrechens überführen
ἁλίσκεσθαί τινος	eines Verbrechens überführt werden
κρίνειν τινά τινος	jmd. verurteilen wegen
ἀπολύειν τινὰ προδοσίας	jmd. freisprechen } von der Beschuldigung des Verrats[3]
ἀποφεύγειν προδοσίας	freigesprochen werden } von der Beschuldigung des Verrats[3]
αἴτιος, ἀναίτιος	schuldig, unschuldig an etw.

Zusatz:

Bei den verba criminis mit dem Präverbium **κατα-**: die Sache als Akkusativobjekt neben dem Genitiv der Person, die betroffen ist (vgl. § 148a und S. 178 κατά c. gen).:

κατηγορεῖν τινός τι	jmd. anklagen wegen
κατακρίνειν, καταγιγνώσκειν τινός τι	jmd. eines Verbrechens für schuldig erklären
καταγιγνώσκειν τινὸς θάνατον	jmd. zum Tode verurteilen
θάνατος κατεγνώσθη Σωκράτους	(der Tod wurde gegen S. erkannt), Sokrates wurde zum Tode verurteilt

---

[1] Vgl. Schillers Siegesfest: »Des frisch erkämpften Weibes freut sich der Atrid.« Spaziergang: »Munter entbrennt, des Eigentums froh, das freie Gewerbe.« — Neues Testament (Luther): »Ihn jammerte des Volkes.« Vgl. abl. causae und gen. criminis im Lateinischen.

[2] Schillers Wallenstein: »Unedler Säumnis klagen sie mich an.«

[3] Bei diesen Verben ist der Genitiv ein gen. sep.

159 **Genitivus materiae**

Das Material als Ursprung einer Sache oder partitiv als Teil der gesamten Materie:

στήλη λίθου	als Attribut: ein Pfeiler aus Stein
οἱ στέφανοι ἴων ἢ ῥόδων ἦσαν	als Prädikatsnomen: »waren aus«

160 Bei den **Verben der Wahrnehmung und Erinnerung** kann der Genitiv als Ausgangsbereich aufgefaßt werden oder als partitiver Genitiv des Bereichs (§ 150, 3 c):

ἀκούω λέγοντός τινος	ich höre jmd. zu, wie er redet
τὸ αἴτιον αὐτῶν πεύσεσθε	den Grund werdet ihr von ihnen erfahren

3. Dativ

161
Übersicht

Der griechische Dativ hat zwei Hauptbedeutungen

a) Ursprüngliche Bedeutung

Sog. **Echter Dativ** (entspr. dem idg. Dativ)
Er gibt den bei einem Vorgang **Beteiligten** an.
Frage: wem?, für wen?

δουλεία ὑπάρχει αὐτοῖς	... droht ihnen

b) Übernommene Bedeutung

α) Instrumentalis/Sociativus bzw. Comitativus (entspr. dem idg. Instrumentalis)
Er gibt an
das **Mittel** eines Vorgangs:

ἵππῳ ἐλαύνει	er reitet auf (mit) einem Pferd

Begleitung oder **Gemeinschaft:**

κακοῖς ὁμιλεῖν	mit Schlechten Umgang haben

Frage: womit?, mit wem?

β) Locativus (entspr. dem idg. Locativus)
Er gibt Ort oder Zeit eines Vorgangs an.
Frage: wo?, wann?

τῇδε	hier
τῇ αὐτῇ ἡμέρᾳ	an demselben Tage

a) Ursprüngliche Bedeutung

162 **Dativ des indirekten Objekts** (indirekte, mittelbare Beteiligung)

bei vielen intransitiven und neben dem direkten Akkusativobjekt bei vielen transitiven Verben (auch zum Ausdruck der indirekten Beteiligung bei den entsprechenden Adjektiven), z. B.

βοηθεῖν	helfen	εὔχεσθαι τοῖς θεοῖς τι	den Göttern etw. geloben
λυσιτελεῖν	nützen (vgl. § 143, 1a)	φθονεῖν τινί τινος	jmd. etw. neiden
παρακελεύεσθαι	gebieten	ὠφέλιμος, χρήσιμος	nützlich
ἕπεσθαι	folgen	φίλος	befreundet
γαμεῖσθαι ἀνδρί	einen Mann heiraten	ἐχθρός	feindlich

Zusatz:
Bei κελεύειν »jmd. antreiben, jmd. befehlen« steht der Akkusativ.

Dativus possessivus 163

Er gibt den Besitzer an bei εἶναι, γίγνεσθαι, ὑπάρχειν, z. B.

ἔστι μοι	mir gehört, ich habe in Besitz
ὑπάρχει, γίγνεταί μοι	es steht in meiner Macht, ich bekomme in Besitz
ἐνταῦθα **Κύρῳ** βασίλεια ἦν	Kyros besaß dort . . .
σοῦ κρατοῦντος δουλεία ὑπάρχει **αὐτοῖς**	. . . besteht für sie, haben sie . . .
ὄνομα **τῷ ὄρει** ἦν Θήχης	der Berg hieß Theches

Dativus commodi und incommodi 164

Er bezeichnet die Person, zu deren Vorteil oder Nachteil etwas geschieht.

Frage: für wen?, zu wessen Nutzen oder Schaden?

μισῶ σοφίστην, ὅστις οὐχ **αὑτῷ** σοφός	. . . für sich, zu seinem Vorteil . . .
ὁ ἡγεμὼν **αὐτοῖς** ἐτύγχανε τεθνηκώς	zu ihrem Unglück war gerade ihr Führer gestorben

Dativus ethicus[1] 165

Seelische Anteilnahme, geistiges Interesse an einer Handlung (meist in der ersten oder zweiten Person des Personalpronomens):

μή **μοι** θορυβήσητε	fangt mir keinen Lärm an!
ἄρξομαι δέ **σοι** ἀπὸ τῶν μικροτάτων παραδειγμάτων	ich werde dir einen Anfang machen mit . . .

Dativus relationis (des Standpunktes)[2] 166

Er bezeichnet die Person, von deren Standpunkt aus oder nach deren Urteil eine Aussage gilt:

ἡ Θρᾴκη ἡ ἐν τῇ ᾽Ασίᾳ ἐν δεξιᾷ ἐστιν εἰς τὸν Πόντον **εἰσπλέοντι**	. . . für den in das Schwarze Meer Hineinfahrenden . . . wenn man in das Schwarze Meer hineinfährt
οὐχ ὁ Ζεὺς ᾄδει **τοῖς ποιηταῖς**	. . . **nach dem Urteil** der Dichter, wie die Dichter sagen

Zusatz:

τοῦτό μοι γίγνεται	βουλομένῳ	ἡδομένῳ	ἀχθομένῳ
dies geschieht mir	nach Wunsch	zur Freude	zum Ärger

Dativus auctoris 167

Er bezeichnet die tätige Person als Urheber einer Handlung (wie der Genitiv mit ὑπό).

1. bei Verbalformen besonders im Perfekt und Plusquamperfekt des Passivs:

παλαιοῖς ποιηταῖς δεδήλωται (ὑπὸ τῶν . . .)	von den alten Dichtern . . .

2. stets beim Verbaladjektiv auf -τέος (wie beim Gerundivum im Lateinischen):

τοῦτο **ἐμοὶ** ποιητέον	dies muß ich tun

---

[1] Vgl. quid mihi agis? Vgl. Schiller, Wallenstein: »Der führt dir gar wundersame Reden.« »Sind euch gar trotz'ge Kameraden.«

[2] Vgl. in universum aestimanti apud Germanos plus penes peditem roboris est (Tacitus).

b) Übernommene Bedeutung

α) Instrumentalis/Sociativus (Comitativus)

Frage: womit?, mit wem?

168 **Eigentlicher Instrumentalis**

zur Bezeichnung des Mittels oder Werkzeugs (im Dt. oft Adv. des Ortes):

ἵππῳ ἐλαύνειν	**auf** einem Pferde[1] reiten
οἰκίᾳ δέχεσθαι	**in** sein Haus aufnehmen[2]
οὐδεὶς ἔπαινον **ἡδοναῖς** ἐκτήσατο	Ruhm **durch** Vergnügen

besonders gebräuchlich χρῆσθαι mit einem zweiten Dativ als Prädikativum:

σοὶ φίλῳ χρήσομαι **καὶ ἀδελφῷ**	ich werde **dich als Freund und Bruder** haben (gebrauchen)

169 **Dativus causae**[3] (vgl. gen. causae § 158)

1. bei den **Verben des Affekts,** um den Grund der Stimmung auszudrücken, z. B.

ἥδεσθαι, χαίρειν	sich freuen über
ἄχθεσθαι, ἀγανακτεῖν	sich ärgern über
χαλεπῶς, βαρέως φέρειν	ungehalten sein über
ἀγάλλεσθαι	stolz sein auf
χαλεπῶς φέρω **τοῖς παροῦσι πράγμασιν**	... über die gegenwärtige Lage
χαίρειν **ἐπ' αἰσχραῖς ἡδοναῖς**	(dat. causae verstärkt durch ἐπί mit dem Dativ)

2. auch bei anderen Verben zur Angabe des inneren Beweggrundes, z. B.

εὐνοίᾳ	aus Wohlwollen	φόβῳ	aus Angst
φιλίᾳ	aus Freundschaft	ὀργῇ	aus Zorn

ἀβουλίᾳ τὰ πολλὰ βλάπτονται βροτοί	aus Unbesonnenheit ...

170 **Dativus modi**[4]

Er bezeichnet die Art und die begleitenden Umstände eines Geschehens:

τούτῳ τῷ τρόπῳ	auf diese Weise	δημοσίᾳ	öffentlich
ἔργῳ, τῷ ὄντι	in der Tat	ἰδίᾳ	persönlich
προφάσει	angeblich	πεζῇ	zu Fuß
βίᾳ	mit Gewalt, gegen den Willen		

Κῦρος **σιωπῇ** ἐδάκρυσεν	K. brach insgeheim in Tränen aus
οἱ πολέμιοι **φυγῇ ἔφυγον**	

---

[1] Vgl. lat. equo vehi.

[2] auch als dat. loci aufzufassen, vgl § 173

[3] Entsprechend im Lateinischen abl. causae.

[4] Entsprechend im Lateinischen abl. modi.

Dativus mensurae[1] (discriminis, des Unterschiedes) **171**

zur Angabe von Maß und Grad bei Komparativen und komparativischen Begriffen.

Frage: um wieviel?

πολλῷ, μακρῷ	bei weitem	ὅσῳ — τοσούτῳ	je — desto
ὀλίγῳ, μικρῷ	nur wenig		

τέχνη ἀνάγκης ἀσθενεστέρα **μακρῷ** — **weit** schwächer ...

ὅσῳ πλέον, **τοσούτῳ** ἄμεινον — **je** mehr **desto** besser

ähnlich verwendet wird der Akkusativ der Beziehung (§ 141):

οὐδὲν μείζων — **um nichts** größer, **gar nicht** größer

Dativus sociativus (comitativus)[2] **172**

1. bei Ausdrücken der freundlichen und feindlichen Gemeinschaft (besonders auch bei Komposita mit den Präverbia μετα-, συν-, ἐν-), z. B.:

κοινωνεῖν, μετέχειν	Gemeinschaft haben mit jmd.
μεταδιδόναι	jmd. Anteil geben
ὁμολογεῖν, ὁμονοεῖν	übereinstimmen mit jmd.
κεραννύναι, μειγνύναι	mischen mit etw.
ὁμιλεῖν	verkehren mit jmd.
διαλέγεσθαι	sich unterhalten mit jmd.
σπένδεσθαι	einen Vertrag schließen mit jmd.
πολεμεῖν, μάχεσθαι	kämpfen gegen jmd.
(aber: μάχεσθαι **σύν** τινι	**im Bunde** mit jmd. kämpfen)
ἀγωνίζεσθαι	wettkämpfen mit jmd.
συνεῖναι	mit jmd. zusammensein
ἐμμένειν	bei etw. verharren
κοινός	gemeinsam mit jmd.
συγγενής	verwandt mit jmd.
ὅμορος	jmd. benachbart
ἴσος, ὅμοιος	jmd. gleich, ähnlich
ὁ αὐτός	derselbe wie (statt Dativ auch καί τις = wie jmd.)

2. zur Angabe begleitender Menschen, Tiere, Fahrzeuge

ἐστράτευσαν **ναυσὶν** ἕκατον — **mit** hundert Schiffen

πολὺν **ἔχων στόλον** — statt des dat. sociativus:

ἔχων, ἄγων, λαβών } mit Akk. deutsch: »mit«

3. in Verbindung mit Formen von αὐτός in der Bedeutung »mitsamt, zugleich mit«:

μίαν ναῦν λαμβάνειν **αὐτοῖς ἀνδράσιν** — ... **mitsamt** der Mannschaft

---

[1] Entsprechend im Lateinischen abl. mensurae.

[2] Entsprechend im Lateinischen abl. sociativus.

173 β) **Locativus** (Endung -i)[1]

Dativus loci

Frage: wo?

1. oft in der alten Dichtung:

αἴθερι ναίων	im Äther wohnend

2. später beschränkt auf Ortsnamen und wenige Ortsangaben:

Ἀθήνησι, Μαραθῶνι	
οἴκοι	zu Hause
χαμαί	auf dem Boden

und Pronominaladverbia, z. B.

ταύτῃ, τῇδε	hier	ἐκεῖ	dort
ᾗ	wo	κύκλῳ	ringsum

3. sonst verdeutlicht durch Präpositionen:

ἡ ἐν Μαραθῶνι μάχη

oder durch Komposita mit entsprechenden Präverbien:

ἐλπίδας ἐμποιεῖν ἀνθρώποις	bei Menschen Hoffnungen erwecken
περιπίπτειν **τῷ ξίφει**	sich **ins Schwert** stürzen

Dativus temporis

Frage: wann?

1. alte temporale Lokative:

πέρυσι	im Jahr davor	ἦρι	im Frühling
ἀεί	immer		

2. temporale Dative bei Angabe von Festen:

Παναθηναίοις, Διονυσίοις

sonst meist mit Attribut:

τῇ αὐτῇ ἡμέρᾳ	an demselben Tage

3. mit der Präposition ἐν (= im Verlauf von):

ἐν τρισὶν ἡμέραις	im Verlauf von drei Tagen

Zusammenstellungen zur Kasuslehre

1. Zeitangaben

Genitiv	Dativ	Akkusativ
τῆς ἡμέρας	τῇ ἡμέρᾳ	τὴν ἡμέραν
an dem (genannten) Tage	an dem Tage	den Tag über

[1] Entsprechend im Lateinischen abl. loci.

Genitiv	Dativ	Akkusativ
ἡμέρας bei Tage	ἐν τῇ ἡμέρᾳ im Verlauf des Tages	καθ' ἡμέραν täglich
πέντε ἡμερῶν innerhalb von fünf Tagen	ἅμα τῇ ἡμέρᾳ bei Tagesanbruch	τρίτην ἡμέραν den dritten Tag, seit zwei Tagen
δὶς τῆς ἡμέρας zweimal täglich		

2. Komposita

a) stehen meist beim **Genitiv** mit den Präverbien:

ἀπο- (separativ), z. B.

ἀποτρέπω	wende ab von	ἀφίσταμαι	falle ab von
ἀφίστημι	mache abtrünnig von		

κατα- (vgl. § 158 Zusatz und S. 178 κατά c. gen.) τινός τι »einen wegen etwas«, z. B.

καταγελῶ	lache aus, verlache jmd.	καταφρονῶ	verachte jmd.
κατηγορῶ	klage an, verklage jmd.	καταψηφίζομαι	verurteile jmd.

προ- (komparativ), z. B.

προαιροῦμαι	ziehe einem vor	προκρίνω τινά τινος	gebe einem den Vorzug vor jmd. anderem
		προΐστημι	stelle an die Spitze von etw.

b) stehen meist beim **Dativ** mit den Präverbien:

συν- (soziativ), z. B.

σύνειμι	bin zusammen mit	συμμαχέω	kämpfe im Bunde mit
συμβάλλω	vereinige mit	συμπράττω	arbeite mit, helfe

ἐν- (lokativ), z. B.

ἐνίσταμαι	stelle mich hinein in	ἐμμένω	bleibe bei etw.
ἐμπίπτω	gerate in etw.	ἐντυγχάνω	treffe auf etw.

ἐπι- (lokativ), z. B.

ἐπιβουλεύω	stelle jmd. nach	ἐπιτρέπω τινί τι	vertraue jmd. etw. an
ἐπιτίθεμαι	greife jmd. an	ἐπιφέρω τινί τι	bringe jmd. etw.

II. Präpositionen

Allgemeines

Die Präpositionen waren ursprünglich selbständige adverbiale Bestimmungen, deren Stellung frei war, z. B. ἐκ δὲ Χρυσηὶς νηὸς βῆ *(Hom.) = »und heraus ging Chryseis aus dem Schiff«. Dieser Zustand ist bei Homer weitgehend erhalten geblieben. In attischer Prosa dagegen verschmilzt die Richtungsbezeichnung* (ἐκ) *entweder mit dem Verbum, wodurch die sog. Komposita entstehen* (Χρ. νεὼς ἐξέβη), *oder aber sie tritt vor den Nominalkasus* (Χρ. ἐκ νεὼς ἔβη). *Die Stellung hinter dem Nomen (Postposition) findet sich in der Dichtersprache noch häufig, in attischer Prosa nur noch bei* περί: *z. B.* ἀλλοτρίας γῆς πέρι *(Thuc.). Zum Ausdruck der engen Verbindung zwischen Nomen und Postposition wird der Akzent auf die erste Silbe zurückgezogen.*

174

1. Präpositionen bei nur einem Kasus

Akkusativ

εἰς	**Grundbedeutung: in — hinein, auf — zu**		
Ggs.: ἐκ	örtlich:	**εἰς** τὴν πόλιν	**in** die Stadt
	zeitlich:	**εἰς** τὴν ἑσπέραν	**gegen** Abend
	übertragen:	**εἰς** χιλίους	**gegen, ungefähr** 1000
		παιδεύειν **εἰς** ἀρετήν	erziehen **zu** . . .
	Präverbium:	**εἰσ**βάλλειν	**hinein**werfen
ἀνά	**Grundbedeutung: über — hin, hinauf**		
Ggs.: κατά	örtlich:	**ἀνὰ** τὸ πεδίον	**über** die Ebene hin
		ἀνὰ ποταμόν	flußaufwärts
	zeitlich:	**ἀνὰ** πᾶσαν τὴν ἡμέραν	den ganzen Tag **hindurch**
	übertragen:	**ἀνὰ** κράτος	mit aller Kraft
		ἀνὰ ἑκατὸν ἄνδρας	**je** 100 Mann
	Präverbium:	**ἀνα**βαίνειν	**hinauf**gehen
		ἀναχωρεῖν	**zurück**gehen
		ἀναπνεῖν	**auf**atmen
ὡς	**Bedeutung: zu** (nur bei Personen)		
	örtlich:	**ὡς** βασιλέα	**zum** König

Genitiv

ἐκ (ἐξ)	**Grundbedeutung: aus — heraus**		
Ggs.: εἰς	örtlich:	**ἐκ** τῆς πόλεως	**aus** der Stadt
		ἐξ Ὀλύμπου στῆναι	von . . . her = **auf** d. O.
	zeitlich:	**ἐξ** οὗ	**seit**dem
	übertragen:	**ἐκ** τούτου	**infolge**dessen
	Präverbium:	**ἐκ**βάλλειν	**heraus**werfen
		ἐκπράττειν	**zu Ende** führen
		ἐξοπλίζειν	**vollständig** bewaffnen

πρό	**Grundbedeutung: vor, für**		
	örtlich:	**πρὸ** τῶν πυλῶν	**vor** den Toren
	zeitlich:	**πρὸ** τῆς μάχης	**vor** der Schlacht
	übertragen:	**πρὸ** δικαιοσύνης ἀδικίαν ἐπαινεῖν	**anstelle** der Gerechtigkeit Unrecht loben
		πρὸ γυναικῶν	**zum Schutze** der Frauen
	Präverbium:	**προ**τρέχειν	**vor**laufen
		προλέγειν	**öffentlich** bekanntgeben
ἀπό	**Grundbedeutung: von — her**		
	örtlich:	**ἀπὸ** Σάρδεων	**von** Sardes **her**
	zeitlich:	**ἀπὸ** τούτου τοῦ χρόνου	**seit** dieser Zeit
	übertragen:	**ἀπὸ** Διὸς καλεῖσθαι	**nach** Zeus benannt werden
		ἀπὸ τούτων τῶν χρημάτων	**mit** diesen Mitteln
	Präverbium:	**ἀπ**έρχεσθαι	**weg**gehen
		ἀποδιδόναι	**zurück**geben
ἀντί	**Grundbedeutung: gegenüber**		
	örtlich:	**ἀντὶ** μαρτύρων	**angesichts** von Zeugen
	übertragen:	**ἀντὶ** τοῦ ἀδελφοῦ	**anstelle** des Bruders
	Präverbium:	**ἀντι**τιθέναι	**gegenüber**stellen
		ἀντιδιδόναι	**als Entgelt** geben
	Dativ		
ἐν	**Grundbedeutung: in, innerhalb**		
	örtlich:	**ἐν** Ἀθήναις	**in** Athen
	zeitlich:	**ἐν ᾧ**	**während**
		ἐν τούτῳ	**inzwischen**
	übertragen:	**ἐν** ἀφθόνοις βιοτεύειν	**im** Überfluß leben
		ἐν τάχει (= ταχέως)	**schnell**
	Präverbium:	**ἐν**οικεῖν	**darin** wohnen
σύν (ξύν)	**Grundbedeutung: mit**		
	örtlich:	**σὺν** τῷ ἀδελφῷ	**mit** dem Bruder
	übertragen:	**σὺν** τοῖς θεοῖς	**mit Hilfe** der Götter
		σὺν γέλωτι	**unter** Lachen
	Präverbium:	**συλ**λέγειν	**zusammen**lesen, sammeln

2. Präpositionen bei zwei Kasus 175

διά	**Grundbedeutung: durch**		
	Genitiv		
	Grundbedeutung: hindurch		
	örtlich:	**διὰ** τῆς Συρίας	**durch** Syrien **hindurch**
	zeitlich:	**διὰ** βίου	das Leben **hindurch**
	übertragen:	**διὰ** τάχους	**in** Eile
		δι' ἑρμηνέως	**durch** einen Dolmetscher
		διὰ φιλίας	**in** Freundschaft

Akkusativ

Grundbedeutung: durch = wegen

übertragen:	**διὰ** τοῦτο	des**wegen**
	διὰ καῦμα	**vor** Hitze
	δι' εὔνοιαν	**aus** Wohlwollen
	δι' ἡμᾶς	unsert**wegen, durch** unsere Schuld
Präverbium:	**δια**βαίνειν	**hindurch**gehen
	διαφθείρειν	**vollständig** verderben
	διαστῆναι	**auseinander**treten

κατά — **Grundbedeutung: hinab**

Ggs.: ἀνά

Genitiv

Grundbedeutung: herab

örtlich:	**κατὰ** τοῦ λόφου	**vom** Hügel **herab**
	κατὰ γῆς	**unter** der Erde
übertragen:	**κατὰ** Φιλίππου λέγειν	**wider, gegen** Ph. reden (auf Ph. herab)

Akkusativ

Grundbedeutung: über — hin, abwärts

örtlich:	**κατὰ** γῆν	**über** die Erde **hin**
	κατὰ γῆν καὶ **κατὰ** θάλατταν	**zu** Lande und **zu** Wasser
	κατὰ ποταμόν	strom**abwärts**
zeitlich:	**κατ'** ἐκεῖνον τὸν χρόνον	**während, zu** jener Zeit
	οἱ **καθ'** ἡμᾶς	unsere **Zeitgenossen**
übertragen:	**κατὰ** τοὺς νόμους	den Gesetzen **gemäß**
	κατὰ δύναμιν	nach Kräften
	κατ' ἄνδρα	Mann **für** Mann
	καθ' ἡμέραν	täglich
Präverbium:	**κατ**άγειν	**herab**führen, zurückführen
	καταφαγεῖν	**vollständig** verzehren
	καταστρωννύναι	**aus**breiten
	καταγελᾶν	**ver**lachen

μετά — **Grundbedeutung: inmitten, unter**

Genitiv

Grundbedeutung: mit

örtlich:	**μετὰ** τῶν Ἀθηναίων	**unter** den Athenern
übertragen:	**μετ'** ὀργῆς	**im** Zorn
	μετὰ τῶν ἄλλων	**mit** den anderen

Akkusativ

Grundbedeutung: nach

zeitlich:	**μετὰ** τὸν δρόμον	**nach** dem Wettlauf
übertragen:	πόλις πλουσιωτάτη **μετὰ** Βαβυλῶνα	die reichste Stadt **nach** Babylon

	Präverbium:		
	1. Anteil:	**μετα**διδόναι	**ab**geben
		μετέχειν	**teil**haben
	2. Wechsel:	**μετα**νοεῖν	den Sinn ändern, **bereuen**
ὑπέρ	**Grundbedeutung: über**		
	Genitiv		
	örtlich:	**ὑπὲρ** τῆς κώμης	**über** dem Dorf
	übertragen:	**ὑπὲρ** τῆς πατρίδος	**für** das Vaterland
	Akkusativ		
	örtlich:	**ὑπὲρ** Ἑλλήσποντον	**über** den Hellespont **hinaus,** jenseits d. H.
	zeitlich:	**ὑπὲρ** τετταράκοντα ἔτη	**über** 40 Jahre
	übertragen:	**ὑπὲρ** δύναμιν	**über** die Kraft
	Präverbium:	**ὑπερ**βαίνειν ὄρος	**über** einen Berg gehen

3. Präpositionen bei drei Kasus 176

ἀμφί	**Grundbedeutung: auf beiden Seiten**		
	Genitiv		
	örtlich:	**ἀμφὶ** τῆς πόλεως	**in der Nähe** der Stadt
	übertragen:	**ἀμφί** τινος μάχεσθαι	**um** etwas streiten
	Dativ (ep. ion. poet.)		
	örtlich:	**ἀμφ'** ἐμοί	**neben** mir, **an** meiner **Seite**
	übertragen:	**ἀμφ'** Ὀδυσῆι μυθεῖσθαι	**über** Odysseus erzählen
	Akkusativ		
	örtlich:	**ἀμφὶ** πῦρ	**um** das Feuer **herum**
		οἱ **ἀμφὶ** Λεωνίδαν	die (Schar) **um** Leonidas
	zeitlich	**ἀμφὶ** μέσας νύκτας	**um** Mitternacht
	übertragen:	**ἀμφὶ** τὰ πεντήκοντα ἔτη	**gegen** 50 Jahre
		ἀμφὶ τοὺς δισχιλίους	**ungefähr** 2000
	Präverbium:	**ἀμφι**γνοεῖν	**zweifeln, schwanken**
		ἀμφικαλύπτειν	rings **um**hüllen
ἐπί	**Grundbedeutung: auf, an**		
Ggs.: ὑπό	**Genitiv**		
	örtlich:	**ἐπὶ** τοῦ ἄκρου	**auf** der Höhe
		ἐπ' οἴκου	heim**wärts**
	zeitlich:	**ἐπὶ** τῶν τριάκοντα	**zur Zeit** der Dreißig
	übertragen:	**ἐπὶ** τεττάρων	**zu** vieren
		ἐφ' ἑαυτῶν	**auf** sich allein **angewiesen, für** sich

Dativ

örtlich:	**ἐπὶ** τῷ Εὐφράτῃ ποταμῷ	**(dicht) am** Euphrat
zeitlich:	**ἐπὶ** τούτῳ	dar**auf**
übertragen:	**ἐπὶ** μικροῖσιν λυπεῖσθαι	**über** Weniges trauern
	ἐπὶ βασιλεῖ γίγνεσθαι	**in die Gewalt** des Königs kommen
	ἐπὶ τούτοις	**unter** diesen **Bedingungen**
	ἐπὶ Πατρόκλῳ	**zu Ehren von** Patroklos

Akkusativ

örtlich:	**ἐπὶ** τοὺς προδότας	**gegen** die Verräter
	ἐφ' ἵππον	**aufs** Pferd
zeitlich:	**ἐπὶ** τρεῖς ἡμέρας	**während** 3 Tagen
übertragen:	**ἐπὶ** δεῖπνον	**für** das Mahl
	ἐπὶ τοῦτο	**zu** diesem **Zweck**
	ὡς ἐπὶ τὸ πολύ	**meistens**
Präverbium:	**ἐπι**τιθέναι	**darauf**legen
	ἐπιστρατεύειν τινί	**gegen** jmd. zu Felde ziehen
	ἐπιγίγνεσθαι	**hinzu**kommen
	ἐπίορκος	meineidig (gegen den Eid)

παρά **Grundbedeutung: nahe**

Genitiv

örtlich:	**παρὰ** τῆς πόλεως ἥκειν	**von** der Stadt kommen

Dativ

örtlich:	**παρὰ** βασιλεῖ	**an der Seite** des Königs, **beim** König
übertragen:	τὰ **παρ'** ἐμοί	die Zustände **bei** mir

Akkusativ

örtlich:	**παρὰ** τὴν θάλατταν	**längs** des Meeres
	παρὰ βασιλέα	**hin zum** König
zeitlich:	**παρ'** ὅλον τὸν βίον	das ganze Leben **hindurch**
übertragen:	**παρὰ** τοὺς νόμους	an den Gesetzen vorbei, **wider** die Gesetze
	παρὰ μικρόν	**beinahe**
Präverbium:	**παρ**έρχεσθαι	**vorüber**gehen
	παραβαίνειν τὸν νόμον	das Gesetz **über**treten
	παρακαλεῖν	**herbei**rufen

περί **Grundbedeutung: ringsum, über**

Genitiv

übertragen:	**περὶ** πολλοῦ **ποιεῖσθαι**	hoch **schätzen**
	περὶ σπονδῶν διαλέγεσθαι	**über** einen Vertrag sprechen

Dativ

örtlich:	**περὶ** ταῖς χερσίν	**um** die Arme
übertragen:	Ζεὺς ἔδεισε **περὶ** τῷ γένει	Zeus war besorgt **um** das Geschlecht

Akkusativ

örtlich:	**περὶ** τὴν Σικελίαν	**um, in** Sizilien **herum**
	οἱ **περὶ** Κῦρον	die **Umgebung** des Kyros
zeitlich:	**περὶ** τὸν αὐτὸν χρόνον	**um** dieselbe Zeit
übertragen:	οἱ ἄλλοι **περὶ** τὰ ἐπιτήδεια ἦσαν	die anderen waren **um** die Verpflegung bemüht
Präverbium:	**περι**εῖναι	**über**legen sein
	περιάγειν	**herum**führen
	περιχαρής	**sehr** froh

πρός **Grundbedeutung: bei, zu**

Genitiv

örtlich:	**πρὸς** τοῦ ποταμοῦ	**vom** Fluß **her**, auf den Fluß **zu**
übertragen:	**πρὸς** τοῦ πατρός	väterlicher**seits**
	πρὸς θεῶν	**bei** den Göttern, **angesichts** der Götter
	πρὸς Θηβαίων	**zum Vorteil** der Thebaner
	πρὸς τοῦ τρόπου	der Art **entsprechend**

Dativ

örtlich:	**πρὸς** τῇ θαλάττῃ	**bei** dem Meere
übertragen:	**πρὸς** τούτῳ	**außer**dem, noch **dazu**

Akkusativ

örtlich:	**πρὸς** τοὺς φίλους	**gegen** die Freunde
	πρὸς βορρᾶν	**nach** Norden **hin**
zeitlich:	**πρὸς** ἑσπέραν	**gegen** Abend
	πρὸς σελήνην	**bei** Mondenschein
übertragen:	λέγειν **πρός** τινα	**zu** jmd. sagen
	πρὸς δαίμονα	**gegen den Willen** der Gottheit
	πρὸς ταῦτα	**darum,** deshalb
	πρὸς χάριν λέγειν	**zu** Gefallen reden
Präverbium:	**προσ**έρχεσθαι	**hinzu**gehen
	προσδιδόναι	**noch dazu** geben

ὑπό **Grundbedeutung: unter**

Genitiv

örtlich:	**ὑπὸ** γῆς εἶναι	**unter** der Erde sein
	ὑφ' ἁμάξης	**unter** dem Wagen **hervor**
übertragen:	**ὑπὸ** μαστίγων	**unter** Geißelhieben
	ὑπὸ λιμοῦ	**vor** Hunger
	ὑπὸ τῶν γονέων φιλεῖσθαι	**von** den Eltern geliebt werden

Dativ

örtlich:	**ὑπὸ** τῇ ἀκροπόλει	**am Fuße** der Stadtburg
übertragen:	**ὑφ'** ἑαυτῷ ποιεῖσθαι	**unter** seine **Gewalt** bringen

Akkusativ

örtlich:	**ὑπὸ** τὰ δένδρα	**unter** die Bäume
zeitlich:	**ὑπὸ** νύκτα	**mit Einbruch** der Nacht
übertragen:	**ὑπὸ** τὸ δικαστήριον	**vor** das Gericht
Präverbium:	**ὑπο**κλέπτειν	**listig** rauben
	ὑποδύεσθαι	**unter** etw. tauchen

Zusatz:

1. **Koppelung** mehrerer Präpositionen ist häufig im Epos, seltener in Prosa, z. B.

πάρεξ	ep. ion.	daneben hinaus
ὑπέκ	ep. ion.	unten hervor

auch **als Präverbia:**

ὑπεκπέμπειν	heimlich wegsenden
ὑπεκτίθεσθαι	in Sicherheit bringen
ἐξαναδύεσθαι	heraus- und emportauchen
ἐγκαταλαμβάνειν	dabei ergreifen

2. Es gibt auch Koppelung mit Postpositionen, z. B.

τίνος χάριν ἕνεκα	um wessentwillen?
περὶ τῶν ἀρξάντων ἕνεκα	um der Herrschenden willen

4. Uneigentliche Präpositionen[1]

1. Beim Genitiv:

ἄνευ	ohne	κρύφα, λάθρᾳ	heimlich, ohne Wissen
ἄχρι, μέχρι(ς)	bis	ἐναντίον	gegenüber
δίκην	nach der Weise von	ἕνεκα (nachgest.)	wegen
ἐγγύς, πλησίον	nahe	μεταξύ	zwischen
ἐκτός	außerhalb	ὄπισθεν	hinter
ἐντός	innerhalb	πέραν	jenseits
ἔξω	außerhalb, hinaus, aus	πλήν	außer
		πόρρω	fern von
εἴσω	hinein, in, innerhalb	χάριν	zuliebe, um — willen
ἔμπροσθεν	vor	χωρίς	getrennt von

2. Beim Dativ:

ἅμα	zugleich mit	ὁμοῦ	zusammen mit

[1] Sie werden nicht zu Präverbien

III. Artikel und Pronomina

1. Artikel

a) Pronominaler Gebrauch 177

Der Artikel ist ursprünglich wie im Deutschen ein demonstratives Pronomen. Reste dieses Gebrauches, der bei Homer noch vorherrscht, finden sich auch später, z. B.

ὁ δέ, ἡ δέ, τὸ δέ	der aber, die aber, das aber
ὁ μὲν — ὁ δέ	der eine — der andere
καὶ τόν, καὶ τήν	und den, und die
οἱ δέ	die aber
τὸ (τὰ) μὲν — τὸ (τὰ) δέ	teils — teils
πρὸ τοῦ	vordem, ehemals

b) Substantivierung durch den Artikel

Durch den vorgesetzten Artikel kann der Grieche jede Wortform und jede Wortgruppe substantivieren und als Satzteil verwenden.

1. **Substantivierter Infinitiv:**

τὸ ἀδικεῖν μεῖζον κακόν ἐστι **τοῦ ἀδικεῖσθαι**	das Unrechttun . . . als das Unrechtleiden
τὸ ἄνευ φόβου ζῆν γίγνεται **ἐξ τοῦ δικαίως ζῆν**	das Leben ohne Furcht . . . aus dem gerechten Leben
τῷ μὴ πείθεσθαι τοῖς νόμοις πολλοὶ διαφθείρονται	. . . durch den Ungehorsam gegen die Gesetze

2. **Substantivierung eines Satzes:**

τὸ γνῶθι σαυτὸν πανταχοῦ χρήσιμόν ἐστιν	der Satz »Erkenne dich selbst« . . .

3. **Substantivierung** eines Adverbiale oder eines Genitivs (bei der Übersetzung ist ein passendes Substantiv zu ergänzen):

οἱ τότε (ἄνθρωποι)	die Menschen damals
οἱ Κύρου, οἱ σὺν Κύρῳ, οἱ περὶ Κῦρον (θεράποντες, φίλοι o. ä.)	die Umgebung, das Gefolge, die Anhänger usw. des Kyros
ἡ τῶν Ἀθηναίων (χώρα, πόλις o. ä.)	das Land, die Stadt der Athener
τὰ τῆς πόλεως (πράγματα)	die Angelegenheiten der Stadt

c) Artikel und Nomen

1. Mit dem Deutschen übereinstimmend 178

Grundsätzlich wird der Artikel so gebraucht wie im Deutschen, d. h.

a) **individuell** (das einzelne wird vom anderen gesondert):

βλέψον εἰς **τὰ ὄρη** καὶ ἰδέ, ὡς ἄβατα πάντα	. . . die Berge hier, keine anderen . . .

Die individuelle Bedeutung wird im Deutschen oft verdeutlicht

durch das Possessivpronomen:

Κῦρός με φεύγοντα ἐκ **τῆς πατρίδος** ἐτίμησεν	. . . aus **meinem** Vaterland

durch die Wörter »bekannt, genannt« u. ä.:

Ξέρξης ἡττηθεὶς **τῇ μάχῃ** ἐκ τῆς Ἑλλάδος ἀπεχώρει	. . . in der **bekannten, eben geschilderten** Schlacht

b) **generell** (das einzelne wird zum Vertreter der Gattung):

ὁ ἄνθρωπος θνητός ἐστιν	der Mensch = alle Menschen . . .

c) **distributiv** (auf alle sich verteilend, dt. = jeder einzelne):

Κῦρος ὑπισχνεῖτο δώσειν τρία ἡμιδαρεικὰ **τοῦ μηνὸς τῷ στρατιώτῃ**	. . . für **jeden** (einzelnen) Monat **jedem** (einzelnen) Soldaten

besonders:

ὁ βουλόμενος	jeder, der will
ὁ τυχών	jeder beliebige, der erste beste
ὁ τολμήσων	jeder, der es wagen sollte

d) **mit besonderer Bedeutung:**

πολλοί	viele	οἱ πολλοί	die meisten, die Masse
ὀλίγοι	wenige	οἱ ὀλίγοι	die Oligarchen
πλείονες	mehrere	οἱ πλείονες	die Mehrzahl
πλεῖστοι	sehr viele	οἱ πλεῖστοι	die meisten
ἄλλοι	andere	οἱ ἄλλοι	die anderen, die übrigen

179 **2. Vom Deutschen abweichend**

a) im Griechischen steht der Artikel

α) bei **Ländernamen:**

ἡ Ἀσία, ἡ Αἴγυπτος

β) oft bei **anderen Eigennamen,** wenn sie vorher genannt sind oder als allgemein bekannt ausgesprochen werden sollen:

ὁ Σωκράτης συμβουλεύει **τῷ Ξενοφῶντι** ἐλθεῖν εἰς Δελφούς	der **berühmte** S. rät dem **schon mehrfach genannten** X. . . .

γ) beim **Demonstrativ-** und beim **Possessivpronomen:**

οὗτος ὁ ἀνήρ, ὅδε ὁ ἀνήρ, ἐκεῖνος ὁ ἀνήρ, ὁ ἐμὸς φίλος

δ) nach dem **gen. possessoris des Relativpronomens:**

ὁ ποταμός, **οὗ τὸ εὖρος** ἦν τρία πλέθρα	. . . dessen Breite . . .

ε) bei Hervorhebung des **Teils einer genannten Summe,** also auch bei **Brüchen:**

ἀπῆσαν τῶν λόχων δώδεκα ὄντων **οἱ τρεῖς**	von den zwölf . . . **drei**
τὰ δύο μέρη	zwei Drittel

ζ) bei der **Apposition nach einem Personalpronomen:**

ἡμεῖς οἱ ἄνθρωποι	wir Menschen
ἐγὼ ὁ εὐδαίμων	ich Glücklicher

η) bei **ἄμφω, ἀμφότεροι, ἑκάτερος:**

τὼ παῖδε ἀμφοτέρω	beide Kinder

b) im Griechischen fehlt der Artikel

α) wenn im Deutschen der **unbestimmte** Artikel steht[1],

β) beim Prädikatsnomen:

ἡ γεωργία τῶν ἄλλων τεχνῶν **τροφός** ἐστιν	... ist **die** Amme ...

Ausnahme:

Der Artikel steht, wenn das Prädikatsnomen hervorgehoben werden soll:

οὗτός ἐστιν **ὁ σώφρων**	... der **wahrhaft** Weise

besonders bei ὁ αὐτός:

ἐγὼ μὲν **ὁ αὐτός** εἰμι, ὑμεῖς δὲ μεταβάλλετε	ich bin derselbe ...

γ) bei Amtsbezeichnungen und Benennungen der Natur, bei Angaben von Raum und Zeit:

βασιλεύς	der Großkönig
ἥλιος, οὔρανος	
ἀμφὶ μέσας νύκτας, ἐν ἀγορᾷ	

δ) bei vielen Abstrakten:

πλοῦτος κακίας μᾶλλον ἢ **ἀρετῆς ὑπηρέτης** ἐστίν	Der Reichtum ist mehr Diener der Schlechtigkeit als ...

2. Pronomina

Demonstrativpronomina **180**

1. ὁ, ἡ, τό. ὅς, ἥ, ὅ

Reste dieses alten, später zum Artikel bzw. zum Relativpronomen gewordenen Demonstrativpronomens haben sich im Attischen kaum erhalten (vgl. § 177a), nur z. B.:

καὶ ὅς[2]	und der	οὐδ' ὅς[2]	auch der nicht
καὶ τόν	und den	ἦ δ' ὅς[2]	sagte er
ὁ δέ, οἱ δέ	der, die aber		

2. ὅδε, ἥδε, τόδε (vgl. lat. hic), ebenso τοιόσδε, τοσόσδε

bezeichnet unmittelbar räumlich, zeitlich und geistig Gegenwärtiges, noch nicht Erwähntes, Folgendes.

ἥδε ἡ θάλαττα, αἵδε αἱ νῆες πάντα ἐμά ἐστιν	dieses Meer hier vor mir ...

[1] Dem unbestimmten Artikel des Deutschen kann im Griechischen das indefinite Pronomen τις entsprechen (ein = irgendein): das Einzelwesen soll zwar als vorhanden, aber als nicht näher zu bestimmen dargestellt werden (γυνή τις ὄρνιν εἶχεν). In der Dichtung steht τις auch vor dem Substantiv (οὔτε τις ἄγγελος οὔτε τις ἱππεὺς ἀφικνεῖται).

[2] Vgl. Seite 240.

3. οὗτος, αὕτη, τοῦτο (vgl. lat. is, iste), ebenso τοιοῦτος, τοσοῦτος,
bezeichnet das räumlich, zeitlich und geistig Entferntere, das bereits Erwähnte und Bekannte.

τεκμήριον τούτου καὶ τόδε — Beweis für das Gesagte ist auch folgendes

4. ἐκεῖνος, ἐκείνη, ἐκεῖνο (vgl. lat. ille) »jener, der dort, der damals«
bezeichnet das Entfernte, nicht im Bereich des Redenden Liegende.

181 Relativpronomina

1. ὅς, ἥ, ὅ — der, welcher
οἷος — welcher Art, wie beschaffen (qualitativ)
ὅσος — wie groß (quantitativ)
werden **individuell** gebraucht (sich auf einen bestimmten Gegenstand beziehend).

2. ὅστις — jeder der; wer immer
(ebenso ὁποῖος, ὁπόσος u. ä.)
ὅσοι, ὅσαι, ὅσα — alle die; alles was (nur im Plural)
werden **generell** gebraucht (sich auf die Gattung beziehend).
μακάριος, ὅστις οὐσίαν καὶ νοῦν ἔχει — glücklich jeder, der . . . hat

3. ὅσπερ — eben der (hervorhebend)
ὅς γε — der ja, da er ja (begründend)

4. Formelhafte Verbindungen:

ἔστιν ὅστις	mancher	ἔστιν ὅτε	manchmal
ἔστιν οὗ	an manchen Stellen	οὐδεὶς ὅστις οὐ	jeder

182 Reflexive Pronomina (vgl. § 57 und 60)

1. Direkt reflexive Pronomina

bei Bezug auf das Subjekt desselben Satzes in allen drei Personen. (Im Lateinischen nur in der 3. Person!)

1. Person:
Ἐν **ἐμαυτῷ** φέρω πάντα τὰ ἐμά — in mir selbst . . .

2. Person:
γνῶθι **σαυτόν** — . . . dich selbst

3. Person
Ὁ σοφὸς **ἐν αὑτῷ** προσφέρει τὴν οὐσίαν — . . . in sich selbst

Infinitiv- und Partizipialkonstruktionen gelten dabei meist als Satzteile.

Βούλου ἀρέσκειν πᾶσιν, μὴ **σαυτῷ** μόνον — . . . nicht nur dir selbst gefallen

2. Indirekt reflexive Pronomina

a) in innerlich abhängigen Sätzen bei Bezug auf das Subjekt des übergeordneten Satzes **nur in der 3. Person:**

Ὁ **Ξενοφῶν** ἔδεισε, μὴ ἀνήκεστα κακὰ γένοιτο τῇ πόλει καὶ **ἑαυτῷ**	... fürchtete, daß ... für ihn selbst ...

b) Besonders bei Infinitivkonstruktionen erscheinen die Formen οἷ (οἱ enkl.) ihm, ihr; σφίσι(ν) ihnen und selten σφῶν, σφᾶς:

Οὐκ ἀθανάτους **σφίσι** παῖδας εὔχοντο γενέσθαι, ἀλλ' ἀγαθοὺς καὶ εὐκλεεῖς	**sie** beteten, daß **ihnen** ... Kinder geboren werden möchten ...

c) Ersatz des indirekt reflexiven Pronomens durch die obliquen Kasus von αὐτός:

Οἱ **πρέσβεις** ἔλεξαν, ὅτι μεταμέλοι **αὐτοῖς**	Die **Gesandten** sagten, daß es **sie** reue

3. a) Reflexives Pronomen der 3. Person ohne Bezug auf das Subjekt des Satzes in der Bedeutung »sein eigen, selbst«:

Ξενοφῶν ᾤχετο ἄγων τὸν ἄνδρα **πρὸς τοὺς ἑαυτοῦ οἰκέτας**	... den Mann zu seinen Angehörigen

b) In lebhafter Rede reflexives Pronomen der 3. Person statt des Pronomens der 1. oder 2. Person:

Εὐλαβεῖσθε, ὅπως μὴ **ἐγὼ** ἅμα **ἑαυτόν** (= ἐμαυτόν) τε καὶ ὑμᾶς ἐξαπατήσω	... daß ich nicht mich selbst und euch betrüge

Interrogativpronomina 183

1. direkt und indirekt fragend:

τίς, ποῖος, πόσος, ποῦ, πότε u. a.

2. nur indirekt fragend und generell relativ (vgl. § 181, 2):

ὅστις, ὁποῖος, ὁπόσος, ὅπου, ὁπότε u. a.

3. in indirekter Frage steht zuweilen auch das Relativpronomen:

Ἀκούσατε, **ᾧ τρόπῳ** ὑμῖν ἡ δημοκρατία κατελύθη	Hört, auf welche Weise ...

αὐτός 184

a) hervorhebend, zuweilen entgegensetzend, »selbst«:

ὁ αὐτὸς ἀνήρ	derselbe (idem vir)
αὐτὸς ὁ ἀνήρ, ὁ ἀνὴρ αὐτός	selbst (vir ipse)
τὸ δίκαιον αὐτό	... selbst, an und für sich
ὀτρύνεις με καὶ αὐτὸν σπεύδοντα	... von selbst, freiwillig ...
παρ' αὐτὸ τὸ τεῖχος	unmittelbar an ...

ἡ ἐμὴ αὐτοῦ εὐδαιμονία	(beim Possessivpronomen nur im Gen. »eigen«)
καὶ αὐτὸς Κῦρος	und Kyros ebenfalls
οὐδ' αὐτός	gleichfalls nicht
τί ποτ' αὐτό	was denn eigentlich
μίαν ναῦν λαμβάνουσιν **αὐτοῖς** ἀνδράσιν	nur im Dat. »mitsamt«

b) unbetont nur in den obliquen Kasus: als Personalpronomen der 3. Person:

θαυμάζω αὐτόν	eum
ἡ σοφία αὐτοῦ	eius

ἄλλος, ὁ ἄλλος	ein anderer, der andere
ἄλλος ἄλλα εἶπεν	der eine dies, der andere jenes, jeder etwas anderes
ἐγὼ καὶ **οἱ ἄλλοι** κύνες ὁπλῖται καὶ **ἄλλοι** ἱππεῖς	und außerdem, und sonst (gegenüberstellend)
ἄλλοι τε καί	außer anderen besonders
ἄλλως τε καί	(in anderer Beziehung) und besonders

IV. Verbum

1. Nominalformen

185 #### a) Infinitiv

Allgemeines

Die griechischen Infinitive haben sich wie die des Lateinischen aus verbalen Nominalformen entwickelt (vgl. § 74 S 56): z. B. οὐδὲ προὐφαίνετ' ἰδέσθαι *»es war nicht hell genug zum Sehen« (Hom.). Dabei handelt es sich um ursprüngliche Dative und Lokative, die früh unterschiedslos gebraucht werden konnten (vgl. die Einleitung zu den §§ 138 ff.) und vornehmlich finale Bedeutung hatten, die in homerischer Zeit noch stark ausgeprägt war, später aber teilweise verblaßte. Der finale Gebrauch des Infinitivs ist jedoch auch noch im Attischen lebendiger als im Lateinischen. Damit hängt es zusammen, daß das Griechische eine eigentliche Form für abhängige Objektsbegehrssätze fast gar nicht entwickelt hat.*

Bei den Verben, die die Vorbereitung und Fähigkeit zu einer Handlung bezeichnen (z. B. παρασκευάζεσθαι, δύνασθαι *usw., § 189), konnte der Infinitiv sowohl als Zielkasus wie auch als direktes Objekt aufgefaßt werden; ebenso konnte er bei unpersönlichen Ausdrücken (wie* ἔστι *»es besteht die Möglichkeit, es ist möglich«) nicht nur als (finaler) Dativ, sondern auch als Subjekt verstanden werden. So konnte allmählich das Empfinden für den finalen Charakter des Infinitivs schwinden, es konnten sich Konstruktionen wie der a. c. i. und n. c. i. im Griechischen und Lateinischen entwickeln, im Griechischen konnte sogar der Artikel hinzutreten (noch nicht bei Homer).*

Der Infinitiv ist ursprünglich eine nominale Verbalform mit final-konsekutivem Sinn. Er wird, seiner finalen Eigenschaft entsprechend, **meist durch μή negiert** (vgl. § 214, 4).

Nominale Eigenschaften (substantivierter Infinitiv)

1. Möglichkeit, zu substantivieren und zu deklinieren:

τὸ πείθεσθαι

2. Verbindung mit Präpositionen:

διὰ τὸ πείθεσθαι

τὸ ἄνευ φόβου ζῆν γίγνεται **ἐκ τοῦ δικαίως ζῆν**	das furchtlose Leben — aus dem gerechten Leben

Verbale Eigenschaften

1. Verbindung mit Adverbien, auch bei Substantivierung:

τὸ **καλῶς** πείθεσθαι	der **rechte** Gehorsam

2. Verbindung mit Objekten, im gleichen Kasus wie die finiten Verbformen, auch bei Substantivierung:

τὸ πείθεσθαι τοῖς νόμοις	der Gehorsam gegen die Gesetze

3. Bezeichnung von Aktionsart und genus verbi:

Κῦρος ἠξίου τοὺς Λακεδαιμονίους αὐτῷ συμμάχους **γενέσθαι**	... jetzt werden sollten
ἐλέγετο Ἐπύαξα Κύρῳ **δοῦναι** χρήματα πολλά	... habe gegeben

4. Möglichkeit, sich mit ἄν zu verbinden (potentiale oder irreale Bedeutung):

σὺν ὑμῖν **ἂν** οἶμαι **τίμιος εἶναι** (unabhängig: τίμιος ἂν εἴην)	... glaube ich, werde ich wohl geachtet sein

Infinitiv als Imperativ[1] **186**

Gemäß seinem ursprünglich finalen Sinn kann der Infinitiv imperativische Bedeutung haben:

μηδὲν ἄγαν σπεύδειν = μηδὲν ἄγαν σπεῦδε

am häufigsten in Verbindung mit Imperativen:

ἐπὶ Σκύθας τὴν πρώτην ἰέναι **ἔασον** ... σὺ δέ μοι ἐπὶ τὴν Ἑλλάδα **στρατεύεσθαι**	laß sein zu gehen ..., ziehe vielmehr

[1] Vgl. im Deutschen: Aufstehen! Antreten!

187 Infinitiv als Adverbiale des Zweckes oder der möglichen Folge

1. bei den **Verben des Übergebens, Überlassens, Erwählens**[1] u. ä.:

τοῖς Αἰγινήταις οἱ Λακεδαιμόνιοι **ἔδοσαν** Θυρέαν **οἰκεῖν** καὶ τὴν γῆν **νεμέσθαι**	... übergaben Th. zum Bewohnen und das Land zum Verteilen
Περικλῆς **ἡρέθη λέγειν** ἐπὶ τοῖς τεθνεῶσιν	P. wurde erwählt, auf die Toten eine Rede zu halten

2. bei **Adjektiven** wie ἄξιος, δεινός, ἱκανός, ἕτοιμος u. ä. und **deren Gegenteil** (im Dt.[2] Infinitiv mit »zu«):

ἔστιν **ἀξία** ἥδε ἡ χώρα **ἐπαινεῖσθαι**	... verdient es, gelobt zu werden
δεινὸς λέγειν	fähig zu reden

3. in **final-konsekutiver Bedeutung** besonders bei den Verben der **Bewegung**[3]:

Παυσανίας **ἀφικνεῖται** ἐς Ἑλλήσποντον, τῷ μὲν λόγῳ **ἐπὶ τὸν Ἑλληνικὸν πόλεμον**, τῷ δὲ ἔργῳ τὰ πρὸς βασιλέα πράγματα **πράσσειν**	... angeblich **zum** ... in Wahrheit aber, **um zu** ...
ἔστι καὶ πόα **καθίζεσθαι**	da ist auch ein Grasplatz, **so daß** man sich hinsetzen kann

Vgl. Konsekutivsätze § 235, b.

Zusatz:

Besonders oft bei Thukydides steht ein **finaler Infinitiv** mit Artikel im Genitiv (entstanden aus dem von einem Substantiv abhängigen attributiven Genitiv):

ἀγγελίαν ἔπεμπον τοῦ ξυμπαρακομισθῆναι	sie schickten eine Geleitsbotschaft (eine Botschaft, um Geleit zu erhalten)

Vgl. S. 168, Anm. 2.

4. Infinitiv als einschränkendes Adverbiale (finalen Ursprungs) sog. **absoluter Infinitiv** (meist formelhaft):

(ὡς) ἐμοὶ δοκεῖν	»für mein Dünken«, wie mir scheint
(ὡς) συνελόντι (oder συντόμως) εἰπεῖν	»für zusammenfassende Äußerung«, **um** es kurz **zu** sagen
ὡς (ἔπος) εἰπεῖν	sozusagen, kurz gesagt
ὀλίγου δεῖν	beinahe
τὸ ἐπ' ἐκείνῳ εἶναι	soweit es auf ihn ankommt
τὸ νῦν εἶναι	für jetzt
ἑκὼν εἶναι	freiwillig
τὸ κατὰ τοῦτον εἶναι	was ihn betrifft
ὅσον ἐμὲ εἰδέναι	soviel ich weiß

---

[1] Im Lateinischen: prädikatives Gerundivum oder Finalsatz mit ut oder finaler Relativsatz oder ad beim Akkusativ des Gerundiums oder Supinum I.

[2] Im Lateinischen: Supinum II oder Dativ des Zweckes oder konsekutiver Relativsatz.

[3] Im Lateinischen: Finalsatz bzw. Konsekutivsatz.

Infinitiv als Objekt[1]

1. bei den **Verben des Begehrens**[2]: 188

ἀξιοῦν	fordern	συμβουλεύειν τινί	jmd. raten
δεῖσθαί τινος	jmd. bitten	πείθειν τινά	jmd. überreden
κελεύειν τινά	jmd. befehlen	ἐᾶν τινα	jmd. lassen
παραινεῖν, παρακελεύεσθαί τινι	jmd. auffordern	προτρέπειν τινά	jmd. antreiben
		ἀναγκάζειν τινά	jmd. zwingen
προστάττειν τινί	jmd. auftragen	κωλύειν τινά	jmd. hindern u. a.

Κῦρος **ἠξίου τοὺς Λακεδαιμονίους** αὐτῷ συμμάχους **γενέσθαι**	forderte, daß die L. . . . werden sollten
Λύσανδρος **ἐκέλευσε τοὺς ναυάρχους ἕπεσθαι** τοῖς Ἀθηναίοις φεύγουσιν	L. befahl den Führern zur See, den . . . Athenern zu folgen . . .

2. bei den **Verben der Fähigkeit und Bereitschaft** zu etwas: 189

δύνασθαι, ἔχειν	können	παρασκευάζεσθαι	sich vorbereiten
ἐπίστασθαι, εἰδέναι	verstehen (zu tun)	ποιεῖν, διαπράττεσθαι	bewirken
εἰωθέναι, φιλεῖν	gewohnt sein	σπουδάζειν	sich bemühen
οἷός τε εἶναι	imstande sein	πειρᾶσθαι	versuchen

δίκαιος **ἀδικεῖν οὐκ ἐπίσταται** τρόπος	die gerechte Gesinnung versteht nicht unrecht zu tun
γλώσσης μάλιστα πανταχῇ **πειρῶ κρατεῖν**	versuche, . . . zu beherrschen

Zusatz:

a) μέλλειν mit Inf. Fut.	beabsichtigen, im Begriff sein (= lat. coniugatio periphrastica)
b) μέλλειν mit Inf. Präs. oder Aor.	1. wohl müssen, 2. zögern
μέλλω ἀπεχθέσθαι Διί	ich muß Zeus wohl verhaßt werden
c) ἔμελλον mit Inf.	ich sollte, ich wollte
ταῦτα οὐ τελεῖσθαι ἔμελλεν	dies sollte nicht in Erfüllung gehen

3. bei den **Verben des Lehrens und Lernens** (der Infinitiv gibt den Zweck bzw. den Inhalt des Lehrens und Lernens an): 190

διδάσκειν	lehren	etwas zu tun, zu können
μανθάνειν	lernen	
παιδεύειν	ausbilden, erziehen	

πεπαίδευται καρτερεῖν πρὸς τὸ ῥῖγος er ist dazu erzogen, Kälte zu ertragen

[1] Vgl. § 185 »Allgemeines«.

[2] Im Lateinischen meist Begehrssatz.

191 4. bei den **Verben des Sagens, Glaubens und Hoffens:**

λέγειν	sagen, erzählen	οὐ φάναι	sagen, daß nicht
ἀγγέλλειν	melden	νομίζειν, οἴεσθαι	glauben
ὑπισχνεῖσθαι	versprechen	ὑποπτεύειν, εἰκάζειν	vermuten
ὀμνύναι	schwören	ἐλπίζειν	hoffen u. a.

a) Übergang vom Infinitiv mit finalem Sinn zum Infinitiv mit aussagendem Sinn

Begehren: Negation μή (lat. ne):

οἱ Ἕλληνες **ἐβόων** ἀλλήλοις **μὴ θεῖν** δρόμῳ — die Griechen riefen einander zu, **sie sollten** nicht im Laufschritt vorrücken

Aussage: Negation οὐ (lat. a. c. i.):

τοῦτό **φημι οὐκ εἰδέναι** — ich sage, daß ich dies nicht **weiß**

b) bei Verben, die bedeuten »hoffen, versprechen, schwören« steht ein zukünftiges Ereignis im Infinitiv futuri:

ὀμώμοκεν ὁ δικαστὴς **δικάσειν** κατὰ τοὺς νόμους — . . . er werde Recht sprechen, Recht zu sprechen

192 **Infinitiv als Subjekt** bei unpersönlichen Ausdrücken:

δεῖ, χρή	es ist nötig	συμβαίνει	es geschieht
δοκεῖ	es scheint (richtig)	ἄξιόν ἐστιν	es lohnt sich
	man beschließt	δίκαιόν ἐστιν	es ist recht
ἔξεστιν,	es ist möglich	ὥρα ἐστίν	es ist Zeit
οἷόν τέ ἐστιν		νόμος ἐστίν	es ist Brauch u. a.
προσήκει	es gehört sich		

δεῖ τοὺς ἄρχειν αἱρεθέντας ἀμελεῖν τῶν ἰδίων — die zum Herrschen Gewählten müssen . . .

Zusatz:

nach ὀμνύναι, ὑπισχνεῖσθαι oft beteuernd ἦ μήν:

ὑπέσχοντο ἦ μὴν ἥξειν ὡς τάχιστα — sie versprachen bestimmt . . . zu kommen

193 **ἄν beim Infinitiv (und Partizip)** steht, wenn der Infinitiv (das Partizip) potentialen oder irrealen Sinn hat

potential:

σὺν ὑμῖν **ἂν** οἶμαι τίμιος **εἶναι** — auf eurer Seite, glaube ich, werde ich wohl geehrt sein

irreal:

ἄνευ σεισμοῦ οὐκ **ἄν** μοι δοκεῖ τι τοιοῦτο **γενέσθαι** — ohne ein Erdbeben, scheint mir, wäre so etwas nicht geschehen

οὐκ ἔλαβε τὰ χρήματα **δυνηθεὶς ἂν ἔχειν** — er nahm das Geld nicht, obwohl er es hätte haben können

Subjekt und Prädikatsnomen beim Infinitiv (Infinitivkonstruktionen) **194**

1. Infinitiv und »a. c. i.«[1]

a) Wird das Subjekt der Infinitivkonstruktion im Griechischen nicht ausgedrückt, so ist es das gleiche wie das des regierenden Verbs:

ἔλπιζε τιμῶν τὸν θεὸν **πράξειν** καλῶς	**hoffe,** daß **du** gut dabei fahren wirst ...

b) Wird das Subjekt der Infinitivkonstruktion ausgedrückt, so ist es nicht das gleiche wie das Subjekt des regierenden Verbs und steht im Akkusativ:

Κῦρος ἠξίου **τοὺς Λακεδαιμονίους** αὐτῷ **συμμάχους γενέσθαι**	**Kyros** wünschte, daß **die Lakedämonier** seine Bundesgenossen würden

c) Ein Akkusativ bei einem Infinitiv kann also sein

α) Subjektsakkusativ: a. c. i., z. B.

ἐθέλει **τοὺς συμμάχους** μένειν	er will, daß die Bundesgenossen warten

β) Objekt:

ἐθέλει μένειν **τοὺς συμμάχους**	er will die Bundesgenossen erwarten

d) Zwei Akkusative:

ἐθέλει **τοὺς συμμάχους αὐτὸν** μένειν	er will, daß die Bundesgenossen ihn erwarten

2. Ein **»n. c. i.«** steht (wie im Lateinischen) abhängig von einem persönlich konstruierten, passivischen verbum dicendi:

οὐδεὶς **λέγεται αὐτομολῆσαι**	niemand soll übergelaufen sein

3. Das **Prädikatsnomen** in einer Infinitivkonstruktion **kann** stehen:

a) im Kasus seines Beziehungswortes:

ἔξεστιν **ὑμῖν εὐδαίμοσι** γενέσθαι	es ist euch möglich, glücklich zu werden

auch beim substantivierten Infinitiv:

ὁ **Κῦρος** διὰ τὸ **φιλομαθὴς** εἶναι πολλὰ τοὺς παρόντας ἀνηρώτα	weil Kyros wißbegierig war ...

b) im Akkusativ, auch wenn das Beziehungswort im Genitiv oder Dativ steht:

ἔξεστιν **ὑμῖν εὐδαίμονας** γενέσθαι

c) Es **muß** im Akkusativ stehen, wenn ein Beziehungswort fehlt (entsprechend einem Subjektsakkusativ):

ἔξεστιν **εὐδαίμονα** γενέσθαι	**man** kann glücklich werden
δίκαιον εὖ **πράττοντα μεμνῆσθαι** θεοῦ	es ist richtig, daß **man**, wenn es **einem** gut geht, an Gott denkt

[1] Im Griechischen ist der »a. c. i.« zunächst ein Objektsakkusativ, verbunden mit einem Infinitiv des Zweckes, z. B. κελεύει ἄνδρα ἰέναι »er treibt den Mann zu gehen ... er befiehlt, daß der Mann geht«.

195

b) Partizip

Allgemeines

1. Das Partizip ist ein **Verbaladjektiv,** hat also nominale und verbale Eigenschaften (vgl. Infinitiv §§ 185 ff.).

a) **Nominale Eigenschaften**

α) **Deklinationsfähigkeit:**

Κλέαρχος ἐπολέμει **τοῖς** Θραξὶ τοῖς ὑπὲρ Ἑλλήσποντον **οἰκοῦσιν**	... gegen die jenseits des Hellesponts wohnenden Thraker

β) **Möglichkeiten der Substantivierung:**

οἱ γραψάμενοι τὸν Σωκράτη	die Ankläger des Sokrates

γ) Verwendung als **Attribut** oder als **Prädikativum,** wie ein Adjektiv, s. §§ 196, 197, 198.

b) **Verbale Eigenschaften**

α) **Verbindung mit Adverbien,** auch bei Substantivierung:

οἱ ἐλάχιστα ἐξαμαρτάνοντες εὐτυχέστατοί εἰσιν	die, welche am wenigsten Fehler machen...

β) **Verbindung mit Objekten,** im gleichen Kasus wie die finiten Verbformen, auch bei Substantivierung:

οἱ **τὸν Σωκράτη** γραψάμενοι	die Ankläger des Sokrates

2. Partizipien und Tempora

Partizipien bezeichnen ursprünglich **nicht die Zeitstufe,** sondern die **Aktionsart** (Aspekt) (vgl. §§ 206 ff.) und erst daraus abgeleitet auch das **Zeitverhältnis.**

a) Partizip des **Präsens:** zur Zeit der übergeordneten Handlung noch andauernd (durativ), also **oft gleichzeitig,** z. B.

τὸ δαιμόνιον πολλαχοῦ με ἐπέσχε **λέγοντα**	... hielt mich zurück, wenn ich sprach (beim Sprechen)

b) Partizip des **Aorist:** zur Zeit der übergeordneten Handlung abgeschlossen, (effektiv), also **oft vorzeitig,** z. B.

ἀναγνοὺς τὴν ἐπιστολὴν ὁ Κῦρος συλλαμβάνει Ὀρόνταν	nachdem Kyros den Brief gelesen hatte...

c) Partizip des **Futurs:** eine zukünftige Handlung bezeichnend, **oft final** (vgl. § 206, 2), zuweilen auch **nachzeitig,** z. B.

ὁ βάρβαρος ἧκεν ἐπὶ τὴν Ἑλλάδα **δουλωσόμενος**	... als einer, der unterwerfen würde (wollte), um es zu unterwerfen

d) Partizip des **Perfekts:** eine aus der Vergangenheit **resultierende** und abgeschlossene Handlung, die oft **als Ergebnis gleichzeitig** ist, z. B.

ἀπηλλαγμένοι τῶν κακῶν ἐκοιμήθησαν	da sie von ihren Mühen befreit worden waren, von ihren Mühen frei ...

Anmerkung:

1. **Part. Aor.** steht aber auch **gleichzeitig** zur Haupthandlung. Es drückt hier den Aspekt der **Einmaligkeit** aus:

   καλῶς ἐποίησας **ἐπαινέσας** αὐτόν ... ihn (dieses Mal) zu loben

2. **Gleichzeitigkeit und Vorzeitigkeit stehen auch nebeneinander:**

   οὐκ ἔστιν ἀνδρὶ ἀγαθῷ κακὸν ...
   οὐδὲν οὔτε **ζῶντι** während seines Lebens (durativ)
   οὔτε **τελευτήσαντι** nach seinem Tode (effektiv)

3. Negationen beim Partizip vgl. §§ 201, 213 ff.

Attributives Partizip 196

Das Partizip kann, wie ein Adjektiv, attributiv gebraucht und auch substantiviert werden.

1. **individuell** (vgl. Artikel § 178):

ὁ ἱερὸς καλούμενος πόλεμος	der sogenannte Heilige Krieg der Krieg, der ... genannt wird

2. **generell:**

ὁ βουλόμενος	jeder, der will
ὁ τυχών	jeder beliebige, der erste beste
ὁ τολμήσων	jeder, der es wagen sollte
οἱ ἔχοντες	alle, die etwas haben, die Besitzenden
ὁ μὴ πιστεύων	jeder, der nicht glaubt, wenn einer nicht glaubt

In beiden Fällen deutsche Wiedergabe oft durch Relativsätze.

Prädikatives Partizip

Das prädikative Partizip ist eine Ergänzung und nähere Bestimmung des Verbalinhaltes, d. h. des Inhaltes des übergeordneten Verbums.

1. Prädikatives Partizip **mit Bezug auf das Subjekt** 197

a) bei den **Verben, die ein näher bestimmtes (modifiziertes) Sein ausdrücken:**

τυγχάνω ποιῶν	ich tue gerade, eben, zufällig, es trifft sich, daß ich tue
λανθάνω ποιῶν	ich tue heimlich
φθάνω τινὰ ποιῶν	ich tue früher als jmd.
οἴχομαι ἀπιών	ich gehe eilig fort
δῆλος, φανερός εἰμι, φαίνομαι ποιῶν	es ist offenbar, daß ich tue u. a.
ὁ πρεσβύτερος **παρὼν ἐτύγχανεν**	der Ältere war zufällig anwesend
οἱ Πέρσαι περιέπλεον Σούνιον βουλόμενοι **φθῆναι τοὺς Ἀθηναίους ἀφικόμενοι** εἰς τὸ ἄστυ	... weil sie früher als die Athener in der Stadt ankommen wollten

Wiedergabe im Deutschen: Das Partizip wird zum regierenden Verb und das Verb des modifizierten Seins zum Adverb.

b) bei den **Verben des Anfangs, Verlaufs und Abschlusses, auch des Ausdauerns und Ermattens:**

ἄρχομαι ποιῶν τι	ich fange an, etwas zu tun; ich tue zuerst
διαγίγνομαι, διάγω, διατελῶ ποιῶν τι	ich fahre fort, etwas zu tun; ich tue fortwährend
καρτερῶ ποιῶν τι	ich halte aus bei einer Tätigkeit
κάμνω ποιῶν τι	ich werde müde, gebe auf, etwas zu tun
παύομαι ποιῶν τι	ich höre auf, etwas zu tun u. a.
μὴ κάμῃς φίλον **εὐεργετῶν**	werde nicht müde, einem Freund Gutes zu tun
οἱ Ἕλληνες ἑπτὰ ἡμέρας **μαχόμενοι διετέλεσαν**	... hatten andauernd gekämpft

Wiedergabe im Deutschen meist Infinitiv mit zu.

c) bei den **Verben des Recht- und Unrechttuns, der Über- und Unterlegenheit:**

καλῶς ποιῶ ποιῶν τι	ich tue recht daran zu ...
ἀδικῶ ποιῶν τι	ich habe unrecht daran zu tun
νικῶ, κρατῶ ποιῶν τι	ich bin überlegen bei einer Tätigkeit
ἡττῶμαι, λείπομαι ποιῶν τι	ich bin unterlegen bei einer Tätigkeit u. a.
ἀδικεῖ Σωκράτης καινὰ δαιμόνια **εἰσφέρων**	... tut unrecht daran, ... einzuführen; wenn er ... einführt
οὐχ **ἡττησόμεθα** εὖ **ποιοῦντες**	wir werden im Wohltun nicht unterlegen sein, wir werden nicht weniger Gutes tun

198 2. Prädikatives Partizip **mit Bezug auf Subjekt oder Objekt** (Endung des Partizips beachten!)

a) bei **Verben des Affekts:**

ἥδεσθαι, χαίρειν	sich freuen	ἀγανακτεῖν	unwillig sein
ἄχθεσθαι	sich ärgern	ἀγαπᾶν	zufrieden sein
αἰσχύνεσθαι	sich schämen	μεταμέλεσθαι	bereuen u. a.

mit Bezug auf das **Subjekt:**

ἥδομαι τιμώμεν**ος**	...geehrt zu werden, weil ich geehrt werde

mit Bezug auf das **Objekt** (bzw. einen dat. causae):

οἱ ἀγαθοὶ **χαίρουσι** τῇ πατρίδι εὖ **πραττούσῃ**	... wenn es dem Vaterland gut geht, über das Wohlergehen des Vaterlandes

persönlich und unpersönlich:

μεταμέλει μοι ἀδικήσαντι μεταμέλομαι ἀδικήσας	ich bereue, Unrecht getan zu haben

b) bei **Verben des Nachweises:**

δεικνύναι, δηλοῦν	zeigen	λαμβάνειν	fassen, ertappen
ἀποφαίνειν	beweisen	ἐλέγχειν	überführen
ἀγγέλλειν	melden	ἁλίσκεσθαι	überführt werden u. a.

mit Bezug auf das **Subjekt:**

ἔδειξαν ἕτοιμοι **ὄντες**	sie erwiesen, daß sie bereit waren

mit Bezug auf das **Objekt:**

Σωκράτης ἐδείκνυ ἑαυτὸν καλὸν κἀγαθὸν **ὄντα**	S. erwies sich als einer, der ...

c) bei **Verben der sinnlichen und geistigen Wahrnehmung:**

ὁρᾶν	sehen	πυνθάνεσθαι	erfahren
περιορᾶν	übersehen, dulden, geschehen lassen	εἰδέναι	wissen
		γιγνώσκειν	erkennen
ἀκούειν	hören	μιμνῄσκεσθαι	sich erinnern
μανθάνειν	merken	ἐπιλανθάνεσθαι	vergessen u. a.
σύνοιδα ἐμαυτῷ	ich bin mir bewußt		

mit Bezug auf **alle Kasus**

Nominativ:

μέμνησο ἄνθρωπος **ὤν**	denke daran, daß du ein Mensch bist

Genitiv:

ἤκουσέ ποτε Ξενοφῶν Σωκράτους περὶ φιλίας **διαλεγομένου**	... wie Sokrates sich über die Freundschaft unterhielt

Dativ:

οὐ νῦν μοι **μεταμέλει** οὕτως **ἀπολογησαμένῳ**	ich bereue jetzt nicht, mich so verteidigt zu haben

Akkusativ:

ὁρῶμεν πάντα **ἀληθῆ ὄντα**, ἃ λέγετε	wir sehen, daß alles wahr ist ...

Zusatz:

Verben, bei denen **verschiedene Konstruktionen** möglich sind:

1. **σύνοιδα ἐμαυτῷ** σοφὸς ὤν — Partizip im Nominativ
   σύνοιδα ἐμαυτῷ σοφῷ ὄντι — Partizip im Dativ
   } ohne Bedeutungsunterschied

2. **ἀκούειν, αἰσθάνεσθαι, πυνθάνεσθαι**
   Mit Partizip im Genitiv: unmittelbar Akustisches hören usw.
   Mit Partizip im Akkusativ: von anderen als Tatsache hören usw. (= ὅτι vgl. § 229).
   Mit Infinitivkonstruktion: als Gerücht hören usw.

Κῦρος **θορύβου ἤκουσε** διὰ τῶν τάξεων **ἰόντος**	... hörte mit eigenen Ohren, wie ... ging
ἤκουσεν Ἀβροκόμας **Κῦρον** ἐν Κιλικίᾳ **ὄντα**	... hörte von anderen, daß Kyros ... sei
ἀκούω ὄλβιόν **σε εἶναι**	ich höre (als Gerücht), daß du reich bist
ᾔσθοντο Κῦρον **πεπτωκότα**	sie erfuhren, daß Kyros gefallen sei

3. Es drückt aus

	das **Partizip:** **Tatsächliches**			der **Infinitiv:** **Vorgestelltes** oder **Beabsichtigtes**	
a)	ἄρχω λέγων	ich rede als erster		ἄρχομαι λέγειν	ich schicke mich an zu reden
	ἄρχομαι λέγων	ich stehe am Anfang meiner Rede			
b)	ἤρξατο γελῶν	anfangs lachte er		ἤρξατο γελᾶν	er fing an zu lachen
	αἰδοῦμαι ποιῶν αἰσχύνομαι ~	ich schäme mich meines Tuns, ich tue voll Beschämung		αἰδοῦμαι ποιεῖν αἰσχύνομαι ~	ich schäme mich zu tun, ich unterlasse aus Schamgefühl
c)	γιγνώσκω	ich begreife	daß etwas ist	ich beschließe	etwas zu tun, zu sein
	ἐπίσταμαι, οἶδα	ich weiß		ich verstehe	
	ἐπιλανθάνομαι	ich vergesse		ich vergesse	
	μέμνημαι	ich erinnere mich, ich denke daran		ich erinnere mich, ich denke daran	u. a.

Adverbiales Partizip (Partizipialkonstruktionen)

Zur Geschichte der Partizipialkonstruktionen

1. Τοῦ δὲ Πάρις . . . ἀποκταμένοιο χολώθη *(Hom.)* »*Wegen dieses Mannes, der getötet worden war, wurde P. zornig*« *(*χολοῦσθαί τινος: *zornig werden wegen . . .)* > »*P. wurde zornig, weil dieser getötet worden war*«.

Wie der lateinische ablativus absolutus sich aus einem participium coniunctum entwickelt hat, das zu einem adverbialen Ablativ der Zeit, des Mittels oder der Art und Weise trat, so ist auch der genitivus absolutus im Griechischen hervorgegangen aus einem participium coniunctum, das sich an einen syntaktisch erforderlichen echten Genitiv oder separativen Genitiv anschloß. Allmählich ging das Verständnis dieser Konstruktion verloren; der Genitiv mit dem Partizip griff auch auf Fälle über, wo die Auffassung als participium coniunctum nicht mehr möglich war, und wurde selbständige adverbiale Bestimmung. Begünstigt wurde diese Entwicklung dadurch, daß der Genitiv z. B. als Genitiv der Zeit oder der Ursache im Griechischen sehr frei gebraucht werden konnte.

2. *Schließt man in dem Satz:* »Πολλὰ ἰδίᾳ πλεονεκτῆσαι πολλάκις ὑμῖν ἐξὸν οὐκ ἠθελήσατε« *das Partizip durch Kommata ein (*Πολλὰ ἰδίᾳ πλεονεκτῆσαι, πολλάκις ὑμῖν ἐξόν, οὐκ ἠθελήσατε: . . ., »*was euch oft möglich war, obwohl es euch oft möglich war*«*), so zeigt sich deutlich, daß das absolute Partizip im Akkusativ aus einer Apposition entstanden ist. Wie der genitivus absolutus und im Lateinischen der ablativus absolutus löste sich auch dieses Partizip allmählich aus diesem Zusammenhang und wurde als verkürzter Nebensatz empfunden; es nahm aber nur selten ein eigenes Subjekt zu sich. Im Lateinischen ist eine genau entsprechende Konstruktion unbekannt. Der accusativus absolutus des Spätlateins und Mittelalters trat an die Stelle des ablativus absolutus; daraus erklärt sich die absolute Partizipialkonstruktion der modernen Sprachen, die seit dem Humanismus besonders beliebt wurde.*

Am ehesten mit dem Griechischen vergleichen lassen sich noch deutsche Ausdrücke wie: angenommen, gesetzt, niemand ausgenommen. Vgl. engl. This done, he went away.

199 1. Das »**Participium coniunctum**« entspricht in seiner Funktion innerhalb des Satzganzen dem »participium coniunctum« des Lateinischen. Das Partizip erweitert ein Nomen, besonders Subjekt und Objekte, und kann die Funktion adverbialer Nebensätze haben. Auch die Übersetzungsmöglichkeiten sind die des Lateinischen.

2. »Participia absoluta« 200

a) »**Genitivus absolutus**«. Er entspricht dem »ablativus absolutus« des Lateinischen. Er ist also eigentlich ein genitivus temporis, causae usw. mit sich anschließendem Partizip.

Abweichungen vom Lateinischen:

α) Da das Gewicht einer absoluten Partizipialkonstruktion mehr auf dem verbalen als dem nominalen Teil liegt, fehlt das Nomen zuweilen:

οὕτως ἐχόντων	unter solchen Umständen
ἐκ τούτου **συνελθόντων** εἶπε Ξενοφῶν τάδε	darauf, als sie zusammengekommen waren ...
ὕοντος	da es regnete

β) Die Partizipien von εἶναι werden angewandt:

Περικλέους ἡγεμόνος **ὄντος**	Pericle duce

b) Ein »**Accusativus absolutus**« (eigtl. eine Satzapposition) steht nur bei unpersönlichen Ausdrücken ohne Nomen, z. B.

ἐξόν, παρόν, παρέχον , δυνατὸν ὄν	da (obgleich) es erlaubt (möglich) ist (war)
προσῆκον	da (obgleich) es sich schickt (schickte)
δέον	da (obgleich) es nötig ist (war)
δόξαν, δεδογμένον	da (nachdem, obgleich) es beschlossen ist (war)

c) Ein »**Nominativus absolutus**« (nicht häufig) steht statt eines anderen Kasus bzw. eines verbum finitum durch den Einfluß eines Wortes im Kontext:

οἰμωγὴ ἐκ τοῦ Πειραιῶς εἰς ἄστυ διῆκεν, **ὁ ἕτερος** τῷ ἑτέρῳ **παραγγέλλων**	Jammergeschrei drang vom Piräus nach Athen, wobei der eine dem anderen mitteilte (das Wort οἰμωγή wirkt weiter, auch eine Art Satzapposition)
ἦν δὲ πᾶσ' ὁμοῦ βοή, **ὁ μὲν στενάζων**, αἱ δ' ἠλάλαζον	es gab da bei allen zugleich ein Geschrei, der eine stöhnte, die Frauen heulten (also Partizip und verbum finitum in Parallele)

3. Verdeutlichung der Partizipialkonstruktionen. Anders als im Lateinischen kann 201
im Griechischen die Beziehung der Partizipialkonstruktion zum Satzinhalt in verschiedenen Schattierungen verdeutlicht werden, und zwar:

a) **temporal** (Negation: οὐ):

ἅμα μεταξύ	zugleich, während, mitten unter, noch während	εὐθύς, αὐτίκα ἐξαίφνης	sogleich, unmittelbar nach

b) **kausal** (Negation: οὐ):

ἅτε, οἷον	objektiver Grund: weil ja
ὡς	subjektiver Grund: da (mit Konj.), **in der Meinung, daß**
Κῦρος **ἅτε παῖς ὢν** καὶ φιλόκαλος καὶ φιλότιμος ἥδετο τῇ στολῇ	... **weil er ja ein Kind war,** ... freute sich über das Gewand
οἱ Κερκυραῖοι τρόπαιον ἔστησαν **ὡς νενικηκότες**	... **in der Meinung, daß** sie gesiegt hätten

c) **final** (Negation: μή):

ὡς beim part. fut.	damit, um zu
Ἀρταξέρξης συλλαμβάνει Κῦρον **ὡς ἀποκτενῶν**	... **um ihn zu töten**

d) **bedingt vergleichend:**

ὡς (ὥσπερ)	wie wenn, als ob
ὡς (ὥσπερ) δέον	**als ob** es nötig wäre
οἱ ἄνθρωποι τὸν θάνατον δεδίασιν **ὡς εὖ εἰδότες,** ὅτι μέγιστον τῶν κακῶν ἐστιν	... **als ob** sie genau wüßten ...

e) **konzessiv** (Negation: οὐ):

καίπερ	wenn auch, obwohl, obgleich
συμβουλεύω σοι **καίπερ** νεώτερος **ὢν**	... **wenn ich auch** der Jüngere bin

f) **modal** (Negation: οὐ), gekennzeichnet nicht durch ein Wort, sondern durch die Stellung nach dem verbum finitum:

ἐξελαύνει τὸν Εὐφράτην ποταμὸν **ἐν δεξιᾷ ἔχων**	... **wobei (indem)** er den Euphrat zur Rechten hatte (**mit** dem E. zur Rechten)
οἱ Ἀθηναῖοι ἀπέπλευσαν **οὐδὲν πράξαντες**	... **ohne** etwas getan **zu** haben

g) ἄν beim Partizip vgl. § 193.

202

c) Verbaladjektiv

1. Die Verbaladjektive auf -τός, -τή, -τόν bezeichnen

a) das **Vollzogene** (entsprechend dem lateinischen Part. Perf. Pass. auf -tus):

ὁ παιδευτός, οἱ αἱρετοί	der Erzogene, die Gewählten

b) das **Vollziehbare** vor allem in den durch α-privativum negierten Formen:

ἀδιάβατος	nicht überschritten, nicht überschreitbar
ἔστιν ἐν Ἀθήναις νόμος τοὺς ἄρχοντας ὑπὸ τοῦ δήμου **αἱρετοὺς** εἶναι πάντας	... daß die Beamten insgesamt vom Volk zu **wählen** sind
πῶς **διαβατὸς** ὁ ποταμός, εἰ μὴ πλοῖα ἕξομεν	wie ist der Fluß **zu überschreiten** ...

Die Verbaldjektive auf -τός, -τή, -τόν werden persönlich konstruiert

2. Die Verbaladjektive auf -τέος, -τέα, -τέον bezeichnen das **Zu-Vollziehende** (entspr. dem lateinischen Gerundivum)

Sie sind **passivisch** oder durch Inf. mit »zu« zu übersetzen

positiv mit »müssen«:

τιμητέα ἐστί σοι ἡ ἀρετή ... muß geehrt werden, ist zu ehren

negativ mit »dürfen«:

οὐ τιμητέα ἐστί σοι ἡ κακία ... darf nicht geehrt werden

Konstruktionen:

a) **persönlich**

τιμητέ**α** ἐστί σοι **ἡ ἀρετή** — nominale Eigenschaft des Verbal-**Adj.** (Verbal-Adj. als Prädikatsnomen), also das Nomen betont

b) **unpersönlich**

τιμητ**έον** ἐστί σοι **τὴν ἀρετήν** — verbale Eigenschaft des **Verbal**-Adj. (vom Verbal.-Adj. ein Objekt abhängig), also die Handlung betont

Die handelnde Person steht im **dativus auctoris.**

Ellipse der Kopula vgl. § 134, 1 c.

2. Genus verbi

a) Aktiv 203

1. a) Einige **transitive Verben,** besonders der **Bewegung, werden auch intransitiv** gebraucht[1], (Ein selbstverständlicher oder aus dem Zusammenhang leicht zu ergänzender Akkusativ ist dazuzudenken), z. B.:

transitiv:		**intransitiv:**	
(ἐξ)ἐλαύνω, ἄγω	führe	(στρατόν)	ziehe, marschiere usw.
ἐλαύνω	treibe	(ἵππον)	reite
διάγω	führe hindurch	(βίον)	bringe mein Leben hin
αἴρω	hebe	(ἀγκύρας)	segle ab
ἐμ-, εἰσβάλλω	werfe hinein	(ὕδωρ)	
		ὁ ποταμὸς εἰσβάλλει	der Fluß mündet
ἐξίημι	sende hinaus	(ὕδωρ)	
		ὁ ποταμὸς ἐξίησιν	der Fluß mündet
τελευτῶ	beende	(βίον)	sterbe
πράττω	tue	(τὰ ἐμαυτοῦ)	
		εὖ (κακῶς) πράττω	befinde mich wohl (übel)

[1] Vgl. Wer nicht (Warnungen) hören will, muß (Schmerzen) fühlen.

transitiv:		**intransitiv:**	
ἔχω	habe, halte	(ἐμαυτόν)	
		εὖ (κακῶς) ἔχω	befinde mich wohl (übel)
ἀπέχω	halte ab	(ἐμαυτόν)	bin entfernt
προσέχω	halte hin	(ναῦν)	lande
		(νοῦν)	gebe acht
καταλύω	spanne aus	(τὰ ὑποζύγια)	mache halt
ἤδη πλησίον ἦν ὁ σταθμός, ἔνθα ἔμελλε **καταλύειν** Κῦρος, ἡνίκα Πατηγύας προφαίνεται **ἐλαύνων** ἀνὰ κράτος ἱδροῦντι τῷ ἵππῳ		... wo Kyros **haltmachen wollte** ..., als Pategyas auftaucht, **reitend** ...	

b) **transitiver Gebrauch intransitiver Verben** s. § 144.

2. Das **Aktiv** einiger Verben dient **als Passiv** sinnverwandter Verben (beachte die wörtliche Bedeutung!)[1], z. B.

ἀποκτείνειν	töten	ἀποθνῄσκειν	getötet werden
ἐκβάλλειν	vertreiben	ἐκπίπτειν	vertrieben werden
διώκειν	anklagen	φεύγειν	angeklagt werden / verbannt werden
δίκην λαμβάνειν	bestrafen	δίκην διδόναι	bestraft werden
εὖ (κακῶς) ποιεῖν	Gutes (Böses) tun	εὖ (κακῶς) πάσχειν	gut (schlecht) behandelt werden
εὖ λέγειν	Gutes reden	εὖ ἀκούειν	in gutem Ruf stehen
ἄριστα Ἑλλήνων **ἤκουσαν**		sie standen im besten Rufe unter den Griechen	
Δέξιππος **ἀπέθανεν** ὑπὸ Νικάνδρου		... wurde getötet ...	
Σωκράτης ὑπὸ Μελήτου ἀσεβείας **ἔφυγεν**		... wurde angeklagt ...	

3. Das **Aktiv** muß häufig **kausativ** (mit »lassen«) übersetzt werden[2], z. B.

Κῦρος **ἐξέκοψε** τὸν παράδεισον καὶ τὰ βασίλεια **κατέκαυσεν**	... ließ umhauen und ... verbrennen

204 b) Medium

Das Medium drückt einen **Verbalvorgang** aus, der vom Subjekt ausgeht und **im Bereich des Subjekts** bleibt bzw. auf das Subjekt zurückwirkt[3].

---

[1] Vgl. im Lateinischen veneo Passiv zu vendo, pereo Passiv zu perdo.

[2] Kausatives Aktiv ist auch im Deutschen häufig; z. B. Ich baue mir ein Haus; im Lateinischen z. B. Caesar pontem fecit.

[3] Im Lateinischen erscheint das Medium noch in den Deponentien, z. B. vesci »sich nähren«, versari »sich aufhalten«, mereri »sich Verdienste erwerben«, moliri »sich abmühen« usw.

Aktiv: die Handlung geht vom Subjekt aus;
Medium: die Handlung geht vom Subjekt aus und richtet sich wieder auf das Subjekt;
Passiv: die Handlung richtet sich von außen auf das Subjekt.

Wiedergabe des Mediums im Deutschen meist durch reflexive oder auch durch intransitive Verben: sich freuen — traurig sein, sich baden — baden.

Einige Möglichkeiten der Bedeutungsentfaltung

1. Dynamisches Medium

Besondere Beteiligung des Subjekts am Verbalvorgang, besonders bei Verben des Affekts, z. B.

ἥδεσθαι	sich freuen	ἄχθεσθαι	sich ärgern	
λυπεῖσθαι	traurig sein	αἰσχύνεσθαι	sich schämen	
ἀκροᾶσθαι	hören	αἰσθάνεσθαι	empfinden	
ἐργάζεσθαι	arbeiten	ἅλλεσθαι	springen	u. a.

So wird das Aktiv durch das entsprechende Medium intensiviert (**Intensives Medium**):

στρατεύειν	zu Felde ziehen	στρατεύεσθαι	sich an einem Feldzug beteiligen	
πολιτεύειν	Bürger sein	πολιτεύεσθαι	sich als Bürger betätigen	
λαμβάνειν	nehmen	λαμβάνεσθαι	fest ergreifen	u. a.

2. Direktes Medium

Subjekt und direktes Objekt bezeichnen die gleiche Person oder Sache (im Deutschen: Reflexivpronomen im Akkusativ).

λούεσθαι	sich waschen, baden	ἵστασθαι	sich stellen	
ἐνδύεσθαι	sich anziehen	τρέπεσθαι	sich wenden	
γυμνάζεσθαι	sich üben, üben	φαίνεσθαι	sich zeigen, erscheinen	u. a.

Oft steht das entsprechende transitive Verbum im Aktiv:

λούειν τινά	jmd. waschen	λούεσθαι	sich waschen	
στεφανοῦν	umgeben, bekränzen	στεφανοῦσθαι	sich bekränzen	u. a.

3. Indirektes Medium

Subjekt und indirektes Objekt bezeichnen die gleiche Person oder Sache (im Deutschen: Reflexivpronomen im Dativ. Wiedergabe: sich, für sich). Oft in Verbindung mit einem äußeren Objekt:

λούεσθαι τοὺς πόδας	sich die Füße waschen	αἱρεῖσθαι	für sich nehmen, wählen	
σπένδεσθαι	für sich eine Spende darbringen, einen Vertrag schließen	τρόπαιον ἵστασθαι	für sich ein Siegeszeichen aufstellen	
		παρασκευάζεσθαι	sich etw. verschaffen	
εὔχεσθαι	für sich ein Gebet sagen, beten			u. a.

4. Kausatives Medium

Das Subjekt veranlaßt eine Handlung, die in seinem eigenen Interesse liegt, oder gibt sie zu. Wiedergabe im Deutschen: sich . . . lassen.

συμβουλεύεσθαι	sich raten lassen	γράφεσθαι	für sich vor Gericht aufschreiben lassen, verklagen
δανείζεσθαι	sich ausleihen lassen, sich leihen		
μισθοῦσθαι	sich vermieten lassen, mieten	γαμεῖσθαι	sich heiraten lassen, heiraten (v. d. Frau) u. a.

5. Reziprokes Medium

Mehrere Subjekte wirken gegenseitig aufeinander. Wiedergabe im Deutschen: sich, sich gegenseitig, sich untereinander o. ä. Vor allem Komposita mit den Präverbien δια- und συν-:

διαλέγεσθαι	sich unterhalten, ein Gespräch führen	συναλλάττεσθαι	sich (gegenseitig) aussöhnen
συμβουλεύεσθαι	sich (untereinander) beratschlagen	μάχεσθαι ἀγωνίζεσθαι	sich bekämpfen, miteinander wettkämpfen u. a.
συντίθεσθαι	vereinbaren		

205 **c) Passiv**

Das Passiv hat sich aus dem Medium entwickelt. Infolgedessen:

1. Auch **intransitive Verben** bilden ein **persönliches Passiv**[1]:

πιστεύομαι (Akt. πιστεύω τινί)	ich lasse mir vertrauen es wird mir vertraut man vertraut mir
φθονοῦμαι (Akt. φθονῶ τινι)	ich lasse mich beneiden ich werde beneidet
καταφρονοῦμαι (καταφρονῶ τινος)	ich werde verachtet
ὁ ἥλιος κρατεῖ πάντων, **κρατεῖται** δ' ὑπ' οὐδενός	die Sonne herrscht über alle, wird aber von niemandem beherrscht

2. Eine Sache als Akkusativobjekt steht auch bei passivischer Konstruktion im Akkusativ, wenn das Subjekt eine Person ist (wohl als Akkusativ der Beziehung empfunden):

ἐπιτρέπω τὴν φυλακὴν ἄλλῳ	ich übertrage die Wache einem anderen
ἐπιτρέπομαι τὴν φυλακήν	ich lasse mir die Wache übertragen, die Wache wird mir übertragen

[1] Vgl. engl. the king was given a letter.

διέφθειραν τὴν ὄψιν	sie zerstörten das Augenlicht
διεφθάρησαν τὴν ὄψιν	das Augenlicht wurde ihnen genommen vgl. auch § 147, 3

Die **handelnde Person** steht beim Passiv im Genitiv **mit ὑπό** (auch ἀπό, ἐκ, παρά, πρός) (s. § 205, 1). Dativus auctoris vgl. § 167.

3. Tempus

a) Allgemeines 206

Für die ursprünglichen Verhältnisse haben wir anzunehmen, daß nur die Art des Vorgangs und der Modus durch die Verbalformen ausgedrückt wurde. Ihre temporale Bedeutung ist das Ergebnis einer späteren Entwicklung, die sich z. T. jedoch bereits im Indogermanischen vollzogen hat. Diesen ursprünglichen Zustand hat die griechische Sprache insofern deutlicher als andere Sprachen bewahrt, als die Modi außer dem Indikativ, ferner die Infinitive und Partizipien im allgemeinen nur die Aktionsart ausdrücken ohne Rücksicht auf die Zeitstufe.

1. Die griechischen »**Tempora**« drücken aus:

a) das »Wie« eines Verbalvorganges: **Aktionsart (Aspekt)** in allen Modi;
b) das »Wann« eines Verbalvorganges: **Zeitstufe** nur im Indikativ.

Ein **Zeitverhältnis** (wie im Lateinischen) wird im Griechischen nur durch das Mittel der Aktionsart ausgedrückt.

2. Nur die **Futura** bezeichnen stets in allen Modi die Zeitstufe der Zukunft, sie sind hinsichtlich der Aktionsart meist indifferent. (Ausnahmen vgl. §§ 207, E_2 und 208, E_1)

3. Übersicht über die Tempora als **Zeitstufen** im Griechischen:

Zeitstufen	Tempora im Indikativ		
Gegenwart:	Präsens Perfekt		Haupttempora
Zukunft:	alle Futura		
Vergangenheit:	Imperfekt Aorist Plusquamperfekt	Augment-Tempora	Nebentempora

4. Aktionsarten (Aspekte)

Die Aktionsarten unterscheiden sich nach den Verbalstämmen: Präsensstamm, Aoriststamm und Perfektstamm[1].

---

[1] Die Aktionsarten, die in der griechischen Sprache durch die Stämme meist **eines** Verbums ausgedrückt werden, gibt die deutsche Sprache wieder

1. durch Wurzeln **verschiedener** Verben, z. B.
   stolpern, hinfallen, daliegen — schießen, treffen, erlegt haben.
   Im Griechischen geschieht das z. B. in der »Mischklasse« der sog. unregelmäßigen Verben.
2. durch mannigfache Umschreibungen, Hilfsverben usw., z. B.
   pflegen, immer wieder tun, versuchen, im Begriffe sein, fertig sein mit, erreichen, sein, haben u. a.

207 b) Präsensstamm (Präsens, Imperfekt)

Merkwort: **linear**

Der Präsensstamm bezeichnet

1a. **die Dauer (durativ).** Anfang oder Abschluß sind ohne Bedeutung (die zusammenhängende Linie)

im Präsens:

χρώμεθα πολιτείᾳ οὐ **ζηλούσῃ** τοὺς τῶν πέλας νόμους	wir haben eine Verfassung, die sich nicht ... richtet

im Imperfekt:

τὴν Ἀττικὴν ἄνθρωποι **ᾤκουν** οἱ αὐτοὶ ἀεί	Attika bewohnten immer dieselben Menschen

b. die **Zeitlosigkeit:**

ἀρετή, κἂν θάνῃ τις, οὐκ **ἀπόλλυται**	die Arete (Tugend) geht nicht zugrunde...

c. die dauernde Gültigkeit in Sprichwörtern und Sentenzen **(gnomisches Präsens):**

χεὶρ χεῖρα **νίζει**	eine Hand wäscht die andere

2. **die Wiederholung (iterativ)** (die Linie als Summe von Punkten)

im Präsens:

ἡ τοῦ ἀνθρώπου ψυχὴ ἐνίοτέ τι τῶν μελλόντων **προορᾷ**	**... sieht manchmal voraus**

im Imperfekt:

Σωκράτης ὥσπερ **ἐγίγνωσκεν**, οὕτως **ἔλεγεν**	so wie Sokrates **jeweils** dachte, so **pflegte** er zu sprechen

besonders auch bei **Schilderungen** von Sitten, Zuständen usw.:

πάντες οἱ τῶν ἀρίστων Περσῶν παῖδες ἐπὶ ταῖς βασιλέως θύραις **παιδεύονται**	alle Kinder der vornehmsten Perser werden am Hofe des Großkönigs erzogen

3. **die Nichtvollendung, den Versuch (de conatu):**

πρῶτος Κλέαρχος τοὺς αὑτοῦ στρατιώτας **ἐβιάζετο** ἰέναι· οἱ δὲ αὐτὸν ἔβαλλον	zuerst **versuchte** Klearchos, seine Soldaten zum Abmarsch **zu zwingen**, aber die warfen nach ihm

Einzelnes:

1. Der **Präsensstamm** kann zuweilen auch den aus einem vergangenen Verbalvorgang **resultierenden** Zustand ausdrücken (vgl. Perfektstamm § 209):

νικῶ	ich bin Sieger (ich habe gesiegt)	φεύγω	ich bin verbannt
		ἡττῶμαι	ich bin unterlegen
ἥκω	ich bin gekommen, ich bin da	οἴχομαι	ich bin gegangen, bin fort
ἧκον	ich war da	ᾠχόμην	ich war fort

οἱ Πέρσαι ἥρπαζον ὡς ἤδη νικῶντες	die Perser plünderten (iterativ), als ob sie schon **gesiegt hätten** (Sieger seien)

2. Die **Futura** können **durative** Verbalvorgänge wiedergeben (vgl. § 206, 2):

νικήσω	ich werde siegen, Sieger sein

3. Auch im Griechischen (wie im Lateinischen) gibt es besonders in lebhafter Erzählung ein **»historisches Präsens«**:

ἐπεὶ ἐτελεύτησε Δαρεῖος, Τισσαφέρνης **διαβάλλει** τὸν Κῦρον	als Dareios gestorben war, **verleumdet(e)** Tissaphernes den Kyros

4. Da der **Präsensstamm** die Dauer eines Verbalvorganges (nicht seinen Abschluß) bezeichnet, kann er im Verhältnis zu einem anderen Verbalvorgang die **Gleichzeitigkeit** ausdrücken, besonders auch das Präsens des Partizips:

Σωκράτης, ὥσπερ **ἐγίγνωσκεν**, οὕτως **ἔλεγεν**	wie Sokrates **dachte**, so **sprach** er (Sprechen und Denken gleichzeitig)
οἱ Πέρσαι **ἥρπαζον** ὥσπερ **νικῶντες**	die Perser **plünderten**, als ob sie schon **Sieger wären**

5. Da es für die Zeitstufe der Vergangenheit alle drei Aktionsarten gibt (Imperfekt linear, Aorist punktuell, Plusquamperfekt resultativ), für die Gegenwart aber nur zwei (Präsens linear, Perfekt resultativ), so übernimmt das **Präsens** auch Funktionen der **punktuellen** Aktionsart:

νῦν πείθεις δή μοι θυμόν	jetzt überzeugst du mich (d. h. dein Überreden hat Erfolg; also effektiv)

c) Aoriststamm 208

Merkwort: **punktuell**

Der Aoriststamm bezeichnet **Vollendung und Kürze** in verschiedenen Abwandlungen.

1. **Vollendung/Abschluß** (**effektiv**: Endpunkt):

οἱ πολέμιοι **ἐτόξευον** (Impf.) καὶ ἐνταῦθα Κλεώνυμος **ἐτοξεύθη** (Aor.)	die Feinde **schossen (immer wieder),** und da **wurde** Kleonymos **getroffen**
ἔπειθον (Impf.) αὐτούς, καὶ οὓς **ἔπεισα** (Aor.) τούτους ἔχων ἐπορευόμην	ich **versuchte** sie **zu überreden**, und die ich **wirklich überredete** (überredet hatte), mit denen zog ich weiter

2. **Beginn** (**ingressiv**: Anfangspunkt):

ἐσίγησα	ich verstummte (zuerst Reden, dann Schweigen)
δακρῦσαι	in Tränen ausbrechen
μὴ θορυβήσητε	fangt keinen Lärm an!
ἦλθον, εἶδον, ἐνίκησα	veni, vidi, vici (das Plötzliche, Überraschende ausdrückend)
οἱ βάρβαροι **ἐφοβήθησαν** καὶ **τραπόμενοι ἔφυγον**	die Barbaren **erschraken, drehten ab und begannen zu fliehen**

3. Ein **einmaliges** oder als Einheit gesehenes **historisches Ereignis** (**historischer** Aorist):

ὁ Κῦρος **ἔθυσε** τὰ νομιζόμενα ἱερὰ καὶ τοῦ στρατοῦ **ἡγήσατο**	Kyros **brachte** die üblichen Opfer **dar** (mit günstigem Erfolg) . . .

Auch ein lange andauernder Zustand kann als historische Einheit angesehen werden: **komplexiver Aorist,** z. B.

ἐβασίλευσε πεντήκοντα ἔτη	er war 50 Jahre König

Feststellung von Ereignissen, die von besonderer Bedeutung für den Schreibenden sind: **konstatierender Aorist,** z. B.

Θουκυδίδης Ἀθηναῖος συνέγραψε τὸν πόλεμον	Thukydides **hat** den Krieg . . . **dargestellt** (im Deutschen: Perfekt)

4. Eine auf die Gegenwart wirkende Erfahrung: **gnomischer Aorist** (Sentenzen, Lebensweisheiten). Häufiger als das gnomische Präsens. Im Deutschen: Präsens:

ἡ γλῶσσα πολλοὺς εἰς ὄλεθρον **ἤγαγεν**	die Zunge **hat schon** viele ins Verderben **geführt** (die Zunge **führt** . . .)
οὐδεὶς **ἔζευξεν** ἑκατὸν ἵππους ὑφ' ἑνὶ ἅρματι	niemand **spannt** 100 Pferde an einen Wagen

Einzelnes:

1. Die vom Aoriststamm gebildeten **Futura** können **ingressive** Bedeutung haben:

ἄρξω	ich werde zur Herrschaft kommen
ἀχθεσθήσομαι	ich werde böse werden
σχήσω	ich werde erhalten u. a.

2. Da der **Aoriststamm** den Abschluß eines Verbalvorganges bezeichnet, kann er im Verhältnis zu einem anderen Verbalvorgang die **Vorzeitigkeit** ausdrücken, besonders auch der Aorist des Partizips:

Κῦρος, ἐπειδὴ τοὺς Ἕλληνας ἐφ' ἅρματος **παρήλασεν**, ἐκέλευσεν ἐπιχωρῆσαι ὅλην τὴν φάλαγγα	sobald Kyros an den Griechen **vorbeigefahren war**, befahl er der Phalanx, insgesamt vorzurücken
ὑπερβάντες τὰ ὄρη ἥξομεν εἰς κώμας	wenn wir die Berge **überschritten haben**, werden wir in Dörfer kommen

209 d) Perfektstamm (Perfekt, Plusquamperfekt)

Merkwort: **resultativ**

Der Perfektstamm bezeichnet einen Zustand als **Resultat** eines früheren Verbalvorganges

1. **gegenwärtiger Zustand: Perfekt,** z. B.

ἕστηκα	ich habe mich gestellt, ich stehe
τεθνήκασιν	sie sind gestorben, sie sind tot
νενικήκαμεν	wir haben gesiegt, wir sind Sieger

ὃ γέγραφα, γέγραφα	was ich geschrieben habe, habe ich geschrieben (es bleibt stehen)
ὦ δέσποτα, μέμνησο τῶν Ἀθηναίων	Herr, gedenke der Athener! (rufe dir in Erinnerung und behalte im Gedächtnis!)

2. **vergangener Zustand: Plusquamperfekt,** z. B.

εἱστήκειν	ich hatte mich gestellt, ich stand
ὡμολόγητο	man hatte sich geeinigt, man war einig
κατελέλειπτο ὑπὸ τῶν βαρβάρων πολλὰ μὲν πρόβατα, πολλοὶ δὲ βόες	... waren zurückgelassen, waren noch da

Einzelnes:

1. Das **Futurum des Perfektstammes** bezeichnet den aus einem früheren Verbalvorgang resultierenden Zustand der Zukunft:

ἑστήξω	ich werde mich gestellt haben, ich werde stehen

2. Der Perfektstamm drückt zuweilen die **Intensität** eines resultativen **Zustandes aus,** besonders bei Verben des Affekts:

ἐσπούδακα	ich bin eifrig bemüht
γέγηθα	ich bin voll Freude
ἐγὼ ἐπιτεθύμηκα τοῦτό σου ἀκοῦσαι	ich bin versessen darauf, dies von dir zu hören

4. Modus

Im Indogermanischen diente der Indikativ dazu, eine Aussage als Tatsache hinzustellen, oder er ließ offen, in welchem Verhältnis sie zur Wirklichkeit stand (vgl. die neutralen Bedingungssätze § 237). Die übrigen Modi, Konj., Opt. und Imp., brachten eine betont subjektive Stellungnahme des Sprechenden zum Begriffsinhalt des Verbs zum Ausdruck: der Konj. war Ausdruck des Willens (vgl. aber auch § 121 S 98); der Opt. kennzeichnete den Wunsch oder die Möglichkeit, der Imp. den Befehl. Da die Modi sich z. T. in ihrer Bedeutung berührten, kam es zu Übergriffen und Verschiebungen, wodurch das geschichtliche Verständnis des Modusgebrauchs im Griechischen erschwert wird.

Die Verwendung der mit ἄν *bzw.* εἴθε *usw. verbundenen Nebentempora zur Bezeichnung der Irrealität einer Aussage oder eines Wunsches und zur Bezeichnung des Potentialis der Vergangenheit ist eine griechische Neuerung. Der eigentliche Bedeutungsträger ist dabei* ἄν *bzw.* εἴθε *usw. wie im Deutschen »vielleicht« und »wohl« in den Sätzen »er kommt vielleicht«, »er ist wohl krank«. Doch wird in diesen Fällen auch der bloße Indikativ gebraucht: Das Verhältnis zur Wirklichkeit ist dann äußerlich gar nicht gekennzeichnet und ergibt sich nur aus der Situation; vgl. dazu dt. »Warf er das Schwert von sich, er war verloren«. Wenn aber ein Nebentempus, also ein Tempus der Vergangenheit, mit Bezug auf die Gegenwart zum Ausdruck der Irrealität gebraucht wird, dann ist diese Tempusverschiebung selbst auch schon ein Hinweis auf die irreale Bedeutung der betreffenden Verbform.*

Zum Ind. Impf. als Irrealis der Gegenwart vgl. die entsprechende Verwendung des Konj. Impf. im Lateinischen. Beide waren zunächst Irrealis der Vergangenheit.

210 a) Indikativ

Der Indikativ ist der Modus der festgestellten **Wirklichkeit** (Realität) und in besonderen Fällen der Modus der **Nichtwirklichkeit** (Irrealität).

Besonderheiten:

1. Indikativ ohne ἄν

a) **unpersönliche Ausdrücke im Imperfekt.** (Im Deutschen meist Konjunktiv):

ἔδει, χρῆν, προσῆκεν, ἐξῆν, δίκαιον ἦν	es wäre nötig, schicklich, möglich, richtig usw. (gewesen)

so auch das **neutrale Verbaladjektiv** auf -τέον:

παιδευτέον, πειστέον ἦν	man sollte erziehen, gehorchen, man hätte ... sollen

b)

ὀλίγου, μικροῦ	beim Indikativ Aorist } fast, beinahe
ὀλίγου (μικροῦ) ἐδέησα	beim Infinitiv Aorist } fast, beinahe
ὀλίγου ἐπελαθόμην	fast hätte ich vergessen[1]
ὀλίγου ἐδέησα ἀποθανεῖν	beinahe wäre ich gestorben

c) **irrealer Wunsch** (eingeleitet durch εἴθε, εἰ γάρ, ὡς), Negation: μή

Gegenwart: Imperfekt

εἴθ' ἦσθα δυνατὸς δρᾶν, ὅσον πρόθυμος εἶ	wärst du doch imstande zu tun ...

Vergangenheit: Indikativ Aorist

εἴθε σε μήποτε **εἶδον**	hätte ich dich doch nie gesehen!

Umschreibung des irrealen Wunsches: ὤφελον beim Inf.

ὤφελε Κῦρος **ζῆν**	Kyros sollte noch leben! = Wenn doch Kyros noch lebte!

2. Indikativ mit ἄν

a) **Irreale Aussage — Potentiale Aussage[2] der Vergangenheit**

Irreal:

ἔλεγον ἄν	ich würde sagen
εἶπον ἄν	ich hätte gesagt

Potential der Vergangenheit:

εἶπον ἄν	ich hätte sagen können

auch in der **Frage:**

τίς ἄν ᾤετο	wer hätte glauben sollen?
ἐπερρώσθη δ' ἄν τις ἐκεῖνο ἰδών	es hätte einer Mut fassen können, wenn er das gesehen hätte

---

[1] Vgl. Paene oblitus sum.

[2] Im Deutschen können potentiale Aussagen auch durch den **Indikativ** Futuri ausgedrückt werden: Er wird krank sein = Vielleicht ist er krank.

b) **Iterativus der Vergangenheit** (verwandt dem Potentialis der Vergangenheit):

ἀναλαμβάνων οὖν τὰ ποιήματα **διηρώτων ἂν** αὐτούς, τί λέγοιεν	... fragte ich sie wohl (immer wieder) ...

Zusatz zu 1a und 2a:

Im Griechischen wird die Unwirklichkeit nicht — wie im Deutschen — durch den Modus, sondern durch bestimmte Wörter (εἴθε, εἰ γάρ, ἄν) ausgedrückt (vgl. S. 211 Modus).

b) Konjunktiv und Imperativ 211

1. Der **Konjunktiv** ist der Modus des **Willens** oder der **Erwartung** und Überlegung, er kann also auch **futurischen Sinn** haben.

Die Verwirklichung des **gewollten** Verbalvorganges ist als von der Mitwirkung des Sprechenden abhängig gedacht (vgl. Optativ § 212).

a) **Adhortativer Konjunktiv** (Aufforderung) nur in der 1. Pl.:

ἴωμεν	laßt uns gehen!

b) **Konjunktiv der Erwartung (prospektiver Konjunktiv).** Im Hauptsatz fast nur noch in der (frühen) Dichtung:

οὐ γάρ πω τοίους ἴδον ἀνέρας οὐδὲ **ἴδωμαι**	denn ich habe noch nicht solche Männer gesehen, noch **ist zu erwarten, daß ich sie künftig sehe**
als **Frage** (formelhaft):	
τί πάθω; τί πάθωμεν;	was geschieht mit mir, mit uns?

c) **Deliberativer (dubitativer) Konjunktiv** (deutsch: »sollen«). Fragende Überlegung mit dem Gedanken an die Zukunft.

εἴπωμεν ἢ σιγῶμεν; ἢ τί δράσομεν; (Fut.!)	sollen wir reden oder schweigen? oder was sollen wir tun?
βούλει σκοπῶμεν;	eingeleitet durch **βούλει, βούλεσθε:** sollen wir nachsehen?

2. Imperativ und Prohibitiv

Befehl und Verbot (dies ausgedrückt durch den mit μή verneinten **Imp. Präs.** und **Konj. Aor.**).

a) **Imperativ**

Präsensstamm (linear), vgl. § 207:

λέγε δή	sprich dich aus!

Aoriststamm (punktuell), vgl. § 208:

εἰπέ	sag an!
βλέψον πρὸς τὰ ὄρη	schau auf die Berge hin!

Perfektstamm (resultativ), vgl. § 209:

πέπαυσο	Schluß! (höre auf und sei still!)

b) **Prohibitiv** (Negation: μή)

Präsensstamm (linear):

μὴ θορυβεῖτε	macht doch keinen Lärm mehr!

Aoriststamm (punktuell):

μὴ θορυβήσητε	fangt keinen Lärm an!

c) **Verstärkung des Imperativs und des adhortativen Konjunktivs** durch ἴθι δή, φέρε δή, ἄγε δή:

ἴθι δή μοι ἀπόκριναι	komm, antworte mir!
φέρε δὴ ἐπισκεψώμεθα, τί λέγομεν	wohlan, laßt uns zusehen, was wir damit sagen!

212

c) Optativ

Der Optativ ist der Modus der **Vorstellung (Phantasie)**, die als Wunsch oder als Aussage ausgesprochen wird.

Die Verwirklichung des in der Phantasie vorgestellten Verbalvorganges ist nicht als von der Mitwirkung des Sprechenden abhängig gedacht (vgl. Konjunktiv § 211).

1. Der **erfüllbar gedachte Wunsch (Kupitiv) ohne ἄν** (Negation: μή):

πλούσιον **νομίζοιμι** τὸν σοφόν	**möchte ich doch** für reich den Weisen **halten!**

eingeleitet durch **εἴθε, εἰ γάρ, ὡς** (vgl. § 210, 1a):

εἴθε πείσειε Δημοσθένης τοὺς Ἀθηναίους	**wenn doch** Demosthenes die Athener **überzeugte!**

verneint:

μή μοι **γένοιθ'** ἃ βούλομ', ἀλλ' ἃ συμφορεῖ	**möchte mir nicht** zuteil werden . . .!

2. Die als möglich gedachte oder höflich abgeschwächte Aussage (bzw. Frage): **Potentialis der Gegenwart mit ἄν** (Negation: οὐ).

Wiedergabe im Deutschen durch Hilfsverben o. ä. (möchte, dürfte, könnte, wird wohl).

ὥρα ἂν εἴη συσκευάζεσθαι	es **möchte** (**wird wohl**) Zeit sein . . .

fragend:

τίνι ἂν μᾶλλον **πιστεύσαιμι** ἢ σοί;	wem **könnte ich** mehr vertrauen als dir?

verneint:

τὸν Ἅλυν ποταμὸν **οὐκ ἂν δύναισθε** ἄνευ πλοίων διαβῆναι	den Halys **werdet ihr wohl** nicht ohne Fahrzeuge überqueren können

Modi in Hauptsätzen

	Indikativ	Konjunktiv	Optativ
	Wirklichkeit	a) Wille b) Erwartung, Überlegung	Vorstellung (Phantasie)
ohne ἄν	**Aussage** Besonderheiten: a) ἔδει usw. b) ὀλίγου c) Irrealer Wunsch (εἴϑε)	a) **Wille** α) Adhortativ 1. Person Plural β) Prohibitiv 2., 3. Person Aorist b) **Erwartung, Überlegung** α) Prospektiv β) Deliberative Frage	als erfüllbar gedachter **Wunsch** (εἴϑε, ὡς)
mit ἄν	a) Irreale **Aussage** (Impf., Aor.) Potentiale **Aussage** der Vergangenheit b) Iterative **Aussage** der Vergangenheit		Potentiale **Aussage** der Gegenwart

V. Negationen

1. οὐ 213

und alle damit zusammengesetzten Negationen (οὐδέ, οὔτε, οὐδείς, οὐδαμῶς, οὐκέτι usw.) **verneinen Aussagen,** auch die irrealen und potentialen, und die entsprechenden Fragen. Also:

1. in **Hauptsätzen**

a) **tatsächliche Aussage und Frage:**

τίς οὐκ οἶδεν, εἰς ὅσην εὐδαιμονίαν κατέστησαν οἱ Ἀϑηναῖοι; — wer weiß nicht ...?

b) **irreale Aussage und Frage:**

ἀλλ' εἰκάσαι μὲν ἡδύς· **οὐ γὰρ ἂν** κάρα πολυστεφὴς ὧδ' **εἷρπε** ... — (wie) zu vermuten, (kommt er) angenehm, (mit angenehmer Botschaft). **Sonst käme er nicht** so das Haupt bekränzt

c) **potentiale Aussage und Frage:**

ἐχθροῖς ἀπιστῶν **οὔποτ' ἂν πάθοις** βλάβην — . . . **dürftest du niemals** Schaden **leiden**

2. in **Nebensätzen**

a) mit dem Verb im Indikativ (nicht in hypothetischen Sätzen vgl. § 214, 2b).

b) mit dem Verb im **obliquen Optativ,** der einem Indikativ entspricht:

ἔλεγεν, ὅτι **οὐ δυνατὸν εἴη** — er sagte, es **sei nicht möglich**

3. bei **Partizipien,** wenn sie einem der unter 1 und 2 genannten Sätze entsprechen, z. B. einem Kausalsatz:

οὐ πρὸς χάριν **λέγων** οὐχ ἕξω, ὅτι λέγω ἐν τῷ δικαστηρίῳ — **da ich nicht** nach Gefallen **rede** . . .

4. bei **Infinitiven** vgl. § 214, 4b.

214 **2. μή**

(und alle damit zusammengesetzten Negationen: μηδέ, μήτε, μηδείς, μηδαμῶς, μήπω usw.) **lehnt ab Begehren** (Willen), **Wunsch** und **Bedingung.** Also:

1. in **Hauptsätzen**

a) **Begehren (Prohibitiv):**

μὴ θορυβήσητε — fangt keinen Lärm an!

b) **Wunsch:**

μή μοι γένοιθ' ἃ βούλομ', ἀλλ' ἃ συμφέρει — möchte mir doch nicht geschehen . . .

c) **Deliberative Fragen** (nur bei dieser Art von Fragen!):

πότερον βίαν φῶμεν ἢ **μὴ φῶμεν** εἶναι — sollen wir sagen . . . oder nicht?

2. in **Nebensätzen**

a) **Begehren:** vgl. Begehrssätze § 231, Finalsätze § 234.

b) **Bedingung:** vgl. Konditionalsätze § 237—241, hypoth. Temporalsätze § 244, hypoth. Relativsätze § 248, 4, Konzessivsätze § 242.

3. bei **Partizipien,** wenn sie einem der unter § 214, 1 und 2 genannten Sätze entsprechen, z. B. einem Konditionalsatz:

ὁ **μὴ δαρεὶς** ἄνθρωπος οὐ παιδεύεται — . . . der nicht geschunden wird, wenn einer nicht geschunden wird . . .

4. bei **Infinitiven**

a) entsprechend der finalen Grundbedeutung (vgl. § 185), wenn sie **gleichwertig** sind **abgelehntem Begehren** (Willen) und **abgelehntem Wünschen,** steht μή (vgl. § 191 a):

οἱ Ἕλληνες ἐβόων ἀλλήλοις **μὴ** θεῖν δρόμῳ — **sie sollten nicht** im Laufschritt vorrücken

b) wenn sie **gleichwertig** sind **verneinter Aussage, steht οὐ:**

τοῦτό φημι **οὐκ** εἰδέναι	ich sage, daß ich dies nicht weiß

c) μή **überwiegt** allmählich:

α) ἔλεγον **μηδένα** ἐθέλειν ἑκόντα ἄρχειν	ich sagte, daß niemand . . . will

β) auch beim **substantivierten Infinitiv:**

ἀγαθὸν οὐ **τὸ μὴ ἀδικεῖν**, ἀλλὰ **τὸ μηδὲ ἐθέλειν**	. . . das Unrecht nicht zu tun, sondern es nicht einmal zu wollen

3. Negationshäufung 215

1. Wenn sich **gleichartige Negationen** häufen, **verstärkt sich der negative Sinn** eines Satzes[1].

οὐ

οὐκ ἐρεῖ **οὐδεὶς οὐδέν**	**niemand** wird **etwas** sagen

μή

ὄμνυμι **μηδέποτέ** σοι ἕτερον λόγον **μηδένα μηδενὸς μήτε** ἐπιδείξειν **μήτε** ἐξαγγελεῖν	. . . dir **niemals eine** andere **Rede irgendeines** Menschen vorzulesen oder mitzuteilen

2. Nur wenn die letzte Negation **nicht** zusammengesetzt ist, hebt sich der negative Sinn auf:

οὐδεὶς **οὐκ** ἀποθανεῖται	**jeder** wird sterben

4. Negationen nach negativen Ausdrücken 216

Die für uns überflüssige Negation οὐ *in Konjunktionalsätzen nach* ἀντιλέγειν *usw. unterstreicht die im Begriff der betreffenden Verben liegende Verneinung. Zur Veranschaulichung denke man sich den Nebensatz unabhängig:* ἀντιλέγω· Σωκράτης οὐ σοφιστής. *Entsprechend erklärt sich* μή *bzw.* μὴ οὐ *beim Infinitiv nach solchen Verben.*

1. Nach Verben **negativen Inhalts** (selten auch **nach verneinten Verben positiven Inhalts**) steht

a) bei abhängiger **Aussage** (ὅτι, ὡς) **οὐ(κ),**
b) bei abhängiger **Infinitivkonstruktion** **μή.**

Diese Negationen werden im Deutschen nicht wiedergegeben.

a) Abhängige Aussage z. B. nach

ἀρνεῖσθαι	leugnen	ἀπιστεῖν	bezweifeln	daß etwas ist
ἀμφισβητεῖν	bestreiten	ἀντιλέγειν	widersprechen	

ἀμφισβητεῖ, ὡς **οὐκ** ἀληθῆ λέγομεν	er bestreitet, daß wir die Wahrheit sagen

---

[1] Vgl. im deutschen Volkslied: . . . als heimliche Liebe, von der niemand nichts weiß.

b) Abhängige Infinitivkonstruktionen z. B. nach

εἴργειν, κωλύειν	hindern	etwas zu tun
ἀπαγορεύειν	verbieten	
φυλάττεσθαι, εὐλαβεῖσθαι	sich hüten	
ἀπέχεσθαι	sich enthalten	

ὁ φόβος τὸν νοῦν **ἀπείργει μὴ λέγειν**, ἃ βούλεται — ... hindert **zu sagen** ...

c) Die Anwendung von Infinitivkonstruktionen dehnt sich aus, z. B.

οὐδεὶς πώποτε **ἀντεῖπε μὴ οὐ καλῶς ἔχειν** τοὺς νόμους — ... **bestritten, daß** die Gesetze **gut sind**

2. μὴ οὐ steht bei Infinitivkonstruktionen,

a) wenn die **Verben negativen Inhaltes** außerdem noch **verneint** sind:

οὐδεὶς πώποτε **ἀντεῖπε μὴ οὐ** καλῶς ἔχειν τοὺς νόμους — **niemand** hat jemals **bestritten, daß** ...

b) wenn die **Infinitivkonstruktion verneint** ist:

πᾶσιν **αἰσχύνη** ἦν **μὴ οὐ** συσπουδάζειν — ... **Schande, nicht** eifrig mitzuhelfen

3. Elliptischer Gebrauch

a) von **μὴ οὐ** beim Konjunktiv = **wohl nicht** (wahrscheinlich entstanden aus: [φοβοῦμαι] μὴ οὐ = ich fürchte, daß nicht):

μὴ οὐ τοῦτ' ᾖ χαλεπόν — das ist **wohl nicht** schwer

b) von **οὐ μή** beim Konjunktiv oder Futur = **gewiß nicht** (wahrscheinlich entstanden aus: οὐ [φοβοῦμαι] μή = ich fürchte nicht, daß):

τοὺς πονηροὺς **οὐ μή ποτε** βελτίους ποιήσετε — ... **gewiß nie** besser machen

c) von **μή** beim Konjunktiv = **wohl, doch hoffentlich nicht** (wahrscheinlich entstanden aus: [φοβοῦμαι] μή = ich fürchte, daß):

μὴ ἀγροικότερον ᾖ τὸ ἀληθὲς εἰπεῖν — es ist doch **hoffentlich nicht** allzu plump...

C. Arten des Hauptsatzes

I. Aussage 217

Ausdrucksform	Modus im Griechischen		Wiedergabe im Deutschen
1. **tatsächlich**	Indikativ	παιδεύει	Indikativ
auch Iterativ der Vergangenheit	Ind. Aor. mit ἄν		
2. **irreal**	Indikativ mit ἄν		Konjunktiv,
Gegenwart:	Imperfekt	ἐπαίδευεν ἄν	würde
Vergangenheit:	Aorist	ἐπαίδευσεν ἄν	hätte
3. **potential**			
Gegenwart:	Optativ mit ἄν	{ παιδεύοι ἄν παιδεύσαι ἄν	Konjunktiv Hilfsverben
Vergangenheit:	Indikativ mit ἄν	{ ἐπαίδευεν ἄν ἐπαίδευσεν ἄν	Futur + wohl

II. Begehren

Ausdrucksform	Modus im Griechischen		Wiedergabe im Deutschen
1. **Befehl**	Imperativ	{ παίδευε παίδευσον	Imperativ
verneint: Prohibitiv	{ μή + Imp. Präsens μή + Konj. Aorist	μὴ παιδευέτω μὴ παιδεύσῃς	verneinter Imp.
2. **Aufforderung** (1. Pers. Plural)	Konjunktiv	{ παιδεύωμεν παιδεύσωμεν	lassen
3. **Wunsch**			
als erfüllbar gedacht	(εἴϑε) + Optativ	{ (εἴϑε) παιδεύοι (εἴϑε) παιδεύσαι	wenn doch + Konjunktiv, mögen
als unerfüllbar gedacht (irreal)	εἴϑε + Indikativ	{ εἴϑε ἐπαίδευεν εἴϑε ἐπαίδευσεν	

III. Frage

Übersicht 218

Direkte Fragen

Aussage- und Begehrssätze können auch fragend formuliert werden.

Modus der Aussagesätze in

1. **Wortfragen** (Ergänzungsfragen), eingeleitet durch Fragepronomina, Frageadverbien (vgl. § 55; 63, 1; 64).
2. **Satzfragen** (Entscheidungsfragen), eingeleitet durch Fragepartikeln, Fragekonjunktionen: a) **Einfache Fragen,** b) **Disjunktive Fragen** (Doppelfragen, Wahlfragen).

Modus der Begehrssätze: Konjunktiv in
deliberativen Fragen (vgl. § 211, 1c) (im Deutschen: »sollen«):
1. Wortfragen,
2. Satzfragen:
a) **Einfache Fragen,** b) **Doppelfragen.**

219 1. Wort- und Satzfragen

1. **Wortfragen** (Fragewörter vgl. § 55; 63, 1; 64)

Besonderheiten:

a) **Häufung von Fragewörtern** in einem Satz:

τίνας ὑπὸ τίνων εὕροιμεν ἂν μείζω εὐεργετημένους ἢ παῖδας ὑπὸ γονέων;	wen könnten wir finden, dem von irgend jemand ...

b) **Bezug** des Fragewortes **auf ein Partizipium** statt auf das Verbum finitum (im Deutschen oft substantivisch):

τί ποιῶν σοι χαριζοίμην ἄν;	mit welcher Tat ...

2. **Satzfragen**

a) **Einfache Fragen,** eingeleitet durch

α) **ἆρα, ἦ** = lat. -ne (echte Entscheidungsfragen):

ἀμαθίαν **ἆρα** τὸ τοιόνδε λέγετε;	Torheit nennt ihr so etwas?

β) **(ἆρ') οὐ, οὐκοῦν** = lat. nonne (erwartete Antwort: ja) etwa nicht, denn nicht

ἄλλο τι ἤ	nicht wahr?
οὐ δοκοῦσί σοι πολλάκις οἱ ἐν τῇ ἐκκλησίᾳ τῶν ὀρθῶς λεγόντων **καταγελᾶν;**	... scheinen dir **denn nicht** zu lachen über ...?

γ) **μή, ἆρα μή, μῶν** (μὴ οὖν) = lat. num (erwartete Antwort: nein), etwa, denn:

(ἆρα) μὴ Ἀχιλλέα οἴει φροντίσαι θανάτου ἢ κινδύνου;	glaubst du **etwa,** daß Achill gedacht hat an ...?

b) **Disjunktive Fragen** (Doppelfragen, Wahlfragen):

(πότερον [πότερα]) — ἤ = utrum — an: — oder

τί δὲ δὴ αἴσχιον; (**πότερον**) τὸ ἀδικεῖν **ἢ** τὸ ἀδικεῖσθαι	was ist denn schlimmer? (Was von beidem:) Unrecht tun oder Unrecht leiden?
(**πότερον**) ἐγρήγορας **ἢ** καθεύδεις;	wachst du oder schläfst du?

220 2. Deliberative (dubitative) Fragen

Modus: stets Konjunktiv (im Deutschen: »sollen«)
Fragende Überlegung (mit dem Gedanken an die Zukunft)

1. **Wortfragen:**

ποῖ τράπωμαι;	**wohin soll** ich mich wenden?

2. Satzfragen (Entscheidungsfragen)

a) **Einfache Fragen:**

βούλει (oft so eingeleitet) **σκοπῶμεν;** **sollen wir** nachsehen?

b) **Doppelfragen:**

εἴπωμεν νῦν **ἢ σιγῶμεν;** — **sollen wir** jetzt reden oder schweigen?

Zweites Kapitel

DIE SATZREIHE

(Koordination, Parataxe)

Allgemeines 221

1. **Satzgefüge** nennt man die Verbindung von Haupt- und Nebensätzen, **Satzreihe** nennt man die Verbindung von Hauptsätzen bzw. von Satzgefüge und Satzgefüge (Aneinanderreihung gleichartiger Sätze). Es ist ein besonderes Charakteristikum des Griechischen, das **logische Verhältnis von Satzreihen** untereinander **durch Partikeln** zu verdeutlichen.
Es hat immer eine besondere Bedeutung, wenn ausnahmsweise einmal Satzreihen in ihrer Beziehung zueinander nicht durch Partikeln verdeutlicht werden (vgl. § 227 **Asyndeton**).
Manchmal (ursprünglich) verdeutlichen Partikeln mehr den **Gefühlswert** (Affekt) als das logische Verhältnis.

2. Der deutschen Sprache fehlt diese Fülle von Partikeln. Man kann sie also zuweilen nur durch Ton, Wortstellung oder auch gar nicht ausdrücken. Auch hier hat eine Übersetzung meist nur Annäherungswert.

3. Die gleiche Funktion wie bei Satzreihen haben viele Partikeln auch bei **Wortreihen** (mehreren gleichartigen Satzteilen).

A. Partikel

1. Anreihende (kopulative) 222

a) **καὶ**	und, auch, sogar
Verbindungen:	
καὶ — καὶ	sowohl — als auch, und
τε — καὶ	sowohl — als auch, und
καὶ — δὲ	aber auch, und auch
ἄλλως τε καὶ	(sowohl in anderer Hinsicht als auch) besonders
καὶ δή	und schon, und in der Tat
καὶ δὴ καὶ	und so denn auch
οὐ μόνον — ἀλλὰ καὶ	nicht nur — sondern auch
καὶ οὐ (μή)	noch auch
ἤδη (c. impf.) — καὶ	schon . . ., da . . .
οὔπω (c. impf.) — καὶ	noch nicht . . ., da . . .

b) **— τε — οὔτε (— μήτε)**	und — und nicht
Verbindungen:	
— τε — τε	sowohl — als auch, auch
οὔτε (μήτε) — τε	einerseits nicht — andererseits, nicht — und
οὔτε — οὔτε μήτε — μήτε	weder — noch
οὔτε — οὐ	= οὔτε — οὔτε
οὔτε — οὐδέ	weder — noch auch
c) **δὲ**	und, auch
Verbindungen:	
οὐδέ (μηδέ)	und nicht, auch nicht, nicht einmal

223 **2. Entgegensetzende** (adversative)

a) **δὲ**	aber
Verbindungen:	
οὐδέ (μηδέ)	aber nicht
μᾶλλον δὲ	oder vielmehr
δ' αὖ	hingegen, andererseits
οὐδ' ὥς	auch so nicht
b) **ἀλλὰ**	1. aber, sondern, indes, allein (nach Negation und im Gegensatz); 2. aber, gewiß, gut, nun (in Antworten); 3. nun (aber), wohlan, darum (in Aufforderungen)
Verbindungen:	
ἀλλ' οὐ (ἀλλὰ μή)	aber nicht, und nicht (vielmehr)
ἀλλ' οὖν	doch gewiß, wenigstens
ἀλλ' ἤ	außer, als, nur (nach Negation oder Frage)
εἰ μὴ — ἀλλὰ . . . γε	wenn nicht — so doch wenigstens
οὐ μὴν (μέντοι), ἀλλὰ	wirklich nicht (jedoch), sondern
ἀλλὰ γὰρ	aber freilich
ἀλλὰ μὴν	aber gewiß, aber natürlich, aber doch
c) **αὖ** (αὖθις)	hinwiederum, andererseits, wieder, ferner, dagegen
Verbindungen:	
δ' αὖ	hingegen, andererseits
d) **μέντοι**	(bestätigend, besonders in Antworten) allerdings

e) **μὴν**	jedoch
f) **καίτοι**	und doch, nun aber
g) **ὅμως**	dennoch, trotzdem

3. Gegenüberstellende (disjunktive)

a) **μὲν — δὲ**	zwar — aber, einerseits — andererseits
b) **ἤ**	oder, als (bei vergleichender Gegenüberstellung im Komparativ)
Verbindungen:	
ἤ — ἤ	entweder — oder
ἄλλο τι ἤ;	nicht wahr?
c) **εἴτε — εἴτε**	sei es, daß — oder daß in abhängigen Fragen: ob — oder ob

4. Begründende (kausale) 224

γὰρ	nämlich, denn in Antworten: ja, denn; nein, denn
Verbindungen:	
καὶ γὰρ	denn, denn auch
ἀλλὰ γὰρ	aber freilich
εἰ γὰρ (beim Optativ)	o daß doch
τί γὰρ;	wieso denn?
πῶς γὰρ οὔ;	wieso denn nicht?
οὐ γάρ	denn nicht
ἦ γάρ	doch? nicht wahr?

5. Folgernde (konsekutive, konklusive) 225

a) **οὖν**	folglich, also, nun, demnach
Verbindungen:	
δ' οὖν	aber nun, jedenfalls
οὔκουν (mit Betonung der Negation)	also nicht, jedenfalls nicht, fragend: nun nicht?
οὐκοῦν (mit Betonung des οὖν)	also, nun
γοῦν	also, jedenfalls
b) **ἄρα**	also, folglich, nun (die natürliche Folge ausdrückend)
c) **ὥστε**	und so, daher, infolgedessen

226 6. **Hervorhebende** (affirmative)

a) **μὴν**	fürwahr
Verbindungen:	
ἀλλὰ μὴν	aber fürwahr
καὶ μὴν	und in der Tat
b) **δὴ = ἤδη**	also, schon, eben, offenbar, nun endlich (auffordernd)
Verbindungen:	
πολλοὶ δὴ	gar viele
πάλαι δὴ	schon lange
ἐλθὲ δή (beim Imperativ: eindringlich)	komm doch
τίς δὴ	wer denn?
δήπου	doch wohl, sicherlich (oft ironisch)
δῆτα	in der Tat, allerdings, natürlich
δῆθεν	offenbar, nämlich
οὐ δῆτα	gewiß nicht, freilich nicht
τί δῆτα;	was denn nur?
εἰ δή	wenn denn wirklich
ὅστις δή	wer immer
c) **οὖν**	nun
Verbindungen:	
ἀλλ' οὖν	doch gewiß (wenigstens)
δ' οὖν	1. aber nun, 2. jedenfalls
καὶ γὰρ οὖν	und so denn auch
μὲν οὖν	wirklich
γοῦν	wenigstens, sicherlich (in Antworten: allerdings)
d) **-τοι**	fürwahr, gewiß, sicherlich
Verbindungen:	
μέντοι	natürlich, gewiß
τοίνυν	also, somit
οὔτοι, οὐ τοίνυν, οὐ μέντοι	gewiß nicht, wahrlich nicht, jedoch nicht
καίτοι	und doch
τοίγαρ, τοιγάρτοι, τοιγαροῦν	deshalb also, darum jedenfalls
e) **νὴ** (in Verbindungen: beteuernd)	wahrlich
νὴ Δία	ja beim Zeus
f) **ἦ**	fürwahr, wirklich, gewiß
Verbindungen:	
ἦ μήν	fürwahr, gewiß und wahrhaftig
ἦ που	sicherlich wohl
ἦ γάρ;	nicht wahr?
ἦ τοι	gewiß

g) **-γε**	wenigstens, eben
Verbindungen:	
ἔγωγε	ich wenigstens
ὅς γε	der ja, weil er ja
ἀλλά — γε	doch wenigstens
ἐπεί γε	da ja
h) **-περ**	sehr, durchaus, jedenfalls, doch
Verbindungen:	
ὅσπερ	eben der, welcher gerade
ὥσπερ	ebenso, wie; gleich wie
ὅπου περ	eben da, wo
ἐπείπερ	da eben
ἐπειδήπερ	da nun einmal
καίπερ	und doch
i) **ἔτι**	noch
Verbindungen:	
οὐκέτι, μηκέτι	nicht mehr
ἔτι καὶ νῦν	auch jetzt noch
ἔτι δέ	ferner
k) **ποτε**	denn eigentlich, denn nur (Fragen und Aufforderungen verstärkend)
τίς ποτε;	wer denn eigentlich?
εἰπέ ποτε	sage doch!
l) im Nachsatz(!) **δὲ**	so, da, vielmehr

B. Asyndeton 227

Das Asyndeton (Aneinanderreihung von gleichartigen Sätzen oder Satzteilen ohne Partikeln) kommt vor

1. in leidenschaftlicher Darstellung:

ἔλθετ', ἀρήξατε, τίσασθε πατρὸς φόνον ἡμετέρου	kommt, helft, rächt . . .!

2. bei scharfer Betonung von Gegensätzen (adversativ):

Σπάρτης ἀνάσσων **ἦλθες, οὐχ** ἡμῶν κρατῶν	. . . als Herr von Sparta, **aber nicht** . . .

Drittes Kapitel

DAS SATZGEFÜGE

Alle Nebensätze sind aus Hauptsätzen hervorgegangen, von denen sie sich äußerlich zunächst nicht unterschieden; insbesondere erfolgte die Verwendung der Modi im Nebensatz nach keinen anderen Gesichtspunkten als im Hauptsatz. Bald entwickelten sich jedoch bestimmte Wörter (die späteren Relativpronomina und die Konjunktionen) zu Zeichen der Unterordnung, zu denen noch andere kamen, die am Beispiel der indirekten Rede erläutert seien:

a) ***Personenverschiebung****, z. B.* βασιλεὺς ἤγγειλεν, ὅτι ἕτοιμός ἐστιν εἰρήνην ποιήσασθαι (ἐστιν *statt* εἰμί, *das in unabhängiger Rede erforderlich gewesen wäre); vgl. auch* ἔλεξαν, ὅτι πέμψειε σφᾶς ὁ Ἰνδῶν βασιλεύς *(indirektes Reflexivpron.* σφᾶς *statt* ἡμᾶς*; zum Opt. s. u.) u. ä.*

b) ***Modusverschiebung****, z. B.* εἶπε Διογείτων, ὅτι καταλίποι . . . ὁ πατὴρ εἴκοσι μνᾶς ἀργυρίου *(*καταλίποι *statt* κατέλιπεν*; obliquer Opt., der lediglich die Funktion hat, den Nebensatz als Meinung oder Äußerung des Subj. des regierenden Satzes hinzustellen und der sich aus dem Opt. mit potentialer oder seltener wünschender Bedeutung entwickelte, indem der Opt. in Sätzen, wo er ursprünglich eine dieser volleren Bedeutungen hatte, umgewertet wurde und sich von dort ausbreitete).*

Hinsichtlich der Durchführung der Personen- und Modusverschiebung herrscht im Griechischen jedoch große Freiheit. Vor allem hat sich der oblique Opt. nicht in dem Maße durchgesetzt wie der entsprechende Konj. im Lateinischen.

228 Allgemeines

(vgl. § 221)

1. **Satzgefüge** nennt man die Verbindung von Haupt- und Nebensätzen. Da die **logische Beziehung des Nebensatzes zum Hauptsatz** durch das charakteristische Wort des Nebensatzes (Relativpronomen, Fragewort, Konjunktion) gekennzeichnet ist, so braucht diese Beziehung **nicht durch Partikeln verdeutlicht** zu werden.

2. a) Für den **Modusgebrauch in Nebensätzen** ist maßgebend, ob in dem übergeordneten Satz ein »Haupttempus« oder ein »Nebentempus« steht.

Haupttempora nennt man alle Tempora, die Gegenwart oder Zukunft, und Nebentempora alle Tempora, die eine Vergangenheit bezeichnen.

»Haupttempora«	**»Nebentempora«**
α) Indikativ Präsens Perfekt Futur	α) Alle Tempora mit Augment: Indikativ Aorist Imperfekt Plusquamperfekt
β) Alle Konjunktive Alle Imperative	β) Praesens historicum
γ) Potentialis, Irrealis } der Gegenwart	γ) Potentialis, Irrealis } der Vergangenheit

b) **Modi in Nebensätzen:**

α) **Nach einem Haupttempus** steht der **Indikativ** oder der **Konjunktiv** je nach der Art des Nebensatzes;

β) **Nach einem Nebentempus** kann der Modus wie nach einem Haupttempus oder der **optativus obliquus** stehen (vgl. 229 b).

c) **Arten der Nebensätze (nach ihren Modi):**

α) Nebensätze mit den Modi der Aussage vgl. § 210, 217 (Indikative, Irrealis, Potentialis);

β) Nebensätze mit dem Konjunktiv ohne ἄν (Modus des Willens), vgl. § 211, 217;

γ) Bedingende Nebensätze in verschiedenen Ausdrucksformen: Konditionalsätze, hypothetische Relativsätze, iterative und futurische Temporalsätze.

A. Objekt- und Subjektsätze

I. Aussagesätze 229

Aussagesätze, eingeleitet durch **ὅτι, ὡς.**

ὅτι ist ursprünglich Relativpronomen wie lat. quod (was) und wie dieses zur Konjunktion geworden, ὡς ist Relativadverb wie ut (wie).

Negation: οὐ.

Modus:

a) wie bei Aussagen in Hauptsätzen:

Indikativ:

λέγει ὁ κατήγορος, **ὡς** ὑβριστής **εἰμι** καὶ βίαιος	... daß ich ein Frevler ... sei (direkt: ich bin ein Frevler)

Potentialis:

Σωκράτης ἔλεξεν, **ὅτι** ἡ ἀρετὴ ὑγίειά τις **ἂν εἴη**	... daß die Arete (Tugend) wohl eine Art von Gesundheit ist

b) **möglich der Optativ** bei einem Nebentempus im übergeordneten Satz **(optativus obliquus)**

Indikativ und Optativ nebeneinander:

ἔλεγον, **ὅτι** Κῦρος μὲν **τέθνηκεν**, Ἀριαῖος δὲ **πεφευγὼς** ἐν τῷ σταθμῷ **εἴη**	... daß Kyros tot ist und daß Ariaios geflüchtet ... sei

(Der Indikativ drückt mehr die Tatsache, der Optativ mehr die subjektive Meinung aus.)

Zusatz:

Andere Möglichkeiten, abhängige Aussagen wiederzugeben:
Infinitivkonstruktionen vgl. § 191 bei den Verba dicendi und Verba putandi.
Partizipien vgl. § 198, 2 und Zusatz 3 bei den Verba sentiendi.
Übersicht siehe § 232.

230

II. Fragesätze

1. Die Einteilung der indirekten Fragesätze entspricht derjenigen der direkten Fragesätze (vgl. § 218).

2. Indirekte Wortfragen

Einleitende Wörter:

a) Fragewörter:

τίς, ὅστις, ποῦ, ὅπου, ποῖος, ὁποῖος usw.

b) Relativpronomina:

ὅς, ἥ, ὅ

φράσον, **ἅ** τε δεῖ ποιεῖν καὶ ἃ μή	sage, was zu tun ist . . .

Es besteht also wie im Deutschen keine strenge Trennung zwischen Relativ- und indirekten Fragesätzen.

Modus:

a) wie in **direkten Fragesätzen** (vgl. § 218),
b) nach **Nebentempus** meist **optativus obliquus.**

ὦ Σώκρατες, λέγε μοι, **ὁπόθεν ἐγένοντο** αἱ διαβολαί σοι αὗται	sage mir, woher dir . . . gekommen sind
Κῦρος ἤρετο, **τίς (ὅστις)** ὁ θόρυβος **εἴη**	. . . fragte was das . . . sei

Potentialis;

οὐκ οἶδ', **ὅπως ἂν** μᾶλλον κατὰ τὸν νόμον **ἔπραξα**	ich weiß nicht, wie ich . . . hätte handeln sollen

3. Indirekte Satzfragen

eingeleitet durch

εἰ, εἰ οὐ	ob, ob nicht (gleichbedeutend)

Doppelfragen (Wahlfragen) durch

πότερον (πότερα, εἰ) — ἤ, εἴτε — εἴτε	ob — oder

Modus:

a) wie in **direkten Fragen** (vgl. § 218),
b) nach **Nebentempus** meist **optativus obliquus.**

Ξενοφῶν ἰδὼν Κῦρον πελάσας ἤρετο, εἴ τι **παραγγέλλοι**	. . . fragte, ob er etwas anordne
ἐρωτᾷς, εἰ οὐ καλή μοι **δοκεῖ** εἶναι ἡ ῥητορική	du fragst, ob mir nicht . . .
ἐδόκει αὐτοῖς βουλεύεσθαι, **εἴτε** πεζῇ **δέοι** πορεύεσθαι **εἴτε** κατὰ θάλατταν	es schien ihnen gut zu beraten, ob — oder . . .

4. Indirekte deliberative Fragen

eingeleitet wie Wort- oder Satzfragen.

Modus: (deutsch »sollen«)

a) **Konjunktiv,**
b) nach **Nebentempus meist optativus obliquus.**

ὁ υἱὸς τοῦ ἀνθρώπου οὐκ ἔχει, **ποῦ** τὴν κεφαλὴν **κλίνῃ**	. . ., wo er . . . niederlegen soll
τὸν θεὸν ἐπήροντο, **εἰ παραδοῖεν** Κορινθίοις τὴν πόλιν	sie fragten, ob sie . . . übergeben sollten

III. Begehrssätze 231

Zur Geschichte der abhängigen Begehrssätze

Daß im Griechischen eigentliche Objektsbegehrssätze sich fast gar nicht entwickelt haben, erklärt sich daraus, daß der Infinitiv seinen finalen Charakter in weitem Umfange beibehielt.

Die Nebensätze nach den Verba curandi und auch die Finalsätze entwickelten sich aus Relativsätzen bzw. indirekten Fragesätzen, zwischen denen nicht immer scharf unterschieden werden kann. Vgl. z. B. οὐδένα δεῖ τοῦτο μηχανᾶσθαι, ὅπως ἀποφεύξεται . . . θάνατον *». . . darauf sinnen, wie er dem Tod entgehen wird« > ». . . darauf sinnen, daß er dem Tod entgehe«;* λέων . . . εἶσ' ἐπὶ μῆλα βροτῶν, ἵνα δαῖτα λάβῃσι *(Hom.) »der Löwe . . . geht zu den Schafen der Menschen, wo er ein Mahl erbeuten will« > ». . . damit er ein Mahl erbeute«.*

1. Das abhängige Begehren wird im Griechischen durch eine **Infinitivkonstruktion** wiedergegeben (im allgemeinen entsprechend der Grundbedeutung des Infinitivs), vgl. §§ 185 ff., 188.

2. Ein abhängiges Begehren wird im Griechischen durch einen **Nebensatz** ausgedrückt

a) nach den **Verba curandi** (Verben des Sorgens und Strebens), z. B.

φροντίζειν, ἐπιμελεῖσθαι	dafür sorgen	παρασκευάζεσθαι	sich fertigmachen
σκοπεῖν, σκοπεῖσθαι	darauf sehen	μηχανᾶσθαι	darauf hinarbeiten
σπουδάζειν, προθυμεῖσθαι	darauf achten	μέλει μοι	mir liegt daran

Begehrssatz, eingeleitet durch **ὅπως, ὡς**

Negation: **μή.**

Modus:

α) **Indikativ des Futurs,**
β) seltener **Modi der Finalsätze** (vgl. § 234, zu ἄν m. Konj. vgl. § 234 Zus. 2)

οὐ μόνον τοῖς πολιτικοῖς, ἀλλὰ καὶ τοῖς πολίταις νῦν **μελήσει, ὅπως** καλῶς **ἕξει** τὰ τῆς πόλεως	. . . wird daran liegen, daß es gut steht um . . .

ἐπιμεληθῶμεν, ὅπως πράξομεν, ἃ πράττειν ὀφειλήσομεν	wir wollen uns bemühen zu tun, ...
Κῦρος **βουλεύεται, ὅπως μή**ποτε **ἔσται** ἐπὶ τῷ ἀδελφῷ	Kyros richtet seine Gedanken darauf, daß er niemals ...

Elliptischer Gebrauch (ohne daß das Verbum curandi ausgesprochen wird):

ὅπως ἔσεσθε ἄνδρες ἄξιοι τῆς ἐλευθερίας	daß ihr mir ... seid!

b) im Griechischen negativ nach den **Verben und Ausdrücken des Fürchtens**[1], z. B.

δεδιέναι, φοβεῖσθαι	(sich) fürchten
φόβος, δέος ἐστίν	es ist zu befürchten
κίνδυνός ἐστιν	es besteht Gefahr

Begehrssatz, eingeleitet durch **μή** = daß, **μὴ οὐ** = daß nicht.

Modus:

α) **Konjunktiv,**

β) nach einem **Nebentempus** meist **optativus obliquus.**

δέδοικα, μὴ ἐπιλαθώμεθα τῆς οἴκαδε ὁδοῦ	ich fürchte, daß wir vergessen haben ...
ἐφοβεῖτο, μὴ οὐ δύναιτο ἐκ τῆς χώρας ἐξελθεῖν	er war voll Furcht, daß er nicht ... könnte

elliptisch formelhaft vgl. § 216, 3.

Zusatz:

φοβεῖσθαι u. a. in der Bedeutung „sich scheuen, Bedenken haben etw. zu tun" hat den Infinitiv bei sich.

---

[1] Vgl. im Lateinischen timere, impedire, ne usw.

IV. Übersicht über die Bedeutung von Objektsätzen 232

bzw. entsprechenden Satzteilen: prädikativen Partizipien, Infinitivkonstruktionen

ὅτι ὡς	Prädikatives Partizip	Infinitivkonstruktion
Feststellung einer Tatsache (»daß . . . ist«)	1. Wahrnehmung 2. Gefühl 3. Nachweis } eines Zustandes (»daß . . . ist«)	1. Begehren, subjektive Ansicht 2. a) Absicht b) Fähigkeit c) Abwehr } »zu tun«
Verba dicendi λέγω, ἀγορεύω usw.		**1. Begehren, subjekt. Ansicht** **Verba dicendi** λέγω, ἀγορεύω usw. ὄμνυμι, ὑπισχνοῦμαι **Verba putandi** νομίζω, οἴομαι εἰκάζω, ὑποπτεύω usw. φαίνομαι κινδυνεύω δοκῶ, δοκεῖ } scheine
Verba sentiendi **1. Sinnliche und geistige Wahrnehmung** a) ἀκούω usw. b) γιγνώσκω erkenne μέμνημαι erinnere mich μανθάνω merke οἶδα, ἐπίσταμαι } weiß } »daß ist« **2. Gefühl** αἰδοῦμαι, αἰσχύνομαι } schäme mich »daß ist« u. a. (tue mit Beschämung) **Verba monstrandi** (ἀπο)φαίνω, (ἐπι)δείκνυμι } zeige, beweise ἐξελέγχω belehre αἱρῶ, ἐξελέγχω } überführe } »daß ist«		**2. Absicht, Fähigkeit, Abwehr** **Verba sentiendi** a) **Absicht** »zu tun« γιγνώσκω beschließe μέμνημαι bin darauf bedacht b) **Fähigkeit** »zu tun« μανθάνω lerne, verstehe οἶδα, ἐπίσταμαι } verstehe c) **Abwehr** „zu tun" αἰδοῦμαι, αἰσχύνομαι } schäme mich, (unterlasse aus Schamgefühl)

B. Adverbialsätze

233 I. Kausalsätze

Konjunktionen:

ὅτι, διότι, ὡς	weil, darüber daß
ἐπεί	da
ἐπειδή, ἐπείπερ	da ja

Modus:

a) wie in Aussagesätzen,
b) bei **subjektivem Grund** (im Deutschen oft Konjunktiv) nach **übergeordnetem Nebentempus: optativus obliquus.**

Negation: οὐ.

μὴ **θαυμάζετε, ὅτι** χαλεπῶς **φέρω** τοῖς παροῦσι πράγμασιν	wundert euch nicht, daß ich schwer trage . . .

Optativus obliquus:

οἱ Ἕλληνες **ἐθαύμαζον, ὅτι οὐδαμοῦ** Κῦρος **φαίνοιτο**	. . . wunderten sich, daß (weil) Kyros nirgends erschiene (erschien)

Potentialis im Kausalsatz:

δέομαί σου παρεῖναι ἡμῖν, **ὡς** ἐγὼ **οὐδ' ἂν** ἑνὸς ἥδιον **ἀκούσαιμι** ἢ σοῦ	. . . da ich keinem einzigen lieber zuhören würde als dir

Zusatz:

Kausale Partizipialkonstruktionen verdeutlicht durch ὡς, ἅτε, οἷον vgl. § 201 b.

234 II. Finalsätze

Konjunktionen:

ἵνα, ὡς, ὅπως	damit, um zu
μή, ἵνα μή, ὡς μή, ὅπως μή	damit nicht, um nicht zu

Modus:

a) **Konjunktiv,**
b) bei **übergeordnetem Nebentempus** eher **optativus obliquus.**

Negation: μή.

μὴ φθόνει τοῖς εὐτυχοῦσιν, **μὴ δοκῇς** εἶναι κακός	sei nicht . . . neidisch, damit du nicht . . . scheinst

Optativus obliquus:

λαβὼν ὑμᾶς **ἐπορευόμην, ἵνα ὠφελοίην** τὸν Κῦρον	. . . um Kyros zu nützen

Zusatz:

1. Finale Partizipialkonstruktionen verdeutlicht durch ὡς beim Partizipium des Futurs (vgl. § 201 c).

2. In einem durch ὡς, ὅπως eingeleiteten Finalsatz steht gelegentlich ἄν beim Konjunktiv:

τὴν λείαν ἀπέπεμψε, ὅπως μισθὸς ἂν γένηται τοῖς στρατιώταις … damit die Soldaten Lohn bekämen

ähnlich ὅπως ἄν nach verba curandi: (vgl. § 231, 2a):

ἐπιμελοῦνται, ὅπως ἂν οἱ νέοι μηδὲν κακουργῶσιν — sie bemühen sich, daß nichts …

III. Konsekutivsätze 235

Konjunktionen:

(οὕτως) ὥστε, ὡς — (so) … daß, so daß

Modus:

a) bei **tatsächlicher Folge: Indikativ.**

Negation: οὐ.

ἐπέπεσε χιὼν ἄπλετος, **ὥστε ἀπέκρυψε** τὰ ὅπλα — … unendlich viel Schnee, so daß er .. unsichtbar machte

οἱ Ἕλληνες ἐνέτυχον τάφροις ὕδατος πλήρεσιν, **ὥστε** προάγειν **οὐκ ἐδύναντο** — … so daß sie nicht vorrücken konnten (das Anhalten ist eine Tatsache)

b) bei **nicht tatsächlicher Folge: Infinitivkonstruktion** (Subjekt und Prädikatsnomen vgl. § 194. Im Deutschen Umschreibung mit Hilfsverben, meist mit »können«).

Nicht tatsächlich ist eine Folge besonders,

α) wenn sie **beabsichtigt** ist (deutsch: um dadurch zu):

χρὴ πᾶν ποιεῖν **ὥστε** ἀρετῆς ἐν τῷ βίῳ **μετασχεῖν** — … **um dadurch** teilhaft **zu werden**

β) wenn das **übergeordnete Verb verneint** ist (die Voraussetzung der Folge ist nicht tatsächlich, die Folge selbst also auch nicht):

οὐκ ἔχομεν **ὥστε ἀγοράζειν** — wir haben nicht die Mittel, (so) daß wir einkaufen könnten (. . . einzukaufen)

γ) wenn das **übergeordnete Verb eine Möglichkeit** ausdrückt (fähig sein, können, bewirken usw.):

τίς οὕτω **δεινός ἐστιν ὥστε** σε **πεῖσαι** — … so fähig, daß er … könnte

τὸ θεῖον τοσοῦτον καὶ τοιοῦτόν ἐστιν, **ὥστε** πανταχοῦ **παρεῖναι** — das Göttliche ist so groß und solcher Art, daß es überall gegenwärtig sein kann

δ) **nach einem Komparativ** im übergeordneten Satz:

τὸ δαιμόνιον **μεγαλοπρεπέστερον** ἡγοῦμαι **ἢ ὥστε** τῆς ἐμῆς θεραπείας **προσδεῖσθαι** — ich halte das Daimonion für zu erhaben, als daß es meines Dienstes bedürfte

ε) nach **ὥστε, ἐφ' ᾧ(τε)** = unter der Bedingung, daß:

οἱ Λακεδαιμόνιοι τοῖς Ἀθηναίοις ἐποιήσαντο εἰρήνην, **ἐφ' ᾧ** τὸν αὐτὸν ἐχθρὸν καὶ φίλον **νομίζοντας** Λακεδαιμονίοις **ἕπεσθαι**, ὅποι ἂν ἡγῶνται — … unter der Bedingung, daß sie … folgten

Einzelheiten:

1. Die Modi der potentialen oder irrealen Aussage können die Folge als potential oder irreal darstellen:

κατεφαίνετο πάντα αὐτόθεν, **ὥστε οὐκ ἂν ἔλαθεν** ὁρμώμενος ὁ Κλέων — ... so daß Kleon nicht unbemerkt hätte aufbrechen können

2. Formen von **ὅσος** oder **οἷος** können **statt ὥστε** beim Infinitiv stehen, bei nicht als tatsächlich dargestellter Folge, besonders nach τοσοῦτος (τοιοῦτος):

ἐλείπετο τῆς νυκτὸς (τοσοῦτον), **ὅσον** σκοταίους **διελθεῖν** τὸ πεδίον — es war von der Nacht noch so viel übrig, daß sie im Dunkeln durch die Ebene ziehen **konnten**

IV. Hypothetische Sätze

Zur Geschichte der Bedingungssätze

1. εἰ *hieß ursprünglich »so« wie lat. si (vgl. die verstärkte Form si-c) und leitete Hauptsätze ein: vgl. hom.* εἰ δ' ἄγε *»so mach doch voran« (siehe auch unten 2). Zum Gebrauch von* εἰ *als Einleitung eines konditionalen Nebensatzes vgl. dt. »So Gott will, kehren sie im nächsten Jahr zurück«.*

'Εάν *im sog. futurischen Bedingungssatz und im Iterativsatz ist entstanden aus* εἰ + ἄν *(§ 14, 1 u. 3). Zur futurischen Verwendung des Konj. vgl. Homer, der den Konjunktiv mit* ἄν *oder* κεν *noch im Hauptsatz öfter für das Futur verwendet, z. B.* ἐγὼ δέ κεν αὐτὸς ἕλωμαι; *die Partikel kann auch wegfallen, z. B.* οὐδ' ἔσσεται οὐδὲ γένηται; *vgl. auch § 121 S 98.*

2. *Ein großer Teil der potentialen Bedingungssätze ist aus unabhängigen Wunschsätzen hervorgegangen; das zeigen Sätze wie:* 'Αλλ' εἴ μοί τι πίθοιο, τό κεν πολὺ κέρδιον εἴη = ἀλλ' εἴ μοί τι πίθοιο! τό κεν πολὺ κέρδιον εἴη *(Hom.). — Unabhängige Wunschsätze werden noch im Attischen durch* εἴθε, εἰ γάρ *eingeleitet. In Bedingungssätzen dieser Art ist die Negation* μή *verständlich; von hier drang sie in alle Bedingungssätze ein; doch findet sich bei Homer und auch später gelegentlich noch* οὐ *in realen Bedingungssätzen.*

3. *Daß Bedingungssätze und Temporalsätze ineinander übergehen können, zeigt auch das Lateinische, z. B. Quid domini faciant, audent cum talia fures? (Verg.) Auch im Deutschen gehen »wenn« und »wann« ineinander über.*

236 Allgemeines

1. Hypothetische Sätze sind die Konditionalsätze und die mit bedingender Konjunktion eingeleiteten Konzessivsätze.
Hypothetische Ausdrucksformen kommen im Griechischen außerdem vor in Temporalsätzen und in Relativsätzen.

2. Der **Indefinitus (Realis), Potentialis und Irrealis** haben die gleiche Bedeutung wie die entsprechenden Ausdrucksformen des Lateinischen.

Der **Iterativus,** im Lateinischen meist temporal **wieder**gegeben, wird im Griechischen hypothetisch aufgefasst.

3. In allen hypothetischen (bedingenden) Sätzen ist die **Negation μή**.

1. Konditionalsätze

a) Indefinitus (realer oder neutraler Fall) 237

1. Die Bedingung wird gestellt **ohne eine Angabe über ihre Verwirklichung.**

Bedingender Satz: **εἰ** beim Indikativ, bedingter Satz: Indikativ.

εἰ βοηθεῖν ἐθέλετε, δύνασθε	wenn ihr helfen wollt (— ob das der Fall ist, darüber wird nichts gesagt), so könnt ihr das
εἰ θεοί τι **δρῶσιν** αἰσχρόν, οὐκ **εἰσιν** θεοί	wenn die Götter ... tun, sind sie nicht Götter

2. **Indefinitus in der Zukunft (Eventualis)**, deutsch: für den Fall, daß; wenn.

a) Entsprechend § 237, 1: bedingender Satz: **εἰ** beim Ind. Fut., bedingter Satz: Futur oder futurischer Ausdruck.

εἰ βοηθεῖν **ἐθελήσετε, δυνήσεσθε**	wenn ihr helfen wollt, so werdet ihr das können
εἴ τις **ἀναιρήσει** τοὺς θεσμούς, οὐκ **ἐπιτρέψω**	wenn einer ... vernichten will, werde ich es nicht zulassen

b) Häufiger: Bedingender Satz: **ἐάν** beim Konj. Präs. oder Aor., bedingter Satz: Futur.

ἐὰν βοηθεῖν **ἐθέλητε, δυνήσεσθε**	wenn ihr helfen wollt, so werdet ihr das können
ἥξω παρὰ σὲ αὔριον, **ἐὰν** θεὸς **ἐθέλῃ**	ich werde ... kommen, so Gott will

b) Potentialis[1] 238

Die Verwirklichung der **Bedingung** wird als **möglich** hingestellt.

Bedingender Satz: **εἰ beim Optativ,** bedingter Satz: **Optativ mit ἄν** (potentiale Aussage).

εἰ βοηθεῖν ἐθέλοιτε, δύναισθε ἄν	wenn ihr helfen wolltet (daß das der Fall wäre, könnte man sich als möglich denken), so könntet ihr es
εἴ τίς με περὶ τοῦ θανάτου **ἐρωτήσειεν**, ἔγωγε **ἂν ἀποκρινοίμην**· ›**πῶς ἄν** τις κάλλιον **ἀποθάνοι** ἢ μετὰ καλὸν κἀγαθὸν βίον‹. (Potentialis im Hauptsatz)	wenn einer mich fragen sollte, ... würde ich wohl antworten: »Wie könnte man schöner sterben ...«

c) Irrealis 239

Die Verwirklichung der **Bedingung** wird als **unmöglich** hingestellt.

Bedingender Satz: **εἰ beim Indikativ,** bedingter Satz: **Indikativ mit ἄν**[2].

---

[1] Vgl. auch § 210, 2a Potentialis der Vergangenheit.

[2] Auch im Deutschen kann der Indikativ irrealen Charakter haben: Schiller: »Warf er das Schwert von sich, er war verloren.« Vgl. S. 211.

1. Gegenwart: Imperfekt

εἰ βοηθεῖν **ἠθέλετε, ἐδύνασθε ἄν**	Wenn ihr helfen wolltet (aber das ist nicht der Fall), würdet ihr dazu imstande sein
εἰ ἐπὶ βασιλεῖ **ἐγιγνόμεθα,** πάντα τὰ χαλεπώτατα παθόντες **ἀπεθνήσκομεν ἄν**	Wenn wir in die Gewalt des Großkönigs kämen, würden wir ... getötet werden

2. Vergangenheit: Aorist

εἰ βοηθεῖν **ἠθελήσατε, ἐδυνήθητε ἄν**	Wenn ihr hättet helfen wollen, wärt ihr dazu imstande gewesen
εἰ ἐνόσησα, ἐδεήθην ἄν σοῦ παραμένειν ἐμοί	Wenn ich krank geworden wäre, hätte ich dich gebeten ...

240 **d) Iterativus**

Auf eine sich wiederholende Bedingung folgt immer die gleiche Verwirklichung. (Annäherung an temporale Bedeutung, vgl. im Lateinischen cum iterativum).

1. Gegenwart:

Bedingender Satz: **ἐάν** beim **Konj. Präs. oder Aor.** (deutsch: immer wenn), bedingter Satz: Präsens.

ἐὰν βοηθεῖν **ἐθέλητε, δύνασθε**	Immer wenn (d. h. vorausgesetzt daß) ihr helfen wollt, dann seid ihr dazu imstande
ἐάν τις τοὺς γονέας **τιμᾷ,** εὖ **πράττει**	Immer wenn man die Eltern ehrt ...

2. Vergangenheit:

Bedingender Satz: **εἰ** beim Opt. Präs. oder Aor., bedingter Satz: Imperfekt oder Ind. Aor. mit ἄν (deutsch: wohl immer wieder, gelegentlich).

εἰ βοηθεῖν **ἐθέλοιτε, ἐδύνασθε**	Sooft (immer wenn) ihr helfen wolltet, wart ihr dazu imstande
Σωκράτης **οὐκ ἔπινεν, εἰ μὴ διψῴη**	S. trank immer nur, wenn er Durst hatte
εἴ τις Κλεάρχῳ **δοκοίη** βλακεύειν, **ἔπαισεν ἄν**	... schlug er wohl (gelegentlich) zu

241 **Einzelheiten:**

1. Die sogenannten »**Mischformen**« des hypothetischen Satzgefüges sind bei Homer häufiger als im Attischen und erklären sich daraus, daß sich das vorliegende Schema der hypothetischen Sätze erst allmählich gefestigt hat. So ergibt sich ein großer Reichtum an Nuancen im Griechischen.

εἰ τοῦτο **λέγεις** (indefinit), **ἁμαρτάνοις ἄν** (potential)	Wenn du dies sagst, dürftest du (wirst du wohl) einen Fehler machen
οὐδὲ **ἐὰν** πολλαὶ γέφυραι **ὦσιν** (eventual), **ἔχοιμεν ἄν** (potential), ὅποι σωθῶμεν	auch nicht, wenn ... da sind, werden wir wohl ...

2. Disjunktive Konditionalsätze

Konjunktionen:

εἴτε — εἴτε, ἐάν τε — ἐάν τε	mag — oder mag, sei es daß — oder daß, ob — oder
τούτους γοῦν οἶδα, οἵ εἰσιν, **εἴτ'** οὖν ἄπειρος αὐτῶν εἰμι **εἴτε μή**	. . . mag ich nun mit ihnen bekannt sein oder nicht
τὸ φιλούμενον τῷ φιλοῦντι φίλον ἐστίν, **ἐάν τε φιλῇ ἐάν τε καὶ μισῇ**	. . . mag es lieben oder sogar hassen, . . . ob es liebt oder sogar haßt

3. Verbindungen mit εἰ:

εἰ μή	außer (nach einer Negation), nisi	εἰ δὲ μή (formelhaft)	andernfalls, sonst
εἴπερ (beim Indikativ)	wenn wirklich	ὥσπερ ἂν εἰ	wie wenn
εἰ μὴ ἄρα	wenn nicht etwa, es müßte denn (ironisch)	(beim Optativ = potential, beim Indikativ = irreal)	

2. Konzessivsätze 242

Die (einschränkenden) Konzessivsätze haben die Ausdrucksformen und also auch die Modi der Konditionalsätze.

Konjunktionen:

εἰ καί, ἐὰν καί	wenn auch
καὶ εἰ, καὶ ἐάν, κἄν	auch wenn, selbst wenn
οὐδ' εἰ, οὐδ' ἐάν	auch nicht wenn

Oft in Verbindung mit ὅμως »trotzdem, dennoch«

εἰ καὶ οἴει με ἀδικεῖν, οὔτε **ἔπαιον** οὐδένα οὔτε ἔβαλλον	wenn du auch glaubst, ich sei ein Übeltäter . . .

Potentialis:

οὐδ' εἰ βούλοιο, δύναιο ἂν ἀποδοῦναι, ὅσα ὑπισχνῇ	auch nicht, wenn du wolltest, könntest du . . .

Iterativus:

πάντες οἱ ποταμοί, **ἢν (= ἐὰν)** καὶ πρόσω τῶν πηγῶν ἄποροι **ὦσι**, προϊοῦσι πρὸς τὰς πηγὰς διαβατοὶ γίγνονται.	alle Flüsse, wenn sie auch fern von den Quellen . . . so werden sie doch passierbar . . .

Zusatz:

Konzessive Partizipialkonstruktion verdeutlicht durch **καίπερ** vgl. § 201 e.

V. Temporalsätze

243 1. Eigentliche Temporalsätze

Negation: οὐ.

Modus: Indikativ.

Konjunktionen:

ὅτε, ἡνίκα, ὡς	als	ἐπεὶ (ὡς, ἐπειδὴ) τάχιστα (πρῶτον)	sobald (als)
ἐπεί, ἐπειδή	als, nachdem		
ἀφ' οὗ, ἐξ οὗ	seitdem	ἕως, ἔστε, μέχρι	solange, bis
ἐν ᾧ	während		

ἡνίκα δείλη **ἐγίγνετο**, ἐφάνη κονιορτὸς ὥσπερ νεφέλη λευκή — Als es später Nachmittag wurde...

οἱ τριάκοντα ᾑρέθησαν, **ἐπεὶ τάχιστα** τὰ μακρὰ τείχη καθῃρέθη — ... sobald die Langen Mauern niedergerissen waren

ἐπεὶ ἐτελεύτησε Δαρεῖος, Τισσαφέρνης διαβάλλει τὸν Κῦρον — Als Dareios gestorben war...

Κλέαρχος ἰσχυρῶς κατέτεινεν, **ἔστε διεπράξατο** πέντε στρατηγοὺς πρὸς Τισσαφέρνην ἰέναι — Klearch strengte sich sehr an, bis er es durchgesetzt hatte...

Zusatz:
Temporale Partizipialkonstruktionen verdeutlicht durch ἅμα, αὐτίκα, εὐθύς usw. vgl. § 201 a.

244 2. Hypothetische Temporalsätze

Negation: μή.

1. **Futurische Temporalsätze** (dem Eventualis der Konditionalsätze entsprechend vgl. § 237, 2).

Modus:

Konjunktiv mit ἄν: ein in Zukunft erwarteter Verbalvorgang als Zeitangabe für einen anderen. Übergeordneter Satz: Futurum.

Konjunktionen:

Die **Temporalkonjunktionen** verbinden sich **mit ἄν.**

So wird aus: ὅτε — ὅταν, ὁπότε — ὁπόταν, ἐπεί — ἐπάν, ἐπειδή — ἐπειδάν usw.

ἐπειδὰν ἡμῖν **γένηται** ἀργύριον, εἰς τὴν Ἑλλάδα **πορευσόμεθα** — **Wenn** wir Geld **bekommen,** dann **werden wir ... ziehen**

2. **Iterative Temporalsätze** (dem Iterativus der Konditionalsätze entsprechend vgl. § 240).

Ein sich wiederholender Verbalvorgang in Gegenwart und Vergangenheit als Zeitangabe für einen anderen (deutsch: immer wenn).

a) **Gegenwart:**

Modus:

Konjunktiv mit ἄν. Übergeordneter Satz: Präsens.

Konjunktionen:

Die **Temporalkonjunktionen** verbinden sich **mit ἄν,** wie in den futurischen Temporalsätzen (vgl. § 244, 1).

μαινόμεθα πάντες, **ὁπόταν ὀργιζώμεθα**	... immer wenn wir zornig sind

b) **Vergangenheit:**

α) Modus und Konjunktionen wie in den iterativen Temporalsätzen der Gegenwart (2a).

β) **Modus:**

Optativ ohne ἄν, da im übergeordneten Satz ein Nebentempus steht. Übergeordneter Satz: Imperfekt (iterativ).

Konjunktionen: wie in den eigentlichen Temporalsätzen.

Κῦρος ἄγρια θηρία **ἐθήρευεν, ὁπότε** γυμνάσαι **βούλοιτο** ἑαυτόν τε καὶ τοὺς ἵππους	Kyros pflegte ... zu jagen, immer wenn (jedesmal wenn) er ... üben wollte

3. πρίν 245

1. Infinitivkonstruktion ist immer möglich.

a) πρίν war ursprünglich Adverb: »vorher«, der Infinitiv war ursprünglich imperativisch.

μή μοι θορυβήσῃ μηδείς, **πρὶν ἀκοῦσαι**	Keiner soll mir Lärm anfangen, vorher soll man hören! Keiner soll mir Lärm anfangen, bevor er gehört hat

b) Infinitivkonstruktion (auch ohne imperativischen Sinn) steht meist **nach affirmativem Hauptsatz.**

Die Inhalte von Haupt- und Nebensatz schließen sich aus. Im affirmativen Hauptsatz steht der zunächst tatsächlich geschehene Vorgang. Der Nebensatz, dessen Verbalvorgang zunächst nicht tatsächlich geschieht, steht also in einer Infinitivkonstruktion.

τρὶς **ἀνέγνων** τὰ γράμματά σου **πρὶν ἀντεπιστεῖλαι**	Dreimal habe ich deinen Brief gelesen, bevor ich geantwortet habe (Ich habe deinen Brief zunächst nicht beantwortet, sondern ihn vorher dreimal gelesen)

2. Ein **Verbum finitum** nach πρίν kann in allen Ausdrucksformen von Temporalsätzen stehen. πρίν wird als Temporalkonjunktion verstanden.

Diese Konstruktion ist seltener als die Infinitivkonstruktion. Sie steht **nur nach negativem Hauptsatz** (Begründung entsprechend wie 1b, nur umgekehrt):

Θουκυδίδης **οὐ πρότερον κατῆλθεν, πρὶν** οἱ Ἀθηναῖοι τοῦ πολέμου **ἐπαύσαντο**	Thukydides kehrte nicht früher heim, als bis (bevor) die Athener mit dem Kriege aufgehört hatten (Der Krieg wird zunächst beendet, und dann erst kehrt Th. heim)

Eventualis (futurisch):

πρὶν ἂν τοὺς λόγους σου **ἐξετάσω**, οὐ πιστεύσω σοι	Bevor ich deine Worte geprüft habe, werde ich dir nicht vertrauen

C. Relativsätze

Zur Geschichte der Relativsätze

Das griechische Relativpronomen ὅς, ἥ, ὅ (ὅς < i̯ος, § 14, 2) ist aus einem Demonstrativpronomen hervorgegangen, doch fehlen Beispiele für demonstrativen Gebrauch, da sich die Entwicklung schon im Indogermanischen vollzogen hat (ὅς in ἣ δ' ὅς ist eine Erweiterung von ὁ, vgl. § 177 zum demonstrativen Gebrauch des Artikels). Die Entwicklung läßt sich durch den etymologisch allerdings nicht verwandten Artikel (§ 24 S 1) veranschaulichen, der ursprünglich ebenfalls Demonstrativpronomen gewesen ist (s. o.), von Homer aber auch als Relativpronomen verwendet wird; vgl. z. B.: ἣν διὰ μαντοσύνην, τήν οἱ πόρε Φοῖβος Ἀπόλλων *»... die gab ihm A.; die ihm A. gab«,* ἔστι δέ μοι μάλα πολλά, τὰ κάλλιπον ἐνθάδε ἔρρων *»das habe ich zurückgelassen; das ich zurückgelassen habe«. Vgl. dt. »der, die, das«.*

246 I. Relativpronomina und Relativadverbia

(vgl. § 55; 62; 64)

1. **Individuell** (auf ein bestimmtes Faktum bezogen):

ὅς	der, welcher	ὡς	wie
ὅσος	wie groß	οὗ	wo
οἷος	wie beschaffen	ὅτε	wann
ἡλίκος	wie alt, wie stark	ὅθεν	woher
		οἷ	wohin

2. **Generell** (verallgemeinernd):

ὅστις	wer auch (immer) wer nur, jeder der	ὅπως ὅπου	wie auch (immer) wo auch (immer)
ὁπόσος	wie groß auch (immer)	ὁπότε	wann auch (immer)
ὁποῖος	welcher Art auch (immer)	ὁπόθεν	woher auch (immer)
ὁπηλίκος	wie alt auch (immer) wie stark auch (immer)	ὅποι	wohin auch (immer)

Auch die individuellen Pronomina können z. T. generell gebraucht werden, z. B.

ὅσοι	alle, die	ὅσα	alles, was

3. Korrelativpronomina und Korrelativadverbia:

Die oben aufgezählten Relativpronomina und -adverbia können in Korrelation (Wechselbeziehung) stehen zu den entsprechenden Demonstrativpronomina, z. B.

οὗτος, ὅς	derjenige, der	οὕτως, ὡς	so, wie
τοιοῦτος, οἷος	solcher Art, wie	ὅσῳ — τοσούτῳ	je — desto
τηλικοῦτος, ἡλίκος	so alt (stark), wie		u. a.

4. Formelhaft gebrauchte relativische Ausdrücke:

a) εἰσὶν οἵ	einige	οὐκ ἔστιν ὅτε	nie
ἔστιν ὅτε	manchmal	ἔστιν οὗ	da und dort
b) τίς ἐστιν ὅστις	wer?	οὐκ ἔστιν ὅπως	unmöglich
οὐκ ἔστιν ὅστις	niemand	ἔστιν ὅστις	mancher u. a.

II. Eigentliche Relativsätze 247

1. (Attribut-, Subjekt-, Objektsätze)

a) **Attributsatz:**

ὁ ἀνήρ, **ὃν εἶδες**, μακάριός ἐστιν — der Mann, den du sahst, ist glücklich

b) **Subjektsatz:**

ὅτῳ δοκεῖ ταῦτα, ἀράτω τὴν χεῖρα — wem dies richtig erscheint, hebe die Hand (ohne Beziehungswort!)

c) **Objektsatz:**

οἱ θεοί, οἷς ἂν ὦσιν ἵλεῳ, σημαίνουσιν — die Götter geben all denen ein Zeichen, denen sie gnädig sind

2. Modus (wie in Hauptsätzen)

Potentialis:

ὁρῶ σε διώκοντα, **ὧν** οὔποτε **ἂν τεύξοιο** — . . . was du wohl nie erreichen wirst

Irrealis:

εἶδον ὑμᾶς διώκοντας, **ὧν** οὔποτε **ἂν ἐτύχετε**, εἰ μὴ ἐβοήθησαν οἱ θεοί — . . . was ihr nie erreicht hättet, wenn die Götter nicht geholfen hätten

Erfüllbarer Wunsch:

ἢν ἕλῃς γῆν τήνδ' **ὃ μὴ τύχοι** ποτὲ πρὸς θεῶν, τρόπαια πῶς ἀναστήσεις Διί; — wenn du dieses Land einnimmst, was nie geschehen möge . . .

Imperativ(!):

οἶσθ' οὖν, **ὃ δρᾶσον** — du weißt nun, was du tun sollst

III. Adverbiale Relativsätze 248

(mit dem Sinn von Adverbialsätzen, mit der entsprechenden Negation und dem entsprechenden Modus)

1. Mit **kausalem** Sinn.

Modus: wie in eigentlichen Relativsätzen.

θαυμαστὸν ποιεῖς, ὃς ἡμῖν οὐδὲν **δίδως** — . . . der du (da du) uns nichts gibst

2. Mit **konsekutivem** Sinn.

Modus: wie in eigentlichen Relativsätzen.

τίς οὕτως μαίνεται, **ὅστις οὐ βούλεταί** σοι φίλος εἶναι	. . . so wahnsinnig, daß er nicht dein Freund sein will

3. Mit **finalem** Sinn.

Negation: μή.

Modus: Indikativ des Futurs (vgl. verba curandi § 231, 2a)

ἡγεμόνα αἰτήσομεν Κῦρον, ὅστις ἡμᾶς **ἀπάξει**	. . . der uns wegführen soll (wird)

4. Mit **konditionalem** Sinn.

Negation: μή.

Hypothetische Relativsätze (besonders häufig). Ausdrucksformen wie in Konditionalsätzen (vgl. § 237 ff.).

Eingeleitet durch:

ὅς (ὅστις) = εἴ τις
ὃς ἄν (ὅστις ἄν) = ἐάν τις

Indefinitus:

μακάριος, **ὅστις** οὐσίαν καὶ νοῦν **ἔχει**	jeder, der . . . hat (wenn einer)

Eventualis (bzw. Iterativ):

ὅστις ἂν ἐλαίαν **ἐξορύξῃ**, τοῦτον διακοσίαις δραχμαῖς ζημιοῦσιν οἱ Ἀθηναῖοι	wenn einer (jeden, der) . . . ausgräbt, den bestrafen die Athener . . .

Potentialis:

φοβοίμην ἂν τῷ ἡγεμόνι, **ᾧ** (= ὃν) **δοίη** Κῦρος, ἕπεσθαι	ich werde mich wohl scheuen, dem Führer zu folgen, den Kyros gibt (wenn K. einen gäbe)

249 IV. Attraktion, relativischer Anschluß, relativische Verschränkung

Möglich ist:

1. Attraktion

a) **Kasusattraktion des Relativpronomens** an den Kasus des Bezugswortes, auch zuweilen unter Ellipse des Bezugswortes:

ἄξιοι ἔσεσθε τῆς **ἐλευθερίας, ἧς** (= ἣν) κέκτησθε	. . . würdig der Freiheit, die ihr errungen habt
ἐπαινετέος εἶ, **ἐφ' οἷς** (= ἐπὶ τούτοις, ἃ) διαπέπραγας	. . . für das, was du durchgesetzt hast

b) **Einschluß des Bezugswortes** in den Relativsatz. Es steht dort meist an letzter Stelle ohne Artikel:

ἀδικεῖ Σωκράτης, **οὓς** ἡ πόλις νομίζει **θεούς**, οὐ νομίζων	Unrecht tut Sokrates, darin daß er nicht an die Götter glaubt, an welche die Stadt glaubt

c) **Kasusattraktion des Relativpronomens** unter **Einschluß des Bezugswortes in den Relativsatz:**

τῷ κυνὶ μεταδίδου, **οὗπερ** αὐτὸς ἔχεις **σίτου** (= τοῦ σίτου, ὃν . . .)	Gib dem Hund von dem Essen, das du selbst hast

d) **Kasusattraktion des Bezugswortes** unter **Einschluß in den Relativsatz:**

εἰς ἣν ἀφίκοντο **κώμην**, μεγάλη ἦν (= ἡ κώμη, εἰς ἣν . . .)	das Dorf, in das sie kamen, war groß

Die Kasusattraktion des Relativpronomens erklärt sich dadurch, daß für den Sprechenden das Verb des übergeordneten Satzes so sehr im Vordergrund steht, daß es auch den Kasus des Relativpronomens bestimmt. Es kann aber auch umgekehrt der Kasus des Bezugswortes durch das Verb des Relativsatzes bestimmt werden (attr. invers.): τὴν οὐσίαν ἣν κατέλιπε τῷ υἱεῖ, οὐ πλείονος ἀξία ἐστὶν ἢ τεττάρων καὶ δέκα ταλάντων. *In diesem Fall ist das Bezugswort meist der einzige Teil des übergeordneten Satzes, der vor dem Relativsatz steht (doch siehe auch oben 1d), und es ist dann besonders leicht zu verstehen, daß der Sprechende zunächst nur an das Verb des Relativsatzes denkt. Vgl. einerseits »Wem ich lieb hab', werd' ich winken« und andererseits »Den liebsten Buhlen, den ich han, liegt beim Wirt im Keller«.*

2. **Relativischer Anschluß** (seltener als im Lateinischen) — Relativpronomen gleich Demonstrativpronomen:

βουλοίμην ἂν Κῦρον λαθεῖν ἀπελθών· **ὃ** οὐ δυνατόν ἐστιν	ich wollte wohl unbemerkt von Kyros weggehen, was nicht möglich ist (das ist nicht möglich)

3. **Relativische Verschränkung.** Verschränkung eines Relativsatzes mit einem Nebensatz

μὴ μισθώμεθα ἀνθρώπους, **οἷς ὁπόταν** τις **διδῷ** πλείονα μισθόν, **ἐκείνοις** ἀκολουθοῦσιν	. . . die denen folgen, die ihnen mehr Sold geben (wenn einer . . . gibt, dem folgen)

Oft finden sich in Relativsätzen Infinitiv- oder Partizipialkonstruktionen.

ἄκουε, **ἃ χρή** σε **δρᾶσαι**	Höre, was du tun mußt!
τὰ ἐπιτήδεια ἐπέλιπεν, **ἃ ἔχοντες ἦλθον**	Die Lebensmittel wurden knapp, mit denen sie gekommen waren

250 V. Übersichten

Modi in Nebensätzen (ausser in hypothetischen Sätzen und in Relativsätzen)

Hauptsatz	Nebensatz	
Haupttempus	**Indikativ:** 1. Aussagesatz 2. Fragesatz 3. Kausalsatz 4. Konsekutivsatz (tatsächliche Folge) 5. Eigtl. Temporalsatz 6. nach verba curandi: ὅπως beim Ind. Fut.	**Konjunktiv:** 1. Finalsatz 2. Deliberativer Fragesatz 3. nach Ausdrücken der Furcht: μή (οὐ)
Nebentempus:	a) wie oben b) Optativ in allen Nebensätzen	
Potentialis und Irrealis: Modi wie in Hauptsätzen		

Modi in hypothetischen Sätzen

1. Konditional- und **Konzessivsätze**

	Hauptsatz			Nebensatz		
	Ind.	Konj.	Opt.	Ind.	Konj.	Opt.
ohne ἄν	1. Indefinitus 2. Iterativus (Präs. Impf.) 3. Eventualis (Fut.)			**εἰ** 1. Indefinitus 2. Irrealis (Impf. Aor.)		**εἰ** 1. Potentialis der Gegenwart 2. Iterativus der Vergangenheit
mit ἄν	1. Irrealis (Impf. Aor.) 2. Potentialis und Iterativus der Vergangenheit		Potentialis der Gegenwart		**ἐάν** 1. Iterativus der Gegenwart 2. Eventualis	

2. Iterativus und Eventualis in **Temporal-** und **Relativsätzen**

	Hauptsatz	Nebensatz	
Gegenwart Zukunft	Präsens, Futurum	ἄν ↗ 1. ὅταν, ἐπειδάν usw. ↘ 2. ὅς ἄν, ὅστις ἄν	Konjunktiv
Vergangenheit	Imperfekt	1. ὅτε, ἐπεί usw. 2. ὅς, ὅστις	Optativ
Potentialis und Irrealis: Modi wie in Konditionalsätzen			

Oratio obliqua — Indirekte Rede 251

Sie ist seltener als im Lateinischen. Denn im Griechischen wird direkte Rede bevorzugt. Es handelt sich bei der indirekten Rede um tatsächliche oder gedachte Abhängigkeit von einem Verbum dicendi oder sentiendi. Hieraus ergeben sich die Konstruktionen der Oratio obliqua. Nämlich:

1. (Abhängige) **Aussagen:**

a) Sätze eingeleitet durch **ὅτι** oder **ὡς**

nach Haupttempus: Modi und Tempora der direkten Rede,

nach Nebentempus:

α) Modi und Tempora der direkten Rede,

β) Indikativ und Konjunktiv wird öfter zum Optativus obliquus,

γ) Irrealis und Potentialis bleiben unverändert.

b) **Infinitivkonstruktionen**

Περικλῆς προηγόρευε τοῖς Ἀθηναίοις ἐν τῇ ἐκκλησίᾳ, ὅτι Ἀρχίδαμος μέν οἱ ξένος **εἴη**, οὐ μέντοι ἐπὶ κακῷ γε τῆς πόλεως **γένοιτο·** τοὺς δ' ἀγροὺς τοὺς ἑαυτοῦ καὶ οἰκίας, **ἢν** ἄρα μὴ **δῃώσωσιν** (= εἰ μὴ δῃώσαιεν) οἱ πολέμιοι ὥσπερ καὶ τὰ τῶν ἄλλων, **ἀφίησιν** (= ἀφιείη) αὐτὰ δημόσια εἶναι.

2. (Abhängiges) **Begehren: Infinitivkonstruktion.**

Εἶς δὲ δὴ εἶπε στρατηγοὺς μὲν **ἑλέσθαι** ἄλλους ὡς τάχιστα, **εἰ μὴ βούλεται** (= βούλοιτο) Κλέαρχος ἀγάγειν, τὰ δ' ἐπιτήδεια **ἀγοράζεσθαι** καὶ **συσκευάζεσθαι·** ἐλθόντας δὲ Κῦρον **αἰτεῖν** πλοῖα, ὡς ἀποπλέοιεν.

3. (Abhängige) **Fragen:** vgl. § 218 ff.

a) nach einem Haupttempus und nach einem Nebentempus **Ausdrucksformen der direkten Frage,**

b) nach einem **Nebentempus** lieber der **Optativus obliquus.**

Zusätze:

1. Die lebhafte griechische Sprache liebt den Übergang von der indirekten in die direkte Rede.

Κῦρος τοῖς φίλοις πολλάκις βίκους οἴνου ἔπεμπε, λέγων ὅτι οὔπω δὴ πολλοῦ χρόνου τούτου ἡδίονι οἴνῳ **ἐπιτύχοι·** τοῦτον οὖν σοὶ **ἔπεμψε** καὶ **δεῖταί** σου τοῦτον ἐκπιεῖν σὺν οἷς μάλιστα **φιλεῖς**.

2. **ὅτι** kann auch direkte Rede einleiten:

Πρόξενος εἶπεν, **ὅτι** αὐτός εἰμι, ὃν ζητεῖς	Proxenos sagte: »Ich bin der, den du suchst«

3. Bei Aussagesätzen der indirekten Rede kann ein mit ὅτι oder ὡς beginnender Satz in eine Infinitivkonstruktion übergehen und umgekehrt.

252

Zusammenstellungen

I. ἄν

Die Moduspartikel ἄν kann mit allen drei Modi verbunden sein. Sie hat nicht eigentlich eine inhaltliche Bedeutung, sondern die **Funktion,** die Ausdrucksformen zu präzisieren, besonders: die Realität einer Aussage abzuschwächen.

Im Deutschen wird diese Funktion vollzogen durch den Konjunktiv, (umschreibende) Hilfsverben und zuweilen — dem Griechischen entsprechend — durch einzelne Wörter wie »wohl, etwa« usw.

1. Im Hauptsatz

a) **Irrealis**

Indikativ:	
ἔλεγον ἄν (Imperfekt)	ich würde sagen (Gegenwart)
εἶπον ἄν (Aorist)	ich hätte gesagt (Vergangenheit)
Infinitiv:	
γελοῖόν **σε ἂν ὀργίζεσθαί** μοι	es wäre lächerlich, wenn du mir zürntest
Partizip:	
οὐκ ἔλαβε τὰ χρήματα **δυνηθεὶς ἂν** ἔχειν	er nahm das Geld nicht, obwohl er es hätte haben können

b) **Potentialis**

Optativ:	
ὥρα **ἂν εἴη** ἀπιέναι	es dürfte (wird wohl) Zeit sein, wegzugehen (Gegenwart)
Indikativ:	
τίς ἂν ᾤετο;	wer hätte glauben sollen? (Vergangenheit)

Infinitiv:

σὺν ὑμῖν **ἂν** οἶμαι **τίμιος εἶναι**	auf eurer Seite, glaube ich, würde ich wohl geehrt sein

Partizip:

'Αρίστιππος αἰτεῖ τὸν Κῦρον εἰς δισχιλίους ξένους, **ὡς** οὕτω **περιγενόμενος ἄν**	Aristipp bittet Kyros um etwa 2000 Söldner, da er so die Übermacht haben könnte

c) **Iterativus der Vergangenheit**

διηρώτων ἂν αὐτούς, τί λέγοιεν	... ich frage sie wohl (immer wieder) ...

2. **Im Nebensatz** (verschmolzen mit der Konjunktion) (Konditional-, Temporal-, Relativsätze). Meist beim **Konjunktiv**

a) **Iterativ der Gegenwart und Eventualis**

Iterativus:

ἐάν τις τοὺς γονέας **τιμᾷ**, εὖ πράττει	immer wenn man die Eltern ehrt, befindet man sich wohl

Eventualis:

ἥξω παρὰ σὲ αὔριον, **ἐὰν** θεὸς **ἐθέλῃ**	ich werde morgen zu dir kommen, so Gott will

b) Selten in **Finalsätzen:**

Konjunktiv:

ὡς ἂν μάθῃς, ἀντάκουσον	damit du begreifst, höre deinerseits zu!

Optativ:

τὴν λείαν ἀπέπεμψε διατίθεσθαι, **ὅπως ἂν** μισθὸς **γένοιτο** τοῖς στρατιώταις	er schickte die Beute zum Verteilen, damit die Soldaten so ihren Lohn bekämen

II. ὡς

1. (Adverbial) **vergleichend** und die Art und Weise angebend = **wie:**

ὡς εὐεργέτης	als Wohltäter (wie ein ...)
ὡς δεινόν ἐστιν	wie furchtbar ist es!
ὡς ὁ νόμος κελεύει, οὕτως ποιήσομεν	wie das Gesetz es befiehlt, so ...
ὡς ἐμοὶ δοκεῖν	wie mir scheint (wie für mein Dünken)
ὡς πεντακόσιοι ὁπλῖται	ungefähr 500 (wie ...)
ὡς τάχιστα (doppeldeutig!) s. u. = ὅτι τάχιστα	möglichst schnell (wie es am schnellsten ist) (vgl. § 252, II, 2d.)

Verdeutlichend **bei Partizipien**

subjektiver Grund:

ὡς νενικηκώς	in der Meinung, daß —, als ob er gesiegt hätte (wie einer, der ...)
ὡς νικήσων	in der Meinung, daß er siegen würde

final:

ὡς νικήσων (doppeldeutig!) um zu siegen

2. **Konjunktion:** Grundbedeutung »**wie**«, etwa bedeutungsgleich mit folgenden Konjunktionen:

a) **Aussagesätze:** ὅτι »daß«.

b) **Konsekutivsätze:** ὥστε »so daß«.

c) **Finalsätze:** ἵνα, ὅπως »damit, um zu«.

d) **Temporalsätze:** ὅτε, ὁπότε, ἡνίκα, ἐπεί, ἐπειδή »da, während, sooft, solange, als, nachdem».

ὡς τάχιστα (s. o.) »sobald«.

e) **Kausalsätze:** ἐπεί, ἐπειδή / ὅτι, διότι } »da, weil«.

f) **Wunschsätze:** εἴθε »wenn doch!«

3. **Präposition** (nur bei Personen): zu

ὡς βασιλέα ἰέναι »zum Großkönig gehen«.

Anhang

Zum Dialekt des Epos

Allgemeines 253

Die Sprache des griechischen Epos ist eine Kunst- und Mischsprache, die in dieser Form nie und nirgendwo gesprochen worden ist. Sie trägt in den homerischen Gedichten die Spuren ihrer Entwicklung noch deutlich an sich. Zahlreiche Äolismen weisen darauf hin, daß die äolischen Stämme Thessaliens die hexametrische Dichtung zuerst gepflegt und, als sie die Nordwestküste Kleinasiens nebst den vorgelagerten Inseln besiedelten, mit dorthin genommen haben. Als dann die kleinasiatischen Ionier die Äolier in der Pflege des epischen Heldengesangs ablösten, verwendeten sie, soweit es der Vers zuließ, statt der äolischen metrisch gleichwertige ionische Formen und gaben der epischen Sprache so ein durchaus ionisches Gepräge. Nur solche äolischen Wörter und Formen, die mit dem epischen Stil und hexametrischen Rhythmus besonders eng verwachsen waren und für die das Ionische Entsprechendes nicht aufzuweisen hatte, blieben erhalten. Hinzu kommt, daß unter dem Zwang des Metrums die epischen Dichter oft zu kühnen Um- und Neubildungen gegriffen haben.

Diese buntscheckige Kunstsprache wurde zunächst in den Aödenschulen, nach der Niederschrift der großen homerischen Gedichte aus diesen gelernt. Noch die Epiker der nachchristlichen Jahrhunderte haben sich ihrer bedient, Lyriker und Dramatiker stets unter ihrem Einfluß gestanden.

Äolisches bei Homer 254

Als aiolische Reste in der Sprache Homers sind anzusehen

1. innerhalb des Vokalismus:

a) ᾰ statt η in θεᾰ́, θεᾰ́ων, θυρᾰ́ων, Ἰᾰ́ονες, Λᾱομέδων, Αἰνείᾱο,

b) der Übergang von gemeingriechischem αρ, ρα in ορ, ρο (a/o-Ablaut) in: ὄρχαμος zu ἄρχω, ἤμ-β-ροτον = att. ἥμαρτον (mit Metathesis),

c) υ statt ο in ἄλλυδις (vgl. ἄλλο-ς), ἄμυδις (vgl. ὁμό-ς).

2. innerhalb des Konsonantismus:

a) Der Übergang von σ + ν und σ + μ in νν und μμ, z. B. in ἀργεννός aus *ἀργεσνός (vgl. ἀργής), ἐρεβεννός aus *ἐρεβεσνός (vgl. τὸ ἔρεβος), ἄμμες aus *ἄσμες, ἔμμεναι aus *ἔσ-μεναι,

b) φήρ statt att. θήρ, πίσυρες statt att. τέτταρες.

3. innerhalb der Formenlehre:

a) Die Nominative auf -ᾰ von Substantiven männlichen Geschlechts, wie ἱππότα, αἰχμητά, μητίετα, νεφεληγερέτα usw.,

b) der Dat. Pl. der konsonantischen Stämme auf -εσσι, z. B. in κύνεσσι, πόδεσσι,

c) die Personalpronomina ἄμμες (= ἡμεῖς) und ὔμμες (= ὑμεῖς),

d) die Infinitivendung -μεναι, die den Dativ eines Stammes -μεν darstellt, z. B. in ἔμμεναι, ἴμεναι, ὀρνύμεναι usw.,

e) die Modalpartikel κε(ν) statt ἄν.

Ionisches und Episches bei Homer

255 Zum Vokalismus

1. ἀγορή (att. ἀγορᾱ́), πρῆξις (att. πρᾶξις), πειρήσομαι (att. πειράσομαι), ἀληθείη (att. ἀλήθειᾰ), ἠνεμόεις (att. ἀνεμόεις),

Urgriechisches ᾱ erscheint im Ionischen und bei Homer als η; auch statt ᾰ erscheint bei Homer gelegentlich η.

2. ξεῖνος aus *ξενϜος (att. ξένος), μοῦνος aus *μόνϜος (att. μόνος), εἵνεκα (att. ἕνεκα), νοῦσος (att. νόσος), οὔνομα (att. ὄνομα), πουλύς (att. πολύς).

Die ionische Längung der Vokale ε und ο zu ει und ου in ξεῖνος und μοῦνος ist — wahrscheinlich von einem Überarbeiter des Homertextes — auch auf Wörter wie εἵνεκα, εἰνάλιος, νοῦσος usw. ausgedehnt worden.

3. Ἀρήϊος statt Ἄρειος, κληΐς statt κλεῖς, ἠΰκομος statt εὔκομος.

Die Bestandteile späterer Diphthonge sind bei Homer oft noch getrennte Laute; dabei kann einer Kürze im Attischen bei Homer eine Länge entsprechen, die ursprünglich oder auf metrische Dehnung zurückzuführen ist.

4. βαθέα statt βαθεῖα, τρίπος statt τρίπους, ἕταρος statt ἑταῖρος, ἴκελος statt εἴκελος.

Aus verschiedenen Gründen findet sich bei Homer kurzer Vokal gegenüber Diphthong (bzw. langem Vokal) im Attischen.

5. νόος (att. νοῦς), ἄστεα (att. ἄστη), φιλέειν (att. φιλεῖν), ἀέκων (att. ἄκων).

Besonders altertümlichen Charakter erhält die homerische Sprache durch die häufige Unterlassung der Kontraktion.

θάρσευς statt θάρσους, φιλεῦντας statt φιλοῦντας, νεικεῦσι statt νεικοῦσι.

Die Kontraktion erfolgt, wo sie eintritt, nach den üblichen Kontraktionsgesetzen; nur werden εο und εου stets in ευ zusammengezogen.

6. βασιλῆος (att. βασιλέως), βασιλῆα (att. βασιλέᾱ), τῆς νηός (att. νεώς zu ναῦς) und ὁ νηός »der Tempel« (att. νεώς), ἧος (att. ἕως) [Konjunktion! — ἕως »Morgenröte« heißt bei Homer ἠώς]. Das Umspringen der Quantität ist nicht erfolgt.

Jedoch im Genitiv der Maskulina der α-Deklination findet sich im Epos sowohl -ᾱο wie auch (über ionisches -ηο) mit Umspringen -εω.

7. ἀμπεδίον = ἀνὰ πεδίον, ἀνστάς = ἀναστάς, καλλείπω = καταλείπω, κατθανεῖν = καταθανεῖν, παρθέμενος = παραθέμενος, ὑββάλλειν = ὑποβάλλειν.

Die Apokope, d. h. Abwerfung eines kurzen Endvokals vor folgendem Konsonanten, findet sich, wie im äolischen und dorischen Dialekt, so auch bei Homer häufig, namentlich bei den Präpositionen ἀνά, κατά, παρά (vereinzelt auch bei ἀπό und ὑπό).

8. κεῖνος = **ἐ**κεῖνος, κεῖθι = **ἐ**κεῖθι, νέρθε = **ἔ**νερθε.

Auch die Aphairesis, das Gegenstück der Apokope, d. h. die Abwerfung des vokalischen Anlauts, tritt häufig auf.

ἄρα nimmt durch Apokope oder Aphairesis die Formen an: ἄρ', ἄρ, ῥα, ῥ'.

9. ὁρ**ό**ω (statt ὁρῶ), ὁρ**ά**ᾳ (statt ὁρᾷ), ἐλ**ά**αν (statt ἐλᾶν).

Vor einem durch Kontraktion entstandenen langen Vokal fügte man oft des Metrums wegen einen kurzen Vokal gleicher Färbung ein, z. B. vor einem aus α + ο entstandenen ω ein ο, vor einem aus α + ει entstandenen ᾳ ein ᾰ. Dieser Vorgang wird als epische Zerdehnung bezeichnet.

Zum Konsonantismus 256

1. ἄμυδις = ἅμα, Ἀΐδης = Ἀΐδης = Ἅιδης, ἄμαξα = ἅμαξα, ἠώς = ἕως, ἠέλιος = ἥλιος, ἦμαρ = ἡμέρα, οὖλος = ὅλος.

Bei einigen Wörtern ist der Hauchlaut verstummt (Psilosis), meist in Verbindung mit anderen Veränderungen.

2. Anlautendes Digamma (ϝ) hatten namentlich:

ἐσθής (vestis), ἑστία (Vesta), ἑσπέρα (vesper), ἔαρ (ver), ἴον (viola), ἴς (vis), οἶκος (vicus), οἶνος (vinum), εἴκοσι (viginti), ἰδεῖν (videre), ἔργον (Werk), ἑλίσσω (wälze), εἴκω (weiche), οἶδα (weiß) u. a.

Anlautendes σϝ hatten ursprünglich: ἑκυρός (socer<**s**u̯nkuros), ἦθος (**su**nsco), ἕ, ὅς (σϝέ, σϝός, **su**us), ἡδύς (σϝᾱδ-, **su**avis), ἁνδάνω (σϝαδ-) u. a.

ϝ und σϝ wurden bei der Aufzeichnung der homerischen Gedichte nicht mehr geschrieben, ihr Vorhandensein aber von Homer noch stark empfunden, insofern er mit ihrer Hilfe Hiatus zu vermeiden suchte und Positionslängen entstehen ließ.

3. κ**ρα**δίη = κ**αρ**δίη, δ**ρα**τός = δ**αρ**τός, ἀ**ταρ**πός = ἀ**τρα**πός, κ**αρ**τερός = κ**ρα**τερός.

ρ wechselt häufig seine Stelle mit dem Stammvokal (Metathesis).

4. ἔ**λλ**αβε (aus *ἔ-σλαβε), ἄ**λλ**ηκτος (aus *ἄ-σληκτος), φιλο**μμ**ειδής (aus *φιλο-σμειδής), ἀγά**νν**ιφος (aus *ἀγά-σνιφος), ἐύ**νν**ητος (aus *ἐύ-σνητος).

Doppelkonsonanz beruht oft auf Assimilation von ursprünglichem σ an nachfolgende Liquiden.

In Fällen wie ἔ**δδ**εισεν, ἐύ**σσ**ελμος, ἔ**μμ**αθον wurde der Konsonant verdoppelt, um dem Vers gerecht zu werden.

5. ἴ**κμ**ενος, ἴ**δμ**εν, ὀ**δμ**ή, κεκορυ**θμ**ένος.

Vor μ bleiben Guttural- und Dentallaute häufig unverändert erhalten (vgl. dagegen § 94, 1 mit S 72 und § 111 S 89).

Von der Deklination

Besondere Kasusendungen 257

1. a) ἐδάμασσε βίη**φιν**, δακρυό**φιν** πίμπλαντο,

b) κλισίη**φι** λέλειπτο, πῦρ ἐπ' ἐσχαρό**φιν** καίετο,

c) ἀπὸ στρατό**φι**, ἐκ θεό**φιν**.

Das zur Bildung von Genitiven und Dativen dienende Suffix **φι(ν)** drückt a) den Instrumentalis, b) den Lokativ, c) den Separativ aus.

2. a) Ἰλιόθι πρό, κηρόθι, ἠῶθι πρό,
   b) Ἴδηθεν, θεόθεν, ἐξ ἁλόθεν,
   c) ἀγορήνδε, ἅλαδε, βουλυτόνδε usw.

Die Lokalsuffixe -θι (wo?), -θεν (woher?), -δε (wohin?) werden häufiger als in Prosa gebraucht.

3. In σέθεν = σεῦ dient -θεν als bloße Kasusendung.

Merke: οἰόθεν οἶος ganz allein, αἰνόθεν αἰνῶς ganz entsetzlich.

258

Die o-Deklination

1. Ἠελίοιο = Ἡλίου, θεοῖο = θεοῦ, ἀργυρέοιο, βιοῖο.

Im Gen. Sg. erscheint oft der Ausgang **οιο** (aus *ο-σι̯ο); daneben **οο**, das vielleicht < οιο entstanden ist (vgl. § 14, 8 Anm. und § 25 S 2).

2. αἱμυλίοισι λόγοισι, μετὰ οἷσι φίλοισι.

Der Dat. Pl. zeigt oft den Ausgang **-οισι**, woraus u. a. durch Elision -οις entstehen konnte, das jedoch z. T. anderen Ursprungs ist. Vgl. § 34 S 13 zur Endung -σι.

3. ἵπποιιν, σταθμοῖιν.

Der Gen. und Dat. Dual. hat oft die Endung **-οιιν.**

259

Die a-Deklination

1. Λαέρτης, Gen. Λαέρτᾱο und Λαέρτεω͡, Ἀΐδης, Gen. Ἀΐδᾱο und Ἀΐδεω͡, Ἑρμείας, Gen. Ἑρμείᾱο und Ἑρμείω.

Die Maskulina haben im Gen. Sg. **ᾱο**, das nach vorhergehendem Vokal auch in ω kontrahiert werden kann, nach vorangehendem Konsonanten aber oft mit metathesis quantitatum in εω͡ übergeht. ᾱο ist eine ältere Analogiebildung zum Gen. Sg. der o-Deklination (vgl. § 258, 1 und § 27 S 5).

2. θύρα, Gen. Pl. θυράων oder θυρεω͡ν, πᾶσα, Gen. Pl. πασάων oder πασεω͡ν, παρειά, Gen. Pl. παρειῶν.

Der Gen. Pl. zeigt die Ausgänge **-άων** und ionisch **-έων**, nach Vokalen **-ῶν**; vgl. § 27 S 4.

3. σφετέρῃσιν ἀτασθαλίῃσιν, πέτρῃς πρὸς μεγάλῃσιν.

Der Dat. Pl. geht auf **-ῃσι** oder **-ῃς** aus. Attisches **-αις** findet sich nur in θεαῖς (neben θεῇσι und θεῇς), ἀκταῖς und πάσαις. Die verschiedenen Ausgänge sind mehr oder weniger stark von den entsprechenden der o-Deklination beeinflußt (vgl. § 27 S 4). Vgl. § 34 S 13.

260

Die »dritte« Deklination

1. Konsonantische Stämme

τὸ βέλος, βέλεος, βέλεα usw.
Dat. Pl. βέλεσ-σι.

Bei den σ-Stämmen tritt nach Ausfall des stammauslautenden σ nur selten Kontraktion ein. Im Dat. Pl. bleibt dieses σ vor der Endung -σι erhalten.

2. Vokalische Stämme

a) ι-Stämme

	Singular		Plural	
Nom.	πόλις		πόλιες	πόληες
Gen.	πόλιος	πόληος	πολίων	
Dat.	—	πόλῃι, πόλει	πολίεσσι[1]	
Akk.	πόλιν		πόλιας	πόληας, πόλεις

Die homerischen Formen unterscheiden sich von den attischen vor allem durch die andersartige Verteilung der verschiedenen Ablautstufen des Stammauslauts auf die einzelnen Kasus; vgl. § 44 S 26.

b) Diphthongische Stämme

1. ὁ βασιλεύς, Gen. βασιλῆος, Dat. βασιλῆϊ usw.; vgl. § 45 S 27.

2. Zu βοῦς Akk. Pl. βόας; vgl. auch § 45 S 29.

3. Deklination von ναῦς:

	Singular		Plural	
	attisch	homerisch	attisch	homerisch
Nom.	ἡ ναῦς	νηῦς	νῆες	νῆες, νέες
Gen.	νεώς	νηός, νεός	νεῶν	νηῶν, νεῶν
Dat.	νηί	νηί	ναυσί	νήεσσι, νέεσσι, νηυσί
Akk.	ναῦν	νῆα	ναῦς	νῆας, νέας

Vgl. § 45 S 29.

c) Besonderheiten

1. τὸ γόνυ (genu) hat neben γούνατος, γούνατα, γούνασι die Formen: γουνός (Gen. Sg.), γοῦνα (Nom. und Akk. Pl.), γούνων (Gen. Pl.), γούνεσσι (Dat. Pl.). Vgl. § 255, 2.

2. Ebenso hat τὸ δόρυ die Formen: δουρός, δουρί usw.; vgl. § 255, 2.

3. τὸ οὖδας, Gen. οὔδεος, Dat. οὔδει.

4. Zu ἰχθῦς Akk. Pl. ἰχθύας.

5. υἱός bildet folgende Formen:

	Singular			Plural		
Nom.	υἱός	—	—	—	υἷες	υἱέες
Gen.	υἱοῦ	υἷος	υἱέος	υἱῶν	—	υἱέων
Dat.	—	υἷι	υἱέϊ (υἱεῖ)	υἱοῖσι	υἱάσι	—
Akk.	υἱόν	υἷα	υἱέα	—	υἷας	υἱέας

Neben Nom. Sg. υἱός findet sich — jedoch nicht bei Homer — υἷς (davon scheinbar υἷος usw.) und υἱύς (davon sekundär υἱέος usw.).

[1] Beachte πολέσι, πολέεσσι und andere als Formen von πολύς!

6. τὸ κάρη »der Kopf« weist folgende Formen von sehr unterschiedlicher Bildungsweise auf:

	Singular			Plural	
Nom.	τὸ κάρη			κρᾶτα, κράατα	καρήατα
Gen.	κάρητος	καρήατος	κρᾱτός, κρᾱ́ατος	κρᾱ́των	—
Dat.	κάρητι	καρήατι	κρᾱτί, κρᾱ́ατι	κρασί	—
Akk.	κάρη	—	κρᾶτα	κρᾶτα, κρᾱ́ατα	—

Das Geschlecht ist oft nicht erkennbar. Manche Formen werden von späteren Autoren nicht nur als Neutra, sondern auch als Maskulina oder Feminina gebraucht (z. B. Akk. Sg. κρᾶτα).

261

Zur Komparation der Adjektive

1. Komparative: φιλ**ίων** (zu φίλος), γλυκ**ίων** (zu γλυκύς), μάσσων (< μακ**ι̯ων**, zu μακρός) usw. Das Komparativsuffix -ίων tritt bei Homer häufiger auf als im Attischen, vgl. § 50 S 34.

2. Superlative: βάθ**ιστος** (zu βαθύς), ὤκ**ιστος** (zu ὠκύς), μήκ**ιστος** (zu μακρός) usw. Auch das Superlativsuffix ισ-το-ς ist bei Homer verbreiteter.

3. Merke folgende Komparative und Superlative:

a) zu ἀγαθός: ἀρείων, βέλτερον, λωΐτερον (nur Neutr.), φέρτερος, φέρτατος und φέριστος,
b) zu κακός: χερείων, χερειότερος, χειρότερος.

262

Zum Pronomen

1. Nebenformen des Personalpronomens

	1. Person	2. Person	3. Person
Sg. Nom.	ἐγών	τύνη	—
Gen.	ἐμεῖο, ἐμέο ἐμεῦ, (enkl.) μευ ἐμέθεν	σεῖο, σέο, τεοῖο σεῦ (enkl.) σέθεν	εἷο, (enkl.) ἕο εὗ ἕθεν
Dat.	—	τεΐν, τοί (enkl.)	ἑοῖ
Akk.	—	—	ἑέ, (enkl.) μίν
Pl. Nom.	ἄμμες	ὔμμες	—
Gen.	ἡμείων, ἡμέων	ὑμείων, ὑμέων	σφείων, (enkl.) σφέων
Dat.	ἄμμι(ν)	ὔμμι(ν)	σφί(ν) (enkl.)
Akk.	ἡμέας, ἄμμε	ὑμέας, ὔμμε	σφέας (auch enkl.)
Dual Nom.	νῶϊ	σφῶϊ	—
Gen./Dat.	νῶϊν	σφῶϊν	σφωΐν (enkl.)
Akk.	νῶϊ	σφῶϊ	σφωέ (enkl.)

Von den Fürwörtern der dritten Person sind ἑέ, ἑοῖ, εἷο und σφείων stets reflexiv. Dagegen sind die stets enklitischen Formen nie reflexiv.

2. Nebenformen des Possessivpronomens

τεός, -ή, -όν = tuus, ἑός, -ή,-όν = suus,
ἁμός, -ή, -όν = noster ὑμός, -ή, -όν = vester, σφός = σφέτερος (3. Pl., refl.).

3. Nebenformen des Demonstrativpronomens

Der Artikel wird noch als demonstratives Pronomen gebraucht und hat folgende besondere Formen (vgl. § 24 S 1 und § 177):

Sg.	Pl.	Dual
ὅ und ὅς	τοί, ταί, —	—
τοῖο	τάων	τοῖιν
	τοῖσι, τῇσι, τῇς	

4. Nebenformen von τίς, τις und ὅστις

	τίς	τις	ὅστις	
Sg. Nom.	—	—	ὅτις	ὅττι
Gen.	τεῦ (τέο)	τέο, (enkl.) τεῦ	—	ὅττεο, ὅτ(τ)ευ
Dat.	τέῳ	τέῳ (enkl.)	ὅτεῳ	—
Akk.	—	—	ὅτινα	ὅττι
Pl. Nom.	—	—	—	ὅτινα, ἅσσα
Gen.	τέων	—	ὅτεων	—
Dat.	τέοισι	—	ὀτέοισι	—
Akk.	—	ἅσσα	ὅτινας	ἅσσα

Zur Konjugation 263

1. Augment und Reduplikation

1. **κλαῖεν** statt ἔκλαιεν, **βῆ** statt ἔβη, κά**τθ**εσαν statt κατέθεσαν, **ἀμείβετο** neben **ἠμείβετο**, **ἴδεν** neben **εἶδεν**.

Das Augment kann je nach dem Bedürfnis des Verses stehen oder fehlen.

2. **ἔει**πον (aus *ἔϝειπον), **ἔα**ξε (aus *ἔϝαξε).

Die ursprünglich mit ϝ anlautenden Verba können das augmentum syllabicum annehmen.

3. **ἀλ**-άλημαι (von ἀλάομαι), **ἀκ**-άχημαι (von ἄχνυμαι), **ἐδ**-ήδοται (von ἔδω).

Die sog. attische Reduplikation findet sich bei Homer häufiger als in der Prosa (z. T. jedoch ohne Dehnung der Wurzelsilbe).

4. **πέ**-πιθον (Aor. von πείθω), **κέ**-κλυθι (Imp. Aor. von κλύω), **λε**-λαβέσθαι (Inf. Aor. von λαμβάνειν), **πε**-παλών (Part. Aor. von πάλλειν), **τε**-ταρπόμενος (Part. Aor. von τέρπομαι). — **ἔ-πε**-φν-ον (Aor. von Wurzel φεν, vgl. φόνος), **ἐ-κέ**-κλ-ετο (Aor. von κέλομαι).

Reduplikation findet sich auch im starken Aor. Akt. und Med. (in allen Modi, sowie im Infinitiv und Partizip); manchmal tritt zur Reduplikation noch das Augment.

5. **πε**-φήσομαι (Fut. II Pass. zu φαίνω; ohne ν gebildet, das ursprünglich auf den Praesensstamm beschränkt war), **πε**-φιδήσομαι (Fut. II Pass. zu φείδομαι), **πε**-πιθήσω (Fut. II zu πείθω in der Bedeutung eines Fut. I), **κε**-χαρήσω (Fut. II zu χαίρω in der Bedeutung eines Fut. I).

Das Fut. II ist noch lebendiger als im Attischen (vgl. § 86, 7).

2. Besondere Endungen

1. τίθη**σθα** (= τίθῃς), κλαίοι**σθα** = κλαίοις, ἐθέλη**σθα** (= ἐθέλῃς).

In der 2. Sg. findet sich häufig die Endung **-σθα**.

2. ἔστα-**ν** = ἔστη-**σαν**, ἔτλα-**ν** = ἔτλη-**σαν**, ἔβα-**ν** = ἔβη-**σαν**.

Die 3. Pl. der Wurzelaoriste geht oft statt auf -σαν auf **-ν** aus (< -ντ, das Kürzung des vorangehenden Vokals veranlaßt hat, vgl. § 18, 3 und § 10, 2).

3. ἐθέλω-**μι**, ἐθέλῃ-**σι**, ἴδω-**μι**, τύχω-**μι**, ἄγῃ-**σι**, ἔλθῃ-**σι**.

Im Konjunktiv geht die 1. Sg. auch auf **-μι**, die 3. Sg. auch auf **-σι** aus.

4. λιλαίε**αι** (= λιλαίῃ aus *λιλαίεσαι), ἐγείνα**ο** (= ἐγείνω aus *ἐγείνασο), ἀφίκε**ο** (= ἀφίκου aus ἀφίκεσο), πίθη**αι** (= πίθῃ aus *πίθησαι).

Die Endungen -σαι und -σο (2. Sg.) im Ind., Konj. und Imp. werfen oft ihr σ aus, ohne zu kontrahieren.

5. ἑπό**μεσθα** = ἑπό**μεθα**, ἐσό**μεσθα** = ἐσό**μεθα**.

Die 1. Pl. Med. endigt zuweilen auf **-μεσθα** (alte Primärendung oder durch -σθε beeinflußt?).

6. δεδαί-**αται** (von δαίω), ἐφθί-**ατο** (von φθίω), τετεύχ-**αται**, ἐτετεύχ-**ατο** (von τεύχω), τετρά**φ-αται** (von τρέπω), γενοί-**ατο** = γένοιντο, βεβλή-**αται**, βεβλή-**ατο** (von ἀλλω).

Die 3. Pl. Perf. und Plusq. Med. und die 3. Pl. des Optativs zeigen häufig die Endungen **-αται** (aus -ν̥ται) bzw. **-ατο** (aus -ν̥το), die sich zunächst hinter konsonantischem Stammauslaut entwickelt haben, dann auch nach Vokal auftreten. Der stammauslautende Konsonant wird oft aspiriert (vgl. § 101 S 80).

7. ἔμιχθ**εν** (= ἐμίχθησαν), φόβηθ**εν** (= ἐφοβήθησαν).

Die 3. Pl. Aor. Pass. geht oft statt auf ησαν auf **εν** aus (ν < ντ, s. o. 2).

8. ἀμυνέ**μεναι**, ἀμυνέ**μεν**, ἴδ**μεναι**.

Die Infinitive haben oft die dem Attischen fremden Endungen -μεναι, -μεν.

9. ἔχ-**ε-σκον**, ἔλ-**ε-σκε**, ἐλάσ-**α-σκε**,
ἔα-**σκον** (ἐάω), πωλέ-**σκετο**, φιλέ-**εσκε**.

Das zur Bildung eines augmentlosen, iterativen Imperfekts dienende Suffix -σκον ist bei Homer sehr verbreitet. Es kann an den Präsens- und an den Aoriststamm angehängt werden. Nach vokalischem Stammauslaut kann der Themavokal fehlen.

3. Zur Modus- und Tempusbildung

1. ὀτρύν-**ο**-μεν statt ὀτρύν-**ω**-μεν (Aor.), ἱμείρ-**ε**-ται statt ἱμείρ-**η**-ται (Aor.).

Homer bildet oft Konjunktive mit kurzem Bildevokal (ε, ο) statt mit gedehntem (η, ω).

2. ἐβήσ-ε-το, δύσ-ε-το, πελάσσ-ε-τον.

Gelegentlich werden im Aor. die Bildevokale des Präsensstammes (ε, ο) statt des regelmäßigen Bildevokals (α) verwandt.

3. ἄλσο, ἄλτο, ἐπιάλμενος von ἅλλομαι, ἐδέγμην, δέκτο, δέχθαι, δέγμενος von δέχομαι, ἔσσυο, ἔσσυτο, σύτο von σεύω, κλῦθι, κλῦτε von κλύω, ὦρτο, ὄρσο von ὄρνυμι.

Viele Verba auf -ω bilden einen starken Aor. Akt. und Med. nach Analogie der Verba auf -μι, d. h. ohne Bildevokal.

4. ἦρσα (von αἴρω), ἔλσαν (von εἴλω), ὦρσα (von ὄρνυμι), θέρσομαι (von θέρομαι), φύρσω (von φύρω), διαφθέρσω (von διαφθείρω).

Bei einigen Liquidastämmen ist das σ des Aor. und des Fut. erhalten geblieben.

5. ἔκη-α (Konj. κήομεν, Opt. κήαι, Inf. κῆαι, Imp. κῆον) von καίω (Ablaut), ἠλεύ-ατο, ἀλεύασθαι von ἀλεύομαι.

Es liegen ohne σ gebildete athematische Aoriste vor (vgl. § 92 S 70).

6. δέδη-α von δαίω, βεβαρη-ώς von βαρέω, κεκμη-ώς von κάμνω, πεφύ-ασι von φύω, βεβα-ώς von βαίνω, μεμά-ασι von μάομαι.

Die Perfektformen werden oft ohne Tempuszeichen κ gebildet (vgl. § 111 S 88).

Zur homerischen Syntax 264

1. Kasuslehre

a) Zum Gebrauch des Akkusativs

1. 1. κνίση δ' **οὐρανὸν** ἷκε (A 317). — 2. βέλος δ' ἴθυνεν Ἀθήνη **ῥῖνα** (E 290).

Der bloße Akkusativ bezeichnet oft noch das Ziel, zu dem hin eine Bewegung gerichtet ist.

2. 1. **τὸν** δ' ἄορι πλῆξ' **αὐχένα** (A 240). — 2. ἥ **σε πόδας** νίψει (τ 356).

Der doppelte Akkusativ bezeichnet oft das Ganze und einen Teil desselben als Objekte der Handlung (σχῆμα καθ' ὅλον καὶ μέρος).

b) Zum Gebrauch des Genitivs

1. νέφος δ' οὐ φαίνετο **πάσης γαίης** (P 372). — 2. ἔρχονται **πεδίοιο** (B 801).

Der Genitiv des Bereichs dient als adverbiale Bestimmung des Ortes. Vgl. § 148 f.

c) Zum Gebrauch des Dativs

1. εὗδε **μυχῷ** κλισίης (I 663). — 2. μέγα δὲ **φρεσὶ** πένθος ἀέξει (λ 195).

Ebenso ist der präpositionslose lokativische Gebrauch des Dativs auf die Frage »wo?« als adverbiale Bestimmung des Ortes bei Homer noch gebräuchlich. Vgl. § 173.

ἀριπρεπέα **Τρώεσσιν** (= unter den Tr.) (Z 477).

Der lokativische Dat. Pl. in der Bedeutung »unter, inmitten« ist altererbt.

2. Präpositionen

Die Selbständigkeit der Praepositionen ist bei Homer noch größer als im Attischen; vgl. § 174.

3. Zum Tempusgebrauch

τὸν μὲν Μηριόνης, ὅτε δὴ κατέμαρπτε διώκων, **βεβλήκει** γλουτὸν κάτα δεξιόν (E 65f.).

Oft braucht Homer ein Plusquamperfekt da, wo wir einen Aorist oder ein Imperfekt erwarten, vielleicht, um die Intensität der Handlung auszudrücken.

4. Zum Gebrauch der Modi

1. οὐ γάρ πω τοίους ἴδον ἀνέρας οὐδὲ **ἴδωμαι** (A 262). — 2. καί ποτέ τις **εἴπῃσιν** (Z 459).

Der alte Gebrauch des Konjunktivs anstelle eines Futurums hat sich in der homerischen Sprache noch erhalten, vgl. § 121 S 98.

5. Zum Gebrauch des Infinitivs

1. ϑαρσῶν νῦν, Διόμηδες, ἐπὶ Τρώεσσι **μάχεσϑαι** (E 124). — 2. **εἰπέμεναί** μοι, Τρῶες (Ξ 501).

Der uridg. imperativische Gebrauch des Infinitivs findet sich auch bei Homer, vgl. § 186.

6. Zum Satzbau

1. ὣς φάτο χωόμενος, ποτὶ **δὲ (und)** σκῆπτρον βάλε γαίῃ δάκρυ ἀναπρήσας· οἶκτος **δ' (da)** ἕλε λαὸν ἅπαντα (β 80 f.). — 2. ὣς ἔφαϑ' Ἑρμείας, ἀλλ' οὐ φρένας Αἰγίσϑοιο πεῖϑ' ἀγαϑὰ φρονέων· νῦν **δ' (daher)** ἁϑρόα πάντ' ἀπέτισεν (α 43). — 3. ἦ ῥά νύ μοί τι πίϑοιο; κασιγνητὸς **δέ (ja)** τοί εἰμι (H 48). — 4. ἄλλα δέ ϑ' ὕλη τηλεϑάουσα φύει, ἔαρος **δ' (wenn)** ἐπιγίγνεται ὥρη (Z 148). — 5. οὔ τί μοι ἔτλης σίτου ἀποπροελὼν δόμεναι· τὰ **δὲ (obwohl)** πολλὰ πάρεστιν (ρ 457).

Homer bevorzugt im Satzbau die Koordination gegenüber der Subordination und reiht zwei aufeinanderfolgende Sätze mittels des farblosen **δέ** lose aneinander, indem er es dem Hörer überläßt, die logischen Beziehungen zwischen ihnen zu empfinden.

Die Übersetzung muß diese Beziehungen zum Ausdruck bringen, und zwar entweder durch koordinierende Partikeln wie »**und, da, daher, ja**« (nur **selten**: »aber«) oder gelegentlich durch unterordnende Konjunktionen wie »**wenn, obwohl, so daß**« usw.

Der homerische Hexameter

265 **Versbau**

1. Der daktylische Hexameter[1] setzt sich aus sechs **Metra** oder Versfüßen zusammen, die jeweils von einem Daktylus gebildet werden, dessen Erscheinungsform wechselt. Als **Daktylus**[2] im eigentlichen Sinne bezeichnet man eine Silbenfolge, bei der auf eine lange Silbe zwei kurze folgen (zur Quantität der Silben vgl. § 4, 1): – ᴗ ᴗ. Die beiden

---

[1] ἑξάμετρος »aus sechs Metra bestehend« < ἑξα-, eine in Zusammensetzungen verwendete Nebenform von ἕξ, die in Analogie zu ἑπτα-, δεκα- u. ä. gebildet ist, und μέτρον »Maß«.

[2] δάκτυλος »Finger«; der Versfuß heißt vielleicht wegen seiner ähnlichen Gliederung so.

kurzen Silben können jedoch durch eine lange Silbe ersetzt werden, so daß es also neben der dreisilbigen Form des Daktylus auch eine zweisilbige gibt, die man aber gewöhnlich **Spondeus**[1] nennt: – –. Von dieser zweisilbigen Form unterscheidet sich nicht wesentlich die katalektische[2] (= verkürzte) Form des Daktylus, die stets am Ende des Hexameters erscheint und die aus einer langen Silbe und einer entweder langen oder kurzen Silbe (»syllaba anceps«[3]) besteht: – ⏓. Das **Schema des Hexameters** sieht daher so aus:

1 – ⏔ 2 – ⏔ 3 – ⏔ 4 – ⏔ 5 – ⏔ 6 – ⏓

(Zu eventuellen Besonderheiten des Versbaus vgl. § 266, 4.)

2. Der Rhythmus deutscher Verse beruht auf der geregelten Abfolge betonter und unbetonter Silben (**dynamisch-akzentuierender Rhythmus**), der Rhythmus griechischer Verse dagegen auf der geregelten Abfolge langer und kurzer Silben (**quantitierender Rhythmus**). Jedoch spielen auch feinere Quantitätsunterschiede eine Rolle: So unterscheidet sich vermutlich im Falle des Hexameters die stets lange erste Silbe eines Metrums, die nie in zwei Kürzen aufgelöst wird, in ihrer Zeitdauer von einer langen Silbe, die den Platz von zwei Kürzen ausfüllt. Da moderne Menschen des europäischen Kulturkreises im allgemeinen nicht in der Lage sind, einen Versrhythmus durch quantitierendes Lesen zum Ausdruck zu bringen, hilft man sich beim Lesen griechischer Verse, indem man jeweils eine oder zwei geeignet erscheinende Silben eines Metrums auswählt und diese in der heute üblichen Weise betont, während man die übrigen unbetont läßt, wodurch man eine unvollkommene dynamisch-akzentuierende Abbildung des quantitierenden Rhythmus erhält. Beim **Lesen des Hexameters** wird die erste lange Silbe eines Metrums, die **Hebung** genannt wird, betont; die beiden Kürzen bzw. die sie vertretende Länge, die **Senkung** genannt werden, bleiben unbetont.

3. Für die **Gliederung** und die Wirkung des Hexameters sind die durch Wortende verursachten Fugen des Verses und deren Lage in Bezug auf die Grenzen der Metra von großer Bedeutung. An manchen Stellen im Vers wird Wortende gemieden, an anderen erstrebt, wobei zu beachten ist, daß Wörter, die sich eng an das vorhergehende oder folgende Wort anlehnen, mit diesem eine Einheit bilden ,für die die Bezeichnung »**Wortbild**« gebräuchlich ist (z. B. α 12 πόλεμόν τε bzw. α 4 ἐν πόντῳ). Eine Stelle, an der Wortende gemieden wird, heißt **Brücke**, weil sie möglichst von einem Wort, das vor ihr beginnt und über sie hinausreicht, überbrückt wird; streng gemieden wird z. B. Wortende nach dem 4. Trochäus[4] (nach der 1. Kürze der 4. Senkung): δ 290 τὸν δ'αὖ Τηλέμαχος πεπνυμένος ἀντίον ηὔδα.
Wortende an solchen Stellen, wo es erstrebt wird und daher mit großer Regelmäßigkeit erwartet werden kann, stellt einen stärkeren Einschnitt oder Ruhepunkt im Vers dar: Liegt dabei das Wortende innerhalb eines Metrums, so spricht man von einer **Zäsur**[5], fällt es dagegen mit der Grenze eines Metrums zusammen, so spricht man von einer **Diärese**[6]. Die wichtigsten derartigen Einschnitte sind:

---

[1] häufig in Versen, die beim Trankopfer (= σπονδή) vorgetragen wurden.

[2] καταλήγειν »aufhören, abbrechen«

[3] anceps »doppelköpfig, schwankend«

[4] Als Trochäus wird die oft in Partien lebhaften Charakters verwendete Silbenfolge – ⏑ bezeichnet (τροχαῖος »laufend«). Bei äußerlicher Betrachtungsweise kann man die zwei ersten Silben eines (dreisilbigen) Daktylus als Trochäus auffassen. Die oben erwähnte Brücke befindet sich dann nach dem 4. Trochäus, wenn man sich den Vers ausschließlich aus eigentlichen Daktylen gebildet denkt.

[5] caesura »Einschnitt«

[6] διαίρεσις »Teilung«

a) die Penthemimeres[1] (Zäsur nach der 3. Hebung):
A 1 μῆνιν ἄειδε, θεά, | Πηληιάδεω Ἀχιλῆος

b) die Hephthemimeres[1] (Zäsur nach der 4. Hebung):
A 218 ὅς κε θεοῖς ἐπιπείθηται, | μάλα τ' ἔκλυον αὐτοῦ

c) Zäsur κατὰ τρίτον τροχαῖον[2] (nach der 1. Kürze der 3. Senkung):
α 1 ἄνδρα μοι ἔννεπε, Μοῦσα, | πολύτροπον, ὃς μάλα πολλά

d) Bukolische[3] Diärese (Diärese nach der 4. Senkung):
α 3 πολλῶν δ' ἀνθρώπων ἴδεν ἄστεα | καὶ νόον ἔγνω

Die meisten homerischen Hexameter weisen entweder die Penthemimeres oder die Zäsur κατὰ τρίτον τροχαῖον auf; selten ist stattdessen die Hephthemimeres. Mehr als die Hälfte hat zusätzlich die bukolische Diärese.

4. Die auf dem Wechselspiel von Wort- und Metrumsgrenze beruhende Gliederung des Verses erlaubt es dem Dichter, den Versbau mannigfach zu variieren. Diese Variationsmöglichkeiten werden durch die unterschiedliche Ausfüllung der einzelnen Versfüße durch Daktylus oder Spondeus weiter vermehrt. Da jeder Fuß des Hexameters mit Ausnahme des letzten auf diese zwei verschiedenen Arten gebildet werden kann, ergeben sich so $2^{6-1} = 32$ **verschiedene Formen des Hexameters**, die der Dichter seinen darstellerischen Zwecken und seinem Streben nach rhythmischer Abwechslung entsprechend wählt. Wodurch seine Wahl bestimmt wurde, lassen z. T. gerade einige seltener vorkommende Hexametertypen erkennen, denen man wegen ihrer Auffäligkeit besondere Namen gegeben hat. Diese sind:

a) der Holodaktylus[4], der — natürlich vom 6. Fuß abgesehen — ganz aus (dreisilbigen) Daktylen besteht:
– ◡◡ – ◡◡ – ◡◡ – ◡◡ – ◡◡ – ⏓
λ 598 αὖτις ἔπειτα πέδονδε κυλίνδετο λᾶας ἀναιδής
(die hurtigen Daktylen malen das Herabrollen des Steins)

b) der Holospondeus[4], der ganz aus Spondeen besteht:
– – – – – – – – – – – ⏓
ο 334 σίτου καὶ κρειῶν ἠδ' οἴνου βεβρίθασιν (sc. τράπεζαι)
(durch die schweren Spondeen wird der Eindruck einer lastenden Fülle von Speisen noch verstärkt)

c) der Spondiakus, der im 5. Fuß einen Spondeus aufweist:
– ⏖ – ⏖ – ⏖ – ⏖ – – – ⏓
A 600 ὡς ἴδον Ἥφαιστον διὰ δώματα ποιπνύοντα
(die im 5. Fuß durch den dort seltenen Spondeus gehemmte Bewegung des Verses imitiert die Schwerfälligkeit des hinkenden Hephaistos).

Den einzelnen Hexameterformen ist jedoch nicht etwa stets eine ganz bestimmte Wirkung zuzuschreiben. Aber geeignete Inhalte können geeignete Verse zu einer die inhaltliche Aussage intensivierenden Resonanz anregen.

---

[1] πενθ-ἡμι-μερής »aus fünf Halbteilen (eines Metrums) bestehend«; die gleichnamige Zäsur heißt so, weil sie im Vers ihren Platz nach einem Abschnitt dieser Länge hat. Entsprechend ἑφθ-ἡμι-μερής.

[2] s. o. S. 259 Anm. 4.

[3] In der bukolischen Poesie (= Hirtendichtung) ist diese Diärese (s. o. S. 259 Anm. 6) noch häufiger als bei Homer.

[4] ὅλος »ganz«

Prosodie[1]

Dehnung von Natur kurzer Silben 266

1. Positionslänge: Vor zwei oder mehr Konsonanten (auch vor ζ, ξ, ψ) wird eine Silbe mit kurzem Vokal fast immer lang gemessen (vgl. § 4,1a), besonders in der Hebung selbst dann, wenn der Vokal von den Konsonanten durch Wortgrenze getrennt ist:

Γ 112 ἐλπόμενοι παύσασθαι ὀϊζυροῦ πολέμοιο
Θ 369 οὐκ ἂν ὑπεξέφυγε Στυγὸς ὕδατος αἰπὰ ῥέεθρα

Muta cum liquida (vgl. § 2, 3a) wird von Homer, der darin von der Praxis der attischen Dichter abweicht, nicht grundsätzlich anders behandelt als sonstige Konsonantengruppen:

Ι 15 ἥ τε κατ' αἰγίλιπος πέτρης δνοφερὸν χέει ὕδωρ
Μ 207 αὐτὸς δὲ κλάγξας πέτετο πνοιῇς ἀνέμοιο.

Wenn die Längung vor mehrfacher Konsonanz doch einmal unterbleibt, dann handelt es sich allerdings hauptsächlich um muta cum liquida und vereinzelt um einige andere Konsonantengruppen, die wie muta cum liquida am Wortanfang vorkommen können:

Υ 298 μὰψ ἕνεκ' ἀλλοτρίων ἀχέων, κεχαρισμένα δ' αἰεί
Β 537 Χαλκίδα τ' Εἰρέτριάν τε πολυστάφυλόν θ' Ἱστίαιαν

Oft stehen die besagten Konsonantengruppen tatsächlich am Anfang eines Wortes und sind von dem kurz gemessenen Vokal durch Wortgrenze getrennt:

Ο 142 ὣς εἰποῦσ' ἵδρυσε θρόνῳ ἔνι θοῦρον Ἄρηα
Φ 223 ἔσται ταῦτα, Σκάμανδρε διοτρεφές, ὡς σὺ κελεύεις

2. Dehnung einer kurzen Endsilbe in der Hebung: In der Hebung kann eine kurze Endsilbe gedehnt werden, ohne daß mehrere Konsonanten darauf folgen:

a) oft vor ρ, λ, μ, ν, σ oder zu erschließendem Ϝ (vgl. auch 4c):

Ρ 196 πατρὶ φίλῳ ἔπορον· ὁ δ' ἄρα (Ϝ)ῷ παιδὶ ὄπασσε (Ϝ < σϜ, vgl. suus; s. auch § 267, 1a)
Η 416 Ἰδαῖος· ὁ δ' ἄρ' ἦλθε καὶ ἀγγελίην ἀπέειπε
ζ 178 ἄστυ δέ μοι δεῖξον, δὸς δὲ ῥάκος ἀμφιβαλέσθαι

b) aber auch sonst:

α 40 ἐκ γὰρ Ὀρέσταο τίσις ἔσσεται Ἀτρεΐδαο
Ω 285 χρυσέῳ ἐν δέπαϊ, ὄφρα λείψαντε κιοίτην (mit Hiat, vgl. § 267, 1a)

Über einen vorwiegend in der Hebung zu beobachtenden Fall von Positionslänge s. o. 1.

---

[1] προσῳδία = accentus »Zugesang«: Ursprünglich bezeichnete das Wort Instrumentalmusik begleitenden Gesang, der vor allem auch in der Tonhöhe auf das Instrument abgestimmt war, dann den Akzent, der im Griechischen ja auf der unterschiedlichen Tonhöhe der einzelnen Silben beruhte (vgl. § 5,1), und schließlich alle phonetischen Erscheinungen, die die Aussprache eines Lautes bestimmen, aber nicht (jedenfalls nicht durchgängig) schon durch den Buchstaben des betreffenden Lautes festgelegt sind (abgesehen vom Akzent, auch Aspiration und Quantität). In der modernen grammatischen Terminologie versteht man unter Prosodie die Lehre von der Quantität der Silben, vom Silbenschwund u. ä.

3. Metrische Dehnung:

Bestimmte Wörter (bzw. Wortformen) sind im Hexameter nicht brauchbar, wenn man die natürliche Quantität aller Silben unverändert läßt, nämlich

a) Wörter, die hintereinander drei kurze Silben enthalten, wenn die dritte nicht Endsilbe und daher eine Dehnung gemäß 1. oder 2. unmöglich ist;

b) Wörter, die eine von zwei langen Silben umgebene kurze Silbe enthalten, wenn die zweite lange Silbe nicht Endsilbe ist oder wenn sie zwar Endsilbe ist, aber mit einem Konsonant schließt, so daß eine Kürzung gemäß § 267, 1b nicht in Frage kommt;

c) Wörter, die zwei lange Silben zwischen zwei kurzen aufweisen, wenn die zweite kurze Silbe nicht Endsilbe ist und daher nicht gemäß 1. oder 2. gedehnt werden kann.

Doch auch wenn die letzte Silbe der unter a) und c) beschriebenen Silbenfolgen Endsilbe eines Wortes ist, ergeben sich Schwierigkeiten. Die betreffenden Wörter sind dann zwar nicht überhaupt ungeeignet für den Hexameter, aber bei vokalischem Auslaut auch dann nur sehr beschränkt verwendbar.

Derartige Wörter, die sich unverändert entweder gar nicht oder nur schwer in den Hexameter einfügen lassen, werden durch Dehnung einer Silbe, die z. T. auch in der Schrift zum Ausdruck kommt, brauchbar gemacht.

Beispiele:

a)	ἀθάνατοι	⏑ ⏑ ⏑ ×[1] >	– ⏑ ⏑ × ἀθάνατοι	(B 14)
	ὑπέροχον	⏑ ⏑ ⏑ × >	⏑ – ⏑ × ὑπείροχον	(Z 208)
b)	προθυμίησι	× – ⏑ – × >	× – – – × προθυμίησι	(B 588)
	ἠγνόησεν	– ⏑ – × >	– – – × ἠγνοίησεν	(B 807)
c)	'Απόλλωνι	⏑ – – ⏑ >	– – – ⏑ 'Ᾱπόλλωνι	(A 36)

Eng zusammengehörige Wörter („Wortbilder", vgl. § 265, 3), die die erwähnten Silbenfolgen aufweisen, bereiten dieselben Schwierigkeiten und werden genauso behandelt: z. B. γ 73 ὑπεὶρ ἅλα, A 74 Διῒ φίλε (auch διΐφιλε geschrieben).

4. Sonstige Fälle: Selten erfolgt Dehnung unter anderen als den oben angegebenen Bedingungen. Dabei handelt es sich z. T. jedoch nur um scheinbare Ausnahmen: Mehrfache Konsonanz kann durch den Schwund des ϝ verschleiert sein:

ϑ 215 εὖ μὲν τόξον (ϝ)οἶδα ἐΰξοον ἀμφάασθαι (vgl. dt. »ich weiß«)

ι 236 ἡμεῖς δὲ δ(ϝ)είσαντες ἀπεσσύμεϑ' ἐς μυχὸν ἄντρου

In manchen Fällen, wo eine Kürze den Platz einer Länge einzunehmen scheint, ist vielleicht nicht Dehnung anzunehmen, sondern vielmehr mit alten Freiheiten des Hexameterbaus zu rechnen. Dies gilt für:

a) στίχοι ἀκέφαλοι[2], Verse mit einer Kürze in der 1. Hebung:
X 379 ἐπεὶ δὴ τόνδ' ἄνδρα ϑεοὶ δαμάσασϑαι ἔδωκαν

b) στίχοι μείουροι[3], Verse mit einer Kürze in der 6. Hebung:
M 208 Τρῶες δ' ἐρρίγησαν ὅπως ἴδον αἰόλον ὄφιν

---

[1] Mit × werden die Silben bezeichnet, deren Quantität in diesem Zusammenhang keine Rolle spielt.

[2] ἀκέφαλος »ohne Kopf«

[3] μείουρος vielleicht unter dem Einfluß von μείων aus μύουρος »(wie ein Mäuseschwanz) zum Ende hin abnehmend« entstanden.

c) στίχοι λαγαροί[1], Verse mit nur einer Kürze in der 1. oder 4. Senkung:

E 358 πολλὰ λισσομένη χρυσάμπυκας ᾔτεεν ἵππους

Λ 36 τῇ δ' ἐπὶ μὲν Γοργὼ βλοσυρῶπις ἐστεφάνωτο

(eine andere Erklärungsmöglichkeit für diese beiden letzten Beispiele besteht darin, daß man die oben unter 2a beschriebene Dehnung auch in der Senkung anerkennt).

Vgl. noch § 255, 2.

Erscheinungen beim Zusammentreffen zweier Vokale 267

1. Am Wortende und Wortanfang

a) Der **Hiat**[2], das Zusammenstoßen eines auslautenden und eines anlautenden Vokals wurde als ein den Ablauf der Rede störender klaffender Riß empfunden. Auf das Bestreben, einen solchen Hiat zu mildern oder zu vermeiden, sind die unter b)—d) aufgezählten Erscheinungen zurückzuführen.

Aber auch ohne daß eine dieser Veränderungen eintritt, wird in manchen Fällen das Zusammentreffen zweier Vokale an der Wortgrenze als nicht anstößig angesehen, z. B. nach Wörtern wie τί, ὅτι, περί, σύ, πρό:

A 365 οἶσθα· τί ἤ τοι ταῦτα (ϝ)ἰδυίῃ πάντ' ἀγορεύω;

(statt τί ἤ wird aber auch τίη geschrieben; zu dem sekundären Hiat vor ἰδυίῃ s. u. zu Δ 350).

Zu beachten ist ferner, daß der Hiat z. T. erst sekundär durch den Schwund von ϝ entstanden ist:

Δ 350 Ἀτρεΐδη, ποῖόν σε (ϝ)ἔπος φύγεν ἕρκος ὀδόντων

Aber es bleiben zahlreiche andere Fälle, besonders in der Hebung:

A 30 ἡμετέρῳ ἐνὶ (ϝ)οἴκῳ, ἐν Ἄργεϊ, τηλόθι πάτρης

b) **Hiatkürzung:** Ein auslautender Diphthong oder langer Vokal wird vor Vokal gekürzt:

A 17 Ἀτρεΐδαι τε καὶ ἄλλοι ἐϋκνήμιδες Ἀχαιοί

A 37 κλῦθί μευ, ἀργυρότοξ', ὃς Χρύσην ἀμφιβέβηκας

α 2 πλάγχθη, ἐπεὶ Τροίης ἱερὸν πτολίεθρον ἔπερσε

c) **Krasis:** Auslautender Vokal wird mit anlautendem Vokal zu einem langen Vokal verschmolzen:

Θ 360 ἀλλὰ πατὴρ οὑμὸς φρεσὶ μαίνεται οὐκ ἀγαθῇσι

Vgl. § 20, 2.

d) **Elision:** Auslautender Vokal wird vor anlautendem Vokal elidiert (»ausgestoßen«); elidierbar sind kurze Vokale außer υ (also: ᾰ, ε, ῐ, ο), αι in medialen und passiven Verbalendungen, οι in bestimmten Pronomina:

α 22 ἀλλ' ὁ μὲν Αἰθίοπας μετεκίαθε τηλόθ' ἐόντας

A 117 βούλομ' ἐγὼ λαὸν σῶν ἔμμεναι ἢ ἀπολέσθαι

Z 165 ὅς μ' ἔθελεν φιλότητι μιγήμεναι οὐκ ἐθελούσῃ

Vgl. § 20, 1. — Vgl. noch § 255, 8.

---

[1] λαγαρός »dünn, schmächtig«

[2] hiatus »Auseinanderklaffen«

2. **Im Wortinneren:**

a) **Kürzung von Diphthongen und langen Vokalen:** Gelegentlich wird auch im Inlaut Diphthong oder langer Vokal vor Vokal gekürzt:

N 275 οἶδ' ἀρετὴν οἷός ἐσσι· τί σε χρὴ ταῦτα λέγεσθαι;

B 544 θώρηκας ῥήξειν δηΐων ἀμφὶ στήθεσσι

b) **Synizese**[1]: Zwei zusammenstoßende Vokale, die an und für sich den Wert zweier Silben haben sollten, rücken zu einer Silbe zusammen, ohne daß dies durch die Schrift zum Ausdruck gebracht wird:

A 18 ὑμῖν μὲν θεοὶ δοῖεν 'Ολύμπια δώματ' ἔχοντες

Über das Verhältnis der Synizese zur Kontraktion s. u. § 268, 2.

c) **Unterbleiben der Kontraktion:** Später kontrahierte Vokale sind bei Homer oft noch getrennte Laute: vgl. § 255, 3 und 5; zur **epischen Zerdehnung** s. o. § 255, 9.

268 Erläuterungen und Ergänzungen zur Prosodie

1. **Zu § 266**

Zu § 266, 1: Die mehrfache Konsonanz ist nur die indirekte Ursache für die Längung der vorhergehenden Silbe. Zwei (oder mehr) Konsonanten sind im Wortinneren in der Regel durch Silbengrenze voneinander getrennt, d. h. der eine bildet den Auslaut der vorhergehenden Silbe, der andere den Anlaut der folgenden Silbe (ἑλ'πόμενοι); ein einzelner Konsonant wird dagegen als Anlaut zur nächsten Silbe gezogen, woraus sich ergibt, daß dann also die vorhergehende Silbe vokalisch auslautet (πο'λέμοιο). Eine konsonantisch auslautende Silbe (ein Konsonant genügt) beansprucht jedoch eine längere Zeitdauer als eine vokalisch auslautende, wie durch phonetische Experimente gezeigt worden ist (z. B. verhält sich die Lautdauer der Silbe »al« zur Lautdauer der Silbe »la« wie 17, 4 : 10, 6).

Die meisten Konsonantengruppen werden stets auf zwei Silben verteilt. Eine Ausnahme bilden nur diejenigen, die als Silbenanlaut in Frage kommen, und zwar sind das im wesentlichen dieselben, die auch am Wortanfang stehen können (vor allem muta cum liquida; vgl. auch § 4, 2b). Diese Konsonantengruppen werden entweder auch auf zwei Silben verteilt (πέτ'ρης, also Dehnung der vorhergehenden Silbe) oder geschlossen zur nächsten Silbe gezogen (ἀλλο'τρίων, keine Dehnung). Wortgrenze veranlaßt bzw. begünstigt je nach ihrer Lage das Eintreten der einen oder anderen Möglichkeit: Wenn die Wortgrenze zwischen die Konsonanten fällt, ist damit auch bereits deren Verteilung auf zwei Silben gegeben (A 36 ἠΰκομος ' τέκε); wenn sie dagegen zwischen den Vokal und die Konsonantengruppe fällt, so unterbleibt eine solche Verteilung häufiger als sonst (ἵδρυσε ' θρόνῳ, ταῦτα ' Σκάμανδρε, aber besonders unter dem Einfluß der Hebung kann auch in diesem Fall Dehnung erfolgen, s. o.). Wortgrenze erlaubt sogar, einen einzelnen Konsonanten bei der vorhergehenden Silbe zu belassen, die dadurch gedehnt wird (ἔπορον ' ὁ, 'Ιδαῖος ' ὁ, doch siehe auch unten zu § 266, 2a).

Zu § 266, 2: a) Bei der Dehnung durch ρ, λ, μ, ν, σ, ϝ ist zu unterscheiden, ob die Wortgrenze vor oder nach dem betreffenden Konsonanten liegt. Über die durch auslautendes ν und ς verursachte Dehnung s. o. zu § 266, 1. Am Wortanfang können diese und die

[1] συνίζησις »Zusammenfallen«, vgl. συνίζω »zusammensitzen; sich zusammendrängen, zusammenfallen«

übrigen der aufgezählten Konsonanten deshalb wie sonst mehrfache Konsonanz in derselben Stellung wirken, weil sie sich als Dauerlaute leicht auf zwei Silben verteilen lassen, was die Dehnung der vorhergehenden Silbe zur Folge hat (s. o. zu § 266, 1). Hinzu kommt daß diese Laute in vielen Wörtern auf zweifache Konsonanz zurückgehen, was aber die Schreibung, falls überhaupt, nur noch im Inlaut erkennen läßt: Man vergleiche N 754 ἦ ῥα, καὶ ὁρμήθη ὄρεϊ νιφόεντι ἐοικώς und A 420 πρὸς Ὄλυμπον ἀγάννιφον (νιφ- < snigu̯h-, dt. Schnee < sneo), ferner ῥεῖ und ἔρρει (§ 16, 4 und 5). Im Inlaut schwankt z. T. die Schreibung, je nachdem ob die vorhergehende Silbe lang oder kurz zu messen ist: z. B. Γ 34 ἔλλαβε gegenüber P 620 ἔλαβεν (λ- < λλ- < σλ-, § 16, 4 und 5).

b) Offenbar kann aber auch allein die Zäsur mit ihrem Pausenwert eine Kürze zu der für eine Hebung erforderlichen Zeitdauer ergänzen.

Zu § 266, 3: Die metrische Dehnung macht einen sehr künstlichen Eindruck; z. T. sind jedoch selbst für sie natürliche Ausgangspunkte erkennbar. Die Steigerung der Adjektive der o-Deklination deutet darauf hin, daß anscheinend eine Abneigung gegen eine Folge von zu vielen Kürzen bestand (vgl. § 49, 2 mit S 31). Auch eine Form wie ἠγνοίησε ist nicht unverständlich: Da οι bald als lang, bald wie ο als kurz galt (vgl. § 267, 1b und 2a), konnte umgekehrt auch ο — vielleicht unter gleichzeitiger Anlehnung an ἄγνοια — wie οι lang gemessen und ebenso geschrieben werden.

2. Zu § 267

Zu § 267, 1b und 2a: Bei der Kürzung der Diphthonge οι, ευ usw. am Wortende oder im Wortinnern wird ι bzw. υ konsonantisch (vgl. § 14, 1 bzw. 15, 1) und nur der erste kurze Bestandteil des Diphthongs behält vokalische Funktion. Wortende kann dabei wie ja auch sonst überspielt werden. Im übrigen vgl. § 10, 3.

Zu § 267, 2b: Die Synizese unterscheidet sich nur dann wesentlich von der Kontraktion, wenn der Verlust der einen Silbe dadurch verursacht wird, daß der erste Vokal konsonantisch wird (u. a. ι > ι̯, υ > ϝ, vgl. § 14, 1 bzw. 15, 1). Dafür hat man u. a. das folgende Beispiel angeführt:

I 382 Αἰγυπτίας, ὅθι πλεῖστα δόμοις ἐν κτήματα κεῖται.

Aber stattdessen könnte auch angenommen werden, daß hier in dem Wort Αἰγυπτίας durch die mehrfache Konsonanz (πτ) keine Dehnung der vorhergehenden Silbe bewirkt wird (s. o. § 266, 1 zu B 537).

3. Zur Wirkung des ϝ

Es ist gezeigt worden, daß die Dehnung einer Silbe erklärbar wird oder ein Hiat sich als scheinbar erweist, wenn man mit der Wirkung des geschwundenen ϝ rechnet (vgl. § 266, 2a und 4, § 267, 1a). Demgegenüber ist darauf hinzuweisen, daß an anderen Stellen unter gleichen Voraussetzungen eine Dehnung unterbleibt und ein auslautender Vokal vor einem ursprünglich mit ϝ beginnenden Wort sogar elidiert wird. Man hat ca. 3350 Beispiele für wirksames und ca. 620 für unwirksames ϝ gezählt. Daraus wird ersichtlich, daß zu einer Zeit, als die Entstehung der homerischen Gedichte noch nicht abgeschlossen war, das ϝ bereits nicht mehr der lebenden Sprache angehörte, sondern als eine Altertümlichkeit beibehalten wurde, falls es nicht überhaupt nur noch indirekt durch Beibehaltung gewisser Gepflogenheiten bei der Behandlung bestimmter Wörter im Vers nachwirkte. Aber in Übereinstimmung mit dem inzwischen erreichten Sprachzustand konnte man sich auch darüber hinwegsetzen.

Viele prosodische Erscheinungen lassen sich auf natürliche sprachliche Möglichkeiten oder das Nebeneinander von Formen verschiedener Zeiten und Dialekte zurückführen; einige sind durch die Annahme älterer Freiheiten des Versbaus erklärbar. Als die ursprünglichen Zusammenhänge nicht mehr durchschaubar waren, wurden manche Erscheinungen umgedeutet und auf scheinbar gleichgeartete Fälle übertragen. Das Zusammenwirken so vieler Faktoren erschwert die Beurteilung im Einzelfall und macht das Aufstellen allgemeingültiger Regeln unmöglich.

Maße, Gewichte und Münzen, Zeitrechnung

1. Längenmaße

1 δάκτυλος (Fingerbreite)		0,0185 m
1 πούς (Fuß) = 16 δάκτυλοι		0,296 m
1 πῆχυς (Elle) = 1½ πόδες		0,444 m
1 βῆμα (gewöhnlicher Schritt) = 2½ πόδες	etwa	0,75 m
1 βῆμα διπλοῦν (Doppelschritt)	etwa	1,50 m
1 ὀργυιά (Klafterweite der Arme) = 6 πόδες	etwa	1,77 m
1 δεκάπους = 10 πόδες	etwa	3,00 m
1 πλέθρον[1] = 100 πόδες	etwa	30,00 m
1 στάδιον (griech.-röm.) = 600 πόδες		177,60 m
1 delphisches στάδιον[2]		184,96 m
1 olympisches στάδιον[2]		192,25 m
1 δίαυλος (Doppelstrecke)	etwa	355,00 m
1 ἱππικόν (Pferdestrecke)	etwa	710,00 m
1 παρασάγγης (persischer Begriff: „Stundenweg eines Fußgängers")		5 500—6 000,00 m
1 σταθμός (Halteplatz während der Nacht) = etwa 5 παρασάγγαι		eine Tagreise / ein Tagesmarsch

2. Flächenmaße

1 □ — πούς	etwa	0,09 qm
1 □ — ἄκαινα = 100 □ — πούς	etwa	9,00 qm
1 □ — πλέθρον	etwa	876,00 qm

3. Hohlmaße

a) für Flüssiges

1 κοτύλη		0,27 l
1 χοῦς = 12 κοτύλαι		3,24 l
1 μετρητής (Maß) = 12 χόες		38,88 l
1 κύαθος (Becher, Schöpfkelle)		0,045 l

b) für Trockenes

1 χοῖνιξ (das Maß Weizen, dessen der Mensch täglich bedarf)	etwa	1,10 l
1 ἑκτεύς (Sechstel des μέδιμνος)	etwa	8,70 l
1 μέδιμνος	etwa	52,50 l

4. Gewichte und Münzen[3]

Unter den verschiedenen Maßeinheiten waren die attischen (Solon) am meisten gebräuchlich

1 χαλκοῦς	(Kupfermünze/ Scheidemünze)		0,09 g	0,015 DM (in Gold)
1 ὀβολός	(Silbermünzen) (vorherrschend in Griechenland)	8 χαλκοῖ	0,73 g	0,13 DM (in Gold)
1 δραχμή (Handvoll)	(Silbermünzen) (vorherrschend in Griechenland)	6 ὀβολοί	4,36 g	0,78 DM (in Gold)
1 τετράδραχμον (mit dem Kopf der Athene und mit der Eule)	(Silbermünze)	24 ὀβολοί	17,52 g	3,10 DM (in Gold)

---

[1] Benannt nach der Strecke, die von einem Pflugstier in einem Gang durchfurcht wurde

[2] Unterschieden nach der Länge der Rennbahn an den genannten Orten vom Ablauf bis zum Ziel

[3] Wertverhältnis Gold/Silber: 12 : 1. Sparta kannte nur eisernes Geld (stabförmige oder runde Barren)

1 μνᾶ 1 τάλαντον (Waage, Last)	(keine eigentlichen Münzen, sondern Wertbestimmungen)	100 δραχμαί 60 μναῖ	437,00 g 26 196,00 g	78,60 DM (in Gold) 4 715,00 DM (in Gold)
1 attischer στατήρ 1 persischer (στατήρ) Δαρεικός	(Goldmünzen)		8,74 g	etwa 20,00 DM (in Gold)

5. Zeitrechnung

Eine allgemeine Chronologie und einen eigenen Kalender gab es in Griechenland (zurückgehend auf die Einflüsse der Babylonier und Ägypter) erst spät (etwa im 5. Jahrhundert).

Das attische „große Jahr" umfaßte eine Periode von 8 Jahren (Oktaëteris), und zwar 5 gewöhnliche und 3 Schaltjahre. Das gewöhnliche Jahr (12 Mondmonate von 30 und 29 Tagen in gleichmäßigem Wechsel) zählte 354 Tage. Im 3., 5. und 8. Jahr erfolgte eine Schaltung von 30 Tagen; so kamen diese Schaltjahre auf 384 Tage.

Der Schaltmonat selbst war nach dem Gesetz des Monatswechsels bald „hohl" (κοῖλος), bald „voll" (πλήρης). Die Oktaëteris umschloß also 12 + 12 + 13 + 12 + 13 + 12 + 12 + 13 = 99 „Monde" oder etwa 2922 Tage (5 × 354 und 3 × 384 Tage). Das ergibt einen Durchschnitt von 365¼ Tagen für jedes Jahr. Auf diese Weise wurde zwar der Einklang mit dem Sonnenlauf ungefähr hergestellt, nicht aber mit dem Lauf des Mondes, der doch Grundlage für diese Zeitrechnung war. In der Zeit des Perikles wurde daher ein 19jähriger Zyklus mit 7 Schaltjahren eingeführt.

Jahresanfang war der 1. Neumond nach der Sommersonnenwende zur Zeit der Ernte. Die Monate hießen: 1. Ἑκατομβαιών (Juli), 2. Μεταγειτνιών (August), 3. Βοηδρομιών (September), 4. Πυανεψιών (Oktober), 5. Μαιμακτεριών (November), 6. Ποσειδεών (Dezember) — im Schaltjahr wird ein zweiter Poseideon eingeschoben —, 7. Γαμηλιών (Januar), 8. Ἀνθεστηριών (Februar), 9. Ἐλαφηβολιών (März), 10. Μουνιχιών (April), 11. Θαργηλιών (Mai), 12. Σκιροφοριών (Juni).

Der 1. Tag des Monats war der Neumondstag (νουμηνία), der letzte Tag des Monats hieß ἕνη καὶ νέα (σελήνη) = „der alte und der neue Mond". Der Monat gliederte sich in 3 Dekaden. Die Namen der 3 Dekaden waren:

ἱσταμένου (ἀρχομένου) μηνός,
μεσοῦντος μηνός,
φθίνοντος (ἀπιόντος) μηνός.

Von den Babyloniern stammte auch die Siebentagewoche. Die Wochentage trugen ursprünglich keine eigenen Namen; sie wurden gezählt. Der Tag wurde nach dem Schattenzeiger (γνώμων) oder nach der Wasseruhr (κλέψυδρα) in 12 Stunden von je nach der Jahreszeit bald längerer, bald kürzerer Dauer, die Nacht in drei Abschnitte zu je 4 Stunden (φυλακαί) geteilt. Die Stunde (ὥρα) war die kleinste Zeiteinheit.

Im Alltag kam man mit ungefähren Zeitbestimmungen aus: ὄρθρου (frühmorgens), πρῴ (in der Frühe), ἀγορᾶς πληθούσης (in der Zeit zwischen 10 und 12 Uhr), μεσημβρίας (mittags zwischen 12 und 14 Uhr), δείλης (nachmittags, ab 14 Uhr), ἑσπέρας (abends), μέσαι νύκτες (Mitternacht).

Datiert wurde in Athen nach dem Archon eponymos, in öffentlichen Urkunden nach den Prytanien, in Sparta nach dem ersten der Ephoren, in Argos nach den Dienstjahren der Priesterin der Hera.

Für die geschichtliche Zeitrechnung kam im 3. Jahrhundert v. Chr. die Olympiadenzählung auf, die mit 776 v. Chr. beginnt, den 4jährigen Zeitraum zwischen zwei olympischen Festfeiern als Einheit (Olympiade) nahm und innerhalb dieser Einheit nach Jahren zählte.

Sachregister

Die Zahlen und Buchstaben bezeichnen die Paragraphen und Unterabteilungen.

Abkürzungen: Anm. = Anmerkung, Einz. = Einzelheiten bzw. Einzelnes, S. = Seite, Zus. = Zusatz.

A

Ablativ 22, 3 Anm.; 156; 148 b
Ablaut 9
absoluter Infinitiv 187 4
a. Partizip 200
a.c.i.
Infinitiv und — 194, 1
Adhortativ 211, 1 a; 211, 2 c
Adjektive
der o- und a-Dekl. 30; 32
der att. Dekl. 33
der 3. Dekl. 46
doppelstämmige — 47
Steigerung der — 48-51
Zahladjektive 66, 1
Bildung der — 127; 129 f.
— mit Infinitiv 187, 2
s. auch Verbaladjektiv
Adverb 52—54
Pronominaladverbien 55
Zahladverbien 65
akkusativische Adverbien 53, 3; 142
Adverbiale
Adverbiale (Akkusativ) 138-142
adverbialer Akkusativ 145, 2 b
des Zweckes oder der möglichen Folge 187
Adverbialsätze 233-245
adverbiale Relativsätze 248
adversatives Asyndeton 227, 2
adversative Partikel 223, 2
affirmative Partikel 226, 6
Akkusativ 22, 3; 138-147
Übersicht (Syntax) 138
der Richtung 139
der Ausdehnung 140
der Beziehung 141; 147; 205, 2
akkusativische Adverbien 53, 3; 142
adverbialer — 145, 2 b
des Ergebnisses 145, 1
des Inhalts 145, 1
doppelter — 146-147
des äußeren Objekts 146
der Pers. u. d. Sache 147
des Prädikatsnomens 146
Accusativus Graecus 141
absolutus 200, 2 b
Aktionsart 195, 2; 206—209
Aktiv 203
als Passiv 203, 2
Akut s. Akzent
Akzent
musikalischer — 5, 1
Akzentzeichen 5, 2
Akzentregeln 5, 3
bei den Enklitika 6, 2 b
bei der Kontraktion 12
bei der Elision 20, 1
des Nomens 23, 3
Akzentverschiebung im Vokativ 23, 3 Anm.
in der 3. Dekl. 34, 3
Besonderheiten 36[1]; 37, 5 a-c; 38, 4 b; 39, 3; 40, 2; 45, 2 Anm.
beim Verbum 81
bei Verben auf -μι 106, 5
Alphabet 1
Entwicklung, Einheitsalphabet 1, Anm.
anreihende Partikel 222, 1
Aorist 70
Aoriststamm 73, 2; 208
Aoristreduplikation 78, 1
schwacher —, Formenbildung 86, 3; 8
starker — des Akt./M. 99
starker — des Pass. 100
Wurzelaorist 110
Partizip des — 195, 2 b u. Anm. 1
historischer — 208, 3
komplexiver — 208, 3
konstatierender — 208, 3
gnomischer — 208, 4
Apostroph 7, 5; 20, 1
Apposition 136, 1 b; 136, 2 f; 179, 2 a
partitive — 136, 2 f
zu einem ganzen Satz 136, 2 f
α privativum 13, 4
Artikel
Deklination 24, 1
Dual des — 69
Artikel statt Poss.-Pron. 60, 4 Anm.; 178, 1 b
Prädikatsnomen ohne und mit — 134, 2 a/b
pronominaler Gebrauch des — 60, 4 Anm.; 61; 177 a; 180, 1
Substantivierung durch den — 177 b
— und Nomen 178/179
individueller Gebrauch des — 178, 1 a
genereller Gebrauch des — 178, 1 b
distributiver Gebrauch des — 178, 1 c
bei Ländernamen 179, 2 a
Aspirata 2, 3
ursprüngl. Aussprache 2, Anm.
> Tenuis 17, 4
Assimilation 19
Asyndeton 227
Atona 6, 1
attisch
att. Dekl. 33
att. Reduplikation 78, 1; 80, 1
att. Futur 86, 2 Anm.; 95, 1; 96, 3
Attribut 136
attributive Wortstellung 60, 5 b; 136, 1 a; 137, 5
attributives Partizip 196
Attributsatz 247, 1 a
Augment 75-77
beim Kompositum 76
Besonderheiten 77
Ausdrücke
unpersönliche — 133, 3 b; 134, 1 c; 192; 210, 1 b
des Mangels 155, 2
des Vergleichs 156, 2
des Gerichtsverfahrens 158, 2
des Geschäftslebens 157, 2 b
des Affekts und der Affektäußerung 158, 1

Negationen nach negativen — 216
des Fürchtens 231, 2b
Ausgänge 21, 4
-οι, -αι 23, 3
der o-Dekl. 25, 2
der a-Dekl. 27, 3
Dualausgänge des Nomens 69
des Präs./Impf. der ω-Verben 85, 3 vgl. auch Endungen
Aussage
irreale — 210, 2a
potentiale — der Vergangenheit 210, 2a
Negationen verneinen — 213
Aussagesätze 217; 229
äußeres Objekt 143; 146; 147
Aussprache 1-3
Entwicklung der — 2, Anm.

B

Bedingung 214, 2b; s. Konditionalsätze
Begehren
Begehrssätze 217; 231
abhängiges — 231, 2
begründende Partikel 224, 4
Betonung s. Akzent
Beziehungswort
Einschluß des — 249, 1b/d
Kasusattraktion des — 249, 1d
Bildevokal s. Themavokal
Brüche 179, 2a
Buchstaben
große, kleine — 1, 2 u. Anm.

C

Charaktervokal 86, 3; 4
Constructio ad sensum 135, 3c

D

Dativ 22, 3 u. Anm.; 161-173
als Adverb 53, 2
Übersicht (Syntax) 161
des indirekten Objekts 162
Dativus
possessivus 163
commodi und incommodi 164
ethicus 165
relationis 166
auctoris 167; 202, 2
causae 169
modi 170
mensurae 171
sociativus 172
loci 173
temporis 173
Dehnstufe s. Ablaut
Dehnung
des Stammauslauts der verba vocalia 86, 1; 89, 1
eingeschränkte — 92, 2
Ersatzdehnung 11
Deklination 22 ff.
allg. Regeln 23
o-Dekl. 25 f.; 30-32
a-Dekl. 27-32
att. Dekl. 33
3. Dekl. 34-47
der Zahlwörter 67
deliberativ
deliberativer Konjunktiv 211, 1c
deliberative Fragen 214, 1c; 220; 230, 4
Demonstrativpronomen 61; 179, 2a; 180
Dental 2, 3
+ σ 16, 9
< Labiovelar 17, 1
+ Dental 17, 3
Nominalstämme auf — 36
Verbalstämme auf — 93-95
Deponentien 70, 2d; 104
Digamma 1, 1 u. Anm.; 15
Verbalstämme auf — 82, 4; 90-91
Diphthonge
Kurz-, Langdiphthonge, Quantität 2, 2
ursprüngl. Lautwert 2, Anm.
Nominalstämme auf — 45
direktes Medium 204, 2
disjunktiv
disjunktive Partikel 223, 3
disjunktive Konditionalsätze 241, 2
disjunktive Fragen 219, 2b
Dissimilation 19
Hauchdissimilation 17, 4
Distributivzahlen 66, 2
doppelter Akkusativ 146-147
Doppelfragen 219, 2b
dorisch
dor. Genitiv 29, 4
dor. Futur 91, 1
Dual
des Nomens 22, 2
Deklination 69
des Verbums 70; 124
dubitativ s. deliberativ
dubitative Fragen 220
durativ 207, 1; 207, Einz. 2
dynamisches Medium 204, 1

E

effektiv 208, 1
effiziertes Objekt 145, 1
e-Klasse 120
Elision 20, 1
Ellipse 133, 3b; 134, 1c; 177, b 3; 216, 3
Endungen 21, 2
der 3. Dekl. 34, 2
des Verbums 74, 2-4
Primär-, Sekundärendungen 74, 2
der Verben auf -μι 106, 3
Dualendungen beim Verbum 124
vgl. auch Ausgänge
Enklitika 6, 2
entgegensetzende Partikel 223, 2
Ersatzdehnung 11
Erwartung 211, 1
Etazismus 2, Anm.
Eventualis 237, 2

F

Figura etymologica 145, 2a
fin, Infinitiv 187, 3
finales Partizip 195, 2c
Finalsätze 234; 248, 3
Folge
tatsächliche — 235a
nicht tatsächliche — 235b
folgernde Partikel 225, 5
Fragen
Übersicht 218
Wortfragen 219, 1; 220; 230, 2
Satzfragen 219, 2; 220, 2
indirekte — 230
einfache — 219, 2a
Doppelfragen 219, 2b
dubitative — 220
Fragewörter
Häufung von — 219, 1a
Futur
Futurstamm 73, 2
Formenbildung 86, 2; 9
attisches — 86, 2, Anm.; 95, 1; 96, 3
dorisches — 91, 1
des Perfekts, Formenbildung 86, 7
mediales — in akt. u. pass. Bedeutung 103-104
Partizip des — 195, 2c
— und Aktionsart 206, 2; 207 Einz. 2; 208 Einz. 1
futurische Temporalsätze 244, 1

G

gegenüberstellende Partikel 223, 3
Genitiv 22, 3 u. Anm.
dorischer — 29, 4
als Adverb 53, 1

Übersicht (Syntax) 148
des Bereichs 149-152
des Ursprungsbereichs 153-160
Genitivus
quantitatis (partitivus)
136, 1b; 151
possessoris, subiectivus und
obiectivus 150
qualitatis 152
loci 149; 153
temporis 149; 153
originis 154
separativus 155
comparationis 156
pretii 157
causae 158
criminis 158, 2
materiae 159
absolutus 200 a
Genus
Genera des Nomens 22, 1
Genera verbi 70; 203-205
Besonderheiten des —
102-104
Gleichzeitigkeit 195, 2a; 207,
Einz. 4
gnomisch
gnomisches Präsens 207, 1
gnomischer Aorist 208, 4
Gravis s. Akzent
Grundstufe s. Ablaut
Guttural 2, 3
+ σ 16, 11
Nominalstämme auf — 35
Verbalstämme auf — 93-95

H

Hauchdissimilation 17, 4
Häufung von Fragewörtern
219, 1a
— von Negationen 215
Hauptsatz
Arten des — 217-220
Modi in — S. 215
Haupttempora 70, 1 Anm.
228, 2a
hervorhebende Partikel 226, 6
historisch
historisches Präsens 207,
Einz. 3
historischer Aorist 208, 3
hypothetisch
hypothetische Sätze 236-242;
250
Mischformen des — Satzgefüges
241, 1
hypothetische Temporalsätze
244
hypothetische Relativsätze
248, 4

I

Imperativ 211, 2a
Endungen 74, 3
Infinitiv als — 186
Konjunktiv und — 211
und Prohibitiv 211, 2
Verstärkung des — 211, 2c
Inchoativklasse 122
Indefinitpronomen 63
Indefinitus 237
Indikativ 210
indirekt
Dativ des — Objekts 162
indirektes Medium 204, 3
indirekte Wortfragen 230, 2
indirekte Satzfragen 230, 3
indirekte deliberative Fragen
230, 4
indirekte Rede 251
Infinitiv 185-194; 198, Zus. 3; 214, 4
Endungen 74, 4
substantivierter — 177 b, 1;
185; 214, 4c
als Imperativ 186
absoluter — 187, 4
finaler — 187, 3
als Objekt 188-191
Übergang vom — mit
finalem Sinn zum —
mit aussagendem Sinn 191a
als Subjekt bei unpersönlichen
Ausdrücken 192
nach Adjektiven 187, 2
Infinitivkonstruktionen 194;
231, 1; 232; 235b; 245, 1;
251, 2
und a.c.i. 194, 1
Infix 21, 3
ingressiv 208, 2; 208, Einz. 1
inneres Objekt 145
Instrumentalis 22, 3 Anm.; 53, 5;
168
Interpunktionszeichen 7
Interrogativpronomen 63; 183
Intransitiva
mit transitivem Gebrauch 144
Iota
subscriptum, adscriptum 2, 2
konsonantisches — 14
hinweisendes — 61, 1 Anm.
Präs.-Erweiterung mit — 83, 2
irreal
irrealer Wunsch 210, 1c
irreale Aussage 210, 2a
irreale Folge 235, Einz. 1
Irrealis in Konditionalsätzen 239
Itazismus 2, Anm.
iterativ 207, 2
iterative Temporalsätze 244, 2
Iterativus 240
der Vergangenheit 210, 2b,
217 I, 240, 2

K

Kasus 22, 3
Kasusformen als Adverbien 53
Kasusattraktion
des Relativpronomens
249, 1a/c
des Beziehungswortes 249, 1d
Kasuslehre 138-173
Zusammenstellungen zur — 174
kausal
kausale Partikel 224, 4
Kausalsätze 233
kausatives Aktiv 203, 3
kausatives Medium 204, 4
Kolon 7, 6b
kollektiver Singular 135, 3a
Komparation s. Steigerung
komplexiver Aorist 208, 3
Konditionalsätze 237-241
Kongruenz 135
Konjugation
Einteilung der — 71
thematische — 82 ff.
athematische — 106 ff.
Konjunktiv
Moduszeichen 74, 1
und Imperativ 211
prospektiver — 211, 1a
adhortativer — 211, 1b; 211, 2c
deliberativer (dubitativer) —
211, 1c
— in Begehrssätzen 231, 2b; 234
konsekutive Partikel 225, 5
Konsekutivsätze 235
Konsonanten
Einteilung der — 2, 3
+ ι̯ 14, 4-13
+ Ϝ 15, 4-7
+ σ 16, 6-12
am Wortende 18
Konsonantenhäufung vermieden 94, 5
konstatierender Aorist 208, 3
Kontraktion 12
Contracta der o-/a-Dekl. 31-32
Verba contracta 87-90
Konzessivsätze 242
Koppa 1, Anm.; 65
kopulative Partikel 222, 1
Koronis 7, 4; 20, 2
fehlt bei Krasis 64, Anm.
Korrelativpronomina 64; 246, 3
Korrelativadverbia 55; 246, 3
Krasis 7, 4; 20, 2
bei αὐτός 58, Anm.
bei ἕτερος 64, Anm.
Kupitiv 212, 1

L

Labial 2, 3
+ σ 16, 10
< Labiovelar 17, 1
+ μ 19, 3
Nominalstämme auf — 35
Verbalstämme auf — 93-95
Labiovelar 17, 1
Ländernamen 179, 2a
Laute 1
Einteilung 2
Lautschrift 1, Anm.
lautliche Veränderungen 8-20
Lese- und Interpunktionszeichen 7
linear 207
Liquida 2, 3
silbenbildend 9,3; 13
Nominalstämme auf — 38-40
Verbalstämme auf — 96-98
Lokativ 22, 3 Anm.; 53, 4; 173

M

Mediae 2, 3
Medium 70; 204
dynamisches — 204, 1
direktes — 204, 2
indirektes — 204, 3
kausatives — 204, 4
reziprokes — 204, 5
Metathese
quantitative 10, 4
Mischformen
des hypothetischen Satzgefüges 241, 1
Mischklasse 123
Modus 70
Moduszeichen 74, 1
Modi in Hauptsätzen 210—212
Modi in Nebensätzen 250; 228, 2
Muta 2, 3; 17
im Auslaut 18, 3
+ Muta 19, 5
Verba muta 93-95

N

Nachzeitigkeit 195, 2c
Nasal 2, 3
silbenbildend 9, 3; 13
+ Muta 19, 4
als Präs.-Erweiterung 83, 3; 116-117; 121 (Nasalklasse)
n.c.i. 194, 2
Nebentempora 70, 1 **Anm.** 228, 2a
Negationen 213-216
nach negativen Ausdrücken 216
Negationshäufung 215
Nomen 22 ff.; 138-173
Genera des — 22, 1
Numerus beim — 22, 2
Akzent des — 23, 3
s. auch Prädikatsnomen
Artikel und — 178/179
Nominalformen des Verbs 74, 4; 185-202
Nominalsatz 134, 1c
Nominativus absolutus 200c
Numerus beim Nomen 22, 2

O

Objekt
direktes — 143-145
äußeres — 143/144
inneres — 145
effiziertes — 145, 1
Akkusativ des äußeren — 146; 147
Dativ des indirekten — 162
Infinitiv als — 188-191
Objektsätze 229-232; 232; 247, 1c
Optativ 70; 212
Moduszeichen 74, 1
optativus obliquus 213, 2b; 229; 230; 231, 2b; 233; 234; 251, 3b
Oratio obliqua 251

P

Partikel 222-226
anreihende (kopulative) — 222, 1
entgegensetzende (adversative) — 223, 2
gegenüberstellende (disjunktive) — 223, 3
begründende (kausale) — 224, 4
folgernde (konsekutive, konklusive) — 225
hervorhebende (affirmative) — 226, 6
partitive Apposition 136, 2f
Partizip
Deklination 36, 5; 37, 5
und Tempus 195, 2
des Präsens 195, 2a
des Aorist 195, 2b
des Futurs 195, 2c
des Perfekts 195, 2d
attributives — 196
prädikatives — 197/198; 232
Participium coniunctum 199
absolutum 200
Negationen beim — 213, 3; 214, 3
Verdeutlichung der Partizipialkonstruktionen 201
Passiv 147, 3; 205
Aktiv als — 203, 2
persönliches — 205; 205, 1
Perfekt
Perfektstamm 73, 2
Perfektreduplikation 78-80
Formenbildung 86, 4; 6; 94, 4; 97, 5
starkes — 101
Wurzelperfekt 111
Aktionsart des — 209
Partizip des — 195, 2d
Perfektfutur s. Futur
Personalpronomen 56-57
Genitiv des — 136, 1b
persönliches Passiv 205, 1
Plusquamperfekt
Formenbildung 86, 5; 6; 94, 4; 97, 5
starkes — 101
Positionslänge 4, 1
Potentialis 238
der Gegenwart 212, 2
der Vergangenheit 210, 2a
Prädikat 134
prädikativ
prädikative Wortstellung 60, 5a; 137, 2/5; 151, 1
Prädikativum 137
prädikatives Partizip 197/198; 232
Prädikatsnomen 134, 1b; 179, 2b
ohne und mit Artikel 134, 2a/b
Akkusativ des — 146
in einer Infinitivkonstruktion 194, 3
Präfix 21, 3
Präpositionen 174-176
bei nur einem Kasus 174
bei zwei Kasus 175
bei drei Kasus 176
uneigentliche — 176, 4
Präsens
Präsensstamm 73, 1; 207
Präsensreduplikation 78, 1; 83, 5
Präsensstamm der ω-Verben 83
der μι-Verben 106, 1
Partizip des — 195, 2a
gnomisches — 207, 1
historisches — 207, Einz. 3
Prohibitiv 211, 2; 214, 1a
Proklitika 6, 1
Pronomina 56-64; 180-184
Demonstrativ- 61; 179, 2a; 180
Interrogativ- 60; 63; 183
Indefinit- 63
reziprokes- 59

korrelative — 64; 246, 3
Personal- 56-57; 133, 3a
Possessiv- 60; 179, 2a
reflexive — 57; 60; 182
Relativ- 62; 181; 246; 249, 1
Pronominaladverbien 55
pronominaler Gebrauch des Artikels 60, 4 Anm.; 61; 177a; 180, 1
prospektiver Konjunktiv 211, 1a
Psilose 1, Anm.
punktuell 208

Q

Quantität
der Vokale 2, 1
der Diphthonge 2, 2
der Silben 4

R

Reduplikation 78-80
attische — 78, 1; 80, 1
relativ
Relativpronomen 62; 181; 264; 249, 1
Relativsätze 246-250
Relativadverbia 246
relativischer Anschluß 249, 2
relativische Verschränkung 249, 3
resultativ 195, 2d; 207, Einz. 1; 209
reziprokes Medium 204, 5

S

Sampi 65
Satz
Satzzeichen 7, 6
Apposition zu einem ganzen — 136, 2f
Substantivierung eines — 177b, 2
Satzfragen 219, 2; 220, 2; 230, 3
Satzreihe 221-227
Satzgefüge 228-251
Mischformen des hypothetischen — 241, 1
Satzarten
Hauptsätze 217-220
Subjektsätze 133, 2; 229-232; 247, 1
Objektsätze 229-232; 247, 1
Nominalsätze 134, 1c
Objektsätze 229-232; 232
Aussagesätze 229
Fragesätze 230
Begehrssätze 231
Adverbialsätze 233-245
Kausalsätze 233
Finalsätze 234
Konsekutivsätze 235
hypothetische Sätze 236-242; 250
Konditionalsätze 237-241; 241, 2
Konzessivsätze 242
Temporalsätze 243-245
Relativsätze 246-250
Attributsätze 247, 1a
Schilderungen 207, 2
Schwundstufe s. Ablaut
Separativ 22, 3 Anm.
Sigma
im Anlaut, Inlaut; Verbindungen mit — 16
bewegliches — 18, 4
parasitisches — 92, 1
Nominalstämme auf — 41-42
Verbalstämme auf — 82, 4; 91, 2; 117, c
Silben
Quantität; Trennung 4
Singularis
kollektiver — 135, 3a
Sinnsprüche 134, 1c
Spirans 2, 3
Spiritus asper, lenis 3
Stamm 21, 3
Verbalstamm 72
Tempusstamm 73
Aoriststamm 73, 2; 208
Steigerung
des Adjektivs 48-51
des Adverbs 52, 3-4
Stigma 65
Subjekt 133
Subjektswort 133, 1
Subjektsatz 133, 2; 229-232; 247, 1b
Infinitiv als — bei unpersönlichen Ausdrücken 192
Substantiv
Bildung der — 126; 129 f.
-a communia 22, 1; 26, 3
Zahlsubstantiva 66, 1
Substantivierung
durch den Artikel 177b
substantivierter Infinitiv 177b, 1; 185; 214, 4c
eines Satzes 177b, 2
Suffix 21, 3; 125
Steigerungssuffixe 48
Ortsadverbien mit — 54

T

tatsächliche Folge 235a
nicht — Folge 235b
Temporalsätze 243—245
eigentliche — 243
hypothetische — 244
futurische — 244, 1
iterative — 244, 2
Tempus
Haupt-, Neben- (Augment-) — 70, 1 Anm.; 228, 2a
Tempusstämme 73
Tempuszeichen 73, 2
starke Tempora 73, 2; 99-101
— und Aktionsart 206-209
Tenuis 2, 3; 17, 4
transitiv
transitiver Gebrauch von intrans. Verben 144
transitive Verben intrans. gebraucht 203, 1a
Trema 7, 3
Themavokal 71

U

u̯, vokalisch, konsonantisch 15
Übersichten
Akkusativ 138
Genetiv 148
Dativ 161
Fragesätze 218
Objektsätze 232
Modi in Nebensätzen 250
Modi in Hauptsätzen 213
unpersönliche Ausdrücke 133, 3b 134, 1c; 192; 210, 1b

V

Verbaladjektiv 74, 4; 86, 10; 134, 1c; 195, 1; 202
neutrales — 210, 1a
Verbum 70 ff.; 185-212
Formenbestand 70
Stamm, Wurzel 72
Personalendungen 74, 2-3
Nominalformen 74, 4; 185-202
Akzentregeln 81
Verben auf -ω 82 ff.
Einteilung 82/83
Verba vocalia 84-92
Verba contracta 87-90
Verba muta 93-95
Verba liquida 96-98
Verben auf μι 106 ff.
mit Präsensreduplikation 107 ff.
Wurzelpräsentien 112-115
Verben auf -ν(ν)υμι 116-117
unregelmäßige Verben 118 ff.
Bildung der Verben 128; 131

Verben
des Nützens und Schadens 143, 1a
des Erstrebens und Meidens 143, 1b
des Schwörens 143, 1c
der Teilnahme, des Genusses, der Berührung 151, 3a-c
des Ursprungs und des Anfangs 154, 2a/b
des Aufhörens und Mangels 155, 1
der Über- und Unterlegenheit 156, 3
der Wahrnehmung und Erinnerung 160
des Affekts 169, 1; 198, 2a
des Übergebens, Überlassens, Erwählens 187, 1
der Bewegung 187, 3
des Begehrens 188, 1
der Fähigkeit und Bereitschaft 189, 2
des Lehrens und Lernens 190, 3
des Sagens, Glaubens und Hoffens 191, 4
des modifizierten Seins 197, 1a
des Anfangs, Verlaufs und Abschlusses, des Ausdauerns und Ermattens 197, 1b
des Recht- und Unrechttuns, der Über- und Unterlegenheit 197, 1c
des Nachweises 198, 2b
der sinnlichen und geistigen Wahrnehmung 198, 2c
transitive — 203, 1a
intransitive — 203, 1a; 205, 1
negativen Inhalts 216, 1
Ausdrücke des Fürchtens 231, 2b
Verba
curandi 231, 2a
dicendi 232
putandi 232
sentiendi 232
Vergangenheit
potentiale Aussage der — 210, 2a
Iterativus der — 210, 2b
Verschränkung
relativische — 249, 3
Verstärkung
des Imperativs und des adhortativen Konjunktivs 211, 2c
Vokale 1; 2, 1
Quantität 2, 1
ursprüngl. Lautwert 2, Anm.
Vokalkürzung 10, 1-3
Kontraktion 12
Assimilation 19, 6
Vokalstämme der 3. Dekl. 43-44
Themavokal 71
Charaktervokal 86, 3; 4
Vokativ, Akzentverschiebung 23, 3 Anm.
Vorzeitigkeit 195, 2b; 208, Einz. 2

W

Wirklichkeit 210
Wort
Bestandteile 21
Wortstock 21, 4
Wortstellung
prädikative — 60, 5a; 137, 2
attributive — 60, 5b; 136, 1a
Bedeutungsunterschied bei attr. und prädik. — 137, 5
Subjektswort 133, 1
Wortbildung 125 ff.
Wortarten 138-216
Wortfragen 219, 1; 220; 230, 2
Wortreihen 221, 3
Beziehungswort 249, 1b-d
Wunsch 214
irrealer — 210, 1c
erfüllbar gedachter — (Kupitiv) 212, 1
Wurzel 21, 1
Wurzelwörter 21, 3 Anm. 2
des Verbs 72
Wurzelaorist 110
Wurzelperfekt 111
Wurzelpräsentien 112—115

Z

Zahlwort 65-68
Zahlzeichen 65
Zahladverbien 65
Zahladjektive 66, 1a
Zahlsubstantiva 66, 1b
Deklination 67
zusammengesetzte Zahlen 68
Brüche 179, 2a
Zeit
Zeitstufe 206, 1b; 206, 3
Zeitverhältnis 195, 2; 206, 1b
Zirkumflex s. Akzent

Griechisches Wortregister

α

ᾱ > η 8
ἀγαθός 51, 1
ἀγάλλομαι 169, 1
ἄγαμαι 109; 158, 1
ἀγανακτέω 169, 1; 198, 2a
ἀγαπάω 198, 2a
ἀγγέλλω 97, 5; 105, 23; 191, 4; 198, 2b
ἄγε δή 211, 2c
ἀγοράζω 157, 2b
ἀγορεύω 123, 1
ἄγω 78, 1; 99, 5c; 101, 4a; 105, 3; 203, 1a
ἄγων 172, 2
ἀγωνίζομαι 172, 1; 204, 5
ἄδειπνος 137, 4e
ἀδελφός 26, 5
ἀδικέω 76, 2; 103, 2; 143, 1a; 197, 1c
ἀεί 173, 1
Ἀθήναζε, Ἀθήνηθεν, -σι 54; 173, 2
ἀθροίζω 95, 1, Anm. 2
ἀθρόος 30, 1
αἰδέομαι 91, 2; 104, 2b; 143, 1b; 198, 3b
αἰδώς 41, 3
αἱρέω, -ομαι 123, 2; 146, 1a; 158, 2a; 204, 2
αἴρω 105, 27; 96, 4, Anm.; 203, 1a
αἰσθάνομαι 121, 12; 198, 2c; 204, 1
αἰσχρός 50, 1
αἰσχύνω, -ομαι 104, 3b; 143, 1b; 198, 2a; 198, 3b; 204, 1
αἰτέω 147, 1d
αἰτιάομαι 104, 1; 158, 2a
αἴτιος 158, 2a
ἀκούω 80, 1; 91, 2; 103; 160; 198, 2c
ἀκροάομαι 204, 1
ἄκων 137, 4e
ἁλίσκομαι 122, 7; 77, 2; 80,3; 110; 158, 2a; 198, 2b
ἀλλά 223, 2b
ἀλλάττω 100,5a;101,4a;152,2b
ἄλλῃ 53, 2
ἀλλήλων 59
ἄλλοθεν, -θι, -σε 54
ἀλλοῖος 155, 1
ἅλλομαι 96, 4, Anm.; 105, 28; 204, 1
ἄλλος 30, 4; 184, 2
ἄλλοι 178, d
ἄλλο τι ἤ 219, 2a
ἄλλως 53, 2
ἅμα 176, 4; 201, 3a
ἁμαρτάνω 121, 11; 151, 3c
ἀμελέω 150, 3d
ἀμελής 150, 3d
ἀμνήμων 150, 3c
ἄμοιρος 150, 3e
ἀμύνομαι 143, 1b
ἀμφί 176, 3
ἀμφιέννυμι 117, 12; 147, 1e
ἀμφισβητέω 216, 1a
ἀμφότεροι 179a
ἄμφω 67; 179, a
ἄν 185, 4; 193; 210, Zus. 1a, 2a; 234, Zus. 2; 252, I (Zusammenstellung)
ἀνά 174
ἀναγκάζω 188, 1
ἀναίτιος 158, 2a
ἀνακράζω 99, 5a
ἀναλίσκω 122, 4
ἀναμιμνήσκω, -ομαι 122, 11; 147, 1a/2; 150, 3c
ἄνευ 176, 4
ἀνέχομαι 76, 3a; 119, 6;
ἀνήρ 40
ἀντί 174
ἀντιλέγω 216, 1a
ἄξιος 157, 2a; 187, 2; ἄξιόν ἐστιν 192
ἀξιόω 157, 2a; 188, 1
ἀνοίγνυμι, ἀνοίγω 77,2; 80, 3; 117, 3
ἄνω 53, 5
ἀπαγορεύω 216, 16
ἀπαλλάττω 155, 1
ἄπειρος 150, 3b
ἀπαιτέω 147, 1d/2
ἀπέχω, -ομαι 155, 1; 203, 1a; 216, 1b
ἀπιστέω 216, 1a
ἀπιστήμων 150, 3b
ἁπλοῦς 32; 49, 4
ἀπό 174
ἀποδείκνυμι 146, 1a
πάοδίδομαι 123, 8; 157, 2b
ἀποδιδράσκω 110; 122, 9; 143, 1b
ἀποθνήσκω 103; 111, 2; 122, 6; 203, 2b
ἀποκείρω, -ομαι 205, 3
ἀποκρύπτομαι 147, 1c
ἀποκτείνω 101, 4b; 105, 33; 203, 2
ἀπολαύω 151, 3b
ἀπόλλυμι 117, 6
Ἀπόλλων 39, 3
ἀπολύω 155, 1; 158, 2a
ἀπορέω 155, 2
ἀποστερέω 103, 3; 147, 1e; 155, 1
ἀποτυγχάνω 151, 3c
ἀποφαίνω 198, 2b
ἀποφεύγω 143, 1b; 158, 2a
ἄπρακτος 137, 4e
ἅπτομαι 151, 3c
ἄρα 225, 56
ἆρα 219, 2a
ἆρα μή 219, 2a
ἆρ' οὐ 219, 2a
ἀρέσκω 122, 2
ἀριστερᾶς 149
ἀρκέω 91, 2
ἁρμόττω 93, 2a, Anm.
ἀρνέομαι 216, 1a
ἀρχήν 53, 3
(τὴν) — 142
ἄρχω, -ομαι 105, 4; 101, 4a; 150, 3f; 154, 2b; 156, 3; 198, 3a
ἄρχομαι ποιῶν τι 197, 1b
ἄσμενος 137, 4e
ἄστυ 44
ἅτε 201, 3b
αὖ 223, 2c
αὐξάνω 121, 13
αὔριον 53, 3
αὐτίκα 201, 3a
αὐτόθεν, -θι, -σε 54; 55
αὐτόματος 137, 4e
αὐτός 56; 58; 137, 5; 172, 3 179, 6; 182, 2; 184, 1
ὁ αὐτός 134, 2b; 172, 1
αὐτοῦ 53, 1; 55

ἀφαιρέω, -ομαι 147, 1e/2
ἄφθονος 137, 4b
ἀφικνέομαι 121, 9
ἀφ' οὗ 243
ἄχθομαι 120, 15; 169, 1; 198, 2a; 204, 1; ἀχθόμενος 166
ἄχρι 176, 4

β

βάθος 141
βαίνω 110
βάλλω 119, 1
βασιλεύς 45, 1; 179b
βασιλεύω 150, 3f; 156, 3
βίᾳ 170
βιάζομαι 104, 1
βιβάζω 95, 1, Anm. 1
βιβρώσκω 122, 13; 123, 4
βιοτεύω (βιόω) 110; 123, 6
βλάπτω 100, 5a; 101, 4a; 105, 8; 143, 1a
βοάω 103, 1
βοηθέω 162
βούλομαι 120,5; βούλει 84 (s. 86); 220, 2a; βουλόμενος 137, 4e; 166; 178c; 196
βοῦς 45, 3
βροντᾷ 133, 3b

γ

γαμέω, -ομαι 120, 4; 204, 4
γαμέομαι ἀνδρί 162
γάρ 224, 4
-γε 56, 1 Anm. (σύγε usw.); 226, 6g
γελάω 91, 2; 103
γέμω 150, 3g
γένος 141
γεραιός 49, 3
γεύομαι 151, 3b
γῆ 31, 2
γηράσκω 122, 1
γίγνομαι 120, 13; 134, 1b; 154, 2a; γίγνεταί μοι 163
γιγνώσκω 79, 4; 110; 122, 10; 146, 1b; 198, 2c/3c
γόνυ 36, 4
γράφω, -ομαι 100, 5a; 101, 4a; 105, 9; 158, 2a; 204, 4
γυμνάζω, -ομαι 94, 3; 204, 2
γυνή 35, Anm.

δ

δανείζομαι 204, 4
-δε (Suffix) 54
δέ 223, 2a
δέ (im Nachsatz) 226, 61
δεδογμένον 200, 2b
δέδοικα, δέδια 111, 2b; 231, 2b
δεῖ 133, 3b; 192
δεῖ μοί τινος 155, 2
δείκνυμι 116; 198, 2b
δεῖν
ὀλίγου — 187, 4
δεινός 187, 2
δέον 200, 2b
δέος ἐστίν 231, 2b
δεξιᾶς 149
δέρω 98,1; 100, 5b; 105, 29
δεσπότης 29, 3
δέχομαι 104, 1
δέω, -ομαι »ich ermangle« 90, 3 u. Anm. 2; 120, 7; 155, 2; 188, 1
δέων (b. Zahlen) 68, 5
δέω »ich binde« 92, 2; 90, 3 Anm. 1
δή 226, 66
δῆλος 197, 1a
δηλόω 198, 2b
δημοσίᾳ 53, 2; 170
διά 175
διαβαίνω 144, 2
διάγω 197, 1b; 203, 1a
διαγίγνομαι 197, 1b
διαλέγομαι 80, 2c; 123; 172, 1; 204, 5
διανοέομαι 104, 2b
διαπράττομαι 189, 2
διαπρεπής 156, 2
διατελέω ποιῶν τι 197, 1b
διαφέρω 155, 1
διαφθείρω 100, 5b; 105, 32
διδάσκω 122, 14; 147, 1c; 190, 3
δίδωμι 107-108; 108, 2
δίκαιόν ἐστιν 192; δίκαιον ἦν 210, 1b
δίκην 142; 176, 4
δίκην δίδωμι, λαμβάνω 203, 2b
Διονυσίοις 173, 2
διότι 233
διψῶ 90, 1
διώκω 94, 3; 101, 4a; 158, 2a; 203, 2b
δοκέω 120, 1
δοκεῖ 192
ἐμοὶ δοκεῖν 187, 4
δόξαν 200, 2b
δόρυ 36, 4
δουλόω 87, 3; 89, 2
δράω 92, 1
δύναμαι 109; 189, 2
δυνατόν 200, 26
δύστηνος 158, 1
δύω, -ομαι 92, 2; 102; 110
Δωριεύς 45, 1c

ε

ἕ, ε 57, 3
ἐάν 237, 2b; 240, 1
ἐὰν καί 242
ἐάν τε — ἐάν τε 241, 2
ἐάω 77, 1; 80, 2; 188, 1
ἐγγύς 52, 4; 176, 4
ἐγείρω, -ομαι 105, 36
ἐγκρατής 150, 3f
ἐγώ, ἔγωγε 56 m. Anm. 1
ἔδει 210, 1b
ἐθέλω 120, 8
ἐθίζω 77, 1; 80, 2; 102
εἰ 230, 3; 237, 1; 237, 2; 238 239; 240, 2
εἰ γάρ 210, Zus. zu 1a u. 2a
εἰ δὲ μή 241, 3
εἰ καί 242
εἰ μή 241, 3
εἰ μὴ ἄρα 241, 3
εἰδέναι
ὅσον ἐμὲ — 187, 4
εἶδον s. ὁράω
ἰδέ 81, 1
εἶδος 141
εἴθε 210, Zus. zu 1a u. 2a
εἰκάζω 75, 2
εἰκῇ 53, 2
εἶμι 113; 123, 5
εἰμί 114; 134, 1b
εἶναι
ἑκὼν — 187, 4
τὸ ἐπ' ἐκείνῳ — 187, 4
τὸ κατὰ τοῦτον — 187, 4
τὸ νῦν — 187, 4
vgl. auch ἐστίν
εἶπον s. λέγω
εἰπέ 81, 1
ὡς (ἔπος) εἰπεῖν 187, 4
(ὡς) συνελόντι εἰπεῖν 187, 4
εἴπερ 241, 3
εἴργω 155, 1; 216, 1b
εἷς 67
εἰς 174
εἰσβάλλω 203, 1a
εἰσὶν οἵ 246, 4a
εἴτε — εἴτε 223, 3c; 230, 3; 241, 2
εἴωθα 80, 2; 102; 189, 2
ἐκ, ἐξ 18, 4; 174
ἑκάτερος 64; 179a
ἐκβάλλω 155, 1; 203, 2b
ἐκδύω 147, 1e
ἐκεῖ, -θεν, -σε 54; 55; 173, 2
ἐκεῖνος 61; 56, 2 Anm.; 180, 1
ἐκπίπτειν 203, 2b
ἐκπλήττω, -ομαι 100, 6b; 101, 4a; 105, 5; 143, 1b
ἐκτός 176, 4
ἑκών — ἄκων 37, 5; 137, 4e
ἑκὼν εἶναι 187, 4

ἐλαύνω 121, 4; 203, 1a
ἐλέγχω 198, 2b
ἐλεύθερος 155, 2
ἕλκω, ἑλκύω 77, 1; 80, 2; 92, 1
ἐμβάλλω 203, 1a
ἐμμένω 172, 1
ἔμπειρος 150, 3b
ἐμπίμπλημι 150, 3g
ἐν 174
ἐν ᾧ 243
ἐναντιόομαι 104, 2b
ἐναντίος 137, 4c; ἐναντίον 176, 4
ἐνδεής 155, 2
ἐνδύω, -ομαι 147, 1e; 204, 2
ἕνεκα 176, 3, Zus. 2; 176, 4, 1
ἔνθα, -θεν, -θάδε, -θένδε 55
ἐνθυμέομαι 104, 2b
ἐνταῦθα, -τεῦθεν 55
ἐντός 176, 4
ἔοικα 80, 3
ἐξ s. ἐκ
ἐξαίφνης 201, 3a
ἐξελαύνω 203, 1a
ἔξεστιν 133, 3b; 192; ἐξῆν 210, 1b; ἐξόν 200, 2b
ἐξίημι 203, 1a
ἐξ οὗ 243
ἔξοχος 156, 2
ἔξω 53, 5; 176, 4
ἐπαινέω 92, 2
ἐπάν 244, 1
ἐπεί 233; 243
ἐπειδάν 244, 1
ἐπειδή 233; 243
ἐπείπερ 233
ἐπί 176, 3
ἐπιθυμέω 150, 3a
ἐπιθυμητικός 150, 3a
ἐπιλανθάνομαι 121, 17; 150, 3c; 198, 2c u. 3c
ἐπιμελής 150, 3d
ἐπιμέλομαι, -έομαι 120, 9; 150, 3d; 231, 2a
ἐπιορκέω 143, 1c
ἐπίσταμαι 76, 3; 109; 189, 2; 198, 3c
ἐπιστήμων 150, 3b
ἐπιτρέπω, -ομαι 205, 2
ἕπομαι 77, 1; 119, 5; 162
ἐπριάμην 109; 123, 11
ἐράω 104, 2a; 150, 3a
ἐργάζομαι 77, 1; 80, 2; 104, 1; 204, 1
ἔργῳ 170
ἐρίζω 95, 1, Anm. 2
ἕρπω 77, 1
ἔρχομαι 123, 5
ἐρρωμένος 49, 4
ἐρωτάω 120, 11; 147, 1b; 147, 2
ἐσθίω 151, 3b
ἑσπέριος 137, 4d
ἔστε 243
ἐστίν
ἐμόν — 150, 1a
ἔστι μοι 163
ἔστιν ὅστις, ἔστιν ὅτε, ἔστιν οὗ 181, 4; 246, 4a/b
ἔσχατος 137, 4a; 137, 5
ἕτερος 64 m. Anm.; 155, 1
ἔτι 226, 6i
εὖ 52, 2/4
εὖ ἀκούω 203, 2b
εὐδαιμονίζω 158, 1
εὐδαίμων 39, 4; 49, 4; 158, 1
εὐεργετέω 76, 3; 143, 1a
εὐήθης 42, 2
εὐθύ 52, 2
εὐθύς 201, 3a
εὐκλεής 42
εὐλαβέομαι 143, 1b; 216, 1b
εὖ λέγω 203, 2b
εὐνοίᾳ 169, 2
εὔνους 32; 49, 4
εὖ πάσχω 203, 2b
εὖ ποιέω 203, 2b
εὑρίσκω 122, 5
εὑρέ 81, 1
εὖρος 141
εὐτυχέω 76, 3
εὔχομαι 75, 2; 162; 204, 2
ἐφίημι 150, 3a
ἐφ' ᾧ(τε) 235, b
ἐχθρός 50, 1; 162
ἔχω 77, 1; 119, 6; 146, 1b; 203, 1a; ἔχομαι 151, 3c; ἔχοντες 196; ἔχων 172, 2
ἕως, ἡ 33, 5
ἕως 243

ζ

ζεύγνυμι 117, 1
Ζεύς 45, 3
ζηλόω 143, 1b
ζημιόω 103, 2
ζῶ 90, 1; 123, 6

η

H = h 1, Anm.
η < ᾱ 8
ἤ 223, 3b
ἦ 219, 2a; 226, 6f
ἦ μήν 192
ᾗ, ᾗπερ 55; 173, 2
ἡβάσκω 122, 3
ἡγέομαι 146, 1b; 150, 3f; 156, 3
ἥδομαι 104, 2a; 158, 1; 169, 1; 198, 2a; 204, 1
ἡδόμενος 166
ἡδύς 44; 50, 1
ἡδύ 145, 2b
ἥκω 207, Einz. 1
ἦλθον s. ἔρχομαι
ἐλθέ 81, 1
ἡλίκος 246, 1; 246, 3
ἧμαι 115, 1
ἠμί 112, 4
ἥμισυς 44, 4
ἡνίκα 55; 243
ἦρι 173, 1
ἠρόμην 120, 11
ἥρως 45, 2
ἡττάομαι 104, 2a; 156, 3; 197, 1c; 207, Einz. 1

θ

θάπτω 100, 5a; 101, 4; 105, 10
θαρρέω 143, 1b
θαυμάζω 158, 1
θέλω 120, 8
-θεν 54
θέρους 149
θέω 90, 3; 123, 9
θῆλυς 44, 4
θηράω 89, 2; 143, 1b
θηρεύω 143, 1b
-θι 54
θυγάτηρ 40
θύραζε, -θεν, -σι 54
θύω 92, 2

ι

ι s. auch Iota
-ι δεικτικόν 61, 1 Anm.
ἰάομαι 104, 1
ἰδίᾳ 53, 2; 170
ἴθι δή 211, 2c
ἵημι 80, 2; 107-108; 108, 2
ἵλεως 33
ἵνα 234
ἴσος 172, 1
ἵστημι 107-108; 108, 2; 111, 1
ἵσταμαι 204, 2/3
ἰχθῦς 43

κ

καθαίρω 105, 25
καθέζομαι 76, 3; 123, 10
καθεύδω 76, 3
κάθημαι 115
καθίζω, -ομαι 123, 10
καθίστημι 146, 1a
καί 222, 1a
καὶ ἐάν 242
καί εἰ 242

καίπερ 201, 3e
καίτοι 225, 5f
καίω, κάω 91, 1; κάω 90, 2
κακός 50, 1; 51, 1
κακῶς πάσχω, ποιῶ 203, 2b
καλέω 92, 3; 119, 2; 146, 1a u. 1b; καλούμενος 196
καλός 50, 1
κάμνω 103, 121, 2; 141
— ποιῶν τι 197, 1b
κἄν 242
καρτερέω 144, 2
καρτερῶ ποιῶν τι 197, 1b
κατά 175
καταγελάω 156, 3
καταγιγνώσκω: θάνατος κατεγνώσθη Σωκράτους 158, 2b
κατακαίνω 99, 5a
κατακρίνω 158, 2b
καταλύω 203, 1a
καταφρονέω, -ομαι 156, 3; 205, 1
κατηγορέω 158, 2b
κάτω 53, 5
κεῖμαι 115
κελεύω, -ομαι 92, 1; 147, 1d; 162, Zus.; 188, 1
κενός 155, 2
κεράννυμι 117, 8; 172, 1
κέρας 36, 4; 41, 2
κηρύττω 101, 4a; 133, 3b
κίνδυνός ἐστιν 231, 2b
κλαίω, κλάω 90, 2; 91, 1; 103
κλείω 92, 1
κλέπτω 100, 5a; 101, 4a; 105, 12
κλίνω 98, 2; 121, 7
κοινός 172, 1; κοινῇ 53, 2
κοινωνέω 150, 3e; 172, 1
κόπτω 100, 5a; 101, 4a; 105, 11
κράζω 99, 5a
κρατέω 150, 3f; 156, 3
κρατῶ ποιῶν τι 197, 1c
κρεμάννυμι 117, 9
κρίνω 98, 2; 121, 8; 158, 2a
κρύπτω 94, 3; 101, 4a; 147, 1c
κρύφα 176, 4
κτάομαι 79, 4; 104, 1
κύκλῳ 173, 2
κύριος 150, 3f
κύων 40, 3
κωλύω 155, 1; 188, 1; 216, 1b

λ

λαγχάνω 80, 2; 121, 14
λαγώς 33, 5
λάθρᾳ 176, 4
λαμβάνω, -ομαι 80, 2; 103; 121, 15; 151, 3c; 198, 2b; 204, 1
λαβέ 81, 1
λαβών 172, 2
λανθάνω 121, 17; 143, 1b
λανθάνω ποιῶν 197, 1a
λέγω 123, 1; 146, 1a; 191, 4
εὖ — 143, 1a
λείπω, -ομαι 99, 5b; 101, 4a; 105, 13; 156, 2
λείπομαι ποιῶν τι 197, 1c
λογίζομαι 104, 1
λοιπόν
τὸ — 142; τοῦ λοιποῦ 149
λούω, λούομαι 204, 2
λυπέομαι 204, 1
λυσιτελέω 143, Zus.; 162
λύω 92, 2

μ

μά 143, 1c
μαίνω, -ομαι 100, 5b; 102; 105, 34
μακαρίζω 158, 1
μακρῷ 171
μᾶλλον, μάλιστα 48, 2; 52, 4
μανθάνω 103; 121, 16; 190, 3; 198, 2c
Μαραθῶνι 173, 2
μάρτυς 38, 4
μάτην 53, 3
μάχομαι 120, 14; 172, 1; 204, 5
μέγας 47, 50, 1
μέγεθος 141
μείγνυμι 117, 2; 172, 1
μέλας 39, 5; 49, 1
μέλει 120, 9
μέλει μοι 150, 3d; 231, 2a
μέλλω 120, 6; 189, 2
μέμνημαι 198, 3c
μέμφομαι 104, 1
μέν — δέ 223, 3a
μέντοι 225, 5d
μένω 144, 2
μέσος 137, 5
μεστός 150, 3g
μετά 175
μεταδίδωμι 150, 3e; 172, 1
μεταμέλει μοι ἀδικήσαντι 198, 2a
μεταξύ 176, 4; 201, 3a
μεταπέμπομαι 104, 1
μετέχω 150, 3e; 172, 1
μετέωρος 137, 4c
μέτοχος 150, 3e
μέχρι(ς) 176, 4; 243
μή 185; 191, 4a; 214; 214, 4c; 215, 1; 216, 3c; 219, 2a; 231, 2b; 234
μὴ οὐ 216, 2; 216, 3a; 216, 3b
μήν 225, 5e; 226, 6a
μηνός
τοῦ — 149
μήτηρ 40
μηχανάομαι 231, 2a
μιαίνω 105, 26
μικρός 51, 1;
μικρόν 52, 2; 4
μικρῷ 171
μικροῦ ἐδέησα 210, 1c
μιμέομαι 104, 1
μιμνήσκομαι 79, 4; 122, 11; 150, 3c; 198, 2c
μισθόω, -ομαι 157, 2b; 204, 4
μνήμων 150, 3c
μόνος 137, 4b; 137, 5
μύριοι, μυρίοι 68, 2 Anm.
μῶν (μὴ οὖν) 219, 2a

ν

ν ἐφελκυστικόν 18, 6
ναῦς 45, 3
νεώς 33
νὴ Δία 143, 1c; 226, 6e
νικάω 197, 1c; 207, Einz. 1
Ὀλύμπια — 145, 2b
νομίζω 146, 1b
νόμος ἐστίν 192
νοσώδης 42, 2
νυκτός 149
νώ, νῷν 69, 3
ξύν s. σύν

ο

ὁ, ἡ, τό 24, 1; 180, 1
ὁ δέ 177
ὁ μέν — ὁ δέ 177
ὅ 230, 2b
ὅδε 61; 180, 2
ὅθεν 55; 246, 1
οἷ (quo) 55
οἷ, οἱ 57, 3; 246, 1
οἶδα 111, 3; 189, 2; 198, 2c; 198, 3c
οἴκαδε, οἴκοθεν, οἴκοι 54; 173, 2
οἰκτίρω 158, 1
οἰμώζω 93, 2c, Anm.
οἴομαι 120, 10
οἷος 64; 181, 1; 235, 2; 246, 1; 246, 3
οἷός τέ εἰμι 189, 2
οἷον 201, 3b
οἷόν τέ ἐστιν 192

οἴχομαι 207, Einz. 1
— ἀπιών 197, 1a
ὀλίγος 51, 1;
ὀλίγον 52, 2; 4
ὀλίγοι 178, d
ὀλίγου δεῖν 187, 4
— ἐδέησα 210, 1c
ὀλίγῳ 171
ὀλιγωρέω 150, 3d
ὁμιλέω 172, 1
ὄμνυμι 80, 1; 117, 7; 143, 1c
ὁμολογέω 172, 1
ὁμονοέω 172, 1
ὅμορος 172, 1
ὁμοῦ 53, 1; 176, 4
ὅμως 225, 5g
ὄναρ 36, 4
ὀνίνημι 109; 143, 1a
ὄνομα 141
ὀνομάζω 146, **1a**
ὄντι
τῷ — 170
ὅπῃ 55
ὁπηλίκος 246, 2
ὁπηνίκα 55
ὄπισθεν 176, 4
ὀπίσω 53, 5
ὁπόθεν, ὅποι, ὅπου 55, 246, 2
ὁποῖος 64; 183, 2; 230, 2; 246, 2
ὁπόσος 64; 183, 2; 246, 2
ὁπόταν 244, 1
ὁπότε 55; 183, 2; 246, 2
ὁπότερος 64
ὅπου 55; 183, 2; 230, 2a; 246, 2
ὅπως 55; 234; 246, 2
ὅπως ἄν 234, Zus. 2
ὅπως μή 234
οὐκ ἔστιν — 246, 4b
ὁράω 77, 2; 80, 3; 123, 3;
198, 2c
ὀργῇ 169, 2
ὀργίζω, -ομαι 104, 3b; 158, 1
ὀρέγομαι 150, 3a
ὄρθριος 137, 4d
ὁρμάω, -ομαι 104, 3b
ὀρύττω 80, 1; 101, 4a
ὅσος 64; 181, 1; 235, 2; 246, 1
ὅσα 246 2
ὅσοι 246 2
ὅσον ἐμὲ εἰδέναι 187, 4
ὅς, ὅσπερ 62; 180, 1; 181, 1;
181, 3; 230, 2b; 246, 1;
246, 3; 248, 4
ὅς ἄν 248, 4
ὅστις 62; 63, 1; 181, 2; 183, 2;
230, 2; 246, 2; 248, 4
ὅστις ἄν 248, 4
οὐκ ἔστιν — 246, 4 b
ὅσῳ - τοσούτῳ 171; 246, 3
ὅταν 244, 1
ὅτε 55; 243; 246, 1
οὐκ ἔστιν — 246, 4b
ὅτι 229; 233; 251, 1a; 252 II, 1
οὐ, οὐκ, οὐχ 18, 5; 191, 4a;
213; 214, 4b; 215, 1
ἆρ' οὐ 219, 2a
οὐδ' ἐάν 242
οὐδ' εἰ 242
οὗ (ubi) 55; 246, 1
οὔ, οὐ 57, 3
οὐδαμοῦ, -μῇ, -μῶς 53, 1-2
οὐδείς 67
οὐδέν 142
οὐκοῦν 219, 2a
οὖν 225, 5a; 226, 6c
οὔρανος 179, b
οὔπω 53, 5
οὖς 36, 4
οὗτος 61; 56, 2 Anm.;
180, 3; 246, 3
ταύτῃ 53, 2; 55
οὕτω, οὕτως 18, 4; 55; 246, 3
οὕτως ἐχόντων 200, 2a
ὀφείλω 120, 12
ὀψέ τῆς ἡμέρας 149

π

παιδεύω 84; 190, 3
παῖς 36
παλαιός 49, 3
Παναθηναίοις 173, 2
παννύχιος 137, 4d
πανταχοῦ, πάντοθεν, -σε 54; 149
παρά 176, 3
παραινέω 92, 2; 188, 1
παρακελεύομαι 162
παραπλέω 144, 2
παρασκευάζομαι 198, 2;
204, 2; 231, 2a
πάρεξ 176, 3, Zus. 1
παρέχω 119, 6; παρέχον
(παρασχόν) 200, 2b
παρόν 200, 2b
πᾶς 37, 5; 137, 5; (τὰ)πάντα 142
πάσχω 122, 8
πατήρ 40
παύομαι ποιῶν τι 197, 1b
πεζῇ 53, 2; 170
πείθω, -ομαι 101, 5; 104, 3b;
105, 22; 188, 1
πειθώ 45, 2
πεινῶ 90, 1
Πειραιεύς 45, 1c
πειράομαι 189, 2
πέμπω 101, 4a; 105, 14;
πένης 36, 5; 49, 1
-περ 226, 6h
πέραν 176, 4
περί 176, 3; 177, 3
περιγίγνομαι 156, 3
περίειμι 156, 3
περιοράω 198, 2c
πέρυσι 173 (2), 1
πετάννυμι 117, 10
πῇ, πῃ 53, 2; 55
πήγνυμι 117, 4
πηνίκα 55
πῆχυς 44, 2
πίμπλημι 109
πίμπρημι 109
πίνω 121, 5; 151, 3b
πιπράσκω 123, 8; 157, 2b
πίπτω 79, 4; 119, 4
πιστεύομαι 205, 1
πλανάω, -ομαι 104, 3b
πλάττω 93, 2a, Anm.
πλείονες 50, 1; 178, d
πλεῖστοι 178, d
πλέω 90, 3; 91, 1; 103
πλέως 33, 4
πλήν 176. 4
πλήρης 150, 3g
πλησίον 53, 2; 176, 4
πλήττω 100, 5a: 6b; 101, 4a;
105, 5
πλύνω 98, 2
πνέω 90, 3; 91, 1
ποδήρης 42, 2
πόθεν, ποθέν 55
ποῖ, ποι 55
ποιέω, -ομαι 87, 2; 89, 2;
146, 1a; 157, 2a; 189, 2
εὖ — 143, 1a
κακῶς — 143, 1a
καλῶς — 197, 1c
ποῖος 64; 183, 1; 230, 2a
πολεμέω 172, 1
πόλις 44
πολλαχῇ 53, 2
πολλαχόθεν, -θι, -σε 54
πολιτεύω, -ομαι 204, 1
πολύς 47; 50, 1; 52, 2; 137, 4b;
πολλῷ 171; πολλοί 137, 4b;
178, d
τὰ πολλά 142
πορεύω, -ομαι 104, 3b
πόρρω 53, 5; 176, 4
Ποσειδῶν 39, 3
πόσος, ποσός 64; 183, 1
πότε, ποτέ 55; 183, 1;
226, 6k
πότερος 64
πότερον (πότερα) — ἤ
219, 2b; 230, 3
ποῦ, που 53, 1; 55; 183, 1; 230, 2
ποῦς 36
πράττω, -ομαι 94, 3; 101, 5;
147, 1d; 203, 1a
πρίασθαι 109; 123, 11; 157, 2b
πρίν 245
πρό 174
προαιρέομαι 156, 3
προέχω 156, 3
προθυμέομαι 104, 2b; 231, 2a

πρός 176, 3
προσέχω 203, 1a
προσήκει 192; προσῆκεν 210, 1b;
  προσῆκον 200, 2b
προστάττω 188, 1
πρότερος 51, 2; 137, 4a;
  πρότερον 142
προτίθημι 156, 3
προτιμάω 156, 3
προτρέπω 188, 1
προφάσει 170
  πρόφασιν 142
πρῶτος 51, 2; 137, 4a
  πρῶτον 53, 3; 142; 243
πυκνά 142
πυνθάνομαι 121, 18; 160; 198, 2c
πῦρ 38, 4
πωλέω 123, 8; 157, 2b
πῶς, πως 55

ρ

ῥᾴδιος 50, 1
ῥέω 90, 3; 110
ῥήγνυμι 117, 5
ῥίπτω 105, 15
ῥώννυμι 117, 14
  ἐρρωμένος 49

σ

σ s. Sigma
σαλπίζω 93, 2d, Anm.; 133, 3b
σαφής 42; 49, 1
σβέννυμι 117, 13
-σε 54
σείει 133, 3b
σιγάω 144, 2
σῖτος 26, 5
σκεδάννυμι 117, 11
σκοπέω, -ομαι 120, 3; 231, 2a
σκοταῖος 137, 4d
σπάω 91, 2
σπείρω 100, 5b; 105, 30
σπένδω, -ομαι 95, 2; 105, 21;
  172, 1; 204, 3
σπεύδω 144, 2
σπουδάζω 144, 2; 189, 2;
  231, 2a
σπουδῇ 53, 2
στάδιον 26, 5
στέλλω 98, 1; 100, 5b; 105, 31
στενάζω 93, 2a, Anm.
στερέω 103, 3
στεφανόω, -ομαι 204, 2
στρατεύω, -ομαι 204, 1
στρέφω 95, 3; 100, 5a;
  101, 4a; 105, 16
στρώννυμι 117, 15
σύ, σύγε 56 m. Anm. 1
συγγενής 172, 1
συλλέγω 80, 2c; 100, 5a;
  101, 4a; 123
συμβαίνει 192
συμβουλεύω, -ομαι 188, 1;
  204, 4; 204, 5
συμφέρω 143, Zus.
σύν 174
συναλλάττομαι 204, 5
σύνειμι 172, 1
σύνοιδα ἐμαυτῷ 198, 2c
συντίθημι 204, 5
σφάλλω 100, 5b; 105, 24
σφάττω 100, 5a; 105, 2;
σφεῖς 57, 3
  σφίσι, σφᾶς 182, 2
  σφώ, σφῷν 69, 3; 182, 2
σῴζω 123, 12
σωτήρ 38, 4b

τ

τἄλλα 142
τάττω 101, 4a; 105, 1
ταύτῃ 173, 2
ταχύς 50, 1; 243
  ταχύ 52, 2
  ὡς (ὅτι) τάχιστα 252 II, 1
  τὴν ταχίστην (ὁδόν) 142
— τε — οὔτε (μήτε) 222, 1b
τείνω 119, 7
τελευταῖον
  τὸ — 142
τελευτάω 203, 1a
  τελευτῶν 137, 4a
τελέω 91, 2
τέλος
  (τὸ) — 142
τέμνω 121, 1
τέτταρες 67
τῇδε 55; 173, 2
τήκω, -ομαι 100, 5a; 102;
  104, 3a; 105, 6
τηλικοῦτος 246
τήμερον 53, 3
τηνικάδε, -καῦτα 55
τίθημι 107-108; 108, 2; 146, 1a
τιμάω, -ομαι 87, 1; 89, 2;
  103, 3; 157, 2a
τιμωρέω, -έομαι 143, 1a
τίνω, -ομαι 121, 6
τίς, τί 63; 142; 183, 1; 230, 2
  τίς ἐστιν ὅστις 246, 4b
τις, τι 63; 133, Zus. 1; 142
τιτρώσκω 122, 12
τὸ (τὰ) μέν — τὸ (τὰ) δέ 177
— τοι 226, d
τοιόσδε, τοιοῦτος 64; 246, 3
τολμήσων 178, c; 196
τοσόσδε, τοσοῦτος 64
τότε 55; 177, 3
τοὐναντίον 142
τοῦτο 142
  τοῦτο μέν — τοῦτο δέ 142
τρεῖς 67
τρέπω, -ομαι 95, 3; 100, 6c;
  101, 4a; 105, 17; 204, 2
τρέφω 95, 3; 100, 5a;
  101, 4a; 105, 18
τρέχω 123, 9
τρέω 143, 1b
τρίβω 105, 19
τριήρης 42, 1
τριταῖος 137, 4d
τρόπος
  πάντα τρόπον 142
  τοῦτον τὸν τρόπον 142
  τούτῳ τῷ τρόπῳ 170
Τρώς 45, 2 Anm.
τυγχάνω 121, 19; 150, 3e
  — ποιῶν 197, 1a
  τυχών 178, c; 196

υ

ὕδωρ 36, 4
ὕει 133, 3b
  ὕοντος 200, 2a
υἱός 44, 5
ὑπαίθριος 137, 4c
ὑπάρχω 134, 1b; ὑπάρχει 163
ὑπέκ 176, 3, Zus. 1
ὑπέρ 175
ὑπερβαίνω 144, 2
ὑπέρτερος 51, 2
ὑπισχνέομαι 121, 10; 191, 4
ὑπό 176, 3
ὑπόσπονδος 137, 4e
ὑστερέω 156, 2
ὕστερος 51, 2
  ὕστερον 53, 3
  ὕστατος 137, 4a
ὑφίστημι 144, 2
ὑψηλός 145, 2b
ὕψος 141

φ

φαίνω, -ομαι 97, 5; 100, 6a;
  101, 5; 105, 35
  φαίνομαι ποιῶν 197, 1a; 204, 2
φανερός εἰμι 197, 1a
φάσκω 112
φείδομαι 155, 1
φέρε δή 211, 2c
φέρω 123, 7
  βαρέως — 169, 1
φεύγω 99, 5b; 101, 4a; 103, 1;
  105, 7; 143, 1b; 158, 2a;
  203, 2b; 207, Einz. 1
φημί 112; 123, 13

φθάνω 110; 121, 3; 143, 1b
— τινὰ ποιῶν 197, 1a
φθείρω 100, 5b; 105, 32
φθονέω, -ομαι 162; 205, 1
φιλέω 189, 2
φιλίᾳ 169, 2
φίλος 49, 3; 162
φοβέω, -ομαι 104, 3b; 143, 1b 231, 2b
φόβος 231, 2b
φόβῳ 169, 2
φροντίζω 150, 3d; 231, 2a
φυλάττομαι 143, 1b; 216, 1b
φύω, -ομαι 102; 110; 134, 1b; 154, 2a
φῶς, τό 36, 4

χ

χαίρω 169, 1; 198, 2a
χαλεπαίνω 158, 1
χαλεπῶς φέρω 169, 1
χαμαί 53, 2; 54; 173, 2
χαμᾶζε, -θεν 54
χαρίεις 37, 6; 49, 1
χάρις 36, 3
χάριν 142; 176, 3, Zus. 2; 176, 4
χείρ 38, 4
χέω 92, 3; 119, 3
χρή 114, 4; 133, 3b; 192
χρῆν 210, 1b
χρήσιμος 162
χρίω 91, 2
χρῶ 90, 1
χρῶμαι 90, 1; 92, 1; 168
χωρίς 176, 4

ψ

ψαύω 151, 3c
ψεύδω, -ομαι 105, 20

ω

ὦ 24, 1
ὧδε 53, 5; 55
ὠθέω 77, 1; 80, 3; 120, 2
ὠνέομαι 77, 1; 80, 3; 123, 11; 157, 2b
ὤνιος 157, 2b
ὥρα ἐστιν 192
ὥς 55
ὡς 55; 174; 201, 3b; 201, 3c; 201, 3d; 229; 233; 234; 235; 243; 246, 1; 246, 3; 251, 1a; 252, II (Zusammenstellung)
ὡς εἰπεῖν 187, 4
ὡς μή 234
ὥσπερ 55; 201, 3d
ὥσπερ ἂν εἰ 241, 3
ὥστε 225, 5c; 235
ὠφελέω 103, 2; 143, 1a
ὠφέλιμος 162

Gina Reina